Information System Analysis and Design

信息系统分析与设计

王 昊 刘友华 主编

南京大学出版社

图书在版编目(CIP)数据

信息系统分析与设计 / 王昊,刘友华主编. — 南京:南京大学出版社,2021.9
ISBN 978-7-305-24709-5

Ⅰ. ①信… Ⅱ. ①王… ②刘… Ⅲ. ①信息系统－系统分析②信息系统－系统设计 Ⅳ. ①G202

中国版本图书馆 CIP 数据核字(2021)第 145328 号

出版发行　南京大学出版社
社　　址　南京市汉口路 22 号　　邮　编　210093
出 版 人　金鑫荣

书　　名　信息系统分析与设计
主　　编　王　昊　刘友华
责任编辑　甄海龙　　　　　　　编辑热线　025-83595840

照　　排　南京南琳图文制作有限公司
印　　刷　丹阳兴华印务有限公司
开　　本　787×1092　1/16　印张 20.25　字数 480 千
版　　次　2021 年 9 月第 1 版　2021 年 9 月第 1 次印刷
ISBN 978-7-305-24709-5
定　　价　58.00 元

网址:http://www.njupco.com
官方微博:http://weibo.com/njupco
官方微信号:njupress
销售咨询热线:(025) 83594756

* 版权所有,侵权必究
* 凡购买南大版图书,如有印装质量问题,请与所购图书销售部门联系调换

序 言
Preface

  数据时代,信息资源的数字化与智能化变革已成为助力我国国民经济和社会发展"十四五"规划和2035年远景目标的重要基石。作为信息资源的根本载体,信息系统的建设工作正伴随着大数据在各级组织机构(企业、政府机关、高等院校、研究机构等)内的发展被赋予新的时代使命,而其在不同行业中的应用(物联网信息系统、管理信息系统、电子政务信息系统、教学资源管理系统等)也必将持续推动组织机构内部业务流程与资源配置的优化。与此同时,为了实现多源异构信息资源的有机组织与开放共享,信息系统需要摒弃传统的单一、紧耦合式的应用集成方式,聚焦搭建跨越多个协作组织、集成网格式配置的先进技术体系,进而灵活地应对多元复杂的业务环境。

  依据上述要求,我们构建了全书逻辑框架,拟定了撰写思路。本书共包含8章内容:第1章首先阐释了对信息系统、系统分析员必备知识以及系统开发生命周期的基本认识。第2章介绍"管理""信息""系统""信息系统""数据""信息"等核心术语的概念内涵。第3章探讨了信息系统开发的主流方法及相应的模型、工具和技术。第4章分析了与系统开发过程相关的核心组织工作和管理技术。第5章讨论了系统分析任务,旨在围绕新系统的目标定义需求以得到新系统的逻辑模型。第6章以系统分析所得到的逻辑模型为基础,面向系统如何构建,来设计系统解决方案。第7章详细剖析将新系统的物理模型付诸实现的工作流程,以期丰富系统实施的理论与实践内涵。第8章则通过讨论系统运行管理、系统安全管理、系统维护和系统评价揭示系统运维的开展过程。

  本书除了继续体现其前作特色之外,主要围绕以下3个方面进行了调整与修订:①重新编写了所有章节的本章小结,将原来对本章内容的段落式总结修改并整理为若干个反映章节核心主题的概念知识点。一方面节省了读者的阅读成本,另一方面更有助于学习人员快速把握各章的中心主旨与概念内涵。②在维持前作整体逻辑体系框架的基础上,对全书的结构进行一定的微调,主要包括:第3章在重点介绍结构化与面向对象两种开发方法的基础上,将前作中的快速原型化方法、敏捷方法、面向方面的方法等三小节整合为一节——其他系统开发方法;重新规划前作 6.2 和 6.3 节的内容,分别从应用程序体系结构设计与模块详细设计两个角度分别阐述结构化和面向对象的系统设计方法;将 6.4 节数据库基础相关内容移至第 2 章;拆分前作 6.5 节,形成系统控制设计、系统输入输出设计两节内容;拆分前作第 7 章,形成系统实施(第 7 章)以及系统运维(第 8 章)两个章节。③为保证全书内容的饱满性与文字简洁性,对上版内容进行一定的补充与删减,主要包括:对重要概念(如图 2-7 信息系统抽象模型)及概念间关系(如图 2-3 管理与信息系统的关系)进行详细补充说明;新增 5.5.1 节参与者之间的关系、用例与用例模型中部分内容;新增 5.5.4 节动作及对象状态改变结果:活动图;新增 8.1 节系统运行管理、8.2 节系统安全管理以及 8.4 节系统评价,与上版 7.5 节系统的运行维护整合形成第 8 章系统运维;基于第 3 章的结构调整,精简了上版中快速原型化、敏捷、面向方面等方法的内容;删除了上版 6.4.1 节中关系数据模型概述;删除了上版中每章的习题。

  本书的修订是全体课题组成员努力与智慧的结晶。为了探索信息系统分析与设计的相关理论、技术和方法,组内成员献计献策、相互询证。经过多次的交流讨论,大家对信息系统有了更为全面与深入的认识,也有了今天本书更为成熟的版本。本书的具体分工如下:王鑫芸修订了第 1 章;张宝隆编辑了第 2 章;熊欣编辑了第 3 章;第 4 章由赵月华负责修订;龚丽娟对第 5 章进行订正与优化;李轲禹负责第 6 章的修改;第 7 章与第 8 章的编辑由林克柔完成。

  本书自前作问世以来,得到了广大读者的支持与认可,不少读者还提出了许多有益的建议,为新版的编写打下了良好的基础,我们深表感谢。

  书中若有不当或疏忽之处,敬请各位读者批评指正!

编　者

2021 年仲春于南京大学

目 录
Contents

第1章 信息系统概论	1
1.1 信息系统的初步认识	2
1.1.1 什么是信息系统	2
1.1.2 信息系统是现代组织的一种解决方案	4
1.2 系统分析员——信息系统的求解者	5
1.2.1 系统分析员求解问题的一般性过程	5
1.2.2 系统分析员所需的基本知识和技能	6
1.3 信息系统的开发——软件工程的观点	7
1.3.1 什么是 SDLC	8
1.3.2 系统开发的过程性	9
1.3.3 系统开发的方法学	10
1.3.4 SDLC 的变体——从"瀑布"模型到"螺旋"模型再到"原型"模型	11
第2章 相关概念、原理及技术基础	15
2.1 数据和信息	16
2.1.1 数据和信息的概念	16
2.1.2 有价值信息的特征	17
2.1.3 信息的价值量	18
2.1.4 管理信息的分类	19
2.2 系统	19
2.2.1 系统的组成和概念	19
2.2.2 系统的特征	20
2.2.3 系统类型	22
2.3 管理与组织	22
2.3.1 管理的概念与基本职能	23
2.3.2 管理活动与决策类型	24
2.3.3 组织的概念	26
2.3.4 管理、组织和信息系统	27
2.3.5 信息系统在组织管理中的应用	28
2.4 信息系统	32
2.4.1 信息系统的概念	32

2.4.2　事务处理系统……………………………………………………………33
　　　2.4.3　管理信息系统……………………………………………………………35
　　　2.4.4　决策支持系统……………………………………………………………38
　　　2.4.5　企业信息系统的构架……………………………………………………39
　2.5　信息系统的技术支柱……………………………………………………………40
　　　2.5.1　数据库技术………………………………………………………………40
　　　2.5.2　计算机网络技术…………………………………………………………47
　　　2.5.3　软件工程…………………………………………………………………57

第3章　信息系统的开发方法……………………………………………………………61
　3.1　结构化方法………………………………………………………………………62
　　　3.1.1　结构化方法形成的背景…………………………………………………62
　　　3.1.2　结构化方法的技术要点…………………………………………………63
　　　3.1.3　结构化方法的开发过程…………………………………………………66
　　　3.1.4　结构化方法的优缺点……………………………………………………67
　3.2　面向对象方法……………………………………………………………………68
　　　3.2.1　面向对象方法概述………………………………………………………68
　　　3.2.2　面向对象方法的基本概念………………………………………………70
　　　3.2.3　面向对象方法的技术要点………………………………………………71
　　　3.2.4　面向对象的建模…………………………………………………………74
　　　3.2.5　面向对象方法的优点……………………………………………………78
　3.3　其他系统开发方法………………………………………………………………81
　　　3.3.1　快速原型化方法…………………………………………………………81
　　　3.3.2　敏捷方法…………………………………………………………………84
　　　3.3.3　面向方面方法……………………………………………………………86
　　　3.3.4　面向服务方法……………………………………………………………90
　3.4　开发方法选择或重构的依据……………………………………………………92
　3.5　计算机辅助软件工程(CASE)工具……………………………………………93
　　　3.5.1　上层CASE工具…………………………………………………………95
　　　3.5.2　下层CASE工具…………………………………………………………96

第4章　信息系统开发的若干组织和管理工作………………………………………101
　4.1　项目与项目管理概述…………………………………………………………102
　　　4.1.1　项目的定义及其特征…………………………………………………102
　　　4.1.2　项目管理………………………………………………………………103
　　　4.1.3　信息系统项目经理的责任……………………………………………104
　4.2　信息系统项目计划的任务……………………………………………………107
　　　4.2.1　问题的定义……………………………………………………………107
　　　4.2.2　确认项目的可行性……………………………………………………109
　　　4.2.3　制定项目的进度表……………………………………………………113

		4.2.4 项目成员的组织和分配	117
		4.2.5 项目启动	117
	4.3	信息系统的质量保证	118
		4.3.1 软件产品的质量因素	118
		4.3.2 软件质量保证(QA,Quality Assurance)	119
		4.3.3 文档及文档管理	120

第5章 系统分析的任务 … 127

- 5.1 系统分析任务的概述 … 128
  - 5.1.1 获取系统需求 … 128
  - 5.1.2 定义系统需求 … 128
  - 5.1.3 确定需求的类型与优先级 … 128
  - 5.1.4 生成和评价可选方案 … 129
  - 5.1.5 和管理人员一起复查推荐方案 … 129
- 5.2 系统需求的获得 … 129
  - 5.2.1 系统的功能需求和技术需求 … 130
  - 5.2.2 系统需求的信息来源 … 130
  - 5.2.3 获取系统需求 … 132
  - 5.2.4 结构化预排 … 135
- 5.3 建模的基础：模型、事件、事物 … 136
  - 5.3.1 模型 … 136
  - 5.3.2 事件 … 138
  - 5.3.3 事物 … 142
  - 5.3.4 实体-关系图 … 146
  - 5.3.5 类图 … 149
  - 5.3.6 系统需求定义的目标 … 154
- 5.4 结构化的需求定义方法 … 154
  - 5.4.1 结构化方法和面向对象方法看待活动的观点 … 154
  - 5.4.2 数据流程图 … 155
  - 5.4.3 细化DFD的其他模型——过程描述和数据定义 … 166
- 5.5 面向对象的需求定义方法 … 171
  - 5.5.1 系统行为：面向对象的用例图与用例模型 … 172
  - 5.5.2 对象交互：顺序图和协作图 … 178
  - 5.5.3 对象行为：状态机、状态图、状态和转换 … 185
  - 5.5.4 动作及对象状态改变结果：活动图 … 195
- 5.6 系统的解决方案及其决策 … 197
  - 5.6.1 目标处理环境的评估 … 197
  - 5.6.2 系统需求优先级的考虑 … 197
  - 5.6.3 系统的实施方式及其选择 … 199

5.6.4 提交结果、做出决定 …… 202

第6章 系统设计的任务 …… 207
6.1 系统设计概述 …… 208
6.1.1 系统设计的输入：从分析到设计 …… 208
6.1.2 系统设计阶段的主要活动 …… 208
6.1.3 系统设计的输出：结构化模型和面向对象模型 …… 209
6.2 应用程序体系结构的设计 …… 210
6.2.1 结构化方法 …… 210
6.2.2 面向对象方法 …… 220
6.3 模块的详细设计 …… 223
6.3.1 结构化方法 …… 223
6.3.2 面向对象方法 …… 224
6.4 数据库设计 …… 230
6.4.1 关系数据模型设计 …… 230
6.4.2 关系数据模型质量的评估 …… 234
6.5 系统控制设计 …… 238
6.5.1 系统访问控制 …… 238
6.5.2 输入完整性控制 …… 240
6.5.3 输出完整性控制 …… 241
6.6 系统输入/出设计 …… 242
6.6.1 系统输入设计 …… 242
6.6.2 系统输出设计 …… 246
6.7 用户界面设计 …… 249
6.7.1 用户界面的特征及其设计思路 …… 249
6.7.2 用户界面设计的指导原则 …… 251
6.7.3 人机对话的设计模型 …… 253

第7章 系统实施 …… 267
7.1 程序开发 …… 268
7.1.1 程序开发的顺序 …… 268
7.1.2 程序开发的组织方式 …… 272
7.1.3 程序版本及其管理 …… 273
7.2 质量保证——软件测试 …… 275
7.2.1 软件测试的基本概念 …… 276
7.2.2 软件测试 …… 279
7.2.3 测试用例的设计 …… 286
7.3 系统的安装与转换 …… 292
7.3.1 直接安装 …… 293
7.3.2 并行安装 …… 293

  7.3.3 阶段安装 …………………………………………………………… 294
  7.3.4 人员问题的考虑 ……………………………………………………… 295
 7.4 系统的用户文档与培训 ………………………………………………………… 296
  7.4.1 系统的用户文档 ……………………………………………………… 296
  7.4.2 培训与用户支持 ……………………………………………………… 297

第8章 系统运维 …………………………………………………………………… 303

 8.1 系统运行管理 …………………………………………………………………… 304
  8.1.1 系统运行管理制度 …………………………………………………… 304
  8.1.2 系统日常运行管理 …………………………………………………… 304
 8.2 系统安全管理 …………………………………………………………………… 305
  8.2.1 信息系统安全的定义 ………………………………………………… 305
  8.2.2 信息系统安全管理措施 ……………………………………………… 305
 8.3 系统维护 ………………………………………………………………………… 307
  8.3.1 软件维护的定义 ……………………………………………………… 307
  8.3.2 维护的代价 …………………………………………………………… 308
  8.3.3 维护的活动及其管理 ………………………………………………… 308
  8.3.4 影响系统可维护性的因素 …………………………………………… 311
 8.4 系统评价 ………………………………………………………………………… 311
  8.4.1 信息系统评价内容 …………………………………………………… 312
  8.4.2 信息系统评价指标 …………………………………………………… 312

第1章

信息系统概论

信息系统作为任何类型的组织在事务处理、管理和决策上的全部或部分的解决方案，它以现代的事务处理模式和先进的管理理念为基础，应用现代信息技术使组织的运作更具效率、有效性和竞争力。本章首先从系统原理的角度给出对信息系统的最一般性的认识，然后说明作为信息系统的建设者——系统分析员运用信息系统解决组织问题的一般思路以及他们所必需的基本知识和技能，最后给出软件工程中通用性的描述名词 SDLC，本书内容就是从 SDLC 的过程性和方法学的角度来安排的。通过本章内容的学习，读者应了解作为一名称职的信息系统开发人员所应该掌握的内容。

1.1 信息系统的初步认识

1.1.1 什么是信息系统

信息系统对现代组织的成功运作至关重要，它使组织具有更强的竞争性，当前，新的信息系统正在不断地被开发出来。那么什么是信息系统呢？

信息系统首先是一个系统。所谓系统是由一系列为实现一定目标而相互联系、相互作用的元素组成的集合。若组成系统的元素本身又具有系统特征，那么这些元素就称为系统的子系统(subsystem)，而原先的系统便成为这些子系统的父系统(supersystem)。子系统、父系统以及系统之间是一个相对的概念，它们是系统思想的体现，通过子系统的划分可以降低对系统认知的复杂性。子系统分解(decomposition)就是把一个庞大而复杂的系统分解成若干个功能和结构复杂性都大大降低的子系统，子系统的划分一般是按功能类聚的方法进行，因此子系统分解也称为系统功能分解，这种分解层次的多少取决于系统自身的规模和复杂程度。每一个系统都有一个边界，系统边界(system boundary)定义了系统的范围，它是一种形象的描述，实际上是不存在的。通过系统边界来区分系统与系统环境，一般说来系统边界是通过系统资源的输入和输出来确定的，也就是说系统资源的任何输入或输出都必须通过系统边界而后与系统环境发生关联，如图 1-1 所示。

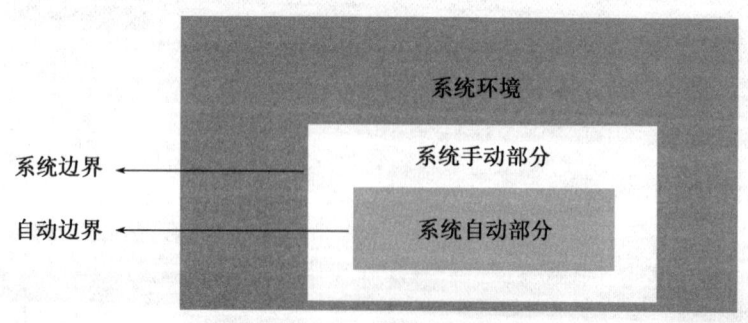

图 1-1　系统环境与系统边界

信息系统又是一种专门类型的系统，在此可以把它简单地理解成是一个有关数据的收集、输入、处理、存储和信息输出以完成一个组织所有事务的若干相关元素的集合。它和系统一样包括原始数据的输入、数据的转换(加工处理)和有用信息的传输、输出,除此之外还包括数据的采集、输入数据的存储等。例如,一个工资处理系统包括采集职工的基本类数据及他们的工作量、工作时间之类的数据,处理并存储这些数据,然后为某个组织生成工资单和工资报表,如图1-2所示。

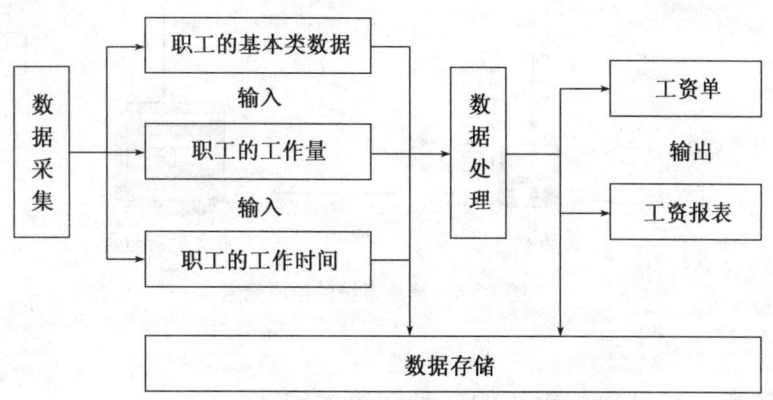

图1-2　信息系统将数据的输入转化为数据的输出

子系统的概念对信息系统同样适用,参见图1-3。一个企业的生产经营管理系统包括生产制造子系统、库存管理子系统以及客户支持子系统,其中的客户支持子系统又由四个子系统组成,用于为客户生成新订单的订单登记子系统、用于发货退货及订单修正的订单执行子系统、用于修改和更新产品目录数据库的产品目录维护子系统以及用于客户基本信息管理的客户维护子系统。

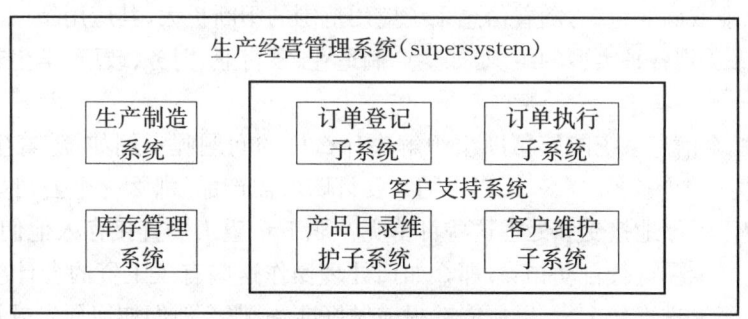

图1-3　信息系统和子系统

当然,也可以用其他的理解方法来看待组成信息系统的若干相互作用的不同类型的元素,多种理解方法对信息系统的建设者会有不同的帮助。例如,从相互作用的各种事物的角度,一个信息系统包括软件、硬件设备、输入、输出、数据、业务处理过程和人,从这个角度可以看出,人是任何信息系统中不可或缺的重要组成元素,这就是说信息系统是一个人机交互系统,参见图1-4。

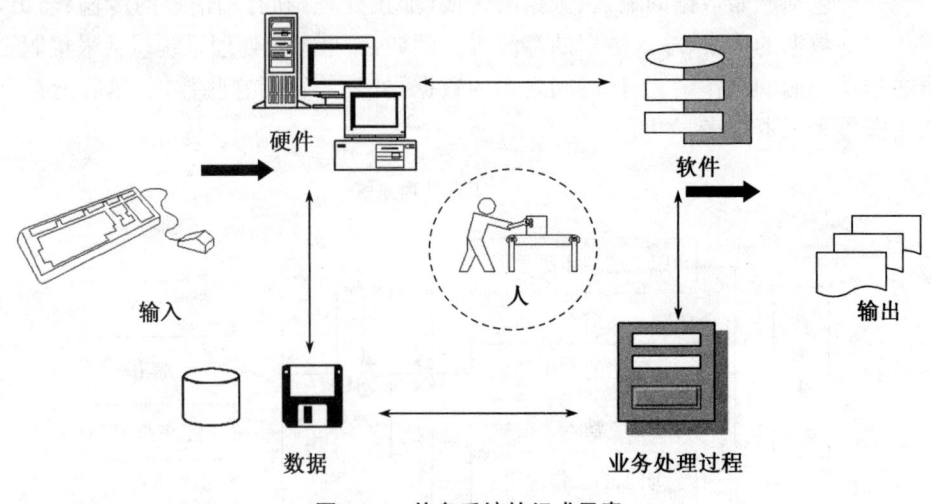

图 1-4　信息系统的组成元素

1.1.2　信息系统是现代组织的一种解决方案

现代信息系统最终都表现为一种软件产品,但它和一般的实用软件、工具软件(如字处理软件、媒体播放软件等)不同,它面对的是组织的结构化甚至是非结构化的事务处理,并对处理过程中需要的或形成的大量数据借助于数据库管理系统来进行存储和操作,以提高组织在业务管理过程中的工作效率、事务处理的有效性,进而增强其在现代环境下的竞争力。早期的无论是基于人的信息系统还是基于计算机的信息系统,均是面向生产性、经营性的企业或商业组织,随着信息系统应用范围的不断扩大,其应用领域已经不再局限于此,它已渗透到各种类型的组织,如生产制造业、零售业、财务、政府、学生就业甚至航天航空业等。

那么,一个信息系统能够帮助组织解决什么样的问题呢?例如,随着生活水平的提高、生活节奏的加快,客户在一天当中随时要订购所需产品,那么一个公司如何在不增加成本的前提下不停地接受和处理这些订单呢?职工希望工资直接存入他们的账户,并为一些必要的扣款项进行自动扣除,那么如何处理操作这些有关工资的会计事项?仓储部门需要知道每天进出什么货,以便能够提前做好准备,那么他们如何预先或及时地得到每天进出货的详情呢?高等院校需要扩大招生规模或增设一些新的专业,以满足社会的人才需求,那么学校是如何得到、分析或预测毕业生的就业情况、社会人才的行业需求呢?信息系统就是要处理类似的和更多的问题,以使得组织更实际、更有效地运行。当然,针对组织要完成许多不同类型的活动,因此也就有多种不同类型的信息系统,如事务处理系统、管理信息系统等。对诸如此类的信息系统所做的所有开发工作必须有助于这些问题的解决,从而成为组织成功运作的解决方案(solution)或者说是解决方案的一部分。因此一个信息系统的开发绝不仅仅是程序设计问题,还包括全面的关键的需求分析和系统设计,一个系统分析员常常被看成是优于一般程序员的问题解决者。

1.2 系统分析员——信息系统的求解者

1.2.1 系统分析员求解问题的一般性过程

信息系统是现代组织所面临的问题的解,也就是说,一名系统分析员(analyst)所面对的问题部分地要由信息系统解决,在介绍一个合格的称职的系统分析员所应该掌握的知识和技能之前,首先说明系统分析员解决问题的一般思路。

在利用信息技术解决组织的问题之前,系统分析员首先必须全面地理解问题,即进行系统分析,必须了解针对这个问题可能存在或发生的每一事件。比如,是什么业务过程支持事件的完成?什么数据需要存储、使用、产生?解决这个问题时会影响到哪些其他系统?

然后,分析员要使组织的管理部门或相关主管部门确认解决某个问题所带来的效益是否超过所花费的成本。有时解决某个问题需要冒一定的风险,那么是否值得去尝试呢?或者采取什么措施去降低或避免风险?

如果解决这个问题是切实可行的,那么系统分析员应该设计出一套或几套可能的解决方案,其中的每个方案均需全面考虑以下几点,包括:该方案能解决什么问题?各组成元素及它们如何构成?使用什么技术支持?等等。接着,系统分析员需要与组织的中高层管理人员、业务骨干、信息技术人员以及来自其他部门的相关人员共同评审决定哪一个解决方案最好,即该方案的实施与组织的战略规划相一致,能满足其基本目标,并在经济、技术、进度计划和社会可行性上相比较而言均是最优和可行的。

一旦确定了某个解决方案,系统分析员就要准备该方案的细节,这里的细节即系统设计说明书,它是主要描述作为解决方案一部分的信息系统将是如何工作的蓝图,包括系统架构、数据库、网络、用户界面、操作步骤和业务处理模块等的设计。系统设计说明书一经完成,就可以着手实际的系统构建了。

构建、安装和转换一个信息系统需要花费大量的资源,必须给出一个详尽的实施(implementation)计划,包括系统实施的顺序、开发人员任务的分工、代码调试、测试以及用户文档的建立、培训等。

以上作为系统分析员解决问题的一般过程可用图1-5概括表示,可以看出,系统分析(analysis)和系统设计(design)是信息系统开发的关键步骤,如果说系统分析是理解和详细说明信息系统应该做什么的话,它面向的是现实世界的问题域,那么系统设计则是说明信息系统在物理上应该是如何实施的,它面向的是信息世界的求解域。对系统分析员来说,系统分析与设计不仅仅是关于系统开发,而且也是关于如何利用信息技术解决组织的事务处理及管理方面的问题。他们毫无疑问地必须具有信息技术方面的开发专长,但绝不是一般意义上的程序设计人员,他们也必须对组织的问题有必要的好奇心,去探索事件是怎样做的并决定如何把事件做得更好。

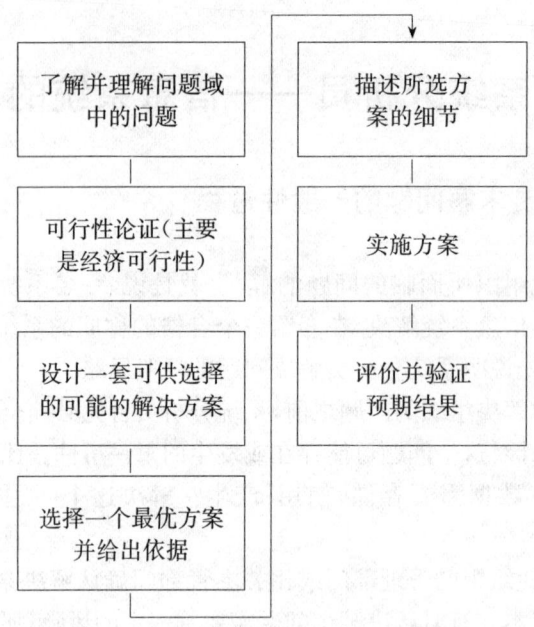

图 1-5　系统分析员求解问题的一般思路

1.2.2　系统分析员所需的基本知识和技能

一个从事系统分析与设计工作的人员被称为系统分析员,有时从不同的角度也有许多其他的称呼,如项目经理、系统设计师、首席信息官等,他们有时以独立承包人的角色为软件开发公司、咨询公司服务。一个称职的系统分析员需要具备多种专业知识和技能。

1. 技术方面的知识和技能

系统分析员所应了解和掌握的技术包括三个方面的内容:基础信息技术、开发工具和开发技术。就前两者而言,尽管一个分析员并没有直接编写代码的责任,也没有哪一个人能成为所有各类技术的专家,但了解和熟悉各种不同的技术仍然十分重要。事实上一个系统分析员往往首先必须是一个程序员,但两者并非互为充要关系。分析员应知道这些基础技术及开发工具的作用,它们是如何工作的,又是如何发展演变的。

基础信息技术包括计算机及其工作原理、与计算机相关的外围设备、通信及网络技术、数据库与数据库管理系统、程序设计语言、操作系统及其实用程序等。开发工具大多数是通过软件产品的形式体现的,包括软件包、软件的集成开发环境(IDE)、计算机辅助软件工程(CASE工具)、其他自动工具(如项目管理工具、文档支持工具)等。

开发技术本质上是一种指南或者说是一种策略,它是系统分析员完成系统开发过程中的所有活动的根本保证,对系统分析员来说这是信息系统开发的必备技术,包括如何计划和管理一个系统开发项目——项目计划技术;如何进行系统分析——系统分析技术;如何进行系统设计——系统设计技术;如何进行系统实施与测试——系统构造技术;如何确保一个新的信息系统正常高效运转——系统支持技术。这些方面也正是本书所涉及的主要内容。

2. 相关组织的业务知识和管理技能

一名系统分析员不可缺少的也是很重要的知识和技能一般还包括相关组织方面的内容以及熟悉和了解这些内容的能力,这里的"相关组织"是指要开发的信息系统所涉及的单位或部门,因为所要解决的事务处理或业务管理等方面的问题毕竟是与一个(类)组织相关的问题。例如,组织机构的形式、组织的管理模式、组织业务工作的类型、业务本身及其流程、业务之间的关系甚至组织的文化等,总之,一名分析员了解一个组织怎样运作的信息越多,那么他利用信息系统所解决的问题也就越有成效。

这里有一点需要说明,计算机信息系统(CIS)或管理信息系统(MIS)是一些西方国家大学商学院的主修课程,或者是在 CIS 或 MIS 专业学位培养计划中需要学习的有关商业管理方面的课程,如会计学、市场营销、物流管理等。因此,技术出身的系统分析员在这些方面的知识和技术相对缺乏,需要一个"再学习"的过程;从另外一个角度,尽管从事管理工作的管理者无须亲自建立一个信息系统,但他们需要增加一些技术方面的知识和技能以使其工作更有成效,两者之间是相辅相成的。

3. 人际关系及协调技能

因为系统分析员在开发小组(team)中经常需要与其他成员一起工作,也需与组织的相关人员进行广泛的交流和沟通,并设法理解他们对要解决问题的看法,影响和激发他人与之合作,所以分析员需要熟悉他们并掌握与他人的沟通技能,进而去影响这个组织。比如,理解他人是怎样想的,他人是怎样对变化产生反应的,他人是怎样交流的,不同工作层次的人是怎样工作的,等等。

4. 诚信与道德

人们经常会低估信息系统领域中的一个职业特点,就是诚信与道德的重要性。系统分析员在识别系统需求时会涉及一个组织的许多不同部门的所有信息,这些信息有些可能是非公开的,特别是涉及个人时,如工资、健康、工作表现等信息,分析员必须诚实地保守这些秘密;有些可能是组织的需保密的信息,包括有关战略计划或策略、特定的产品、财务资料、甚至是政府文件、军事合约、安全防范措施等方面的绝密信息,这同样要求分析员具有高度的道德标准。任何不正当的行为,都会毁掉一个分析员的前程。

总之,不断更新知识、提高技能对从事信息系统开发的每一个人都很重要,否则他将会被淘汰。

1.3 信息系统的开发——软件工程的观点

现代信息系统最终均表现为软件产品,其开发过程具有工程性的特征,除了其抽象、不可触摸的特点外,和一般物质类的工程(如建造一幢大楼、修建一座桥梁等)具有很多的相似性,要使问题的解决富有成效,必须有计划、有组织且目标明确,当今分析员把这一工作通常以"项目"(project)的形式加以组织管理和实现。在本小节中,将从软件工程的角度,引出系统开发的最一般性的方法——系统开发生命周期(SDLC,System Development Life Cycle),从更加规范和形式化的角度介绍信息系统作为软件产品的开发过程以及在开发过程中所需的方法支持。

1.3.1 什么是 SDLC

任何信息系统的开发通常都要求有三组重要的活动(activity):分析活动、设计活动和实施活动。在信息系统的术语里,每一组活动就是一个阶段(phase),因此,一个开发项目有分析阶段、设计阶段和实施阶段,对这些阶段的一般描述在上一小节中已有简单说明。图1-6说明了信息系统开发的各个阶段,其中增加了两个阶段:计划阶段,它一般由项目的计划与组织项目启动等活动组成,通常在时间上是一个很短的阶段,但对整个项目的完成却是非常重要的;支持阶段,由在信息系统有价值的使用期限内维护和增强该系统能力的所有活动组成,从开发角度它实际上不是项目的一部分,却是一个信息系统整个生命周期中的组成部分,事实上它包含比所有其他阶段的时间总和还要长的时段,所需的花费也最多。

图1-6　SDLC 中的各开发阶段

系统开发的这种方法称为系统开发生命周期,即由计划、分析、设计、实施和支持五个阶段组成。SDLC 是软件工程中一个通用性的描述名词,它说明了软件产品开发的过程性和方法学。过程性描述了开发的阶段时序性,每个阶段目标的实现由若干活动的完成来体现,每个活动又可以通过若干更具体的任务来完成;方法学则描述了如何去支持开发过程中所有活动或任务的完成,它涉及构成一个方法学中的若干技术、模型和工具。这两个方面并行交织在一起,共同构成系统开发生命周期,如图1-7所示。

SDLC ┬ 过程性 → 通常由五个阶段构成 → 活动 → 任务
　　　└ 方法学 → 如何支持所有活动/任务的完成 → 技术、模型、工具

图1-7　SDLC 的过程性和方法学

值得注意的是,系统开发项目活动的这种分类是最基本的,但不是一成不变的,为适应不同类型、不同特征系统的开发,在图1-7所示的五个阶段结构的基础上有许多变体(variation),从而形成了具体实用的各种系统开发方法。所有的开发方法都支持 SDLC

的过程性,只不过不同的开发方法的活动安排、阶段的划分相对不同,以及所用的模型、技术、工具不同而已。

1.3.2 系统开发的过程性

为了解信息系统的开发,首先必须确定 SDLC 的每个阶段的主要目标和主要活动。这也是对信息系统开发过程的最初步的认识。

项目规划阶段　SDLC 的最初阶段,其目标是确定项目要解决的问题并从管理角度对项目做出有关计划,该阶段一般由五个活动构成:
(1) 定义问题
(2) 确定项目的可行性
(3) 制定项目的进度计划表
(4) 项目成员的安排
(5) 项目启动

分析阶段　目标是了解并理解信息系统的需求以及定义需求,也就是构造新系统的逻辑模型,该阶段由下列活动构成:
(1) 需求信息的获取
(2) 需求定义
(3) 确定系统需求的优先级
(4) 制定并评估可供选择的解决方案
(5) 阶段工作的复查与评审

设计阶段　目标是从实现的角度设计系统的解决方案,也就是构造新系统的物理模型,该阶段由下列活动构成:
(1) 网络的设计与集成
(2) 应用程序体系结构的设计
(3) 数据库的设计与集成
(4) 人机界面的设计
(5) 系统控制(安全、输入/输出)的设计
(6) 模块的详细设计

实施阶段　目标是构造一个可靠的、可工作的新系统,该阶段由下列活动构成:
(1) 软件模块的编码与调试
(2) 验证与测试
(3) 数据转换与安装
(4) 文档与培训

支持阶段　目标是保证系统的长期有效运行,这一阶段的活动分为两类:
(1) 提供对终端用户的支持
(2) 维护和升级计算机系统

1.3.3 系统开发的方法学

为完成系统开发生命周期中的每一步,必须有一些指导方法作支持,这些方法包括具体的模型(model)、工具(tool)和技术(technique),它们的集合构成了系统开发方法学(methodology)。其中的一些方法是组织内的专业人员根据自身经验提出来的,而一些方法则是从专业公司和其他供应商处购买的,但没有哪一种能灵活到适应于所有项目的开发。

在信息系统的开发中,模型是系统开发方法学的重要组成部分。所谓模型就是对现实世界某些重要方面的表示,模型的本质就是抽象(abstraction),每一种模型强调一种不同类型的信息。一些模型是重要细节的图表表示,一些模型则是抽象的数学符号。比如在制造飞机的设计中,工程师会使用大量不同类型的模型,如用三维方式展示其全面形状,用特定的绘图符号表示机翼的横断面,用数学符号表示一些飞行特性,等等。尽管信息系统并不像飞机那样具有"真实可感"性,但模型在信息系统开发过程中同样不可缺少。图1-8列出了开发人员为信息系统的各个部分要建立的一些模型,它们来自不同的开发方法。在系统开发过程中,模型的内容及其构造依赖于所使用的具体的开发方法。

```
系统开发的一些模型:
    数据流程图/DFD
    实体-关系图/ERD
    模块结构图/MSC
    用例图/Use case
    类图/Class diagram
    交互图/Interaction diagram
用于管理系统开发过程中的一些模型:
    PERT 图/PERT chart
    甘特图/Gantt chart
    经济分析模型/净现值 NPV,投资回报率 ROI
```

图1-8 系统开发中使用的一些模型

系统开发中的工具是用来辅助生成系统开发过程中所需模型或其他的组成成分,它一般通过软件的形式来支持。比如用于创建图表的简单绘图工具,用于生成、编辑、调试代码并提供上下文相关帮助的集成开发环境。对系统开发人员来说,当今使用最为广泛的工具要算是CASE工具了,它能够帮助系统分析员生成重要的系统模型,并能自动检查模型的完整性和其他模型的兼容一致性,还可以根据模型生成源代码。图1-9列出了系统开发中可能会使用的工具类型。

```
项目管理应用程序/Project management application
绘图/图形应用程序/Drawing/graphics application
字处理/文本编辑器/Word processor/text editor
CASE 工具/CASE tools
集成开发环境/IDEs
数据库管理应用程序/DBMS application
代码生成器/Code generator
```

图1-9 系统开发中使用的一些工具

系统开发中使用的技术是一组方法，这组方法用来帮助开发人员完成系统开发活动或任务。系统分析员通过相关技术为创建模型提供逐步指导，或者为从用户处获取信息提供更一般性的建议。图1-10列出了系统开发过程中通常使用的一些技术。

```
项目管理技术/Project management techniques
和用户会谈技术/User interviewing techniques
结构化分析、设计技术/Structured analysis and design technique
OO分析、设计技术/Object-Oriented …
数据库设计技术/Database design techniques
编程技术/Coding techniques
软件测试技术/Software-testing techniques
```

图1-10 系统开发中使用的一些技术

多种技术、模型和工具的集合构成了开发方法学，其中的技术用来支持实现SDLC中各阶段的活动或任务，活动或任务的完成必须借助于相关的工具，用模型表示各阶段活动的工作成果。图1-11显示了方法中的模型、技术和工具之间的关系。

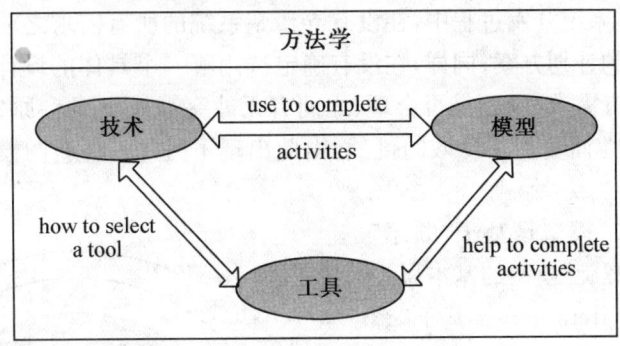

图1-11 方法中各组件之间的关系

1.3.4 SDLC的变体——从"瀑布"模型到"螺旋"模型再到"原型"模型

早在20世纪70年代末到80年代，系统分析员就尝试将一个项目划分成若干个阶段来进行，而这一思路正好和软件工程中的"瀑布"(waterfall)模型相吻合。"瀑布"是一种形象的比喻性说法，其基本思想是生命周期中的每个阶段都是按顺序完成的，一旦一个阶段的工作完成了就不能再返回，如图1-12所示，当一个阶段任务完成后，即转向下一个阶段的工作，后继阶段工作的开始是在前一个阶段工作成果的基础上进行的。在"瀑布"模型中，阶段越多，严格的限制也就越多。这种非常严格的SDLC方法须要求对项目进行仔细计划和控制并有明确的步骤，在每一步所做的决定都是确定的，在任何时候都能精确地定义做什么以及需要多长时间才能完成。

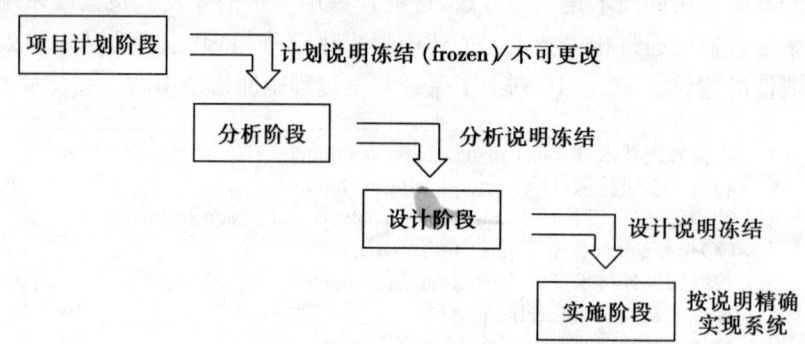

图 1-12　SDLC 的"瀑布"模型

SDLC 经常被称作"瀑布"模型,但基于它的不同开发方法(如结构化方法、信息工程方法等)对阶段数目、阶段活动的划分不同,且在不同的阶段使用了不同的名称,从这个角度,这些方法也可以说是 SDLC 的阶段性或阶段名称的变体。

毕竟信息系统的开发和建设一座桥梁、建设一栋大楼不一样,对抽象的、不可感知的信息系统而言,在系统开发过程中,在没有弄清楚系统的所有需求之前,你就很难去规划一个全面而完整的计划方案;同样,在没有确定选用哪一个具体的设计方案之前,也很难去定义用户的所有需求(比如是否合理、之间有无冲突等)。SDLC 原先的"瀑布"模型因它自身的不灵活性而受到了严峻的挑战,由此出现了另外一种新的模型,这就是"螺旋"(spiral)模型。

如果说"瀑布"模型是基于"顺序"思想的话,那么"螺旋"模型的基本思想则是基于"迭代"(iteration)。基于"螺旋"模型的方法(如面向对象方法、原型化方法)是 SDLC 的另一种变体。迭代假设是不能一次或一步就能得到正确的结果,开发过程各阶段的活动需经过不断反复与修正,每次的迭代都向最终的目标更进了一步。如图 1-13 所示,一开始的工作规模很小,易于管理且风险也不大,此后项目开始不断扩张,就像滚雪球一样,越做越大,不但能取得很好的实际效果,而且系统开发的风险也大大降低,但是系统开发的过程不易

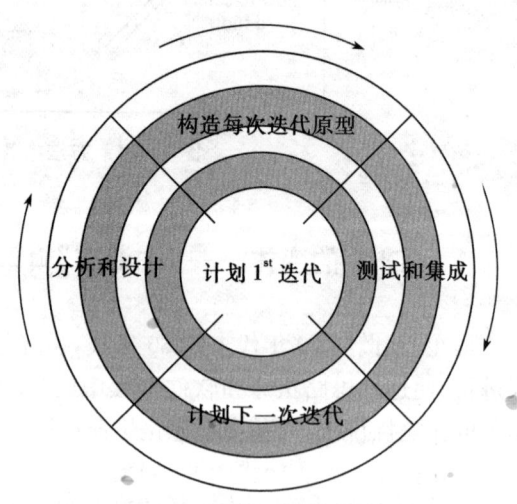

图 1-13　SDLC 的"螺旋"模型

于管理,因为这种思想使得各阶段之间的界限变得模糊,系统的开发过程有许多不确定性和二义性。按照这种观点,在开始设计工作之前要完成所有的分析工作是不现实的,在不知道如何或能否实现(尤其是一些新技术的应用)之前要完成所有的设计工作同样也是非常困难的。因此,可以先分析部分需求,并完成一些设计工作,然后再做一些实现工作,此

后如此的迭代过程继续进行。显然这里的迭代次数取决于项目的复杂度及规模的大小。

应该注意的是,实践的经验表明,对于已经讨论的任何一种基于SDLC模型的变体,都允许有一定程度的迭代,事实上,大多数开发方法在具体项目的开发过程中均使用了不同程度的迭代,如面向对象方法总是被看成是具有最高程度的迭代,就连被大家认为最呆板的信息工程的方法有时也是通过或多或少的迭代过程来完成任务的。

本章小结

1. 系统(System):一组为实现一定目标而相互联系、相互作用的元素的集合。
2. 信息系统(Information System,IS):有关信息的收集、处理、存储和输出以完成一个组织相关事务的元素的集合。
3. 子系统(Subsystem)和父系统(Supersystem):系统中的相对独立的一个元素被称为该系统的子系统,而含有若干子系统的系统称为这些子系统的父系统。
4. 系统功能分解(Functional decomposition):按一定原则将系统分成若干个子系统,这些子系统还可进一步分成多个子系统。
5. 系统边界(System boundary):系统和系统环境之间输入输出关系的形象分隔。
6. 系统自动边界(Automation boundary):系统内自动部分和手动部分的形象分隔。
7. 系统分析员(System analyst):从事系统分析与设计工作的人员,被公认为是优于程序员的问题解决者,也称为项目经理、系统架构设计师、首席信息官等。
8. 系统分析员需要具备各种知识和技能,具体包括技术方面的知识和技能、有关组织的业务知识及管理技能、人际关系及协调技能、诚信和道德等。
9. 系统分析员求解问题的一般思路:了解并理解问题域中的问题,可行性论证,设计一套可供选择的可能的解决方案,选择一个最优方案并给出依据,描述所选方案的细节,实施方案,评价并验证预期结果。
10. 系统开发生命周期(System Development Life Cycle,SDLC):用于描述开发一个新的IS的方法和过程。它阐述了软件产品开发的过程性和方法学。
11. SDLC过程性:SDLC一般由系统计划、分析、设计、实施和运行维护等五个阶段组成,任何IS的开发都至少需要其中分析、设计和实施等3个阶段。
12. SDLC方法学:即系统开发方法学(System development methodology),提供了对完成SDLC中的每一个活动的详细指导,包括具体的模型、工具和技术。
13. 系统计划阶段的目标:确定项目范围并做出项目有关计划。包括定义问题、确定项目的可行性、制定项目的进度计划表、项目成员的组织与安排、项目启动等活动。
14. 系统分析阶段的目标:从用户/使用角度,了解并理解用户需求以及定义需求,并构造新系统的逻辑模型。包括获取需求信息、定义系统需求、确定系统需求的优先级、制定并评估可供选择的解决方案、阶段工作的复查与评审等活动。
15. 系统设计阶段的目标:从系统实现角度设计系统的解决方案,并构造新系统的物理模型。包括网络的设计与集成、应用程序体系结构的设计、模块的详细设计、数据库的设计与集成、系统控制及 I/O 的设计、人机界面的设计等活动。

16. 系统实施阶段的目标：构造一个可靠的可工作的新系统。包括确定一个合适的程序开发顺序、软件编码和调试、软件测试、数据转换与系统安装、文档和培训等活动。

17. 系统运行维护阶段的目标：保证系统的长期高效运行。包括提供对终端用户的支持、维护和升级（增强）计算机系统等活动。

18. 瀑布模型（Waterfall model）：SDLC 各阶段的一种组织次序，这种模型的基本思想是"顺序"（sequence），即组成 SDLC 的各阶段顺序开展，每个阶段都有严格的开始点和结束点。瀑布模型具有非柔性、确定性、具体性等特点。

19. 螺旋模型（Spiral model）：SDLC 各阶段的一种组织次序，这种模型的基本思想是"迭代"（iteration），即不能一次或一步就能得到正确的结果，开发过程各阶段的活动需经过不断反复与修正，每次的迭代都向最终的目标更进了一步。螺旋模型具低风险、短周期、难管理等特点。

20. 常见的 IS 开发方法：结构化方法、原型化方法、面向对象方法等。

21. 模型（models）：是对现实世界某些重要方面的抽象表示。

22. 工具（tools）：通常表现为软件支持的方式，用来辅助形成系统开发所需模型或其他组成成分。

23. 技术（techniques）：是用来指导 IS 开发人员完成系统开发活动或任务的一系列方法。

24. 多种技术、模型和工具的集合构成了一个方法（方法学）。技术用来指导实现 SDLC 中各阶段的活动或任务；活动/任务的完成必须借助于相关的工具；用模型表示各阶段活动的工作成果。

第2章

相关概念、原理及技术基础

管理信息系统这一名词至少涉及管理、信息、系统、信息系统等几个概念，对这些知识的了解不仅能够帮助读者从理论上对信息系统有全面而明确的认识，而且可以帮助读者提高正确开发和运用信息系统的能力。信息系统的开发需要以多种计算机技术为基础，这里仅围绕与信息系统开发密切相关的内容作概括性的介绍，它们是任何系统分析员所必须掌握的基本技术，也是构造可靠、高效信息系统的基本保障。

2.1 数据和信息

要想成为一名合格的管理者，就必须认识到信息是组织中最重要、最有价值的资源，然而"信息"常常与"数据"一词相混淆，因此需要首先明确两者的概念。

2.1.1 数据和信息的概念

数据是用来记录客观事物的可识别的物理符号序列。该定义包含了两个特征：① 事实性，即它是对客观事物属性或客观事实的描述，如产品名称、库存量等；② 可鉴别性，即用来描述的物理符号不只是数值型的数字符号，还可以表现为其他可见字符、图形、图像、音频、视频、动画等不同的数据类型。从计算机的存储、处理和表示角度，可将数据这两个特征看作是它的语义和语法要素。因此，从这两个要素来看，数据有一定的含义，数据的含义就是它的语义；数据有一定的格式，数据格式的规定就是数据的语法，可以通过不同的媒体承载数据。

对于信息的概念，不同的学科有不同的解释，它们符合各自学科范式的要求。比如"信息就是消息""信息就是知识""信息就是加工了的数据""信息是客观事物运动状态的反映""信息是从客观事实中提取的有用（决策）消息""事物之间相互联系、相互作用的状态的描述""信息是现实世界状态在人脑中的反应"等，而信息论的奠基人申农（Shannon）则认为"信息是人们对事物了解的不确定性的减少或消除"。但到目前，还没有一个公认的关于信息的确切定义，因此，对于信息的认识需要根据不同学科范式进行辨析和解释。如前所述，数据仅仅代表真实世界的客观事物，除它本身以外没有任何价值。但当这些事实按照一定的方法，比如通过规则、指南、解释、推论、归纳、分析、综合等知识（知识是这一过程所必需的，是方法的体现，是用来选择、组织和操纵数据以使其适于特定任务的规则、指南和过程等的载体）重新组织和安排在一起，它们就变成了有一定意义的数据了，即具有了超出这些事实本身之外的价值。例如，500 是一个数据，但一个发电厂订购了 500 吨煤，是将这个数据的含义给予清晰的解释，它就上升为信息。因此，我们一般认为信息是加工处理之后的、具有一定含义的、是对决策有价值的数据。从这个解释中可以归纳出三个方面，这三者均依赖于数据，缺一不可：① 主观性，即信息是人们对数据有目的的加工处理结果，这一将数据转换为信息的过程称之为处理（process），信息的表现形式可根据实际情况来决定；② 客观性，即信息反映了客观事物的事实状态，体现了人们对事实的认识和理解程度；③ 有用性，即信息是人们行动或行为的依据。需要注意的是，数据经过处理仍然是数据,处理数据是为了便于更好地解释数据,只有经过释义,数据才有意义,才能成为信息。同样,对同一数据,不同人的知识背景及应用目的不同,其解释也可能不同,对决策也就可能存在不同程度的影响,其取决于对数据的解释是否正确。

由此可见,数据是信息的载体,是信息的表现形式,而信息则是数据的加工、提炼和浓缩,是对数据含义的解释。但并非所有的数据都可以表示成信息,只有具有特定含义、能够被释义的数据才能够成为信息。信息不随载荷它的物理介质变化而变化,但数据则不然,承载数据的载体形式不同,它的表现形式也可以不同。当然,在不需要做严格区别或很难严格区别其含义的情况下可不作上述区分。

2.1.2 有价值信息的特征

1. 事实性

事实性,又称为客观性,是信息的中心价值。信息是对事物状态、特征及其变化的客观反映,是不以人的意志为转移的客观存在。因此,只有客观真实的信息才具有价值,不符合客观事实的信息不仅没有价值,更可能产生负价值。它们往往是由不具有客观性的数据转换而成的,也可能是由不正确的处理(转换)过程引起的。

2. 等级性

信息的等级性往往是和一个组织管理体系的层次性相对应的,一般分为战略级信息(生命周期5年左右)、策略或战术级信息(生命周期1~3年)和执行级(也称为作业级)信息。战略级信息是指高层管理决策者需要的关系组织全局和长远利益的信息,它的制定需要大量地获取来自外部的信息,如国家行业政策、市场需求等。战术级信息来自一个组织所属的各个部门,它是部门负责人需要的各种关系企业局部和中期利益的信息,如企业各产品的计划、资源配置等;作业级信息与组织日常事务处理活动有关,是基层执行人员需要的各种业务信息,如每日产量、原材料的消耗量等,作业级信息从其单个价值量来说,一般可看成是数据。

3. 时效性

信息的时效性又可看作滞后性或增值性。信息作为对事物存在方式和运动状态的反映,会随着客观事物的变化而变化,因此,信息是有寿命时效的,它只有在一定的时间内才能体现出其最大、最有效的价值。用于某种目的的信息往往会随着时间的推移而发生退化,失去它原有的效用,成为历史记录。信息的时效性同时也体现在信息往往是大量数据处理之后的结果,而这些数据从收集、整理到转换过程都需一定的时间,也就是说信息滞后于数据。

4. 共享性

信息在一定的时间内可以被多次地从多个不同的角度所获取及使用,从某种意义上讲，信息也只有实现了共享才能真正成为一个组织的资源。比如成本定额信息既可以用来制订生产计划，又可以用来控制人力资源的不合理增长。信息的这种共享与物质的共享不同，其得失之和不为零，因此信息的共享性又称为非消耗性。

5. 度量性

信息是可以度量的。依据申农对信息的解释，所减少或消除不确定性的大小就是对信息的度量。信息度量关键在于对度量原理的认识和度量方法以及相应的度量标准的确定。如对产品生产信息、库存信息等的度量，生产部门可作为决定制订生产计划的依据，财务部门则可用来衡量用于投资的成本的价值。

6. 传输性

信息传输可以是时间、空间上的传输，也可以是人与人之间、人与物之间、物与物之间的传输。授权用户可以通过正确的途径在正确的时间获得正确的信息，从而满足其需要。信息的传输性在方便信息资源的交换与共享的同时，既保证了信息利用的及时性、正确性，也保证了防止信息被非法用户使用的安全性。

对管理人员和决策者有用的信息应该具备上述特点，如果信息与环境不相关或者未及时送交给决策者，那么它们对组织就不会有太大的价值。当然，信息在其特征方面的质量表现可以依赖于具体的需要，比如市场调研数据警示竞争对手可能正在准备实施减价措施，减价的具体细节或时间安排并不是很重要，重要的是能提前得到警示，以计划对竞争对手的减价措施做出反应，即着眼于信息的时效性、传输性的考虑。

2.1.3 信息的价值量

信息的质量可以通过其价值量来体现。凡是能称为信息的数据都具有有用性，都能体现出一定的价值。不同的信息所含的信息量不同。信息量的大小或多少取决于信息内容消除人们对事物认识的"不确定程度"。消除的不确定程度大，则发出的信息量就大；消除的不确定程度小，则发出的信息量就小；如果事先就确切地知道信息的内容，则信息中所包含的信息量等于零，此时就不能称之为信息。

申农将物理学中的熵（entropy，系统无序程度的度量）引入信息论中，用以描述不确定性的大小，熵越大，不确定性也越大。而信息则是用于消除不确定性的，因此信息的价值量可以用负熵来度量，即信息量的注入引起了系统熵的减少，公式如下：

$$H(x) = -\sum P(x_i) \log_2 P(x_i) \quad i = 1, 2, 3, \cdots, n$$

其中，x_i 代表第 i 个状态，$P(x_i)$ 代表出现第 i 个状态的概率，$H(x)$ 代表消除不确定性所需的信息量。

信息量的单位叫作比特（bit）。1 比特的信息量也即为含有两个独立等概率状态的事件所具有的不确定性能被全部消除所需要的信息。例如：A 地某事物有 8 种状态（等概率），需要通知 B 地其当前的状态（概率为 1/8），则需要的信息量为：$-1/8 * \log_2(1/8) * 8 = 3$ bit。

该结果的实质就是从 A 地到 B 地需要 3 位二进制位来传递该信息,这是数据通信中的基本概念。

2.1.4 管理信息的分类

信息是一种十分复杂的研究对象,这里主要指管理信息,所谓管理信息是指在组织的日常事务活动中产生的、反映和控制管理过程的、经过加工的数据。管理信息是组织管理的基础,根据使用的需要,管理信息可以分为如下类型。

1. 按管理职能

可分为市场信息、技术信息、人事信息、客户信息、产品信息、销售信息、财务信息等。

2. 按管理层次

可分为战略级信息、战术级信息、作业级信息等。

3. 按信息来源

可分为内部信息和外部信息。

4. 按信息流向

可分为输入信息、输出信息、反馈信息等。

此外,管理信息还可以按信息使用频率、信息保存时间甚至按信息载体的性质(连续信息和离散信息)加以划分。信息的分类方法有助于指导信息系统中的数据有效组织。

2.2 系 统

2.2.1 系统的组成和概念

通过第 1 章内容,读者已对系统的有关概念有了初步认识,系统是由一系列为实现一定目标而相互联系、相互作用的元素组成的集合。组成系统的元素本身和它们之间的关系决定了系统是如何工作的,这种关系也称为系统结构。系统具有输入、处理机制、输出和反馈机制,图 2-1 给出了系统的概念模型。图中,整个区域为系统环境;椭圆形实线表示系统边界;A、B、C、D 分别代表不同的系统元素,它们之间的箭头表示相互之间的关系。整个系统通过系统输入,经过各个元素之间处理进行系统输出。

从系统的组成角度,对系统的一般概念模型还可以进一步抽象成更简洁的数学模型:$S=\{I,P,O\}$,即系统是由输入、输出和处理三个部分组成,其中,输入给出处理所需要的内容和各种限制条件,$I=\{i_1,i_2,\cdots,i_n\}$,即所有输入的有限集合;处理是根据输入的内容及系统目标进行各种加工和转换,$P=\{p_1,p_2,\cdots,p_m\}$,即所有处理函数的集合;输出是指处理后所得到的结果，$O=\{o_1,o_2,\cdots,o_j\}$，即所有输出的有限集合，其中的"处理"部分包含了"反馈"机制。关于系统中的"黑箱"(blackbox)理论就是指系统的输入和输出均已知，而系统的处理未知。系统的"黑箱"理论是软件测试的一种方法的指导思想。

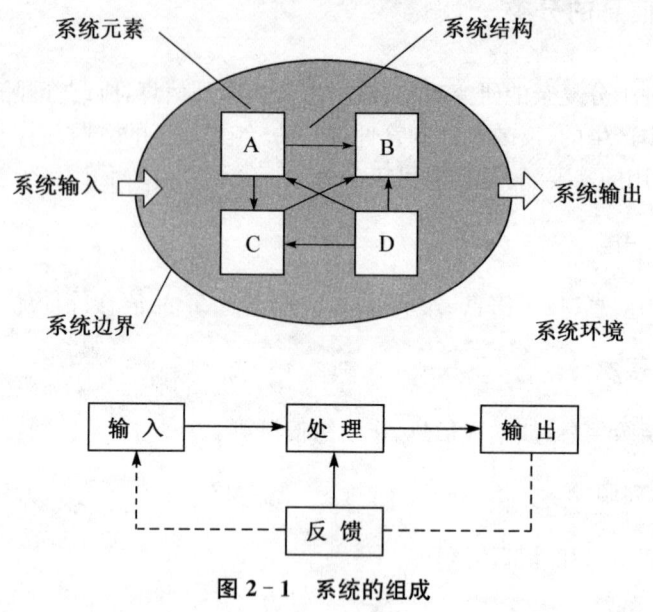

图 2-1 系统的组成

2.2.2 系统的特征

通过对系统特征的认识可以进一步加深对系统这一概念的理解。系统主要表现为如下几个特征。

1. 整体性

整体性是系统最重要的特征，它也是系统论的基本原理之一。所谓系统的整体性是指一个系统由两个或两个以上既相互区别又相互联系的元素有机组合而成。"相互区别"是指每个元素都具有独特的性质和功能。系统的各个组成部分虽然在功能上相对独立，但是它们之间又是相互联系的。所谓"相互联系"是指这些元素为了一个共同的目标而相互关联、相互作用、相互制约。"有机结合"是指"整体大于部分之和"，即由若干元素组成的整体表现出的性质和功能绝不是各个元素的性质和功能的简单相加，只有按照一定的结构有机地加以组织，"部分"才能在"整体"中体现出它的价值和意义。计算机系统与组成它的软件元素及各个硬件元素（显示器、键盘、CPU 等），它们所表现出的整体性不言自明。

2. 层次性

层次性是系统的一种基本特征，它也是系统论一种基本原理。系统的层次性是指，由于组成系统的诸多要素的不同，使系统的组织结构在地位和作用、结构和功能上表现出的等级秩序性。一个系统由若干元素组成,其中的元素又可能由低一层的元素组成,最底层的元素则是组成系统的最基本单位。系统的组成层次呈树型结构,如图 2-2 所示。系统层次性的区分是相对的,系统的整体性也是在一定层次中形成一定结构基础上的整体性,系统的功能则是指系统与外部环境(它的上层系统)相互联系和相互作用的秩序和能力,它相对于上层的系统而言,一层层地具体化。

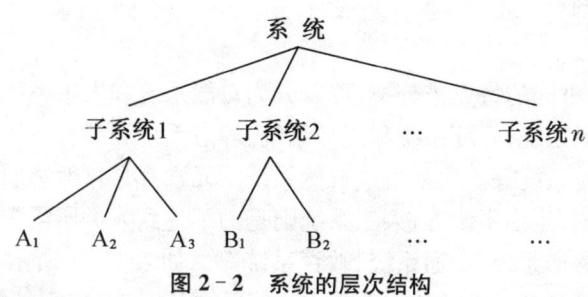

图 2-2 系统的层次结构

系统的层次性有助于加深对复杂系统的认识,这种方法引导人们自觉、主动地控制讨论问题的层次和范围,在某一阶段或某个具体时刻,从所处的环境入手,集中力量了解认识当前层次,这一层的问题弄清楚之后,再根据需要深入下一层次的细节中去。认识一个系统层次性的过程也就是系统分解的过程,即将一个功能和结构复杂的系统按一定的"原则"分解成若干个复杂程度较小的子系统,层次的宽度和深度取决于系统的规模和复杂性。这里的"原则"在第 5 章和第 6 章中以信息系统为背景作具体讨论。

3. 目的性

系统的目的性是系统发展变化时表现出来的特点。系统在与环境的相互作用中,在一定的范围内,其发展变化表现出坚持趋向某种预先确定的状态。一个系统的状态不仅可以用其现实状态来表示,还可以用发展终态来表示,或用现实状态与发展终态之间的差距来表示。"目的"本来限于表达与人的意志活动相关联的范畴,系统科学的兴起赋予目的性以全新的科学解释。按照控制论的观点,目的性行为是受到反馈控制的行为,系统的目的可以通过系统的活动来实现。因此"目的"简单说来就是预先确定的目标,它引导着系统的行为。这也是系统工程的一种指导思想:要解决的问题需要有一个明确的目标,然后才能找出最优的解决方案并加以实施、监控和修正以达到这一最终目标。

4. 稳定性

任何一个系统均有产生、生长、消亡的过程,它是一个有生命的有机整体,必须置身于具体的环境之中,即开放的而不是自组织的、封闭的,从环境中取得食料——物质、能量、信息等资源,再把经过加工处理后的资源送入环境,影响并改造环境。当然这种环境必须是与系统相关的。这就是说,系统目标的实现不仅取决于系统的内部结构的安排和活动功能,还要受到系统环境的约束。"适者生存",不能适应系统环境变化的系统是没有生命力的。稳定性也即系统的环境适应性,是指通过在一定范围内的自我调节在保持原有有序状态的基础上对外部关系上的表现。显然这种表现不是静止的,而是开放的、动态的;

不是绝对的,而是相对的。也即,稳定是发展中的稳定,稳定是发展的基础,发展是稳定的前提,任何系统都必须遵循这样的规律。

系统的稳定性也说明了系统与系统环境之间的关系,系统通过系统边界与系统环境进行界限,系统环境对系统的作用表现为"输入",系统对系统环境的作用则表现为"输出"。

2.2.3 系统类型

系统可以根据不同的特点来分类,可以分为自然系统和人工系统、简单系统和复杂系统、开放系统和封闭系统、开环系统和闭环系统、静态系统和动态系统、概念系统和实体系统、永久系统和临时系统等。比如组成自然系统的元素都是自然物质,其最大特点是自然形成的,像原子系统、生物系统等;人工系统则是为了达到人类所需求的某种目的,人为建立起来的系统,如生产系统、交通系统、教育系统等。如表2-1所示,从不同角度对系统进行分类,表中对每种类型系统的主要特点进行简要说明。

表2-1 系统分类及其特点

	简单	复杂
按复杂程度	系统内组成部分较少,元素之间的相互关系或相互作用简单直接	系统内由许多高度相关的和相互关联的元素组成
按系统与系统环境的关系	开放	封闭
	与其环境相互作用	与环境无相互作用(除自组织系统外,封闭系统是不存在的)
按刻画系统的状态因素	静态	动态
	随时间没有什么变化	随时间推移而变化
按系统的抽象程度	概念	实体或物理
	由抽象的不可触摸的概念、原理、原则、方法、制度、过程、步骤等元素组成	是完全确定的、已存在的实体系统,由具有实体的完全确定的物质组成
按系统的生命周期	永久	临时
	在很长的时间段内存在、有效	只是短时间内存在
按系统是否存在反馈	开环	闭环
	系统中存在反馈	系统中不存在反馈

由此可见,信息系统不仅是一个复杂的人工系统,而且是一个开放的闭环的动态系统,从不同的角度,它既可以看作一个概念系统,也可以看作一个实体系统。

2.3 管理与组织

一般来说,信息系统是服务于管理的,而管理活动又以组织目标为导向。因此,要使信息系统能为管理所用,最终达到组织目标,我们有必要了解管理与组织的相关概念、职能及其与信息系统之间的关系等内容。

2.3.1 管理的概念与基本职能

管理是人类社会一项经常性的实践活动,自古有之。它不仅是一门科学,也是一门艺术。不同的学者研究管理的目的、侧重面不同,因此对之也有不同的见解。"管理是由计划、组织、指挥、协调和控制等职能为要素组成的活动过程""管理是通过其他人的工作达到组织的目标""管理就是协调人际关系、激发人的积极性,以达到共同目标的一种活动""管理就是领导、就是决策"等代表性观点从不同的角度反映管理性质的某个侧面。我们从其本质的共性观点出发,给出如下定义:管理是指导工作、组织资源以达到组织目标的过程。从对管理的一般性描述的角度,不难发现,管理具有四个基本要素:管理主体——管理者;管理客体——管理对象,一般指人、财、物,但随着生产力的不断发展,管理范围不断扩大,还包括诸如技术、信息等对象;管理目标——管理所要达到的目标,使整个组织活动更富有成效;管理职能和手段——管理过程的具体体现,也是管理的核心,其本质就是管理的"活动"或"行为"。

因此,不难看出所谓"管理"就是管理的主体为达到一定的目标,运用一定的职能和手段对管理对象产生影响与作用的过程。该过程由若干个体现管理职能的活动构成,管理的职能就是管理工作所包含的几类基本活动内容。

1. 计划职能

所谓计划就是确定组织目标,并制定实现目标的策略。计划职能主要解决两个基本问题:一是目标的确定,它决定组织应该做什么,包括评估组织的资源和环境条件等,建立一系列组织目标,包括战略性目标和战术性目标等;二是进程的时序,它制定相应的战略、战术措施以实现这些目标,不同的目标所实施的计划方案也不同。计划职能是管理的首要职能和基本职能。"首要"是因为其他职能的完成必须在计划职能的基础上;"基本"是因为没有计划即没有目标,也就谈不上管理活动。

2. 组织职能

有了计划之后,如何去执行既定的计划?组织是实现决策目标的一种技巧,它通过建立最适合的组织机构并落实与配备相关的人力、物力等资源来体现。因此组织职能简单地说就是确定组织机构,分配组织资源。

3. 控制职能

控制也是管理工作中的重要一环,随着组织内各项工作的展开,管理者需要通过参照计划来建立并使用一套指标体系,来评估组织成员的活动,再对照执行情况,纠正已经脱离或可能会脱离标准的偏差。如果说计划职能侧重于"事先"对行动加以引导的话,那么控制职能则侧重于"事情过程中"对行动加以监督。

4. 领导职能

也称为指挥职能。领导就是指挥、引导、协调并激励组织的成员,为实现组织目标而努力的过程。领导的职能贯穿于管理工作的各个方面,但不能把领导与管理看作一回事,它只是管理中的一个环节,与其他职能的区别主要体现在人际的密切关系,也揭示了管理(实质上就是领导职能)作为一门艺术的性质。

需要注意的是,随着管理理论研究的深入及客观环境的变迁,人们对管理职能会有许多进一步的认识,但管理的这些基本职能不会发生根本性的变化。它们各自发挥着独特的功能和作用,完成管理过程中的基本活动,同时它们又是围绕着管理目标而相互密切联系着的有机整体。

2.3.2 管理活动与决策类型

通常把管理活动分成三个层次:高层管理、中层管理、基层管理。计划职能主要体现在中高层,基层只占很少的比重,控制职能则主要集中在中基层。

1. 高层管理

高层管理的责任范围很广,所处理的问题涉及很多不确定的因素,一般没有固定的套路来遵循,即使有现成的求解模型(比如市场统计模型、预测模型等)可以参照,但模型的数据大多是定性、主观的,而且数据间的关系难以确定和描述(ill-defined),这样活动从决策(decision)理论角度称为非程序性的或非结构化的。例如,决定在何处建立新厂的决策,这一过程包括许多因素,如当前的经济状况、政治气候、可利用的人力资源、该地区的环境与文化氛围等。

2. 基层管理

基层管理与高层管理相对,是程序性的活动或结构化的活动,它一般对应于组织的业务操作层,即面临的是日常业务所处理的问题。这类问题通常都具有良好的规律性和结构性(well-formed),事实易于量化和表示,数据关系易于确定和描述,问题可直接通过有关的数学方法或模型解决。例如,根据固定利率决定把公司的现金存入最佳的存款账户,公司的目标是获得最大的回报,这里利率和回报的关系是已知的,决策活动所要求的数据也已知并且很容易得到。

3. 中层管理

中层管理是介于结构化和非结构化之间的一类问题,通常从事的是基于高层管理和基层管理的半结构化的活动。

关于各类管理活动之间特征的比较描述如表 2-2 所示。

表 2-2 不同管理活动特征的比较

特征	高层管理	中层管理	操作管理
侧重于计划	多	一般	少
侧重于控制	少	一般	多
寿命	1～5 年	1 年	日常
活动范围	广泛	整个功能范围	每个子功能或子任务
活动性质	非结构化	半结构化	结构化
活动结果	创造性、高效益	革新、有效	效率、效果
信息来源	外部、内部	内部、较准确	准确
影响范围	整个组织	部门之间	部门内
参与人数	少数	一般数量	多

以西蒙(A. Simon)为代表的"决策理论"管理学派认为"管理就是决策",整个管理过程就是一系列的决策过程,它不仅仅局限于高层管理人员的工作。其实,根据管理的职能,也不难看出决策是管理的基本任务,通俗地讲,决策就是对未来行动方向的确定和行动方案的选择。上述管理活动的三个层次也就分别对应着三种类型的决策过程:非结构化决策、半结构化决策、结构化决策。这种划分不是绝对的,它反映了人们对决策问题的认识程度,随着对问题认识的不断深化,非结构化类的问题可转化为半结构化类的问题,进而转化为结构化类的问题。表 2-3 是对非结构化决策和结构化决策类型的比较。

表 2-3 非结构化决策和结构化决策

模型特征	非结构化决策	结构化决策
识别程度	问题不确定、参数难以量化	问题确定、参数易量化
复杂性	问题复杂、非重复性	问题较简单
模型描述	需开发专用模型或无法建立模型	通用数学模型 规范描述模型
信息来源	外部或内部综合信息	内部
决策方式	非自动化	自动化

从管理和信息系统的关系来看,管理实施过程的关键是区分效益(有效性,effectively)和效率(efficiently)的能力,也即如何把事情做正确和做正确的事。前者为结构化的问题,可以利用管理信息系统(MIS)为管理者提供信息、辅助决策;而后者为非结构化问题,需要借助决策支持系统(DSS)进行人机交互、参与决策。由此,可以看出信息系统对管理具有重要的辅助和支持作用,现代管理要依靠信息系统来实现其管理职能、管理思想和管理方法。

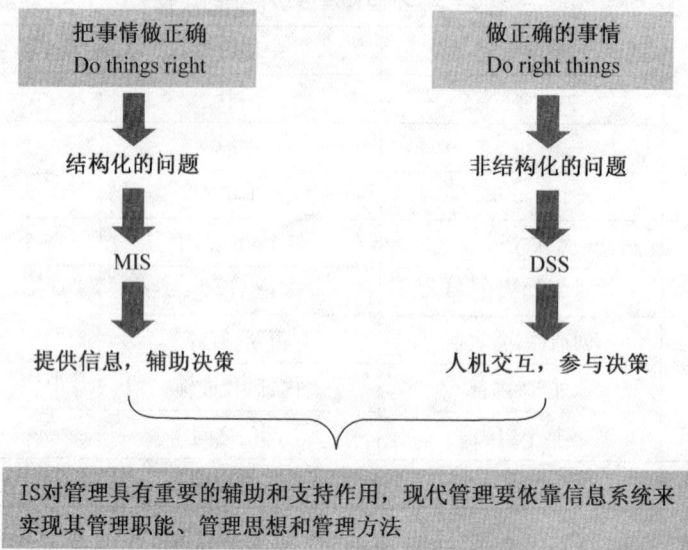

图 2-3 管理与信息系统的关系

2.3.3 组织的概念

管理活动是为了达到组织的目标,可以将"组织"(organization)理解成一个综合的实体,或者看作一个特殊的系统。那么,"组织"究竟是指什么? 它和系统有什么关系?

所谓组织就是指人和其他各种资源(如物、资金)为达到某些目标,按照一定原则组合起来的正式集合。一个有效合法组织均必须具备三个必要条件:目标、功能和机构。营利性组织诸如企业、公司等的首要目标就是通过增加收入和降低成本以使利润最大化,非营利性组织诸如社会团体、高等院校及其他组织等的首要目标就是提供相应的社会服务等。组织要达到某个目标,就要求有一定的职能或功能,它是指做某项工作的能力,而这种能力是靠一定的机构来实现的。目标、功能和机构这三者之间的关系如图 2-4 所示。其中单元功能的集合就是系统功能;单位机构的集合就是组织结构。单元功能和单位机构之间不一定表现为一一对应的关系。从组织的定义可以看出,一个组织就是一个系统。但反过来不一定成立,因为组织的组成元素中包含人的因素,而系统却没有此要求。

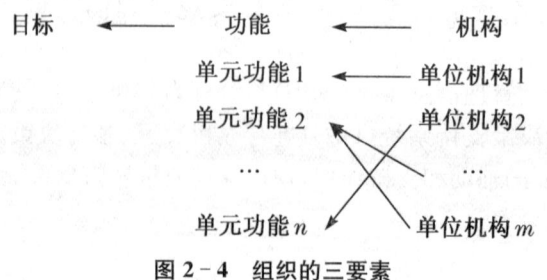

图 2-4 组织的三要素

由组织产生出来的产品或服务要比原先的输入有更高的价值,这种价值的增值是怎样发生的呢?在转换机制中,各个子系统都含有将特定输入转化为已增值产品和服务的过程,在各种输入成为组织的最终输出的过程中,这些增值过程增加了这些输入的相对价值。一般而言,组织建立这些增值过程,并通过把握时机和解决问题来达到它们的目标。信息系统支持组织流程中的各个环节,并工作于其中。

2.3.4 管理、组织和信息系统

所有的企业组织都包含有一系列的增值过程,这是组织的首要目标。价值链(value chain)由一系列完成增值过程的组织活动组成,以企业类组织为例,包括内部的后勤系统、仓库保管、生产、产成品仓储、外部后勤系统、市场营销和销售以及客户服务等,如图2-5所示。

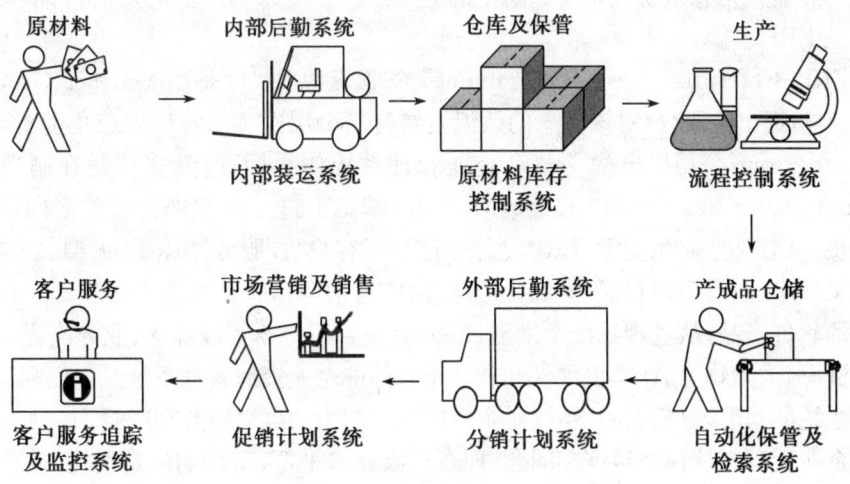

图2-5 某企业组织的价值链

1. 管理、组织与信息系统的关系

组织通过管理活动实现其价值链。管理本身就是一个有序化的过程,管理者需要根据大量、准确、全面、及时的信息,不断做出调整,以体现出管理的效率和有效性,从而保证组织目标的实现。效率是指"做正确的事情",而有效性是指"将事情做正确"。信息系统是管理实现其目标的重要手段,对管理具有重要的辅助和支持作用,而现代管理要依靠信息系统来实现其管理职能、管理思想和管理方法,并最终实现组织价值链。

2. 信息系统在管理组织中的作用

传统观点认为,组织利用信息系统来控制和监督企业的增值过程,以确保效益和效率。信息系统可将来自增值过程中的反馈转化为更有意义的信息,这些信息已对系统的活动做了归纳总结,可作为变动系统运行方式的依据。以这种观点看来,信息系统是在流

程之外的,用于控制和监督流程的运作。

然而,现代观点认为,信息系统与内在的增值过程紧密相连,并将其看作流程本身的一部分。从这种观点来看,信息系统是内部的,是价值链的组成部分,通过提供输入、辅助产品转换、产生输出在流程内发挥作用。因此,对组织而言,不应避开信息系统来理解增值过程,而要考虑信息系统在流程内部的潜在作用。这通常会导致新的发现或开发出完成流程的更好方式,也就是说一个组织看待信息系统所起作用的方式将会影响它完成其增值过程的方式和增值的多少。

2.3.5 信息系统在组织管理中的应用

现代管理借助信息系统来实现组织的价值链,而信息系统作为组织流程的一个组成部分,一方面支持组织实现其目标,另一方面则有效地改进组织的工作流程,使组织获得更大的效益。信息系统在企业组织中的应用经历了一系列阶段的发展,目前使用最为广泛的是 ERP。

ERP(Enterprise Resource Planning,企业资源计划)是由 Gartner Group 公司于 1990 年初提出的概念,对该概念的认识主要有三个层次。从管理思想角度看,ERP 是指 Gartner Group 公司提出的一整套企业管理系统体系标准,其实质是在制造资源计划(Manufacturer Resource Planning,MRP Ⅱ)基础上进一步发展而成的面向供应链的管理思想;从软件产品角度看,ERP 是综合应用了客户机/服务器体系、大型关系数据库、面向对象技术、图形用户界面、第四代语言、网络通信等信息技术成果,以 ERP 管理思想为灵魂的软件产品;从管理系统角度看,ERP 是整合了企业管理理念、业务流程、基础数据、制造资源、人力物力、计算机硬件和软件于一体的企业资源管理系统。我们则主要从管理信息系统的角度,分析 ERP 系统对企业或组织产生的巨大效益和影响。

企业管理者往往面对许多问题,如客户服务水平低、市场响应速度慢、生产成本难以控制、库存资金占用多、销售预测能力差、生产部门信息反馈不及时、生产管理水平低等。对大多数存在上述问题的企业来讲,问题的实质在于对企业的信息缺乏有效的集成,导致内部沟通不畅、沟通代价太高。而企业整体效益的提升来自充分的信息共享和整体业务的优化,来自业务信息的真正集成。真正的信息集成是指对某个部门产生的数据,其他部门可以根据需要和权限来获取和使用,且无论是使用部门还是产生该数据的部门都是基于统一的、实时的信息源。这种集成的实现需要企业的整体协同能力,需要把握整个生产过程,密切协同各部门的工作,需要统一的业务规范和数据操作规范,需要业务的整体改进和持续改进,更需要有力的信息系统作为技术工具支持。ERP 就是专门为解决企业信息集成运用而产生的,它强调供应链的管理,能够把企业的设计、采购、生产、财务、营销等各环节联系起来,共享信息和资源,有效支撑经营决策,从而降低库存,协调生产,提高企业效益。

从管理系统的角度看,ERP 系统具有以下特征:① ERP 是一种集企业管理和信息管理技术为一体的企业管理系统,能够全面记录企业经营活动中各种业务流程,及时向管理者提供有效的决策支持。② ERP 系统是一种功能非常全面的软件包解决方案,通过共享的信息和数据流整合企业流程。它将企业内的所有部门和功能整合在一个单一的计算机系统之中,并满足各部门的特定需求。③ 作为企业资源管理系统的 ERP,其基本思想是将企业的业务流程看作一个紧密联系的供需链,将企业内部划分成几个相互协同作业的支持子系统,如财务、市场营销、生产制造、质量控制、服务维护、工程技术等。④ ERP 作为高度集成的企业资源管理系统,它必然是物流信息与资金流信息的集成。传统 MRP Ⅱ 系统主要包括的制造、供销和财务三大部分将仍然是 ERP 系统所不可或缺的重要组成。随着人们对信息技术和管理系统认识的逐渐提升,企业进行变革的主旋律转向对信息流、资金流和物流的整合。因此可以说,现代企业管理在外观上追求利润的最大化,内涵则是追求企业资源的合理高效利用。这种合理高效的利用主要表现在对业务流程的整合和信息的集成。

一般而言,不同的 ERP 管理系统由于设计思路和方法的不同,其功能划分也有一定的差异,但 ERP 原理却是相同的。ERP 系统一般主要包含供应链管理、生产计划与控制管理、财务管理及人力资源管理四大模块。其具体功能结构如图 2-6 所示。

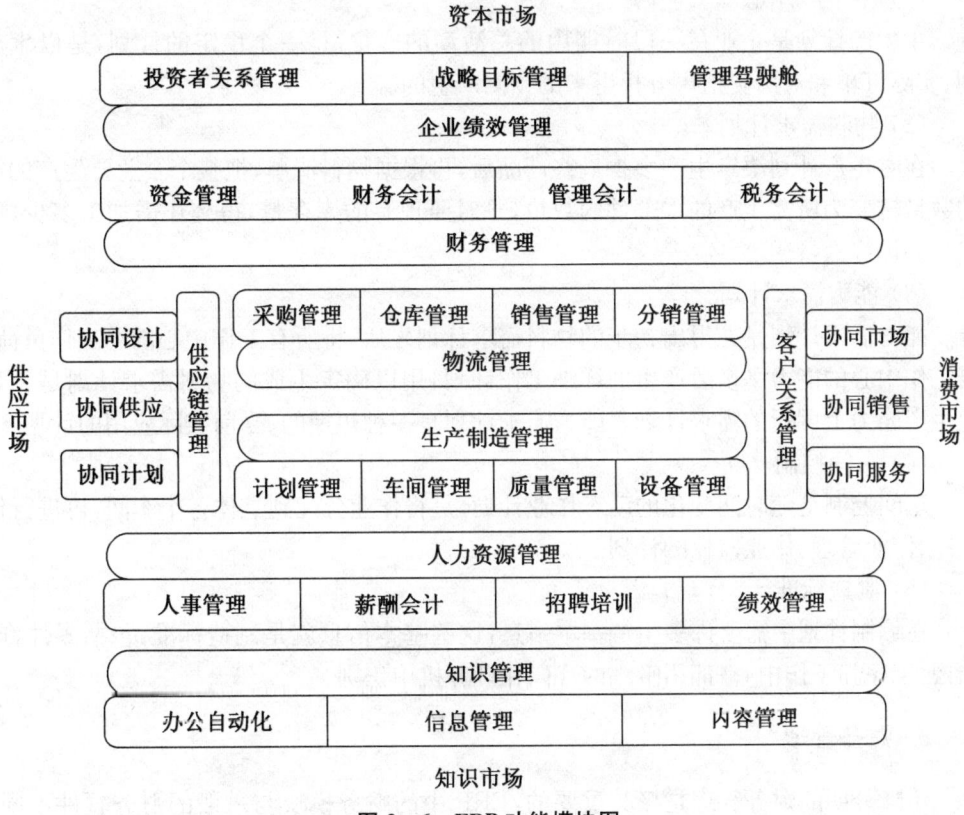

图 2-6 ERP 功能模块图

1. 供应链管理

供应链管理主要包括销售管理、库存控制和采购管理。销售管理从产品的销售计划开始,对各种销售信息进行管理和统计,并做出全面的分析。在销售管理模块中主要包括三个功能：客户信息管理和服务、订单管理、销售统计与分析。

　　库存控制用来控制存储物料的数量，以保证稳定的物流支持正常的生产，但又最小限度占用资本。它是一种相关的、动态的、真实的库存控制系统，能够根据实际需求动态调整库存。该系统的功能大致包括：建立库存，确定订货采购时间，为采购、生产部门提供决策支持；接收订购物料，并进行质量检验入库；收发物料的日常处理工作。采购管理确定合理的订货量、优秀的供应商和保持最佳的安全储备。建立供应商档案，用最新的成本信息来调整库存的成本。一般包括：供应商信息查询、加工物料的跟催、采购与委外加工统计、原料价格分析等，为库存控制提供依据。

2. 生产计划与控制管理

　　生产计划与控制管理是 ERP 系统的核心，它将整个企业的生产过程有机结合在一起。生产控制管理是一个以计划为导向的先进的生产、管理方法。首先，企业确定它的一个总生产计划，再经过系统层层细分后，下达到各部门去执行。

　　(1) 主生产计划

　　主生产计划是企业在一段时期内的总活动的安排，是一个稳定的计划，是以生产计划、实际订单和对历史销售分析得来的预测产生的。

　　(2) 物料需求计划

　　在主生产计划决定生产多少最终产品后，再根据物料清单，把整个企业要生产的产品的数量转变为所需生产的零部件的数量，并对照现有的库存量，得到还需加工多少，采购多少的最终数量。

　　(3) 能力需求计划

　　能力需求计划是在得出初步的物料需求计划之后，将所有工作中心的总工作负荷，在与工作中心的能力平衡后产生的详细工作计划，用以确定生成的物料需求计划是否是企业生产能力上可行的需求计划。能力需求计划是一种短期的、当前实际应用的计划。

　　(4) 车间控制

　　车间控制是随时间变化的动态作业计划，是将作业分配到具体各个车间，再进行作业排序、作业管理、作业监控的计划。

　　(5) 制造标准

　　在编制计划中需要许多生产基本信息，这些基本信息就是制造标准，包括零件、产品结构、工序和工作中心，都用唯一的代码在计算机中识别。

3. 财务管理

　　清晰分明的财务管理是极其重要的，ERP 中的财务模块与一般的财务软件不同，作为 ERP 系统中的一部分，它和系统的其他模块有相应的接口，能够相互集成，一般的 ERP 软件的财务部分可分为会计核算与财务管理两大块。

　　(1) 会计核算

　　会计核算主要是记录、核算、反映和分析资金在企业经济活动中的变动过程及其结果。它由总账、应收账、应付账、现金、固定资产、多币制等部分构成。

(2) 财务管理

财务管理的功能主要是基于会计核算的数据,再加以分析,从而进行相应的预测,管理和控制活动。它侧重于财务计划、控制、分析和预测。

4. 人力资源管理

以往的 ERP 系统基本上都是以生产制造及销售过程(供应链)为中心的。因此,长期以来一直把与制造资源有关的资源作为企业的核心资源来进行管理。但近年来,企业内部的人力资源,开始越来越受到企业的关注,被视为企业的资源之本。在这种情况下,人力资源管理作为一个独立的模块,被加入 ERP 的系统中,和 ERP 中的财务、生产系统组成了一个高效的、具有高度集成性的企业资源系统。人力资源管理主要包括以下几方面:

(1) 人力资源规划的辅助决策

对于企业人员、组织结构编制的多种方案,进行模拟比较和运行分析,并辅之以图形的直观评估,辅助管理者做出最终决策;制定职务模型,根据担任该职位员工的资格和条件,提出针对本员工的一系列培训建议,一旦机构改组或职位变动,系统会提出一系列的职位变动或升迁建议;进行人员成本分析,可以对过去、现在、将来的人员成本做出分析及预测,并通过 ERP 集成环境,为企业成本分析提供依据。

(2) 招聘管理

人才是企业最重要的资源。招聘系统一般从以下几个方面提供支持:进行招聘过程的管理,优化招聘过程,减少业务工作量;对招聘的成本进行科学管理,从而降低招聘成本;为选择聘用人员的岗位提供辅助信息,并有效地帮助企业进行人才资源挖掘。

(3) 工资核算

能根据公司跨地区、跨部门、跨工种的不同薪资结构及处理流程制定与之相适应的薪资核算方法;与时间管理直接集成,能够及时更新,对员工的薪资核算动态化;通过和其他模块的集成,自动根据要求调整薪资结构及数据。

(4) 工时管理

根据本国或当地的日历,安排企业的运作时间以及劳动力的作息时间表;运用远端考勤系统,可以将员工的实际出勤状况记录到主系统中,并把与员工薪资、奖金有关的时间数据导入薪资系统和成本核算中。

(5) 差旅核算

系统能够自动控制从差旅申请、差旅批准到差旅报销整个流程,并且通过集成环境将核算数据导进财务成本核算模块中去。

ERP 能为企业带来巨大的效益。不单有经济效益的直接提高,还有管理的标准化以及行业竞争力的提高。另外,它还对企业形象改善、管理思维提升、员工积极性的激励方面都有所帮助。作为一套先进的资源管理系统,可为企业提供准确、及时、集成的信息,对各种资源利用状态的监控,以及提供强大的分析工具,可以为战略计划提供强有力的支持,对提高企业管理水平具有重要意义。

2.4 信息系统

2.4.1 信息系统的概念

信息系统是一种专门类型的系统,从系统这一概念的角度,可以将信息系统定义为一系列相互关联的可以收集(输入)、操作和存储(处理)、传播(输出)数据和信息并提供反馈机制以实现其目标的元素或组成部分的集合,其抽象模型如图2-7所示。

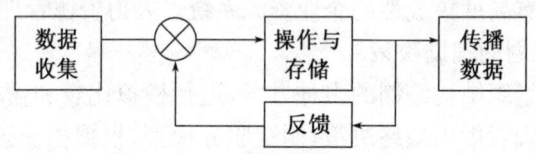

图2-7 信息系统抽象模型

在信息系统中,输入是获取和收集原始数据的活动,既可以是一个手工过程,也可以是自动的;处理是将数据转换为有用的输出,包括计算、比较、分类、查询、存储等操作;输出是指生成有用的信息,通常以文档和报告的形式出现。某些情况下,一个系统的输出能用于另一个系统的输入或控制其他的输入;反馈是一种用来改变输入或处理的输出。反馈回来的误差或问题可以用来修正输入数据,或者改变某过程。反馈对管理人员的决策也很重要。

许多人认为有了计算机才有信息系统,或者说没有计算机就没有信息系统,其实这种说法是错误的。许多信息系统最初都是手工形式的,只不过它们被称为基于人的信息系统,通过组织结构和结构中的人利用口头语言和纸介质的文件等手段传递信息,然后逐步发展成为计算机信息系统。例如,一些投资分析家手工绘制图表和趋势线,以帮助他们做出投资决定。而现在已经开发出了大量的用来分析股票指数、进行市场分析、建议买卖股票时机的软件系统。而基于计算机的信息系统由硬件、软件、数据库、网络通信、人员和收集、操作、存储并将数据加工为信息的各种过程组成。应该强调的是,从现代信息系统应用的实践中发现,只是简单地将手工信息系统计算机化,依靠信息技术来提高数据处理的速度和精度、减轻管理者的劳动强度等,而不充分利用先进的管理方法和管理手段,是不能体现出信息系统是组织价值链中的增值环节,也不能优化组合组织中的局部流程。这样的管理信息系统只能是一个低层次意义上的仿真系统,并不能从根本上改进系统(组织)的性能。

考虑到组织要完成许多不同类型的活动、实现各种决策,因此也就需要有许多不同类型的信息系统。目前,在大多数组织中最常见的信息系统是事务处理系统(Transaction Processing Systems,TPS)、管理信息系统(Management Information System,MIS)、决策支持系统(Decision-making Support System,DSS)和专家系统(Expert System,ES)等,这些系统一起帮助组织中的工作人员完成日常工作和各种专门工作,如从记录销售记录、处理工资单，到支持各部门的计划和决策，再到提供大项目和各种机会的解决方案等。以下将介绍几种当前组织中常见的信息系统的类型，以进一步认识信息系统是如何在组织中发挥其作用的。

2.4.2 事务处理系统

从 20 世纪 50 年代开始，计算机已用于一般的企业中，主要是通过将许多日常的、劳动密集型的企业系统实现自动化来降低成本。这些早期的计算机系统后来被称为事务处理系统(TPS)，它是当今企业界信息系统的基础。

所谓事务(transaction)就是一个组织中日常发生的基本业务活动。比如某一时刻对某个客户的销售记录或向供应商支付的一笔货款记录，或对某件订单状态的跟踪，或对员工考勤时间卡的登记等都可以看成一个事务。事务处理也就是面向这些日常的、重复的、普通的事务，对它们进行记录、更新、分类、汇总等。组织中的事务处理有几个显著特点：① 事务处理流程有规律、稳定；② 业务量大；③ 事务数据的完整性、准确性、及时性要求高。事务处理可以是手工的，也可以是自动化的，事务处理是现代组织计算机化首先要进行的业务之一，以事务处理为主的信息系统称为事务处理系统，自动化的事务处理系统包括数据库、网络通信、人、过程、软件和硬件等组成部分。

1. 事务处理系统的基本活动

(1) 数据收集

获取和收集完成事务处理所需数据的过程称为数据收集。该过程要求及时准确地记录数据，手工工作量应降到最小，数据最好直接送入计算机。

(2) 数据验证

数据验证是处理事务数据的一个重要步骤，以检查数据是否有效和完整。例如，记录数量的数据必须是数值型的，否则数据无效。

(3) 数据修改

无效数据不能被拒绝，系统应提供错误信息，以便向数据编辑器提供警告，这些错误信息应指出出现了什么问题。数据修改就是提供潜在问题的反馈并使用户重新输入那些错误键入或错误扫描的数据。

(4) 数据操作

即执行计算以及其他与组织事务相关的数据转换过程。根据事务处理的特点，TPS 除了进行大量的数据输入和输出外，通常完成一些简单的而不是综合或复杂的处理操作，这些操作包括数据分类、数据排序、计算、汇总结果和存储数据等，以做进一步处理。

(5) 数据存储

数据存储是指用新事务来更新数据库，将事务数据放在一个或多个数据库中。一旦完成更新，数据可被其他系统进一步处理和使用。因此，事务数据库又被认为是事务处理的副产品(by-product)，它们对组织的其他信息系统和决策支持过程都将产生显著影响。

(6) 文档生成

文档生成指生成输出记录和报表的过程,它们可以是硬拷贝的纸质文档或软拷贝的屏幕输出等。

2. 事务处理方法

(1) 批处理

计算机化的事务处理系统一开始只有一种处理方法——批处理(batch processing),所谓批处理就是将一段时间内的一批事务进行一次性的集中处理。这段时间的长短需根据用户的实际需要而定,例如,工资单系统接受时间卡并按月或周生成转账单、更新员工工资记录和分配劳动成本。批处理系统的重要特征是在事件的发生和更新记录的最终事务处理之间有延迟。

(2) 联机事务处理

对一个组织而言,事务处理系统所用的技术越先进、技术含量越高,一方面能获得很高的投资回报率,另一方面也增强了其竞争优势。通常把技术含量较高和较先进的事务处理系统称为联机事务处理(On-Line Transaction Processing,OLTP)或实时处理(real-time)。这种方法中每个事务及时进行处理,而不累积成批,因此联机事务处理的数据在任何时刻都能反映当前状况,如航空订票系统、股票交易系统等。

并不是使用最先进的处理技术或方法的事务处理系统就是最好的,组织中所选事务处理的方法要适合其不同的应用。

3. 事务处理系统的目标

(1) 处理由事务产生的及与事务相关的数据

TPS的基本目标是获取、处理和存储事务数据以及及时产生与组织例行活动相关的不同文档。对一个企业而言,这些活动直接或间接地与销售或客户服务有关,如处理订单、购买材料、控制库存、监控生产过程等,它们构成了TPS要处理的事务。

(2) 确保数据的正确性、完整性

任何TPS的目标之一都是输入和处理无错数据,且要求数据的完整一致性。

(3) 提高劳动生产率

人工事务处理不仅需要众多员工和设备,而且有时花费很长时间才能生成所需文档。许多TPS由于节省了劳力而降低了成本,对实时性要求高的事务,随着信息技术的发展都得到了及时的响应。

(4) 有助于改善产品或服务

对于大多数组织,要求TPS能支持有助于组织的产品和服务增值的常规业务中例行的和日常的活动。例如,发货人和收货人输入订单编号就能访问联机数据库,通过获得和跟踪订单的状态,能及时、准确了解所需货物的当前所在位置。

(5) 有助于建立和维持客户忠诚度

TPS常充当与客户通信的工具这一角色,因此需考虑能否让客户满意或再次光临等。

这些目标的相对重要程度取决于组织自身的特征和目标,达到以上目标的事务处理系统有助于降低成本,提高生产率、质量、客户满意度,更有效率和有效地实现组织目标。

2.4.3 管理信息系统

随着事务处理系统应用规模的扩大,大多数组织逐步认识到在事务处理系统的设备、计算机程序的开发、专业化人员等方面的投入是非常值得的。并且人们很快发现这些系统不仅能加快组织事务处理活动的速度和提高精度、降低人工成本等,而且它们所存储的数据还能帮助管理人员在其各自领域做出更好的决策。满足这些管理人员和决策者的需求也成为开发信息系统的重要因素,管理信息系统(Management Information System,MIS)也就是在这样的背景之下提出的。

1. 管理信息系统的概念

管理信息系统(MIS)一词最早出现在20世纪60年代,瓦尔特.肯尼万(Walter T. Kennevan)认为管理信息系统是以书面或口头的形式,在合适的时间向经理、职员以及外界人员提供过去的、现在的、预测未来的有关企业内部及其环境的信息,以帮助他们进行决策。这个定义显然没有涉及计算机等信息技术,只是从管理的角度提出的概念。它主要强调了向管理者提供信息,支持有效的管理决策和每日事务的反馈。

直至1985年,"现代"管理信息系统的创始人——美国明尼苏达大学卡尔森管理学院的著名教授高登·戴维斯给出了采用现代信息技术的"MIS"定义:管理信息系统是一个计算机软件和硬件、手工作业、分析、计划、控制和决策模型以及数据库的用户等元素的有组织的集合——机器系统,它能提供信息,支持企业或组织的运行、管理和决策功能。也就是说MIS除了能够提供企业或组织所需要的事务处理外,还能提供信息支持管理方面的问题和决策。这个定义说明了现代管理信息系统依然离不开人的因素,还需要人的手工作业,通过人与机器的交互、协调,使信息系统从操作层、管理层和决策层上提供相应支持。

管理信息系统一词在20世纪70年代后期被引入国内,1984年《中国企业管理百科全书》中给出了MIS的定义,"管理信息系统是一个由人、计算机等组成的能进行管理信息的收集、传递、存储、加工、维护和使用的系统。它能实测企业的各种运行情况,利用过去的数据预测未来,从全局出发辅助企业进行决策,利用信息控制企业的行为,帮助企业实现其规划目标。"

1996年劳顿(Laudon)教授指出"信息系统技术上可以定义为支持组织中决策和控制而进行信息收集、处理、存储和分配的相互关联部件的一个集合。"从前面的介绍,可以看出信息系统是一个内涵很小、外延很宽的概念,因此一个MIS肯定就是一个信息系统,或者说MIS是多种类型信息系统中的一种。但从劳顿对MIS的描述可以看出,信息系统就是管理信息系统,信息系统一词可以用来代替管理信息系统。也就是说,随着信息技术的日益发展,原先的管理信息系统广义上不只局限于企业,也不局限于管理,而是应用范围更广、更偏向于信息技术,更强调了系统的集成。所以,信息系统和管理信息系统这两者在某种意义上可以看作同义词,但现在还有许多人将信息系统依然称为管理信息系统,一是习惯问题,毕竟管理信息系统在业界先入为主;二是信息系统这个词在其他领域(如电子技术专业)中也有使用,区别二者可避免认识上的误区;三是这两者严格意义上还是有界限的。

由此可见,管理信息系统的主要目标是帮助管理者了解日常的业务以便进行既有效又高效的控制、组织、计划,最后达到组织的目标。MIS 能根据事务处理系统提供的数据和信息为管理人员生成各种管理报告和报表,以辅助他们进行决策,支持组织的增值过程。综述起来就是"管理信息系统是用来为管理人员和决策者提供日常信息的人员、过程、数据库和设备的有组织的集合"。现代管理信息系统更加强调信息技术这一成分的作用。如果说 TPS 主要面向组织底层的各种业务人员的话,那么 MIS 则面向组织各个层次的管理人员。TPS 向 MIS 提供所需数据支持,从事务处理上升到信息管理,例行处理减少,决策支持增加,输入输出减少,处理和分析的综合性和复杂性增加。

2. 管理信息系统的输入和输出

管理信息系统的输入数据源来自内外两方面。最直接的内部数据源便是组织内的各种 TPS,其他内部数据则是来自整个组织的不同职能部门。外部数据源则包括诸如客户、供应商、竞争对手等。

管理信息系统运用获取的数据,并对它们加以处理,这些处理的结果通常为预先设定的报表,以便管理者使用。大多数 MIS 的输出是分发给管理者的各式报表,这些报表通常为进度报表、需求报表、异常报表和常规报表。

(1) 进度报表(scheduled report)

按周期或按日程生成的,如每日、每周、每月的报表。这类报表可描述诸如库存状况、生产活动、销售量等数据,管理者和执行人员可利用它们对重要的业务问题做出快速正确的反应。

(2) 需求报表(demand report)

按管理者的要求为提供某些信息而开发的报表。比如要想知道某个特定商品的库存状况。

(3) 异常报表(exception report)

是指当情况出现异常或需管理者加以注意时由系统生成的报表。设定异常报表的参数或"触发点"应需根据组织的业务规则周密考虑,因为它们会直接影响到管理者的决策。比如,对某些产品库存下限的设定,若触发点设定过高,其结果自然就是异常报表数量过多,若触发点设定过低则可能意味着需加注意的问题却未引起重视。

(4) 常规报表(routine report)

就某一情况为管理者提供更为详尽的数据。如银行贷款中的坏账数目激增,有关人员就会对银行的全部电子数据加以"追查",以探明是否银行的坏账问题源自某一特定类型的贷款、特定部门、特定客户群。

总之,管理信息系统的报表能帮助管理人员更好地制定计划、做出决策并对组织的运作加强管理。当然,上述不同类型的报表可能会出现彼此间的交叉重叠,如对某种货品,管理者既可以设定触发点而获得异常报表,也可以获得关键指标报表。为保证最佳的输出结果,对各类报表设计时应考虑如何将正确的信息在适当的时间以正确的格式传送到正确的人手中。

3. 管理信息系统的功能

管理信息系统向管理者提供信息及反馈,使他们能够深入洞察组织的日常运转状况,使管理者能将现有结果与预定目标做比较,确定问题所在,寻求改善的途径和机会,及时做出高质量决策,实现组织目标。MIS的功能可概括为"提供信息,辅助决策",这里的决策大多数是管理者自身素质下的个人行为,即做出决策方案的依然是人,而不是机器,他们只是参考和利用了所提供的信息而已。那么管理信息系统又是如何去产生正确的信息的呢?

MIS是一种系统,从系统的角度,MIS包括数据和信息的输入、处理和输出等功能,如图2-8所示。

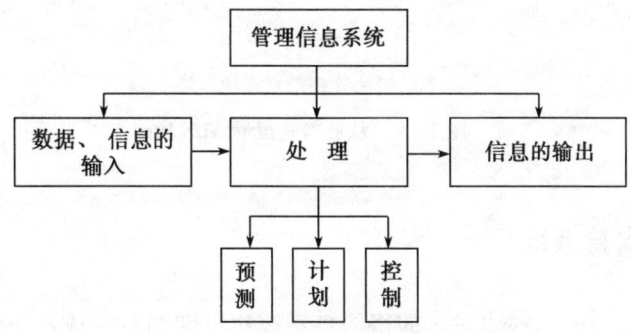

图 2-8 从系统角度看 MIS 功能

其中,预测功能是指运用应用数学的方法,根据过去的、现在的数据来预测未来的情况。例如,产品销售订单数量预测。计划功能是根据提供的约束条件,为不同的管理层及职能部门提供及安排相应的计划报告。例如,制定产品物料需求计划。控制功能是根据各职能部门提供的数据,对计划执行的情况进行监测、检查和对比,以纠正、调整计划的合理执行。例如,制造过程的关键就是库存控制,像零库存(JIT,Just-In-Time)以及前文所述的ERP的库存控制。

需要指出的是,并不是所有MIS都是相同的,有些MIS仅具备这些功能的一部分,或者具有一些上述没有提及的功能。

大多数组织的组织形式按功能链或功能区构建而成,一个组织的管理任务结构除横向划割为不同的职能部门外,还可将其纵向划分为战略、战术和操作三块。如图2-9所示的以企业组织为例的MIS功能结构,每一功能区利用自身包含的一系列特定的功能子系统实现其工作,在完成某一功能时各个MIS通过数据共享和交换相互关联。不同职能部门需要不同信息为决策提供支持,但有时它们也有些相同的或综合的信息需求。从信息用户角度来看,MIS应该支持整个组织在不同层次上的各种功能,构成一个有机整体。

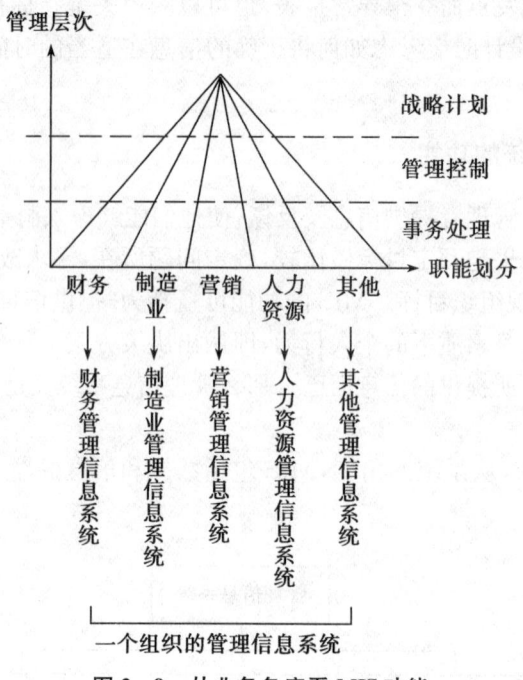

图 2-9 从业务角度看 MIS 功能

2.4.4 决策支持系统

到 20 世纪 80 年代，技术进步使得信息系统比早期的系统成本更低且功能更强。组织中各层次的人员都开始使用个人电脑完成各种工作，他们并不仅仅依靠信息系统来提供全部所需信息，还开始认识到计算机系统还能支持其他的决策活动，当问题很复杂且制定最佳决策所需的信息难于获得和利用时，通常使用决策支持系统。

决策支持系统（Decision Support System，DSS）就是指用于支持专门问题决策的人力、过程、软件、数据库和设备等的一个有组织的集合。从理论上讲，DSS 可以支持和辅助各种问题的决策过程，帮助组织内部不同层次的管理者。正如同"管理与组织"这一小节所介绍，决策的范围比较广泛，从高度结构化问题的决策，到半结构化、非结构化问题的决策。传统管理信息系统仅仅针对结构化问题生成各种报告，而 DSS 已超出传统管理信息系统的范围，能对传统 MIS 不支持的复杂问题提供立即支持和帮助。这些复杂的问题大多是特别的、不是很直观的——半结构化问题或非结构化问题，这种类型的问题有时会比结构化问题对组织更有影响，这也是为什么 DSS 对组织非常重要的原因之一。决策支持系统的关键在于决策的有效性，如果说 MIS 帮助组织"将事情做正确"，那么 DSS 则帮助管理人员"做正确的事情"，它侧重于为组织的高级管理层提供获得高利润、降低成本、生产更好的产品和提供更好的服务的可能性。

决策支持系统主要包括用于支持决策者或用户的模型集（模型库）、现成的用于求解问题的方法集（方法库）、辅助决策的事实和信息集（数据库），以及帮助决策者及其他用户与决策支持系统交互的系统和过程（对话管理器/用户界面），如图2-10所示。模型库中的模型通过对话管理器由方法库中的若干方法生成。模型是用来模拟现实世界的一种抽象或者近似，模型可以廉价地（相对真实世界而言）建立和操作，用来确定各种决策的影响。当然，在有多个模型可供选择的情况下，决策者要花

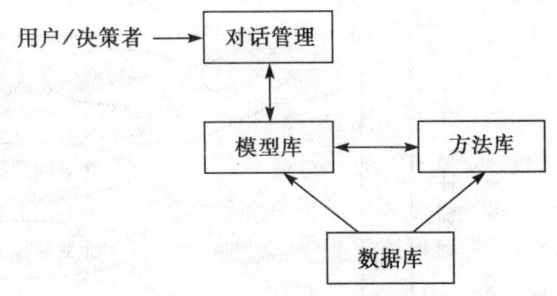

图2-10 决策支持系统的基本元素

费很多时间和精力来决定使用哪个模型。DSS支持管理人员做决策，但不是代替其做决策，一方面体现在决策过程中的人机对话需管理人员的自身判断，另一方面表现在决策结果的取舍。

除了事务处理系统、管理信息系统、决策支持系统，组织还经常使用基于人工智能（AI，Artificial Intelligence）领域知识的系统——专家系统（ES，Expert System）。专家系统的特有价值是它们可以让组织获取和利用专家和专门人员的智慧，使得它像某个特定领域的人类专家一样行动、具有人类智能的特征。专家系统是由许多集成的、相互联系的部件组成，如图2-11所示，其中包括：存储了系统所用的所有相关的大量的事实、规则、关系等的知识库（knowledge base），专家系统因此有时也称之为智能决策支持系统或

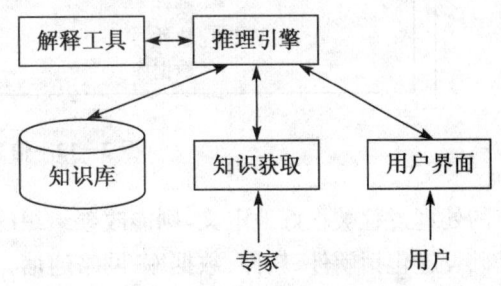

图2-11 专家系统的部件

四库系统；能从知识库中搜索信息及关系并提供答案、预测和建议的推理引擎（inference engine）；可以让用户或决策者理解专家系统是如何得出某个结论的解释工具（explanation facility）；以及为获取及存储知识库中所有元素而提供有效方法的知识获取工具（knowledge acquisition facility）。专家系统的这些组成成分必须协同工作才能为决策制定者提供专家经验和导向。决策支持系统和专家系统不属于本书主要介绍的内容，有关它们进一步的知识感兴趣的读者可参考其他相关文献资料。

2.4.5 企业信息系统的构架

企业信息系统构架（architecture）包括企业过程、企业信息系统和技术基础设施。构架中的各组成部分相互集成在一起，如图2-12所示，图中的虚线表明为了达到目标和增强性能需要集成。

企业计划过程接受从客户、供应商、竞争者和组织而来的各种输入信息，这些信息资源帮助发现企业中的问题并找到各种机会，利用这些机会则可以实现企业特定的目标和战略。企业过程是一系列为实现企业目标的工作任务，包括手工过程、业务规则等，若所

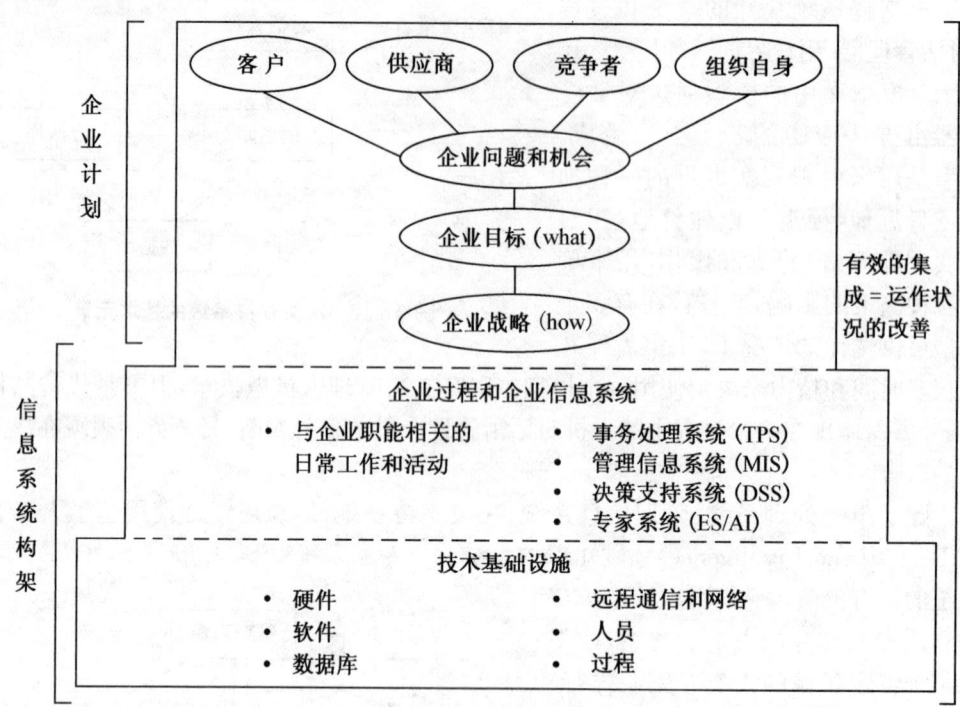

图 2-12 信息系统的架构

有的处理过程被很好地定义，则能改善组织的运营、促进提高其工作效率和有效性。技术基础设施包括硬件、软件、数据库、网络通信、人员和过程等，它们是现代信息系统必要的技术支柱。

2.5 信息系统的技术支柱

现代信息系统是硬件、软件、数据库、网络、人和过程的集合。在这一小节中，将从使用和技术的角度介绍信息系统基础设施的关键部分——数据库和计算机网络。考虑其自身的体系性，这里仅围绕与建设信息系统有着密切关系的内容做介绍。同时从软件开发的角度描述软件工程和信息系统开发方法及开发过程之间的关系。

2.5.1 数据库技术

1. 数据库和信息系统的关系

数据库是信息系统的核心和基础。数据库把信息系统中大量的数据按一定的模型组织起来，提供存储、维护管理、检索数据的功能，使信息系统可以方便、及时、准确地从数据库中获得所需的信息。一个信息系统的各个部分能否紧密地结合在一起以及如何结合，关键在于数据库。因此，只有对数据库进行合理的逻辑设计和有效的物理设计才能开发出完善而高效的信息系统。

从计算机技术的发展看，当今和未来的企业信息系统对数据库的要求已不仅仅是存储和管理数据，而是如联机事务处理(OLTP)、联机分析处理(OLAP)、数据挖掘、数据仓库等新技术的多方面的应用。

在数据库领域，常常把使用数据库的各类系统称为数据库应用系统，信息系统就是一种典型的数据库应用系统。

2. 关系数据模型概述

关系数据模型是目前最主流的一种数据模型，关系数据库系统采用关系数据模型作为数据的组织方式。关系数据模型与以往的模型不同，它是建立在集合论这一严格的数学理论基础上的。关系数据模型由关系数据结构、关系操作集合和关系完整性约束三部分组成。

(1) 关系数据结构

关系模型的数据结构非常单一。在关系模型中，现实世界中的实体及实体之间的各种联系均用关系来表示。在用户看来，关系模型中数据的逻辑结构是一张二维表，它由行和列组成。一个关系就可以非形式化地定义为一张二维表，表中的每一行为一个元组或记录，每一列为一个属性。属性的取值范围称为域(域可以直接理解为属性的类型、长度)，元组中的一个属性值称为分量。模式(schema)是数据库中所有数据逻辑结构的描述，它仅仅涉及"型"的描述，不涉及具体的"值"。关系模式(relation schema)是对关系的描述，通常可表示为：

关系名(属性1,属性2,…,属性n)

例如，在大学课程选修系统中，学生、课程、学生与课程之间多对多联系在关系模型中可以如下表示：

学生(学号,姓名,专业号)

课程(课程代码,课程名称,学时)

课程选修(学号,课程代码,成绩)

若关系中的某一属性组的值能唯一地标识一个元组，则称该属性组为候选码(candidate key)。若一个关系有多个候选码，则选定其中一个为主码(primary key)。包含在任何一个候选码中的属性称为主属性，不包含在任何码中的属性称为非主属性或非码属性。最简单的情形下，单个属性是码；在最极端的情形下，一个关系模式的整个属性组是主码，称为全码(all-key)。例如，上述的学生(学号,姓名,专业号)这一关系模式中学号是码，而在课程选修(学号,课程代码,成绩)这一关系模式中，属性组合(学号,课程代码)是码。再看一个全码的例子，关系模式 R(P,W,A)，属性 P 表示演奏者，W 表示作品，A 表示听众，假设一个演奏者可以演奏多个作品，某一作品可被多个演奏者演奏，听众可以欣赏不同演奏者演奏的不同作品，则这个关系模式的码为(P,W,A)，即 all-key。

若关系模式 R 中属性或属性组 X 不是 R 的码，但 X 是另一个关系模式的码(或者说 X 对应于另一个关系模式的码)，则称 X 是 R 的外部码(foreign key)，简称为外码。例如,在课程选修(学号,课程代码,成绩)这一关系模式中,学号属性不是码,但学号属性是学生(学号,姓名,专业号)这一关系模式的码,则学号是关系模式"课程选修"的外码。又例如,如图2-13所示,它们是对应于 ProductItem 和 InventoryItem 这两个关系模式的两张表,作为 InventoryItem 表中的非主属性 ProductItemNumber 对应于 ProductItem 表中的码 Number,因此是 ProductItemNumber 是 InventoryItem 表的外码。

ProductItem

Number	Gender	Description	Season	NormalP	SpecialP
1244	Man	Casual chine Trousers	Fall	37.95	0.00
1245	Man	Fleece Crew Sweatshirt	Fall	26.95	0.00
1246	Man	Fleece Crew Sweatshirt V-neck	Fall	26.95	0.00
1247	Man	F.C.Sweatshirt Zippered	Fall	31.95	0.00
1248	Man	Solid Color Flannel Shirt	Fall	24.95	0.00
1249	Man	Plaid Flannel Shirt	Fall	24.95	0.00
1250	Man	Polo Shirt	Fall	26.95	21.00
1251	Man	Polo Shirt Zippered	Fall	29.95	24.00

InventoryItem

Number	ProductItem Number	Size	Color	QuantityOnHand	AverageCost
86779	1244	30/30	Khaki	45	12.75
86780	1244	30/30	Slate	12	12.75
86781	1244	30/30	LightTan	17	12.75
86782	1244	30/31	Khaki	22	12.75
86783	1244	30/31	Slate	6	12.75
86784	1244	30/31	LightTan	31	12.75
86785	1244	30/32	Khaki	120	12.75
86786	1244	30/32	Slate	28	12.75

图 2-13 外码的一个例子

需要指出的是,外码并不一定要与相应的主码同名,如上例中的 ProductItemNumber 和 Number。但在实际应用中,为了便于识别,当外码与相应的主码属于不同关系时,往往给它们取相同的名字,不过此时各关系的主码不能同名。

主码和外码提供了一个表示关系间联系的手段。如上述关系模式"学生"与"课程选修"间的联系就是通过学号来体现的;关系模式 ProductItem 与 InventoryItem 间的联系是通过 ProductItemNumber 来体现的,在上图中,库存产品条目表中作为属性 ProductItemNumber 的值 1 244 不仅决定了编号从 86779 到 86787 的库存条目项,还作为一个外码决定了产品条目表中 Gender,Description,Season,NormalP,SpecialP 的值(表中的第一行元组)。

关系模型中的关系必须是规范化的,即要求关系模式必须满足一定的规范条件。规范条件中最基本的一条就是,关系的每个分量必须是一个不可分的数据项,也就是说,不允许表中有表,如图2-14所示,图(a)中工资和扣款是可分的数据项,图(b)虽然很好地表达了导师与研究生之间的一对多关系,但 Postgraduate 取了两个值,它们俩都不符合规范化的要求,因此这样的关系在数据库中是不允许的。规范化的关系简称为范式

(normal form),简记为 NF,有关范式更详细的内容将在第 6 章中介绍。

职工号	姓名	工资		扣款		实发
		基本	职务	水电	公积金	
86051	陈平	1 805	800	200	300	2 105
...						

(a)

Supervisor	Speciality	Postgraduate	
		PG1	PG2
李远清	信息专业	李勇	刘成
...			

(b)

图 2-14 非规范化关系的例子

(2) 关系操作集合

关系模型给出了关系操作的能力,但不对 RDBMS 语言给出具体的语法要求。

关系模型中常用的关系操作包括:选择(select)、投影(project)、连接(join)、除(divide)、并(union)、交(intersection)、差(difference)等查询(query)操作和增加(insert)、删除(delete)、修改(update)操作两大部分。

关系操作的特点是集合操作方式,即操作的对象和结果都是集合。SQL 是关系操作最具代表性的描述语言,也是关系数据库的标准语言,SQL 语言是集数据定义、数据操纵和数据控制功能于一体,语言风格统一,可以独立完成数据库生命周期中的全部活动,包括定义关系模式、插入数据建立数据库、查询、更新、维护、数据库重构、数据库安全性完整性并发性控制等一系列操作要求,这就为数据库应用系统的开发提供了良好的环境。SQL 除了具备完备的表达能力外,还是非过程化的集合操作语言(用户只需指出"做什么",而无须知道"怎么做",SQL 操作由系统自动完成),能够嵌入高级语言中使用。

关系数据模型中的关系操作部分在信息系统设计阶段中体现在模块算法或类的方法里,因此不再另做介绍。

(3) 关系的完整性规则

关系模型的完整性规则是对关系的某种约束条件。关系模型中可以有三类完整性约束:实体完整性(entity integrity)、参照完整性(referential integrity)和用户定义完整性(user-defined integrity)。其中实体完整性和参照完整性是关系模型必须满足的完整性约束条件,被称为关系的两个"不变性",应该由关系数据库系统自动支持。

1) 实体完整性

实体完整性规则:若属性 A 是关系 R 的主属性,则属性 A 不能取空值。

所谓空值就是"不知道"或"无意义"的值。若主属性取空值,就说明存在某个不可标识的实体,即存在不可区分的实体,这与"现实世界中的实体是可区分的"相矛盾。

例如,在关系"学生(学号,姓名,专业)"中,"学号"属性为主码,则"学号"不能取空值。

实体完整性规则规定关系的所有主属性都不能取空值,而不仅是主码整体不能取空值。例如在关系"课程选修(学号,课程代码,成绩)"中,"学号、课程代码"为主码,则"学号"和"课程代码"两个属性都不能取空值。

2) 参照完整性

现实世界中的实体之间往往存在某种联系,在关系模型中实体及实体间的联系都是用关系来描述的,这样就自然存在着关系与关系间的引用。先看两个例子:

例1　学生实体和专业实体可以用下面的关系表示,其中主码用下划线标识:

学生(<u>学号</u>,姓名,专业号)

专业(<u>专业号</u>,专业名称)

这两个关系之间存在着属性的引用,即"学生"关系引用了"专业"关系的主码"专业号"。显然,"学生"关系中的"专业号"值必须是确实存在的专业中的专业号,即"专业"关系中有该专业的记录,也就是说,"学生"关系中某个属性的取值需要参照"专业"关系的属性取值。

例2　学生、课程、学生与课程之间多对多联系可以用如下三个关系表示:

学生(<u>学号</u>,姓名,专业号)

课程(<u>课程代码</u>,课程名称,学时)

课程选修(<u>学号</u>,<u>课程代码</u>,成绩)

这三个关系之间也存在着属性的引用,即"课程选修"关系引用了"学生"关系的主码"学号"和"课程"关系的主码"课程代码"。同样,"课程选修"关系中的"学号"值必须是确实存在的学生的学号,即"学生"关系中有该学生的记录;"课程选修"关系中的"课程代码"值必须是确实存在的课程的课程代码,即"课程"关系中有该课程的记录。换句话说,"课程选修"关系中某些属性的取值需要参照其他关系的属性取值。

现再重述一下前面对外码的定义,并引出两个其他名词。设 A 是关系 R 的一个或一组属性,但不是关系 R 的码,若 A 与关系 S 的主码 K_s 相对应,则称 A 是关系 R 的外码,并称关系 R 为参照关系(referential relation),关系 S 为被参照关系(referenced relation)或目标关系(target relation)。显然,目标关系的主码 K_s 和参照关系的外码 A 必须定义在同一个(或同一组)域上。

在例1中,"学生"关系的"专业号"属性与"专业"关系的主码"专业号"相对应,因此"专业号"属性是"学生"关系的外码。这里"专业"关系是被参照关系,"学生"关系是参照关系,如图2-15(a)所示。

在例2中,"课程选修"关系的"学号"属性与"学生"关系的主码"学号"相对应,"课程代码"属性与"课程"关系的主码"课程代码"相对应,因此"学号"和"课程代码"属性是"课程选修"关系的外码。这里"学生"关系和"课程"关系均为被参照关系,"课程选修"关系是参照关系,如图2-15(b)所示。

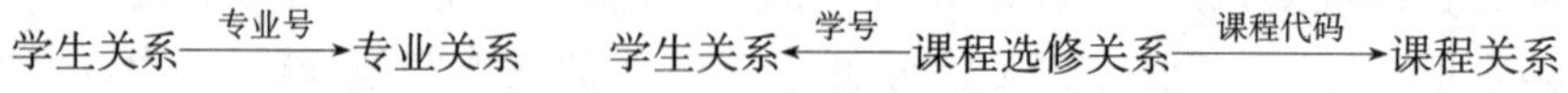

学生关系 —专业号→ 专业关系　　学生关系 ←学号— 课程选修关系 —课程代码→ 课程关系
　　　　(a)　　　　　　　　　　　　　　　　　(b)

图2-15　关系的参照图

参照完整性规则就是定义外码与主码之间的引用规则。

参照完整性规则:若属性(或属性组)A 是关系 R 的外码,它与关系 S 的主码 K_s 相对应,则对于 R 中每个元组在 A 上的值必须为:

- 或取空值(A 的每个属性值均为空值)
- 或等于 S 中某个元组的主码值

例如,对于例1,"学生"关系中每个元组的"专业号"属性只能取下面两类值:

- 空值,表示尚未给该学生分配专业
- 非空值,这时该值必须是"专业"关系中某个元组的"专业号"值,表示该学生不可能分配到一个不存在的专业中。

对于例2,按照参照完整性规则,"学号"和"课程代码"属性可以取两类值:空值或目标关系中已经存在的值,但由于"学号"和"课程代码"是"课程选修"关系的主属性,按照实体完整性规则,它们均不能取空值,所以"课程选修"关系中的"学号"和"课程代码"属性实际上只能取相应被参照关系中已经存在的主码值。

3) 用户定义完整性

任何关系数据库系统都应该支持实体完整性和参照完整性。除此之外,不同的关系数据库系统根据其应用环境的不同,往往还需要一些特殊的约束条件,用户定义完整性就是针对某一具体关系数据库系统的约束条件,它反映某一具体应用所涉及的数据必须满足的语义要求,如某个属性必须取唯一值、某个属性的取值范围在 0~100 之间、某些属性值之间应满足一定的函数关系等。关系数据模型应提供定义和检测这类完整性的机制,以便用统一的系统的方法处理它们,而不要由应用程序承担这一功能。

3. 数据库设计的基本步骤

数据库设计是指对于一个给定的应用环境,构造最优的数据库模式,建立数据库及其应用系统,使之能够有效地存储数据,满足用户的各种应用需求。数据库设计是数据库在应用领域的一个重要研究方向。多年来,数据库工作者一直努力探索,提出了各种数据库设计方法,形成了各种设计准则和规程,最终可归纳成以新奥尔良(New Orleans)方法为代表并经修改、扩充后的规范设计方法。按照规范设计的方法,考虑数据库及其应用系统开发全过程,将数据库设计分为以下六个阶段,如图 2-16 所示。

(1) 需求分析阶段

进行数据库设计首先必须准确了解与分析用户需求(包括数据与处理),需求分析是整个设计过程的基础,也是最困难、最耗时间的一步。需求分析做得不好,甚至会导致整个数据库设计返工重做。

(2) 概念结构设计阶段

概念结构设计是整个数据库设计的关键,它通过对用户需求进行综合、归纳与抽象,形成一个独立于具体数据库管理系统(DBMS)的概念模型。

概念模型的表示方法很多,其中最著名最为常用的是实体-联系方法(entity-relationship approach),该方法用 E-R 图来描述现实世界的概念模型,E-R 方法也称为 E-R 模型。

(3) 逻辑结构设计阶段

逻辑结构设计的任务就是将概念结构转换为某个 DBMS 所支持的数据模型,并对其进行优化,也就是把概念结构设计阶段设计好的 E-R 图转换为与选用 DBMS 产品所支持的数据模型相符合的逻辑结构。

设计逻辑结构应该选择最适合于相应概念结构的数据模型,然后对支持这种数据模型的各种 DBMS 进行比较,从中选出最合适的 DBMS。DBMS 产品一般支持关系、网状、

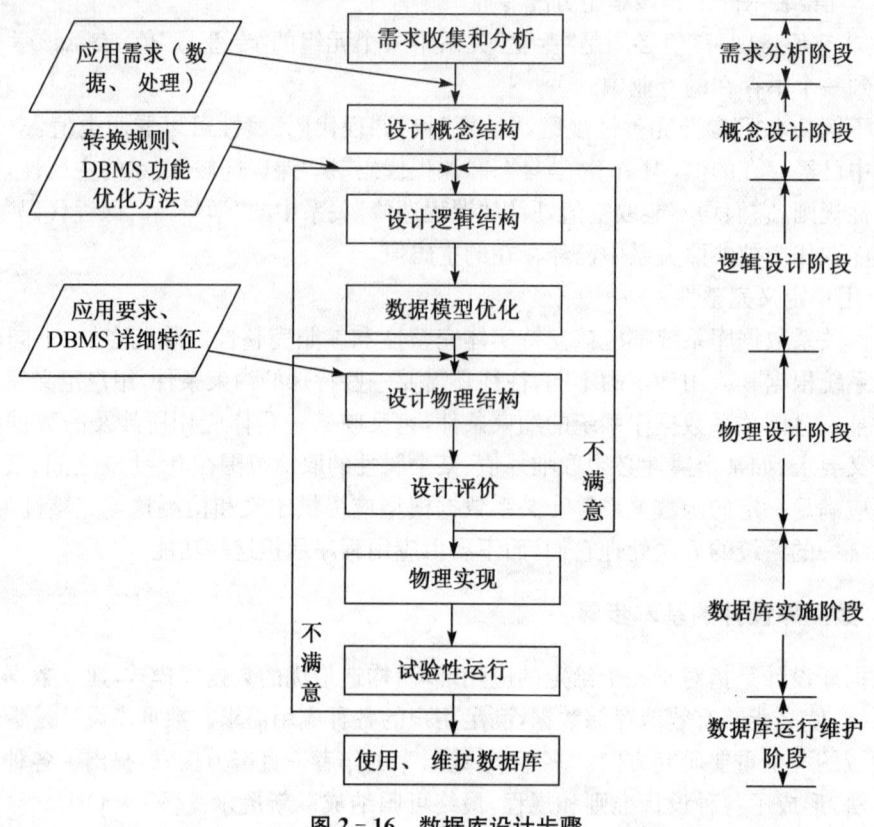

图 2-16 数据库设计步骤

层次、对象、对象-关系混合等模型中的某一种,对某一种数据模型,具体的 DBMS 又有许多不同的限制,它们提供不同的环境与工具。目前大多数数据库应用系统普遍采用支持关系数据模型的关系数据库管理系统(RDBMS),所以本书只介绍 E-R 图关系数据模型的转换原则与方法。

即使是对某一种数据模型,数据库逻辑设计的结果也并不是唯一的。为了进一步提高数据库应用系统的性能,还应该根据应用需要适当修改、调整数据模型的结构,这就是数据模型的优化。关系数据模型的优化通常以规范化(normalization)理论为指导,通过逐步消除数据依赖中不合适的部分,以解决关系模式中存在的插入异常、删除异常、不易维护、数据冗余等问题。

(4) 数据库物理设计阶段

数据库在物理设备上的存储结构与存取方法称为数据库的物理结构,它依赖于给定的计算机系统。数据库物理设计就是为逻辑数据模型选取一个最适合应用环境的物理结构的过程。这里的"最适合"重点的评价是时间和空间效率。

通常关系数据库物理设计的内容主要包括两个方面。一是为关系模式选择存取方法,存取方法是快速存取数据库中数据的技术,常用的存取方法有基于 B+树的索引方法、聚簇(cluster)方法以及 HASH 方法,DBMS 一般都提供多种存取方法,用 index 建立索引,用 order by、group by、union、distinct 等短语进行聚簇。二是设计关系、索引等数据库文件的物理存储结构,包括确定关系、索引、聚簇、日志、备份等的存储位置和存储结构以及确定系统配置(如同时使用数据库的用户数、同时打开数据库对象数、缓冲区大小、锁的数目等)。

(5) 数据库实施阶段

在数据库实施阶段,开发人员运用 DBMS 所提供的数据语言及其宿主语言,根据逻辑设计和物理设计的结果建立数据库并载入数据,并为数据库建立应用系统。

RDBMS 所提供的数据语言大都能在终端交互方式下使用,如 SQL 语言,但这些语言是描述性的、是非过程性的。而许多事务的处理都是过程性的即面向过程的,需要根据不同的条件来执行不同的任务,因此单纯用 DBMS 的数据语言很难实现一些事务的处理,尽管目前大多数 DBMS 提供了支持过程性的控制语言,但在很多时候依然显得力不从心。为了解决这一问题,DBMS 提供了另外一种使用方式,即将 SQL 语言嵌入某种高级语言中使用,利用高级语言的过程性结构来弥补 SQL 语言实现复杂应用方面的不足,这时的 SQL 语言就称为嵌入式 SQL,而被嵌入的高级语言就称为主语言或宿主语言。目前,如 ODBC/ADO 等都支持大多数高级语言(如 VB、VC++、Delphi、Java、C#等)。

(6) 数据库运行和维护阶段

由于应用环境在不断变化,数据库运行过程中物理存储也会不断变化,对数据库设计进行评价、调整、修改等维护工作是一个长期的任务,也是设计工作的延续和提高。

在数据库运行阶段,数据库的维护工作主要是由数据库管理员(DataBase Administrator,DBA)来完成,包括数据库的转储和恢复、数据库的安全性和完整性控制、数据库性能的监督分析和改造、数据库的重组织和重构造。

需要指出的是,这些设计步骤既是数据库设计的过程,也包括了数据库应用系统的设计过程。在设计过程中务必把数据库的设计和对数据库中数据处理的设计紧密结合起来,将这两个方面的需求分析、抽象、设计、实现在各个阶段同时进行,相互参照、相互补充,以完善两方面的设计。

数据库的规范设计方法从本质上看仍然是手工设计的方法,其基本思想是过程迭代和逐步求精。数据库工作者和数据库厂商近十年来一直在研究和开发数据库设计工具,这些工具软件可以自动或辅助开发人员完成数据库设计过程中的很多任务。人们也因此越来越认识到自动数据库设计工具的重要性,特别是大型数据库的设计更需要自动设计工具的支持。同时,已有许多计算机辅助软件工程(CASE)工具开始强调数据库设计和应用设计应同时进行。

2.5.2 计算机网络技术

人们常把信息基础设施比作"路",把信息资源比作"货"。在信息系统中,"路"是由各种类型的网络构成,"货"则来自网络上数据库中的数据。这就注定了信息系统、数据库、网络之间的依存关系,数据库的运行离不开网络这个环境,网络的应用依靠数据库系统的支撑。数据库技术的发展和网络技术的发展相互渗透、相互促进,成为计算机科学中发展迅速、应用最为广泛的两大领域。

网络应用环境的演变是全方位、多线索的。沿着体系结构的发展过程是从集中式主机-终端体系结构到分布式计算的体系结构;沿着数据通信规模的发展过程,经历了局域网(LAN)、城域网(MAN)、广域网(WAN)到因特网(Internet);沿着计算模式/方法的发展过程,则是以大型机为中心的计算模式到以文件服务器为中心的计算模式再到客户-服务器计算模式以及基于 Internet/Intranet 的计算模式演变。将信息系统资源分布到计算机网络中有多种方式,用户、应用程序和数据库可以放在同一个计算机系统中或同一个局域网的不同计算机系统中或不同局域网的不同计算机系统中,应用程序和数据库还可以再细分并且每一个子块可以独立分布。数据库系统的应用环境服从于数据处理模式,对这些处理环境的选择将直接影响应用系统的开发。现从数据库系统应用环境演变的角度介绍有关网络计算模式及其各自的应用特点。

1. 以大型机为中心的计算模式

以大型机为中心(mainframe-centralized)的计算模式也可说成主机应用模式,是 20 世纪 70 年代初期出现的一种模式。它由主机和终端两部分构成,实现端-端通信。其主要特点是所有资源(程序和数据)都存放在主机上,分时共享(time-sharing)中央处理器;有专用的用户界面,系统管理严格,也就是说主机接收终端的所有按键字符,处理并返回所有在终端上显示的内容,其终端因只相当于用作主机的输入/输出设备而被称作哑终端。

2. 以文件服务器为中心的计算模式

到 20 世纪 70 年代中后期,个人计算机(PC 机)因其用户界面友好、操作方便并具有一定的数据处理能力而逐步进入商用时代。单计算机结构将所有的信息系统资源放在单独的一台计算机系统以及直接附属的外围设备上,用户通过那些直接与计算机相连的简单输入/输出设备与系统进行交互。随着计算机用于管理的规模越来越大,应用越来越广,数据量急剧增长,同时多种应用、多种语言相覆盖地共享数据集合的要求越来越强烈,而单个计算机的容量局限可能使单计算机结构对于大型信息系统来说不切实际或不可使用,对于这样的系统需要使用群集或多计算机结构,以文件服务器为中心的计算模式就是这个背景的产物。这种计算模式的体系结构是基于 LAN,由文件服务器(files-server)和工作站(PC 机)构成,而 LAN 的基本目的正是数据通信和资源共享。

在文件服务器结构中,应用程序是在工作站上运行的,文件服务器只提供了数据及打印机等资源的集中存储、管理和共享访问途径。应用程序虽是运行在工作站上,但也可以和数据库一样集中存放在文件服务器上,但每次运行时都要访问服务器,时间开销大,会导致网络负荷加重。因此应用程序一般都拷贝到所有的工作站中,这样应用程序在执行时能被定位到一台空闲的机器上,以便所有的机器能平衡分担处理负荷。图 2-17 描述了该计算模式的计算过程,应用程序执行处理过程中先向文件服务器发出数据文件请求,服务器响应请求并返回整个数据库文件,然后再在工作站中继续进行处理。不难看出,该服务器就相当于一个"大硬盘",并对其中的数据库以文件方式集中管理,因此也被称为"文件"服务器。集中管理共享数据资源、应用程序逻辑自治管理是以文件服务器为中心的计算模式的主要特点。

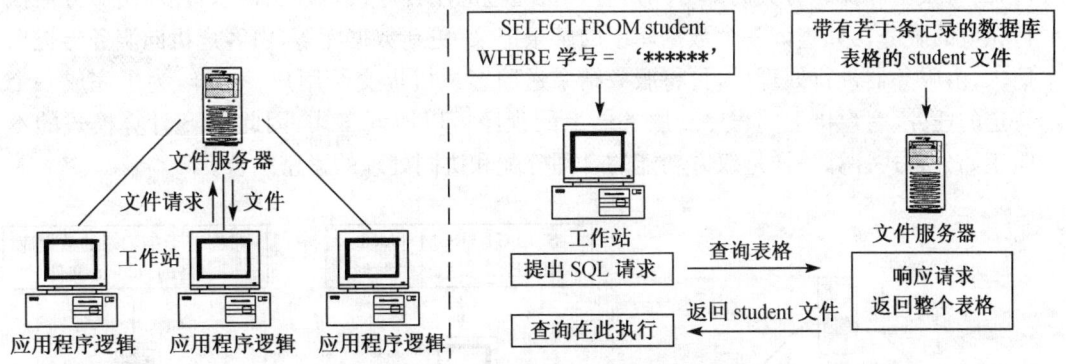

图 2-17 访问文件服务器中数据库的过程

网络是分布式计算的基础,但有了网络并不一定就实现了分布计算。虽然这种结构类似于分布式配置,分散(decentralization)在网络中的计算机都具有可用性,但没能体现出多机之间的合作性,也就是说它们的功能就和一个单独的大型计算机一样,所以这里仍将它归为集中式系统中的一种。因此也就常会出现因工作站的计算和处理能力制约应用程序功能、性能的进一步提高而导致工作站升级的情形,而服务器高性能的 CPU 并没有真正发挥其作用。虽然集中式计算环境已不再是信息系统的首先平台,但它们仍被广泛地应用于批处理应用系统或作为大型分布式计算系统的一个组成部分。

3. 客户机-服务器分布式计算模式

现代信息系统的部件通常分布于多个计算机系统和不同的地理位置上,这种把部件分布到不同计算机系统和不同位置的方法一般叫作分布式计算(distributed computing)或分布式处理,它依赖通信网络来连接地理上分散的计算机设备。和"集中式"系统相比,这种计算环境的本质就是共享资源并协同工作,即由若干个互联的计算机共同分担完成系统指定的某个计算任务,使得系统不仅是一个物理上的松散结合,而且更是一个逻辑上的紧密结合。过去近 20 年分布系统的发展已经使资源分布出现了几种标准方法模式,而客户机-服务器(C/S,Client-Server)结构就是当前分布式计算系统的一种主要应用模式。

客户机-服务器结构由两级构成:位于后台的服务器计算机和位于前台的客户机计算机。服务器用来管理一个或多个系统资源并通过确定的通信接口来提供对这些资源的访问,简单地说,服务器就是在网络中为其他计算机提供服务的计算机,其功能有管理共享的设备、控制对共享数据库的存取、接受并响应客户机的请求等;客户机则是通过通信接口来请求资源,即向网络中的服务器请求服务的计算机,其功能为管理用户接口、采集数据、请求报告等。实现通信接口的软件通常称为中间件(middleware)。

图 2-18 描述了客户机-服务器结构的计算过程。在 C/S 数据库环境中,服务器管理数据库,客户机端运行应用程序。对一个数据库应用系统来说,大量的数据管理、存取工作由服务器承担以充分利用服务器速度快、存储量大的特点;性能相对低的客户机只需负责用户方的数据处理和表示工作,它相当于应用系统的接口,以充分发挥其界面处理的长处。每当一个用户需要服务时,所有与数据库操纵无关的处理功能部分均在客户机端进

行,而与数据库操纵有关的部分则由客户机通过应用程序接口发出请求,然后由服务器执行相应的服务。如查询一个数据库中的某条记录、更新数据库等,由客户机向服务器提出请求,由服务器进行处理后,再将服务结果送回客户机提交给用户。这样,为了完成一个特定的任务,客户机上的程序和服务器上的程序可以协同工作,因此 C/S 计算模式的本质正如分布式计算一样是双方功能的合理分配和协同处理的紧密结合。

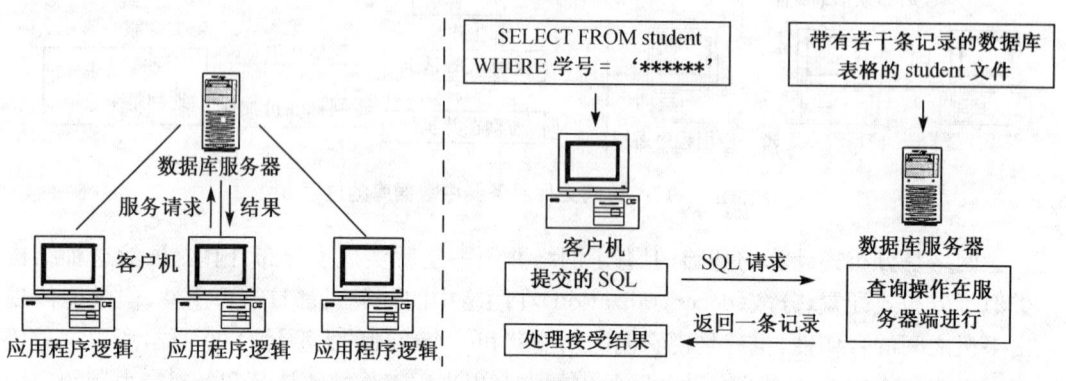

图 2-18　C/S 模式的计算过程

可见,数据库服务器与文件服务器的最大区别在于服务器控制管理数据的能力由文件管理方式上升到数据库方式,这也是人们把 C/S 中的服务器称为数据库服务器的原因。文件服务器只是负责文件的集中管理,并根据用户的请求向工作站发送文件,除此之外文件服务器不会执行其他任何程序逻辑,倘若要查询的记录不存在于发送的文件中,则大量数据的网络传输实际上是无用的。而 C/S 模式因只传送处理结果则显著地提高了系统的传输效率,特别是当服务器硬件配置功能强大时,将会大大地减少处理请求的时间,从而缩短响应时间。因此,降低网络负荷、缩短响应时间是客户机-服务器计算模式的特点之一。其第二个特点是开放性,也即客户机平台与服务器平台无关性。服务器上的数据库管理系统等软件集中管理服务器上的所有数据和资源,为各种各样的用户提供快捷、安全、可靠的存取访问,也就是说不管客户机端采用的是什么样的硬件平台和软件环境,都通过相应的网络协议和应用程序接口连接到服务器。其第三个特点是可伸缩性。客户机-服务器计算模式下的应用程序与数据库管理系统之间的关系由文件服务器的多对一的关系提高为多对多的关系,在开放性原则的指导下,用户可根据应用的需要有效地对系统规模进行增减。

C/S 模式的优越性已经逐步被人们广泛承认,但 20 世纪 90 年代初基于 C/S 模式的应用并未大量出现,其主要原因是缺乏有效的开发工具做支持,应用程序对底层网络技术的过分依赖,导致应用程序的可移植性差。直接针对各种各样的原始的(开放的和专用的)网络协议编写软件,对少数通信领域的专家来说是适宜的。但对大多数开发应用程序的程序员来说,编写这种跨平台的、多协议、多编程语言的应用软件是一件很困难也很费时的事件,所以当程序员针对底层网络工作时,基于 C/S 模式的应用将很难发展。为了解决应用与网络过分的依赖关系,一个有效的方法就是在客户和服务器之间加一层称之为中间件的通信接口软件,如图 2-19 所示。

第 2 章 相关概念、原理及技术基础

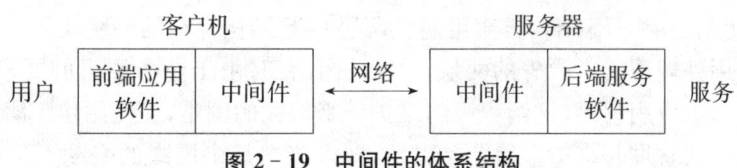

图 2-19 中间件的体系结构

中间件的主要功能就是通过简单的、较高层次的应用程序编程接口(API)将处于高层的应用和处于底层的网络屏蔽开来。从技术角度来看,中间件一般通过相应的支持软件来实现,它是一个逻辑层,并不一定要对应一个独立的物理层。从应用角度来看,中间件对网络的作用就像操作系统对本地计算机资源(硬盘、内存、外设等)的管理的作用一样,在编写单机版本应用程序时,程序员不需要去关心磁盘寻道、内存换页、I/O端口等。所以,通过中间件技术应用程序可以方便和有效地访问不同网络中的服务器,使得C/S计算模式的应用如火如荼地发展起来,甚至应用在包括了诸如网络服务器、文件服务器、数据库服务器、应用服务器、Web服务器等专用服务器的大型系统中。

借助中间件技术,可以进一步将用户交互、应用业务处理和数据管理三者彻底分离,各自完成其擅长和应该完成的任务,就形成了所谓的多级分布结构模式。客户机-服务器的多级分布体系结构是把应用程序实现功能划分为三个相互联系的不同层次,即三层次(3-layers/3-tiers)体系结构,如图 2-20 所示,这里的三层不能理解成上述的中间件层。第一层是用户表示层,或者称视图层,它面向用户,包括用户界面和其他访问系统的组件;第二层是应用逻辑层,在三层结构中也称作中间层,它面向商业或企业等的业务处理过程,包括应用系统的程序逻辑的实现,它强调的是组件开发,即将原先客户端很多的处理逻辑剥离出来,形成相应的相对独立的组件模块,这些组件可以分配给能发挥其更佳性能的机器,供所有的客户应用程序访问,同样这里的中间层只是一个逻辑层,它不一定要对应一个物理层,有时和第三层捆绑在一台机器上,但大多情况下是作为一个独立的物理层而放在一台称之为应用服务器的计算机上;第三层是数据层,它面向数据服务,包括数据库等系统。在三层或多层客户机-服务器结构中,客户机和服务器是一个相对的、逻辑的概念,一台计算机既可以是下位机的服务器,又可以是上位机的客户机,图 2-20 中位于第二层的机器既是位于第三层数据库服务器的客户机,又是位于第一层客户机的服务器,因为它同时具有客户机和服务器的特征。

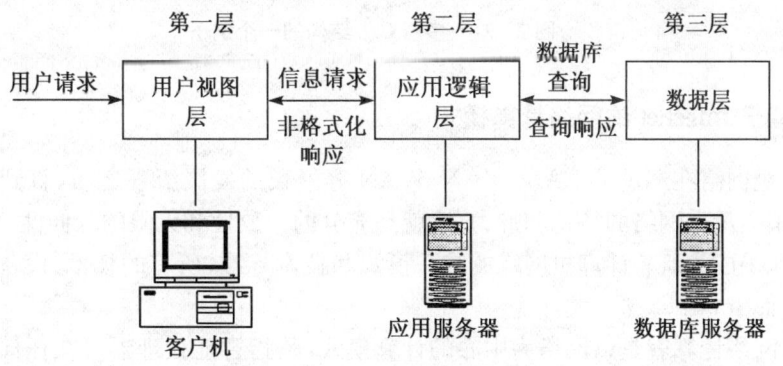

图 2-20 C/S模式的三层结构

显然，使用三层C/S结构方案可避免两层C/S结构存在的一些缺陷。首先是便于管理和维护应用处理逻辑。原先的两层C/S结构，有时由于业务逻辑的要求，需要为每个客户机插接一个应用程序，这给程序的维护带来很大的困难，而使用位于服务器上的组件模块进行集中的管理和维护显得非常方便，即系统内某个层次的变动不会影响到其他层次。其次是进一步提高了计算性能。在两层C/S结构中，一方面，由于应用程序的业务逻辑存储都在客户机上，若应用程序庞大而又复杂，则会给客户端PC机带来过分沉重的负担，甚至必须升级去适应新的要求；另一方面，两层C/S结构不能充分发挥先进的服务器性能，如多线程、对称多处理等。而运用三层C/S结构则可避免两层C/S结构的这种胖客户机和瘦服务器的现象。再者，C/S模式的三层结构应用灵活、分布透明。因为层间的交互总是请求或响应，这使得层次与层次之间相对独立，也使三层结构的应用软件在网络上更容易分布和复制，因此它们可以放在不同的计算机系统中，用网络和中间件将其绑定在一起形成一个单独的应用系统，而对用户而言不必关心应用逻辑、数据的逻辑分布、物理位置等。

当处理需求或数据资源变得复杂时，三层客户机-服务器结构可以扩展成多层（N-tiers)结构。例如，图2-20中所示的数据层可以分为多个数据层，如图2-21所示，它给出了一个将数据层分成两个独立层的例子，应用逻辑层与组合数据库服务器交互，该组合服务器提供了存储在不同数据库中数据的统一视图，然后由组合数据库服务器确定所请求数据的位置，并向控制其他数据库的服务器发送请求，最后来自多个数据库服务器的响应组合成单个响应再发送给应用逻辑层。

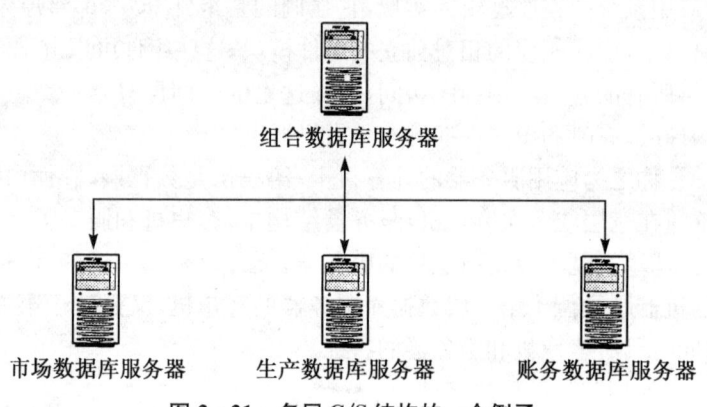

图2-21 多层C/S结构的一个例子

4. 基于Internet的网络计算模式

计算机网络在经过了LAN、MAN、WAN等漫长的发展历程之后，直到因特网的出现，才真正显示出网络的特色和魅力，这就是充分的开放性和无限的延伸性。因特网兴起以来，它几乎成为所有计算机网络的统一模式和技术标准，所有的技术、设备、平台、应用等无不考虑Internet这个大环境。

所谓网络计算就是以网络为中心的计算模式，是指智能处理器可在任何地方接入网络的一种体系。"Network is computing"是一家网络公司的广告用语，其目的也是说明网络在当代经济和计算机技术发展中占据着越来越重要的地位。事实上,网络本身不仅是传统意义上的被动连线或者是数据流的通路,而且还能够为客户机提供大量的有效服务,使网络智能化。就是说网络上的网络设备除了能够进行通信外,还具有无限的存取信息和获得处理的能力。以网络为中心的计算将改变计算机应用技术以及计算机市场状况,它走的是一条集中式计算环境和分布式计算环境两者相结合的中间道路。个人机及其系统软件的重要性将受到减弱,而更多的处理和数据存储将移入网络。网络计算环境既使信息高度分散因而能够实现资源共享,又使管理高度集中从而实现成本下降。网络计算模式的发展将由低成本的处理能力、买得起的通信设备和成熟的公众网络所推动,但其所需软件环境将趋于更加复杂。但从狭义上说,分布式计算仍然是网络计算的重要组成部分。在20世纪90年代中末期,C/S结构的网络系统开始向基于Internet的网络计算模式发展。

和C/S的工作模式一样,Web应用程序服务器和数据库服务器在逻辑上是相互独立的,而物理上可以放在同一台服务器上,但为了安全起见,大多情况下在物理上都是分开的,即Web服务器既是数据库的客户机同时又是Internet上的任一Web浏览器的服务器,但远程C/S(指数据库服务器和Web服务器之间)的应用可能会不甚理想,因为占用了有限的网络带宽,所以数据库服务器和Web服务器之间最好位于同一LAN内。

Web应用系统相对于传统的C/S方式的应用程序结构而言有着许多优势,具体包括以下几个方面:

1) 扩展了可访问性

因为Web浏览器和Internet几乎无处不在,这至少从物质上提供了条件。

2) 廉价的通信费用

作为Internet高容量的光纤主干网都由政府投资建设,用户在主干网上的通信是免费的。组织的Intranet或Extranet这些私有网络只需向Internet服务提供商(ISP)支付一点接入费用即可连上高速的Internet,实际上组织是把Internet当作一个廉价的广域网。

3) 广泛标准的支持

Web标准已经为许多人所共知,服务器、客户端以及应用程序的开发软件都很容易得到,并且相对廉价。

当然,通过Internet和Web技术的应用也有其不利的方面,在选择基于Internet的网络计算模式时应充分考虑这些问题,具体包括:

① 安全性 Web标准是公开的,Web服务器在易于访问的同时也是一个明确的攻击目标。

② 可靠性 Internet协议不能保证每个用户最低的网络吞吐量或者一个消息只能被正确的人员接受,这将导致用户对服务的响应时间得不到保证,有时甚至较长的时间延迟。

③ 易变的标准 众所周知,Web标准变化或更新很快,这使用户陷入了要么用最新的标准增加功能要么用原有标准以保证与现有用户软件保持兼容的两难境地。

5. 面向服务的网络计算模式

软件危机的一个核心问题就是如何应对动态需求变化。在整个信息系统生命周期中,需求或功能的变化是经常的、不可避免的,但信息系统的改变通常是非常困难的。无论是采用 C/S、B/S 还是混合架构的信息系统都必须面对"静态的信息系统功能无法满足动态变化的用户需求"的现状。早在多年前,软件开发就提出了"为变化而设计"的思想,其基本方法就是要将动态变化的软件进行隔离和封装。使信息系统能够灵活应对各种变化,这是面向服务计算的基本思想。

(1) 服务(Service)

服务是指由服务提供者在广域网络环境下发布的具有独立功能的计算单元。服务通过服务接口被访问,是构件在网络环境下的自然延伸和发展。例如,工资税款的计算可以作为一个 Web 服务在网络上发布,各企业单位则可将该服务集成到本单位使用相同标准的财务管理信息系统中。服务具有三个重要特征:① 自治共享性,共享性是指服务能够被广泛的用户共享,自治性体现在用户(或其他服务)发出服务请求后,服务开始时间、执行地点、执行方式均不受请求方控制;② 标准性,是指服务遵循开放性的标准,以便于服务共享、复用和组装;③ 可组装性,是指服务对外表现为标准的访问接口,屏蔽了其内部实现细节和集成要求。因此,服务之间可以通过动态组装形成具有不同功能的应用,以满足用户的动态需求。

(2) 面向服务的计算(SOC,Service-Oriented Computing)

面向服务的计算是一种新型的计算模式,它把服务作为基本的组件来支持快速、低成本和简单的分布式甚至异构环境的应用组合。SOC 将信息系统分为服务(service)和工作流(workflow)两部分。服务由任意一种软件系统提供,可以是传统的结构化或是面向对象的应用程序,也可以是数据库管理系统或是网络通信系统;工作流则在运行时动态查找满足需求的服务,并把它们整合成一个完整的应用系统。将各种软件功能封装变成一种服务的过程称为服务化,一个服务化的系统通过工作流动态组装服务,可以支持信息系统的行为按需变化,包括运行时进行的变化。

(3) 面向服务的体系结构(SOA,Service-Oriented Architecture)

面向服务的体系结构是一种基于服务、采用面向服务计算模式来组织网络中的计算资源,具有松耦合特征和间接寻址能力的系统体系结构。SOA 是一个组件模型,它将应用程序的不同功能单元(即服务)通过这些服务之间定义良好的接口和契约联系起来。这里的接口采用中立的方式进行定义,独立于实现服务的硬件平台、操作系统和编程语言,这使得服务可以以一种统一和通用的方式进行交互。SOA 是在传统面向对象、基于构件的开发、分布式对象计算及 Web 技术基础上,提出的一种新的软件开发、部署和集成模式。

SOA 概念模型包括三个角色和三个基本操作,形成了一种松耦合的应用系统框架,如图 2-22 所示。

1) 服务提供者的工作是提供服务,具体包括:① 定义并实现服务的功能;② 对服务接口、服务访问地址以及服务的其他相关元信息(如服务提供者、服务质量特征等)进行描述;③ 将服务描述发送到服务代理中进行发布。服务注册后,即成为一个可通过网络间接寻址的实体,可以接受并执行来自使用者的请求。

2) 服务代理,又名服务注册中心,提供"中介服务",实现服务注册的管理。具体包

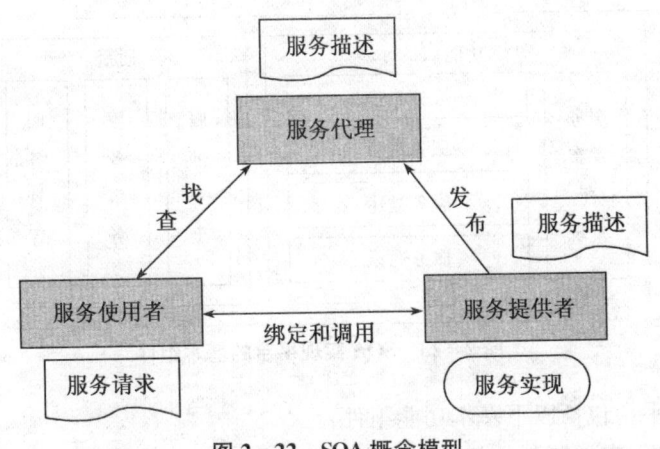

图 2-22 SOA 概念模型

括：① 接受服务提供者的服务注册，将其服务描述保存在一个可用的服务注册存储库中，同时进行网络发布；② 能够感知服务提供者提供的服务描述的变化，并实现相应的修改；③ 匹配服务请求，允许感兴趣的服务使用者查找和发现其所需的服务。服务代理最大的作用是实现了服务提供者和服务请求者直接依赖的分离，使得服务描述变化时不会影响到服务使用者，甚至还可以使服务使用者实现一种更灵活的动态服务定位：在运行时通过约束条件在多个服务中选择与条件最匹配的服务。

3) 服务使用者可以是一个应用程序、一个软件模块或者是需要服务的另一个服务，具体包括：① 通过对服务代理中注册的可用服务的查找，发现并选择所需的服务；② 根据服务描述中的地址绑定服务，之后可遵从接口契约执行服务，获取所需功能。

4) 服务查找或发现。服务请求者查询服务代理中的已注册服务集合（服务描述），来发现满足其需求的服务。

5) 服务发布或注册。服务提供者在服务代理上注册服务描述，以使服务请求者可以发现和调用它。

6) 服务绑定和调用。服务使用者根据服务描述中的信息绑定服务，并在需要其功能时调用服务。

在实际的服务使用过程中，要完成一个具体的应用或实现一个特殊的功能往往需要多个服务联合作业。因此，服务使用者通常将若干个已有的服务根据它们所提供的接口契约进行组装，构造出新的服务。要实现服务的顺利组合，松耦合是其中的关键因素。耦合是指相互交互的系统彼此的依赖。在 SOA 中，服务通过服务描述消除了其对语言、平台、开发商以及时间、访问地址以及访问协议等的假依赖，按照开放标准提供服务访问的地址和接口，屏蔽了服务的实现细节。SOA 的这种松耦合特征促使服务之间能够自由组装，以实现更复杂的应用。

SOA 应用的实现依赖于一个 SOA 实现平台，一般来说，SOA 实现平台包含的功能组件可以分为两类：一类是面向系统功能，另一类是面向系统功能的质量，也就是系统功能的质量属性，或称为非功能性属性。图 2-23 按分类方式给出了 SOA 实现平台的基本组件。

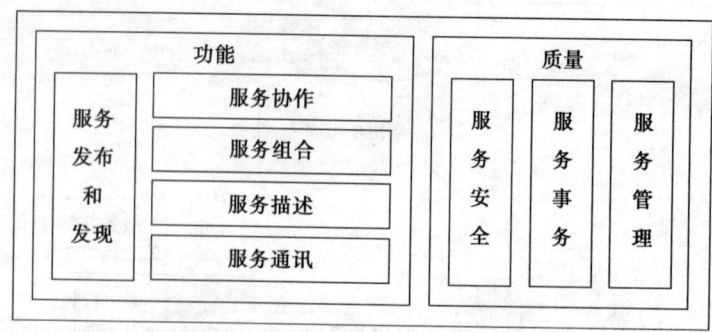

图 2-23　SOA 实现平台的基本组件

SOA 实现平台包括以下基本功能组件：

1）服务通讯：实现服务之间基于消息的通信。

2）服务描述：提供定义服务描述的语言。

3）服务组合：提供编排基本服务形成复合服务的语言，并提供执行这种语言的引擎。编排的含义是把服务按一定逻辑组织成一个可执行的业务过程，由于可执行业务过程可以作为一个整体向外提供服务接口，因此也称为复合服务。

4）服务协作：管理服务之间的协作通信。

5）服务发布和发现：承担服务代理的角色。服务提供者把服务描述以及其他服务元信息发布到服务代理，服务使用者则通过服务代理查找并发现所需要的服务。

SOA 实现平台包括以下基本质量保障组件：

1）服务安全：保障 SOA 应用的安全性，比如身份识别、数字签名、消息的加密与解密、访问授权、信任联盟管理等。

2）服务事务：保障 SOA 应用的状态一致性。

3）服务管理：实现服务运行时的监控和管理。

Web 服务是当代 SOA 的主流实现技术。根据 W3C 的定义，Web 服务是由 URL 标识的软件应用，其接口和绑定可以用 XML 来定义和描述，并且可以被发现，与其他软件通过基于 Internet 的协议以 XML 消息交换的方式直接交互。简单说，Web 服务就是架构在 XML 和 Internet 技术之上的 SOA 应用。

SOA 的松耦合本质特征提高了 SOA 应用带来复用性和灵活性。① 复用性。SOA 的松耦合把软件复用推到了一个新的高度。首先，由于客户端（即服务使用者）和服务之间剥离了语言/平台依赖，服务对客户端在语言和平台上没有特殊要求，因此可以被更多的客户端使用；其次，服务具有自治性，客户端可以随时访问服务，与需要事先获得并部署的构件相比，复用性进一步提高；再次，服务代理为服务提供了共享场所，有利于服务被更多客户端使用。② 灵活性。灵活性体现在软件的维护、软件的调整和增长两个方面。松耦合使服务具有自治性，因此在接口描述不改变的情况下，服务提供者对服务实现的任意维护都不会对 SOA 应用有丝毫影响，提高了软件维护的灵活性；另一方面，SOA 应用的功能由该应用所包含的一组服务以及这些服务之间的松耦合关系体现，对应用的功能调整可以通过调整这些松耦合关系实现，新的功能既可以通过增加新的松耦合关系得到（也就是通过服务组合),也可以通过引入新的服务获得。

作为一个具有发展前景的应用系统架构,SOA尚处在不断发展中,肯定存在许多有待完善的地方。比如,定义事务和数据的业务含义,一直是IT管理人员面临的最棘手问题。语义关系是设计良好SOA架构的核心要素。采用XML和本体技术是不错的选择,越来越多的公司开始认识到制定本行业XML标准和本体库的重要性。在SOA中,重要的是学会如何以服务来表示基本的业务流程。随着标准和实施技术的不断完善,这些问题将迎刃而解,SOA应用将更加广泛。

2.5.3 软件工程

1. 软件工程的背景

自20世纪60年代中期以后,硬件技术进展迅速,且成本急剧下降,而软件系统的规模和复杂性急剧增加,应用领域不断扩大,软件需求迅速增长,导致软件及传统的软件开发开始出现了一系列严重的问题,软件开发成本失控及开发进度的拖延、软件的可靠性差且难以维护、软件生产率跟不上计算机应用的发展、供需关系失调等等。这些在计算机软件开发和维护过程中所出现的一系列严重问题就是所谓的软件危机(software crisis),它提出了"如何开发软件以满足日益增长的和日益复杂的软件需求",以及"如何维护数量不断膨胀的已有软件"等问题。

1968年10月北大西洋公约组织NATO在当时的西德专门召开国际学术会议讨论软件危机问题,并率先提出了"软件工程(software engineering)"这一术语,这是软件发展史上一个重要的里程碑,从而逐步形成了计算机科学技术领域中的一门新兴学科——计算机软件工程学,通常简称为软件工程。为了解决软件危机,既要有技术手段,又要有必要的组织管理措施,软件工程正是从管理和技术两方面研究如何更好地开发和维护计算机软件。

2. 软件工程的主要内容

"软件工程",顾名思义是指用"工程化"的思想来指导开发软件,所谓"工程化"即有计划、有规律、有步骤地安排。这里选用几个有代表性的有关软件工程的定义:① IEEE (The Institute for Electrical and Electronics Engineers Computer Society,美国电子电器工程师协会):软件开发、运行、维护和退役的系统方法;② 美国军事科学委员会:计算机软件在其生存周期中的设计、开发、实现、测试、试用以及维护;③ 中国大白科全书:用工程的方法研制和维护软件的过程及有关技术,其中软件研制包括需求定义、设计、实现和测试四个阶段,软件维护指使用过程中对已有软件的修改和完善。

在软件工程学形成以后,研究工作就分成了两种不同的方向。一是主要运用数学方法研究程序的性质及程序设计的理论和方法的程序设计方法学,后来已逐渐发展演变成软件设计方法学;二是主要应用工程的方法和技术研究软件开发与维护的方法、工具和管理的软件工程学。随着软件技术的迅速发展,它们的研究内容也在相辅相成、相互渗透,事实上,这两者现在已经融为一体。总之,软件工程既强调软件开发的工程特征,又强调软件设计方法论的科学性、先进性,其主要内容如图 2-24 所示。

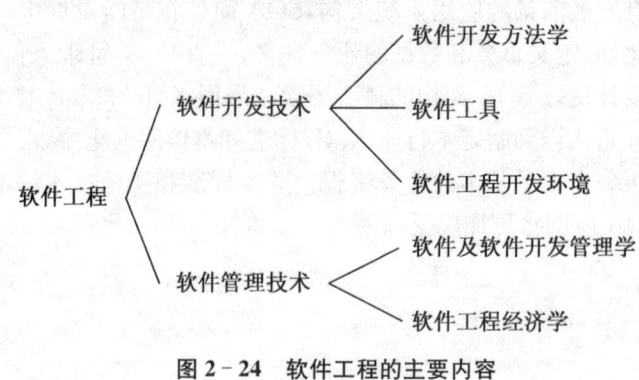

图 2-24 软件工程的主要内容

3. 软件工程与信息系统开发方法的关系

软件工程主要包括 3 个要素:方法、工具和过程。方法是完成软件开发的各项任务的技术方法,回答"怎样做"的问题;工具是为运用方法而提供的自动的或半自动的软件工程支撑环境;过程是为了获得高质量的软件所需要完成的一系列任务的框架,它规定了完成各项任务的工作步骤。从这个角度看,信息系统是软件工程的实现载体,最终表现为系统软件,而软件工程已经融入信息系统开发中,它的原理和思想贯穿在信息系统开发过程的始终。一方面软件工程的原理和思想为系统开发方法的实施提供了依据,另一方面系统开发方法本身是软件工程的一个重要组成部分。也就是说,软件工程侧重于系统开发过程的组织、管理等工程学的原理,而系统开发方法则侧重于系统开发的技术与工具、模型。

本章小结

1. 数据是用来记录客观事物的可识别的物理符号序列,具有事实性、可鉴别性和语法以及语义等特征。

2. 信息是加工处理之后的数据,是有一定含义的数据,是对决策有价值的数据,具有主观性、客观性和有用性等特征。申农(Shannon)认为"信息是人们对事物了解的不确定性的减少或消除"。

3. 数据和信息的联系在于:数据是信息的载体,是信息的表现形式;而信息则是数据的加工、提炼和浓缩,是对数据含义的解释。

4. 数据和信息的区别在于:并非所有的数据都可以表示信息;信息不随载荷它的物理介质变化而变化。

5. 信息的特征:事实性/客观性、等级性、时效性/滞后性/增值性、共享性、度量性、传输性/扩散性。

6. 管理信息是指在组织的日常事务活动中产生的、反映和控制管理过程的、经过加工的数据。

7. 信息可以按照管理职能、管理层次、信息来源、信息流向等分成不同的类型。

8. 信息价值的大小可通过信息量来计量,信息所含信息量的大小/多少取决于信息内容消除人们对事物认识的"不确定程度"。

9. 信息量的定义公式:$H(x) = -\sum P(x_i)\log_2 P(x_i)(i=1,2,3,\cdots,n)$,这和热力学中熵(entropy)的概念正好相反,因此信息量可用负熵来计量。

10. 系统是由若干互相联系的事物结合成的具有整体功能和行为目的的统一体。

11. 系统的概念模型:系统元素、系统结构、系统输入/输出、系统环境、系统边界等。

12. 系统的数学模型:$S(System) = \{I, P, O\}$,I 为输入集合,P 为处理集合,O 为输出集合。

13. 整体性、层次性、目的性和稳定性/环境适应性是系统的显著特征。

14. 按不同标准系统可分为:自然系统和人工系统、简单系统和复杂系统、开放系统和封闭系统、静态系统和动态系统、概念系统和实体系统。信息系统则是复杂的、动态的、开放的、人工的、概念/实体系统。

15. 管理就是管理的主体为达到一定的目标,运用一定的职能和手段对管理对象发生影响与作用的过程。主体、客体、目标、职能和手段是管理的四要素。

16. 计划、组织、控制和领导是管理的四项基本职能。

17. 管理活动按管理层次可分成不同的类型,从决策管理活动的角度可分为战略性决策/非结构化决策、策略性决策/半结构化决策、执行级决策/结构化决策。决策是管理的基本任务,是对未来行动方向的确定和行动方案的选择。

18. 组织是人及其他各种资源为了一个共同的目标,按照一定的原则结合起来形成的一个有机整体,它是由输入、转换及输出所组成的系统。

19. 价值链(value chain)是由一系列完成增值过程的组织活动组成的,组织利用信息系统来支持组织目标,信息系统是组织价值链的组成部分。

20. 信息系统是一系列相互关联的进行收集(输入)、操作和存储(处理)、传播(输出)数据和信息并提供反馈机制以实现其目标的元素或组成部分的集合。

21. 现代信息系统是由计算机硬件、软件、数据库、网络通信、人员以及数据输入、存储、将数据加工为信息和输出信息的各种过程组成。

22. 信息系统对管理活动具有重要的辅助和支持作用,组织内使用的信息系统可以分成4种类型:事务处理系统(TPS)、管理信息系统(MIS)、决策支持系统(DSS)和专家系统(ES)。

23. 数据库是信息系统的核心和基础,是长期存储在计算机内的、可共享的数据集合。

24. 数据库的设计过程应和信息系统的分析、设计过程相辅相成、互相渗透,因此从数据库角度来说,信息系统也被称为"数据库应用系统"。

25. 关系数据模型的三个要素为关系数据结构、关系操作集合、关系完整性约束。

26. 关系数据结构是由若干个关系模式构成的集合,关系模式则是对关系的一种逻辑描述方法。

27. 关系模式中凡能唯一标识元组的属性集称为该模式的码(候选码),也称为关键字;在一个关系模式的所有候选码中,被选中的一个候选码称为该关系模式的主码(或称主关键字)。

28. 关系模型常用的关系操作包括:选择(Select)、投影(Project)、连接(Join)、除(Divide)、并(Union)、交(Intersection)、差(Difference)等查询(Query)操作和增加(Insert)、删除(Delete)、修改(Update)操作两大部分。

29. SQL 是 ANSI 和 ISO 公布的关系数据库标准语言,是一种介于关系代数与关系演算之间的结构化查询语言,具有数据操纵(Data Manipulation)、数据定义(Data Definition)和数据控制(Data Control)功能,高度非过程化,简练易学易用。

30. 关系完整性约束是对关系的某种约束条件,包括实体完整性(Entity Integrity)、参照完整性(Referential Integrity)和用户定义完整性(User-defined Integrity)。

31. 数据库的设计过程分为六个阶段:需求分析、概念结构设计、逻辑结构设计、物理设计阶段、数据库实施阶段、数据库运行维护阶段,其中前 3 阶段是信息系统分析和设计的主要内容之一。

32. 概念结构设计:通过对用户需求进行综合、归纳与抽象,形成一个独立于具体的 DBMS 的概念模型。可用 E-R 图(Entity-Relationship Diagram)、类图等表示。

33. 逻辑结构设计:将概念模型转换为某个 DBMS 所支持的数据模型,并对其进行优化。

34. 物理结构设计:为逻辑数据模型选择一个最适合(时间和空间)应用环境的物理数据库结构,包括存储结构和存取方法。

35. 从应用环境的演变来看网络计算主要包括:以大型机为中心的计算模式、以文件服务器为中心的计算模式、客户机-服务器分布式计算模式、基于 Internet 的网络计算模式、面向服务的网络计算模式。

36. 中间件的主要功能就是通过简单的、较高层次的应用程序编程接口(API)将处于高层的逻辑应用和处于底层的数据管理屏蔽开来。

37. 服务:由服务提供者在广域网络环境下发布的具有独立功能的计算单元,具有自治共享性、标准性、可组合性等 3 大特征。

38. SOC 的基础是 SOA,由 3 个角色和 3 个基本操作提供了一种松耦合的应用系统构架。

39. 软件危机(Software Crisis)是指软件开发和维护过程中所遇到的一系列严重问题。主要表现为软件滞后于硬件的发展、供需关系失调、开发成本失控、开发进度拖延、可靠性差、难以维护、重用性差。

40. 软件工程(Software Engineering)是指用"工程化"的思想指导开发软件,"工程化",是指有计划、有规律、有步骤的安排。

41. 软件工程与系统开发方法的关系在于:软件工程的原理和思想为系统开发方法的实施提供了依据,而系统开发方法本身是软件工程的一个重要组成部分。也即,软件工程侧重于系统开发过程的组织、管理等工程学的原理,而系统开发方法则侧重于系统开发的技术与工具、模型。

第 **3** 章

信息系统的开发方法

信息系统的开发过程是一项复杂性的系统工程,因此选择一种合适的系统开发方法将有着十分重要的意义。信息系统的开发方法有多种,虽然系统开发中有许多通用的概念,而且几乎每一种方法都使用到相应的模型、工具和技术,但每一种方法自身都有其特点和适用环境,没有任何一种通用的方法适合所有的开发项目。系统开发方法的多样性容易给系统开发人员带来混淆,甚至开发同一信息系统的不同人员会使用不同的开发方法。所以,在开发一个信息系统之前,就必须明确采用什么样的开发方法。

3.1 结构化方法

3.1.1 结构化方法形成的背景

所谓结构化,简单来说就是"有组织、有规范、有规律的一种安排"。计算机科学中的结构化(structured)一词最早是作为一种程序设计技术而出现的,即结构化程序设计。结构化程序设计(Structured Programming,SP)技术产生于20世纪60年代,其主要目的是提供一组约定的规程(rules)去提高程序的质量,其基本思想是每一个程序都应按照一定的基本结构来组织,这些基本结构包括顺序结构(sequence)、选择结构(selection)和循环结构(repetition),并且每一个程序都只能有一个入口和出口。结构化程序设计技术在很大程度上解决了程序可读性和可维护性差的问题,很快便成为一种事实上的工业标准,并被广大程序设计人员接受。

20世纪70年代以来,随着计算机应用的发展,计算机程序所解决问题的复杂性越来越高,而结构化程序设计技术本身在解决大型复杂问题时,实际上采用的是一种自底向上(bottom-up)的设计策略,即先设计好每一个具体的功能模块,然后再将这些设计好的程序模块组装成一个应用软件系统。显然这种解决问题的方法没有能够从全局的角度去考虑软件系统中各个功能模块之间的关系,缺乏系统总体结构的规划,所以说这样的软件系统在灵活性、可维护性、可靠性等方面都不理想。结构化系统设计(Structured Design,SD)是以结构化程序设计技术为基础的,其目标是对一个表达清楚(well-stated)的问题,运用一组规范和准则指导系统开发人员首先从确定系统的总体结构着手,然后再进行每一个功能模块的具体设计。这种先整体后局部、先设计后实现的策略是一种自顶向下(top-down)的开发策略。

结构化系统分析(Structured Analysis,SA)技术则是在20世纪70年代末期、80年代早期提出的,它保证了系统开发人员在设计系统总体结构和程序模块之前将系统的需求进一步明确化。系统设计的目标是建立在"一个表达清楚的问题"的基础上,因此结构化系统分析技术的关键便是如何以抽象的方式将求解的问题形式化地表示出来。

从方法学的角度,根据方法和技术两者之间的关系不难看出,结构化方法是由结构化分析技术、结构化设计技术和结构化程序设计技术组成的。

3.1.2 结构化方法的技术要点

（1）结构化程序设计技术

所谓结构化程序是指具有一个开始和一个结束的程序或程序模块,在程序执行过程中的每一步都由顺序、选择或循环这三种基本语句结构之一组成。图3-1描述了结构化程序的三种基本结构。

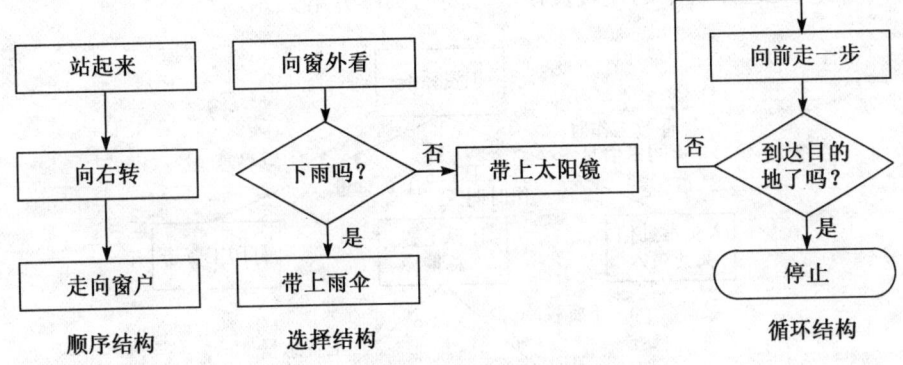

图3-1 结构化程序的三种基本语句结构

和结构化编程有关的另一个概念是自顶向下的程序设计,自顶向下的程序设计是把复杂的程序分解成具有层次结构的若干程序模块(module),如图3-2所示,在需要时层次结构图中的上层模块通过调用下层模块来控制程序的执行。因此自顶向下程序设计也称模块化程序设计(modular programming),N. Wirth的"自顶向下、逐步求精(top-down and step-wise)"便是这种设计技术思想的精髓。

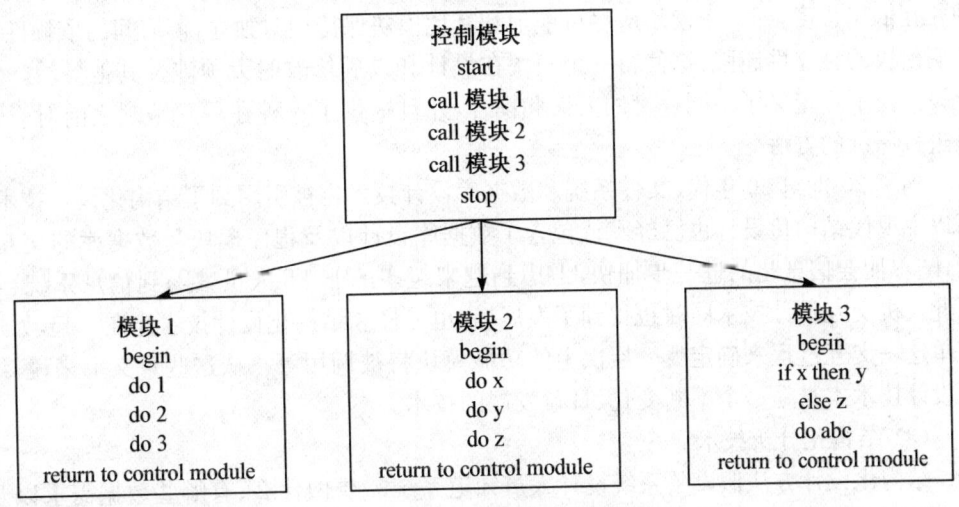

图3-2 自顶向下或模块化的程序设计

（2）结构化设计技术

结构化设计技术面向的是规模大且复杂的问题对象,它通过提供一系列指南以确定程序集是什么、每个程序模块应该实现哪些功能以及如何把这些程序模块组织成一个层次结构图。结构化设计技术的核心内容是自顶向下的功能模块的层次分解设计,它的出现使得将若干彼此独立且具有一定功能的程序片段组装成一个大型复杂系统成为可能。

结构化设计技术是通过一种叫作模块结构图(Module Structure Chart,MSC)的图形化模型来抽象地表示功能模块及功能模块之间的相互关系,如图3-3所示,它表示了一个简单的工资处理系统中的模块及模块之间的层次分解关系。

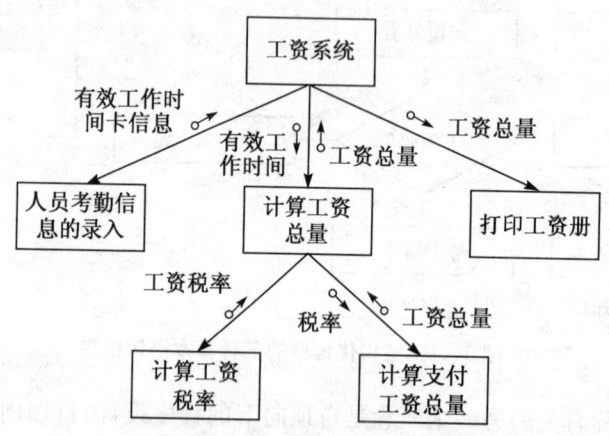

图3-3 使用结构化设计技术生成的模块结构图

结构化设计的两个最基本的原则是高内聚(highly cohesive)和低耦合(loosely coupled)。高内聚是指一个模块只完成一个明确的任务,这样不仅便于理解一个模块所实现的功能,而且一个模块本身的修改不会影响其他模块的功能;低耦合则反映了模块间的相互依赖程度,即一个模块应尽可能地和其他模块保持相对独立,模块间的依赖性越小说明模块的独立性越强,这使得一个模块在设计和以后修改时无须涉及其他模块。结构化设计技术还定义了不同程度的内聚和耦合,并且提供了一种在程序编制之前对设计质量进行评价的方法。

到了20世纪80年代,文件系统和数据库设计技术也被引用到了结构化设计技术中,所以说现代结构化设计也已经默认包含了数据库设计以及程序模块与数据库的交互;再者,随着社会信息化的进一步加快,考虑到越来越多的非IT人员参与到信息系统当中,因此人机交互设计技术同时也得到了发展,它也一样和结构化设计技术连在一起,如通过菜单这一交互过程来确定哪一层次上的功能模块将被调用等。从这些意义上来说,结构化设计技术本身是一个不断变化、日益发展的技术。

（3）结构化分析技术

结构化设计方法假设了系统设计人员知道系统需要做什么、有哪些数据需求以及需要的输出结果是什么,若预先不能充分而又明确地了解待解决问题的所有需求的话,设计人员不可能知道需要设计出什么样的系统,是无法去进行设计工作的。因此定义系统需求的技术便逐渐形成,这一技术称为结构化分析技术。考虑到它的形成晚于结构化程序设计技术和结构化系统设计技术,而且又在 20 世纪 80 年代并被赋予了许多新的内容,所以又被称为"现代结构化分析技术"。

结构化分析技术主要强调三方面内容:处理需求,也称为业务需求或用户需求;数据需求;处理过程与数据之间的相互关系。结构化分析技术是这样的一种技术,它帮助开发人员定义系统需要做什么(处理需求)、系统需要存储和使用哪些数据(数据需求)、系统需要什么样的输入和输出以及如何把这些元素结合在一起以完成任务。与结构化设计技术不同,系统需求只是详细地定义了系统必须实现的功能,但并没有规定实现这些功能的具体技术。通过推迟确定实现系统功能的具体技术,开发人员能够有足够的注意力放在系统需要"做什么"而不是"如何做"上面。

在结构化分析中使用的表示系统需求的主要图形模型是数据流程图(Data Flow Diagram,DFD),它是用于表示系统的输入、处理、数据存储和输出以及它们如何一起协调工作的图形模型,图 3-4 给出了一个用 DFD 简单描述大学生选修课程的系统需求的例子。

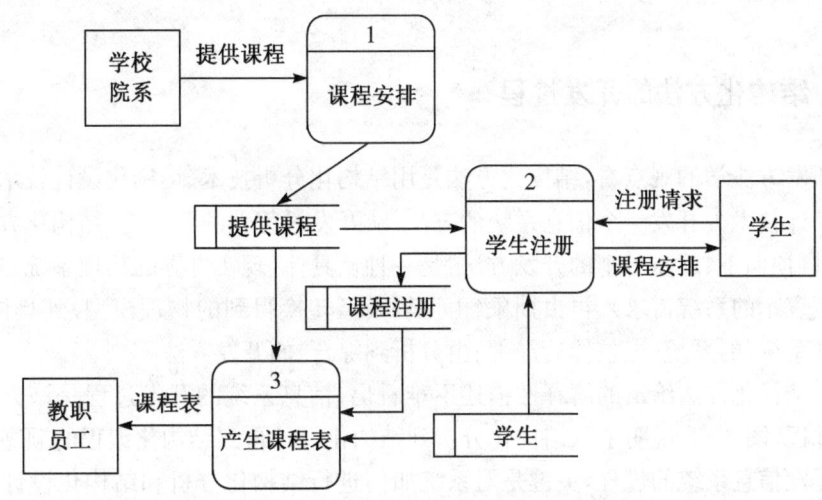

图 3-4 使用结构化分析技术生成的数据流程图

现代需求分析的方法还引入了通过识别引起系统以某种方式做出响应的所有事件(events)来定义系统的处理需求。不同事件引起不同的处理活动,系统分析员需涉及所有这些活动,并且创建相应的数据流程图来表示包括输入和输出在内的处理细节。比如,"学生注册"就可看成是一个事件。

系统所需数据的模型也可以根据系统需要存储的数据实体来创建,这种模型被称为实体-关系图(ERD),ERD 中的数据实体对应于 DFD 中的数据存储。图 3-5 是实体-关系图的两个例子:

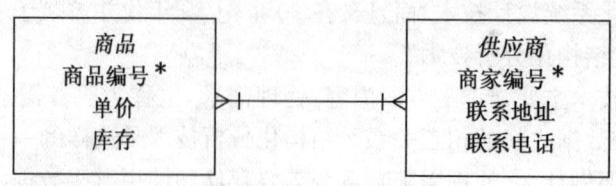

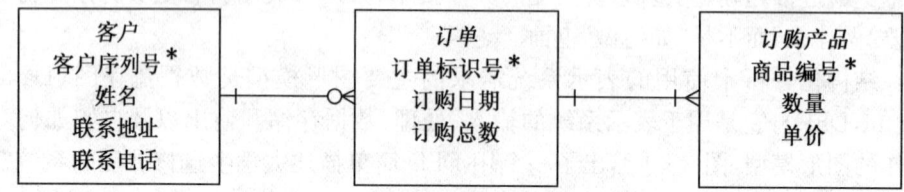

图3-5 结构化需求分析阶段生成的实体-关系图

3.1.3 结构化方法的开发过程

从开发方法学的观点看,结构化方法是用结构化分析技术、结构化设计技术以及结构化程序设计技术去开发一个信息系统的方法;从开发过程性的角度看,结构化方法是分阶段实施、自顶向下、逐步求精的开发方法,是一种从具体(现实世界的物理系统)到抽象(用逻辑模型表示的系统需求)、再由抽象(由逻辑模型转换得到的物理模型)到具体(一个具体的信息系统)的系统(先整体后局部、由分析到综合)的开发方法。

从对结构化方法给出的解释性描述不难看出,信息系统的开发过程是该方法形成过程的逆过程,图3-6说明了从结构化分析到结构化设计再到结构化编程的顺序。用结构化方法开发信息系统的过程,关键是对系统如何进行结构化分析和结构化设计以及怎样由分析阶段过渡或是映射到设计阶段,因此这一方法又称为SADT(Structured Analysis and Design Technique)。同时,这一开发过程正好和SDLC相一致,所以又可称之为结构化SDLC方法。

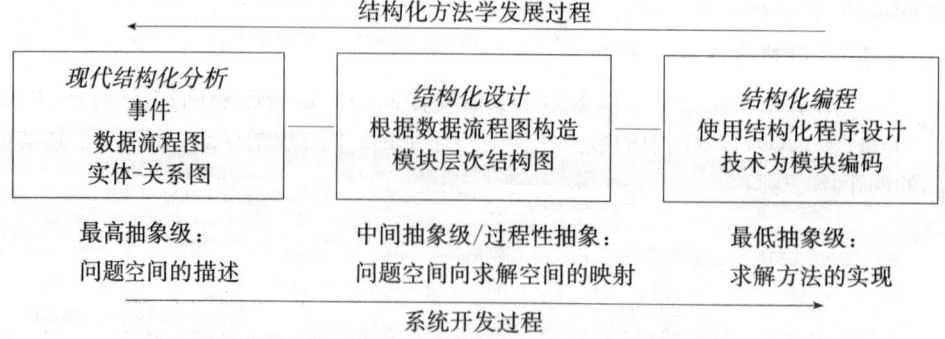

图3-6 结构化方法开发系统的过程性或阶段性

由于系统开发的结构化方法相对于其他方法来说已经发展经历了很长时间,因此在实际应用中能够发现结构化方法的很多变体,比如上述在需求分析阶段引入的"事件"概念、数据库设计等需要和结构化开发过程互为补充,以及面向数据(数据结构)的开发等。需要注意的是开发方法学本身只是一种指南,而方法所包含的诸如技术、模型和工具等内容则是不断进化和发展的。

结构化方法开发信息系统一般具有如下几个重要特征:

1)抽象性。抽象是一种略去与某一阶段目标无关细节的手段,抽象的目的在于描述最本质的内容。用结构化方法开发信息系统的过程中,从结构化系统分析,到结构化系统设计,再到结构化程序设计,这期间有多个抽象级,这些抽象级是在不同层次上对同一问题的不同抽象表示。

2)面向过程。面向过程也可说成是过程驱动(process-driven)。用结构化方法开发信息系统的过程中,始终从问题域中的业务功能(过程)这一角度着手考虑,而不是着重从信息(数据)的角度来考虑,数据只是作为过程的"属性"。如完成处理过程所需要的数据、所产生的数据、所需存储的数据等,在结构化方法中相对于过程来说只是处于"从属"地位。

3)模块化、层次性、结构化。结构化方法体现了系统的思想,是一个"分而治之、由分而合"的过程。在求解问题的过程中,将复杂问题分解为一些较小的、比较容易理解的、相对独立的部分来求解,然后再将这些部分问题的解综合成复杂问题的解。功能的模块化、模块的层次化、程序的结构化实际上是分而治之、逐步求精思想的具体应用。

4)逻辑独立性。逻辑独立性是结构化方法的又一重要特征,逻辑设计(系统分析)和物理设计(系统设计)分开进行,有利于开发人员更准确地抽象出系统的本质特征和功能。

3.1.4 结构化方法的优缺点

结构化SDLC以"瀑布"模型为基础,各阶段基本上是一种线性的顺序关系,结构化方法有如下几个优点:

1)阶段的顺序性和阶段间的依赖性。将系统开发过程分成若干阶段,每一阶段又分成若干个工作步骤,每一个阶段都有明确的目标和任务。上一阶段的工作成果是下一阶段工作的前提和依据,也就是说后继阶段工作的开始是在前一阶段工作内容的基础上进行的,后一阶段任务的完成又使前一阶段的成果在实现过程中具体了一个层次。

2)推迟实现的观点。对于有一定规模和复杂程度的软件,软件危机告诉我们,编码越早,完成的时间反而越长,甚至会导致不可挽回的损失。结构化方法的逻辑设计和物理设计分开进行的特征,在确保系统需求正确性、一致性的基础上,从而大大提高了系统的可靠性。

3)良好的文档支持。系统开发过程中每一阶段都必须建立相应的文档资料,文档是信息系统不可缺少的重要组成部分。文档不仅是一个阶段工作成果和结束的标志,也是各阶段之间、开发人员与用户之间沟通的桥梁,更是做好系统维护工作的保障手段。每一个阶段对文档的复审就是对本阶段工作成果的评定,避免错误转入下一阶段,发现错误并纠正得越早,所造成的损失也就越少。

结构化方法虽然有许多优点,但有关结构化方法的缺陷有很多观点,不同的人看法不同。但有两点是被大家公认的。

1) 可变性差。一方面,因为该方法是一种预先定义需求的方法,也就是说,采用该方法的基本前提是必须能够在早期就冻结用户的需求,并且需求相对稳定。然而这种预先定义需求的策略,对那些随时间推移需求会调整变化或需求一时难以明确确定或项目参与者因种种原因而导致需求模糊、误解等的情形来说,显然是不切实际的。按照这样预先指定的需求开发系统,当系统开发出来时,要么就已过时而不符当时用户的需要,要么系统就存有隐患,需为此付出很高的修改代价,甚至根本不可能修改而造成很多负面影响。另一方面,结构化分析和结构化设计技术是围绕实现处理功能的"过程"来构造系统的,然而用户需求的变化大部分是针对功能的,因此这种变化对基于过程的设计来说是灾难性的,用这种技术设计出的系统在结构上会不甚稳定。

2) 分析阶段和设计阶段的工作转换不自然。结构化方法未能很好地解决系统分析到系统设计之间的鸿沟,与将要介绍的面向对象方法相比,有人曾这样形容,如果说结构化方法的分析阶段到设计阶段的转换是"革命"性(revolution)的话,那么面向对象方法的分析阶段到设计阶段的转换则是渐渐"演变"性(evolution)的。在接触面向对象方法后将会发现,结构化方法在这两个阶段中所用的概念、术语、模型结构等均有一定的差距和跨度,因而在阶段之间的过渡上显得不够自然,不具有"同构性"。

3.2 面向对象方法

针对日趋复杂的软件需求的挑战,为提高软件系统的稳定性、可修改性和可重用性,软件业界发展出了一种称为面向对象(OO,Object-Oriented)的软件开发模式。近些年来面向对象方法及技术已经引起人们的普遍关注并加以应用。

3.2.1 面向对象方法概述

面向对象方法的出发点和基本原则是尽可能模拟人类习惯性的思维方式,使开发软件系统的方法和过程尽可能接近人类认识世界、解决问题的方法和过程,也就是使描述问题的问题空间(也称为问题域)与实现求解问题的解空间(也称为求解域)在结构上尽可能一致。

客观世界的问题都是由客观世界中的实体及实体相互间的关系构成的。把客观世界中的实体抽象为问题域中的对象,考虑到所有解决的问题具有针对性,所以对象是不固定的。比如,一名员工可以看作一个对象,一个公司也可以看作一个对象。因此应将什么抽象为对象依赖于所要解决的具体问题。

客观世界中的实体通常既具有静态的属性又具有动态的行为。传统的开发方法人为地把数据和处理分离成两个独立的部分。面向对象方法与传统方法相反,把数据和处理过程相结合,它把对象作为由数据及可以施加在这些数据上的操作所构成的统一体。

面向对象方法所提供的"对象"概念,是让软件开发人员自己定义或选取解空间对象,当然应该使得这些解空间对象与问题空间对象尽可能一致,软件系统可看作一系列离散的解空间对象的集合。这些解空间对象彼此通过发送消息而相互作用,从而得出问题的解。也就是说,面向对象方法没有传统方法中的数据实体或数据文件的概念,也没有处理过程或函数的概念,它不是把系统看作工作在数据集上的一系列过程或函数的集合,而是把系统看作是既彼此独立又相互协作的一系列对象的集合,每个对象都像一个"微型程序",有自己的数据、操作、功能和目的,系统是通过这些对象间的相互作用来完成任务的。

概括地说,面向对象方法具有下述四个要点:

1) 客观现实世界是由各种对象组成的,任何事物都是对象,复杂的对象可以由比较简单的对象以某种方式组合而成。按照这种观点,可以认为整个问题域就是一个最复杂的对象。一个问题可分解成多少个对象依赖于对问题性质的了解和判断,没有一成不变的表示。因此,面向对象的软件系统是由对象组成的,系统中的任何元素都是对象。

2) 把所有对象都划分成各种对象类(简称为类,Class),每个对象类都定义了一组数据和一组方法。数据用于表示对象的静态属性,是对象的状态特征。因此每当建立该对象类的一个新的实例(Class Instance)时,就按照类中对数据的定义为这个新对象生成一组专用数据,以便描述该对象独特的属性值。例如,屏幕上的不同位置显示的半径不同的几个圆,虽然都是 Circle 类的对象,但是各自都有自己专用的数据,以便记录各自的圆心位置、半径、颜色等状态特征。类中定义的方法是允许施加于该类对象上的操作,这些方法即表现为该类对象的行为,它们是该类所有对象共享的、不需为每个对象都复制的操作描述。

3) 按照子类(subclass)(或称为派生类、导出类,derived class)与父类(class)(或称为基类、超类,basic class,super class)的关系,把若干个对象类组成一个层次结构的系统,在这种层次结构中,通常下层的派生类具有与上层的基类相同的特征(包括数据和方法),这种现象称为继承(Inheritance)。但如果在派生类中对某些特征又做了重新描述,则在派生类中的这些特征将以新的定义为准,也就是说,底层的特征可以屏蔽上层的同名特征。

4) 对象之间仅能通过传递消息相互联系。一个对象的行为通过消息机制激活,行为操作的具体实现表现为封装在该对象类定义的方法中,用户不必知道对象行为的实现细节,只需根据对象提供的外部特征接口访问对象即可,而这些对外接口就是对象受理的消息名的集合。因此,从用户的观点来看,对象就好像是一只"黑盒子",它的操作和数据完全被封装在盒子内部,是掩藏的、不可见的。这就是对象的封装性(Encapsulation)。

综上所述,面向对象方法可以用下列关系加以概括:

$$OO = Objects + Classes + Inheritance + Communication\ with\ message$$

也就是说,面向对象就是既使用对象又使用类和继承机制,而且对象之间仅能通过消息机制实现彼此通信。

3.2.2 面向对象方法的基本概念

1. 对象(Object)

在应用领域中有意义的、与所有解决的问题有关系的任何事物都可以作为对象,它既可以是具体的物理实体的抽象,又可以是人为的概念,或者是任何有边界和意义的东西。例如,一名员工、一家公司、一个窗口、一座图书馆、一本图书、借款、贷款等,都可以看作一个对象。总之,对象是对问题域中某个实体的抽象,由于客观世界中的实体通常都既具有静态的属性,又具有动态的行为,因此面向对象方法中的对象是由描述该对象属性的数据以及可以对这些数据施加的所有操作封装在一起构成的统一体,如图 3-7 所示,它描绘了具有三个操作的对象。对象的操作也可称为服务或方法。设立某个对象就反映了软件系统保存有关它的信息并且与它进行交互的能力。计算机实现的对象与真实世界的对象具有一对

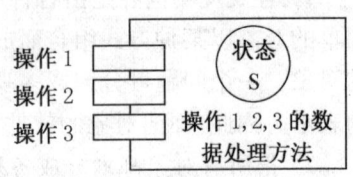

图 3-7 对象的形象表示

一的关系,不必做任何转换,这样一来就使 OO 方法很自然地符合人的认识规律。

有关对象的定义目前并没有一个统一的标准,对对象的不同定义虽然形式不同,但其基本含义是相通的。正如上所述,从认知论(cognitive)的角度,对象是人们要进行研究或感兴趣的任何事物。从信息模型的角度,对象是对问题域中某个事物的抽象,这种抽象包括有关这个事物的信息及与它的交互能力,也就是说,对象是对属性值和操作的封装。从面向对象实现的角度,对象是具有相同状态的一组操作的集合,对象的状态通过一组属性值来体现,操作刻画了对象的行为,通过行为来改变对象的状态。从这个角度看,对象具有很强的独立性(independency)和自治性(autonomous),即其内部状态不受外界的影响而是通过自身的行为来改变的。

所有对象都具有唯一标识的能力并且是可识别的。有相同的颜色、形状和质地的两个苹果仍是两个不同的苹果。由系统授予每一个对象以唯一的对象标识符(Object IDentify,OID)。在对象的生命周期中,其 OID 值不变,用来唯一且永久地标识该对象,直至对象被"删除"后,其 OID 值才被系统"收回"。

2. 类(Class) / 对象类(Object Class)

现实世界中存在的客观事物有些是彼此相似的,人们习惯于把有相似特征的事物归为一类,分类是人们认识客观世界的基本方法。

在面向对象方法中,类就是对问题域中具有相同数据和相同操作的一组相似对象的定义,也就是说,类是具有相同属性和行为的一个或多个对象的集合,是对特征相似的对象的一种抽象。比如,屏幕上的几个圆都具有相同的数据特征:圆心坐标、半径、颜色等,以及相同的操作特征:显示、缩放、移动等,因此它们是同一类事物即对象,可用 Circle 类来定义。

3. 实例(Instance) / 类实例(Class Instance)

类实例就是由某个特定的类所描述的一个具体的对象,类实例可简称为实例。例如圆心位于(100,100)处的半径为 20 个像素的红色圆是 Circle 类的一个类实例。类实际上就是建立对象时使用的一个"模板",所建立的对象就是类的一个实际例子,即类实例。在面向对象方法中,对象必须参与一个或一个以上的对象类并成为该对象类的实例。

在面向对象方法中,当使用"对象"这个术语时,既可以指一个具体的对象,也可以泛指一般的对象,也就是说,任何类都可以看作对象,从而实现类与对象的统一。由于类实例总是由类来创建,因此可将创建类的类称为元类(metaclass),这时类就可作为元类的实例。但一般说来当使用"类实例"这个术语时总是指一个具体的对象。

4. 属性(Attribute)

属性就是类中所定义的数据,它是对客观世界或者说是问题域中事物的抽象。这些属性对类的实例来说就是实例变量,类的每个实例都有自己特有的属性值。在 C++中,属性被称为数据成员。例如,Circle 类中定义的代表圆心坐标、半径、颜色等的数据成员就是圆类的属性。

5. 方法(Method) / 类方法(Class Method)

方法就是对象所能执行的操作,也就是类中所定义的服务,对外部表现为对象的行为特征。方法描述了对象响应消息、执行操作的具体算法。在 C++中,方法则称为成员函数。例如,为了使 Circle 类的对象能够响应让它在屏幕上显示自己的消息 Show(Green),在 Circle 类中必须给出成员函数 Show(int color)的定义,即它的具体实现描述。

6. 消息(Message)

消息就是一个对象请求某个对象执行在定义它的那个类中所定义的某个操作的规格说明。通常一个消息由三个部分组成:接受消息的对象、消息选择符(也称为消息名)、包含零个或多个变元的参数列表。对象一旦接收到发送消息的对象所发送的消息后,就激活与此消息相匹配的方法并执行。

例如,MyCircle 是一个圆心位于(100,100)处的半径为 20 个像素的 Circle 类的对象,也就是 Circle 类的一个实例,当要求它以绿颜色重新在屏幕上显示时,则应向它发送消息:MyCircle.Show(Green)。其中 MyCircle 是接受消息的对象的名称,Show 是消息名,Green 是消息的参数。当 MyCircle 接收到这个消息后,将执行在 Circle 类中所定义的 Show 操作。

3.2.3 面向对象方法的技术要点

面向对象方法有几个技术要点,虽然这些要点不是面向对象方法所独有的,但它们很好地支撑着该方法。

1. 抽象

抽象是人们在认识复杂现象的本质过程中最强有力的思维工具。抽象是由事物实体本质固有的特征集中和概括所组成，并忽略事物次要的非本质特征。

面向对象方法采用对象来表达一切事情和事物，将其静态属性和动态行为抽象为数据结构以及在数据结构上所施加的一组操作，并把它们封装成一个统一体，使对象状态变成对象属性值的集合，对象行为变成改变对象状态的操作方法的集合。在对象抽象的基础上，面向对象方法进一步提出了对象类这一独特的概念，对象类实现了更高一级的抽象，它把具有相同或共性语义特性（即数据结构特性和操作特性及其有关约束特性）的一组对象组成为对象类，将数据结构上的抽象与功能上的抽象结合起来，并加以统一说明，实现了传统方法所不具备的更高级的抽象。正是由于对象这种广泛的、高度的抽象表达能力，使该方法具有很强的建模能力。

2. 封装

在程序设计中，封装是保证软件部件具有优良的模块性的基础。所谓封装是指所有软件部件都具有友好的外部接口用以说明各部件之间的相互作用和相互关系，同时应当完全保护软件的内部实现使用户不必了解如何具体实现。这样，封装一方面有利于用户集中精力去考虑他所开发的系统、各模块之间的关系等重大问题，另一方面也有利于编程人员对软件部件实现精心雕刻，确保模块质量的可靠性。

封装不是面向对象方法所独有的特性，但正如前面所述，面向对象方法在单一实体中把数据结构和行为捆绑在一起的能力，使封装比把数据结构和行为（过程）相分离的传统方法更加清晰、具有吸引力。在面向对象方法中，对象类是封装的良好的模块，通过类说明与类实现将用户可见的外部接口与用户不可见的内部实现细节显式地区分开来。对象封装是类封装更具体的体现，对象是封装的最基本的单位，具有很强的独立自治性。从用户的观点来看，封装使得对象就像是一只"黑盒子"，它的操作和数据完全被封装在盒子内部，是掩藏的、不可见的，而只能根据对象所提供的外部特征接口访问对象，这些对外接口就是对象受理的消息名的集合。

从严格意义上说，封装和抽象是处理对象的两个相反的方面。封装是指对象可以拥有私有元素，将内部细节掩藏起来的一种能力，封装将对象封闭保护起来管理着对象内部状态。而抽象则和对象的外部特征紧密相关，它通常用来描述对象所表示的具体概念、对象所能完成的任务以及处理对象的外部接口，它刻画的是对象的可见外部特征。

3. 继承

从一般意义上说，继承（Inheritance）是指能够直接获得已有的性质和特征，而不必重复它们。在面向对象方法中，继承是子类自动地获得基类中所定义的数据和方法的机制。

在类的层次结构中，当一个类只允许有一个父类时，类的继承是"单继承"，也可称为"层次继承"；当允许一个类有多个父类时，类的继承是"多重继承"，也可称为"网格继承"。

例如,图3-8描述了某个问题域的类层次结构,就"单继承"性而言,从数据特征角度,大学生类除了具有"系别""专业"等特征外,还继承了学生类的"学校名称""学号"等特征,学生类还可继承"人"类的"身份证号""姓名"等特征。就"多重继承"性而言,一些"在职研究生"则既可以继承"学生"特征,也可以继承"教师"特征。

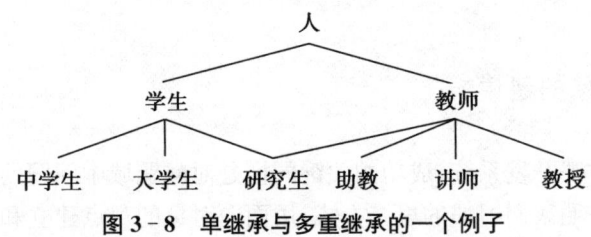

图3-8 单继承与多重继承的一个例子

继承具有传递性,也就是说,如果类C继承类B,类B继承类A,则类C继承类A。因此,若类层次结构具有多层的话,一个类实际上继承了它所在的类层次结构中在其上各层与之有关的基类的所有描述。

面向对象方法的许多功能和优点都源于继承性。

4. 多态性

在面向对象方法中,多态性(Polymorphism)是指在类层次结构中,位于不同层次上的类可以共享一个方法的名字,但不同层次上的每个类却可以按照各自的需要来实现这个方法。从根本上讲,在基类中,用户定义针对一般情况的每一件事件,派生类则补充具体的细节。例如,基类中 convert 方法说明了两个变量 val1 和 val2,它们分别携带初值和转换值,有两个派生类则可用 convert 分别具体定义为把华氏温度转换为摄氏温度和把加仑转换为升。显然这时若增加一个新的特定的类,如增加一个英尺到米的转换的功能,将显得十分方便、容易。当对象接受发送给它的消息时,根据该对象所属的类而动态地选用在该类中所定义的实现算法。

多态性能够很好地支持"一种方法,多种接口"或者称为"一种服务,多种算法"。

5. 共享

面向对象技术提供几个不同层次的共享。数据结构和行为的继承允许在若干个相似子类中间共享公共结构。面向对象技术不仅允许在某个具体应用范围内通过类层次结构的继承机制支持共享,在更通用的普遍化设计中还提供了未来项目中可重用设计的可能,面向对象管理组织(OMG)已提供了这方面的标准和工具,诸如用抽象、封装和继承来建立可重用组件库。

6. 对象结构而非过程结构

面向对象技术强调指出对象是什么,而不是如何使用它,也就是在面向对象的设计方法中,计算机的观点不是重要的,最重要的是现实世界的模型。在开发期间,一个对象的使用高度依赖于应用的细节和变化的频率,由于需求在变化,用一个对象提供的特征比它的使用方式更加稳定,建立在对象结构上的软件系统在长时间运作中也会更为稳定。传统的面向过程是基于控制的过程调用机制,系统按功能划分模块,功能的抽象即为过程,是一种重点放在过程结构上的开发方法,当系统功能需求发生变化时将引起软件结构的整体修改。面向对象的系统是基于消息机制的对象间的相互作用,是一种重点放在对象结构上的开发方法。

3.2.4 面向对象的建模

用面向对象方法开发系统,成功的关键同样是对问题域中问题的理解,面向对象方法最基本的原则是按照人们习惯的思维方式,用面向对象的观点建立和描述问题域的模型。

面向对象的方法从问题模型开始,然后就是识别对象、不断细化的过程。玻姆(Boehm)早在1988年就提出了一个结合了宏观和微观视角(macro & micro view)的螺旋开发模型,宏观包括三个阶段:① 分析——发现和识别对象;② 设计——发明和设计对象;③ 实施——创建和实现对象。每个宏观阶段及宏观阶段之间都包含一些微观迭代活动。因为对象的概念贯穿于整个开发过程,对象和对象之间的关系成为分析、设计和编码等各个阶段的共同表达媒体,这就使得该方法在分析、设计和实施等各个阶段之间的明显界限变得模糊起来的同时也确保了阶段之间的无缝性(seamless)和相互衔接的自然性。20世纪80年代末以来,随着面向对象技术的成熟,研究热点从编程语言逐渐转移到设计与分析上来,在上述螺旋开发模型思想的基础上,先后出现了几十种支持系统开发的面向对象方法,它们各有特色,也各有不足之处,而且所用符号、术语也不尽统一,但大多面向对象方法都支持三种基本的活动:识别对象和类,描述对象和类之间的关系,以及通过描述每个类的功能定义对象的行为。其中,G. Booch、P. Coad、E. Yourdon、J. Rumbaugh和I. Jacobson的方法在面向对象软件开发界得到了广泛的认可。对应面向对象建模的三个宏观阶段,一般通过面向对象分析、面向对象设计和面向对象编程展示面向对象系统的体系结构。

1) 面向对象分析

面向对象分析(OOA,Object-Oriented Analysis),即识别系统中所有类型的对象(对象类),并描述这些对象如何通过相互作用(消息机制)来完成任务。在分析阶段,通常使用事件列表、类图、用例图、交互图(协作图、顺序图)和状态图等来表示面向对象系统的需求。

类图(Class Diagram)是面向对象方法的一种抽象描述工具,它是一种运用方法表达了系统中所有的对象类及其关系的图形模型,图3-9是一个"客户账户类"的类图例子。

用例图(Use Case Diagram)是用来概括有关参与者和用例信息的一个图形化模型,图3-10是一个带有系统边界的"订单子系统"的用例图例子。

协作图(Communication Diagram / Collaboration Diagram)用来快速浏览相互协作、支持一个特定场景的所有对象,图3-11是协作图的一个例子。

顺序图(Sequence Diagram)用来展示某个特定场景中对象之间的交互次序,图3-12是顺序图的一个例子,其中虚线为对象的生命线,遵循从上到下的时间顺序。

第 3 章 信息系统的开发方法

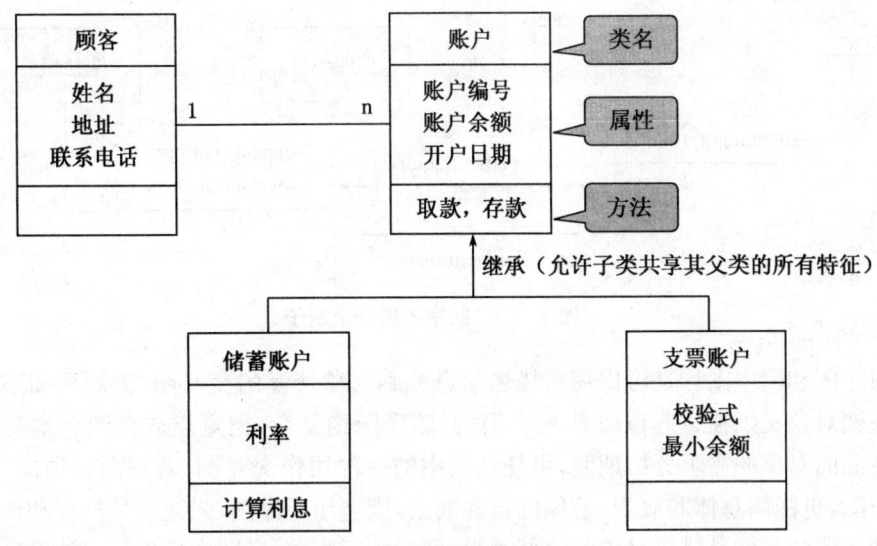

图 3-9 类图的一个例子

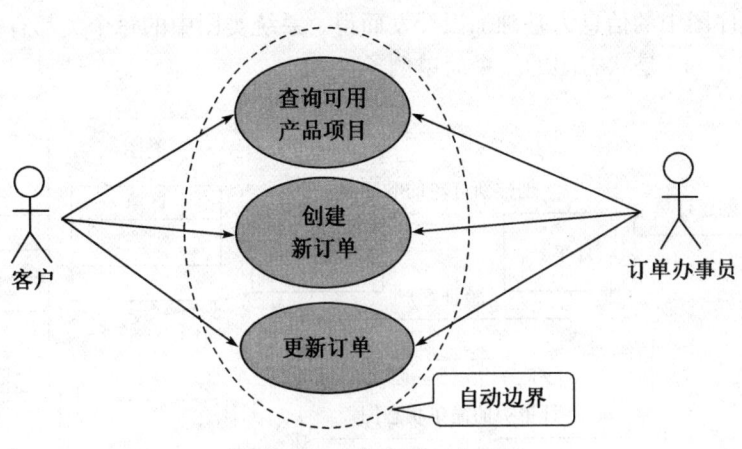

图 3-10 用例图的一个例子

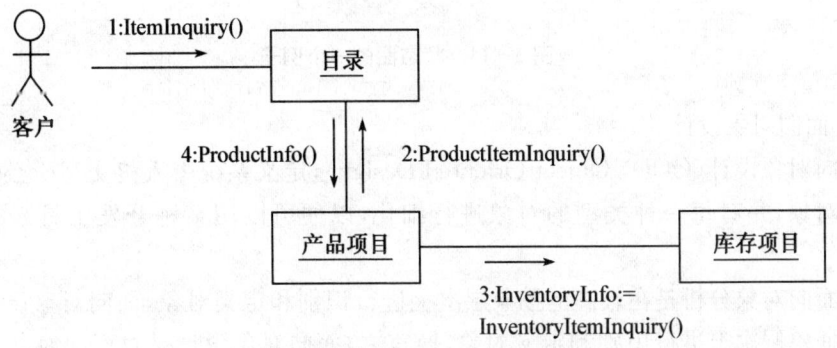

图 3-11 协作图的一个例子

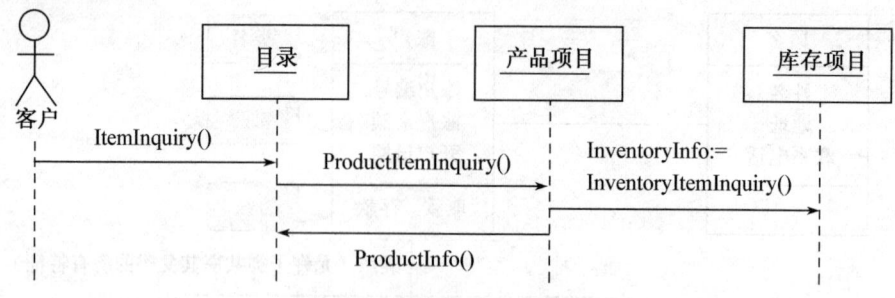

图 3-12 顺序图的一个例子

协作图和顺序图均是可以用来描述信息流和对象交互的交互图，但侧重面不同。协作图强调对象交织在一起以支持一个用例；顺序图稍复杂，把重点放在消息本身的细节上。在面向对象的需求分析期间，可任选其中的一种用作交互图，若偏向自顶向下，则选用协作图，更强调总体和概观；若偏向自底向上，则选用顺序图，强调的是过程和次序。

状态图的目标是描述对象的内部逻辑，即对象行为，顺序图中标识了对象发送和接受的消息，那么当一个对象接受一个消息时它该做些什么呢？状态图是按照一定步骤以类图和相关顺序图中的信息为基础加以开发而得。系统类图中的每个类都有它自己唯一的状态图。图 3-13 是状态图的一个简单例子。

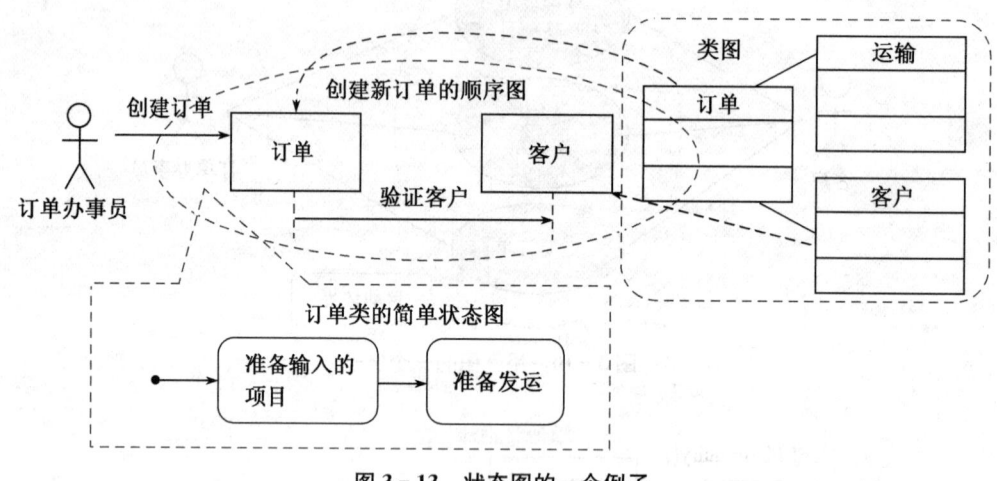

图 3-13 状态图的一个例子

2) 面向对象设计

面向对象设计（OOD，Object-Oriented Design），定义系统中人机交互所必需的所有类型的对象，并对每一种类型的对象进行细化，以便可以用某种开发工具来实现这些对象。

若面向对象分析是在较高的抽象层次上进行识别和定义对象，面向对象设计则是在较低的抽象层次上进行识别和定义对象，换言之，面向对象设计是对面向对象分析的扩充。面向对象分析在识别和定义对象时，独立于程序设计语言；而面向对象分析的识别和定义对象则是附加的，反映的是对需求的一种实现细节，比如人机交互、数据管理、任务处理等，一般会依赖于程序设计语言，简言之就是借助伪码设计出带有方法的类图（或设计类图）和人机交互图等。

包图（Package Diagram）是用以标识系统主要部分的高层图，类似于传统开发方法中的 1 层 DFD，图 3-14 是包图的一个例子。

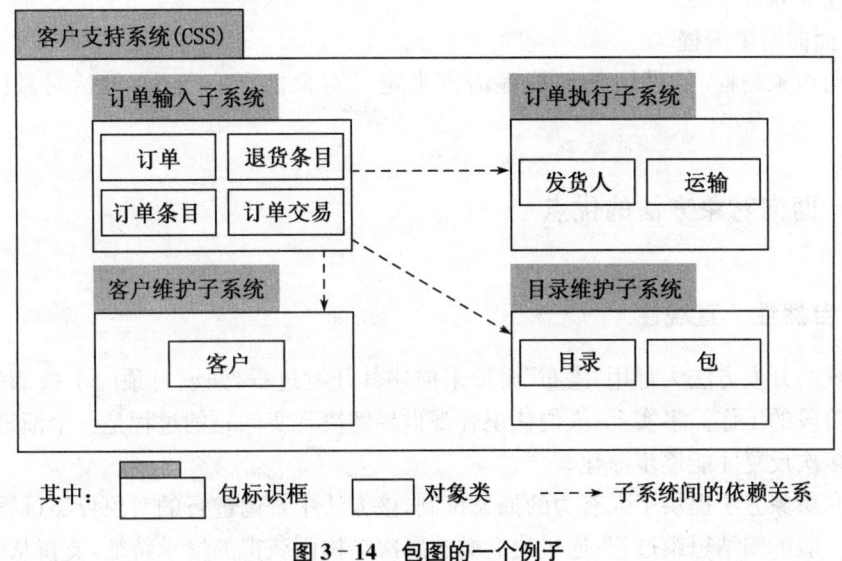

图 3-14 包图的一个例子

设计类图（Design Class Diagram）是对类图的扩展，增加了分析阶段很少关心的属性和方法的细节。简单来说，设计类图是带有某些符号的类图，这些符号被用于描述设计细节。图 3-15 是设计类图表示法的一个简单例子。

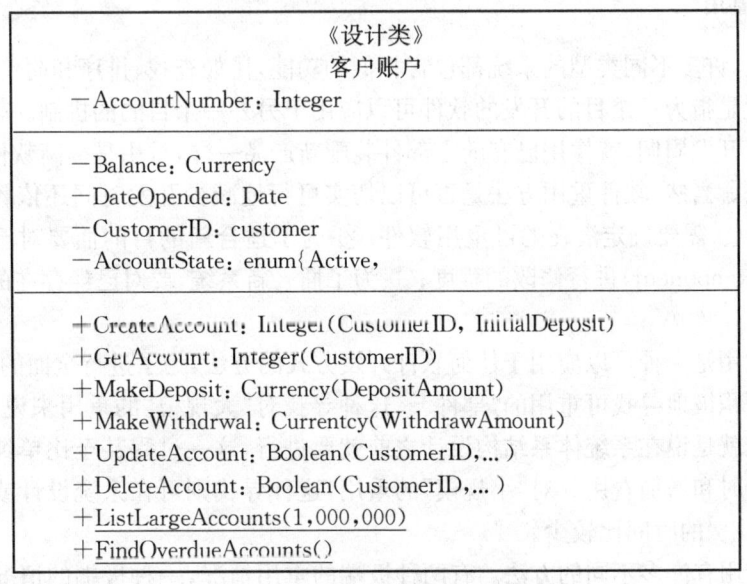

图 3-15 设计类图的一个例子

常用的 UML（Unified Model Language，统一建模语言）由著名的软件工程学家

G. Booch、J. Rumbaugh 和 I. Jacobson 携手合作,共同努力,继承了他们各自原创的面向对象分析和面向对象设计方法,并吸取了其他同类方法的优点,加以扩充改进之后而提出的。UML 是一种编制软件蓝图的标准化语言,它提供了一套描述软件系统模型的概念和图形表示法,开发人员可以使用 UML 对复杂的软件系统建立可视化的系统模型,编制说明和建立软件文档。

3) 面向对象编程

面向对象编程,就是用某种编程语言来定义对象的所有行为,包括对象间的消息传递。

3.2.5 面向对象方法的优点

1. 自然性/直观性

传统的开发方法大都用"瀑布"模型来描述其开发过程,强调自顶向下按部就班地完成各个阶段的工作。事实上,人们认识客观世界解决现实问题的过程是一个渐进过程,需经过多次反复才能逐步深化。

面向对象方法提供了强有力的抽象机制,该方法中普遍进行的对象分类过程,支持从特殊到一般的归纳思维过程;通过建立类的层次结构而获得的继承特征,支持从一般到特殊的演绎思维过程。这种方法可以先设计出抽象类来构成系统框架,随着认识深入和具体化再逐步形成更具体的派生类。这样的开发过程符合人们认识客观世界解决复杂问题时逐步深化的渐进过程。

2. 可重用性

事实上,许多不同类型的系统都包含相似的功能,比如查找、排序和简单的文本编辑。软件重用就是指为一个目的开发的软件可以应用于另外一个目的的机制。软件重用可以显著地缩短开发周期,就像用已有的零部件装配新产品一样,重用是提高软件生产率的最主要的方法。当然,软件重用方法是否可以切实可行地减少开发时间还依赖于一些具体细节,包括:① 需要确定潜在的可重用软件;② 为了适合新的目的而要对已经存在的软件"部件"(component)进行修改的程度;③ 为了插入新系统,要对已经存在的软件重新打包的程度。

软件重用是一种可以应用于任何软件开发方式的方法,为了进行全面的软件重用,开发人员必须积极地寻找可重用的"部件"。这种寻找对"大规模"的重用来说,则需在系统分析阶段也就是说在系统体系结构设计之前就要进行,这一过程甚至比单纯开发一个新系统还要费时和增加费用。对"小规模"的重用,这种寻找则可在系统设计或开发阶段进行,通常所花费的时间比较少。

软件重用有许多不同的方法。有两种极端的重用情况,一种极端的情况是去购买一个已经存在的软件系统,这样就避免了最主要的实践活动。另一种极端的情况是在一个程序中只能重用以前所写程序的少量代码。在这两者之间则有许多其他重用方法,它们使用了不同的方法、技术和工具。比如,传统的重用方法是利用标准库函数,但这些部件大多只提供最基本、最常用的功能,而且还缺乏必要的"柔性",需重新修改和包装才能应用到其他软件系统中。

面向对象的软件开发方法为软件重用提供了新的手段,基于类和对象的重用显得比传统方法更为容易。一方面,对象类所固有的封装性和信息隐藏机制,使得对象的内部实现和外界相隔离,是一种比较理想的重用"部件";另一方面,对象类的层次结构所具有的继承性机制,使得子类不仅可以重用其父类的数据结构和程序代码,而且还可以在父类代码的基础上方便地进行修改和扩充,同时在已有类层次结构的基础上,也能很方便地派生出一个能满足当前需求的新类。

图 3-16 展现了基于面向对象技术的软件重用方法。一类是源代码重用,一类是组件(component)重用。

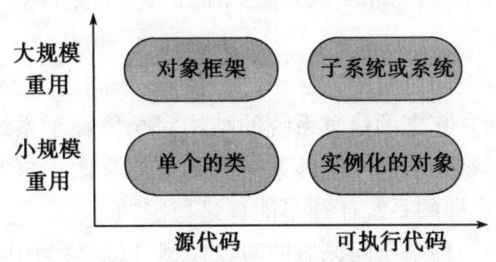

图 3-16　面向对象的代码重用方法的比较

(1) 源代码重用

面向对象的源代码重用是指开发人员既可以直接从现有的对象类或对象框架中重用面向对象的源代码,也可以从中通过派生新类的方法来重用面向对象的源代码。

对象框架(Object Framework)是被指定设计用来在各种程序和系统中进行重用的类的集合。对象框架以预编译库或者能在新程序中嵌入可修改的源代码的形式提供给开发人员。对象框架中的类一般被称为基类,基类被组织成一个或者多个具有继承关系的层次。开发人员通过对它们进行派生来设计开发出特定的应用新类。

针对不同应用系统的需要,人们已经开发出了许多不同类型对象框架,例如包括:

用户界面类　针对图形用户界面的通用对象的类,例如窗口、菜单、按钮、工具栏和对话框等。

基本方法　针对通用的数据结构的类,例如链表、二叉树以及像查找、排序等这类与处理有关的操作。

关系数据库接口类　是指一些允许用面向对象编程建立数据库表以及对表进行增、删、改、查询等操作的类。

用于特定应用领域的类　针对特定应用领域设计的类,如库存管理和货运、银行业务、销售管理等。

Visual C++ 中的类库 MFC(Microsoft Foundation Classes)就是一个用于辅助开发在 Windows 操作系统中运行的应用程序的对象框架,它主要包括上述的前三个范畴的类,这些类可以在广泛的应用范围内被重用。

特定应用领域的对象框架一般由第三方软件开发商设计开发从而作为通用目的框架的一个扩展,例如一个用MFC设计开发的人力资源管理类的集合。

(2) 组件重用

组件是一个标准的、可以互换的、已经装配完成可以立即使用的软件模块。一个组件可以是一个独立的可执行的对象,也可以是一个由若干相互作用的对象组成的集合(即是一个完整的系统),甚至还可以是一个封装在一个面向对象界面里的非面向对象的程序或系统。

组件与类或对象不同,组件是经过编译和联接过的二进制代码。组件的互操作性要求在设计和构造组件时需遵照一定的标准,这样才能使得组件对消息进行响应。目前,在此标准中已经开发好并被广泛采用的只有两个,一是OMG(Object Manage Group)的CORBA(Common Object Request Broker Architecture,公共对象请求代理机构),一是微软的DCOM(Distributed Component Object Model,分布组件对象模型)。

(3) 稳定性好

结构化方法是一种面向过程的方法,开发过程基于问题域的业务过程的分析和功能分解。用这类方法所建立起来的信息系统的结构完全依赖于系统所要完成的功能,当功能需求发生较大变化时将会引起系统体系结构的整体修改。事实上,用户需求的变化大多是针对功能的,因此这样的系统往往不能算是稳定的。

面向对象方法则是一种基于问题域的对象模型、以对象为中心的构造系统的方法,对象模型用对象模拟问题域中的实体、用对象之间的关联刻画实体之间的联系。用这类方法建立起来的信息系统的结构完全依赖于问题域的模型,功能需求发生的变化并不会引起系统体系结构的全局调整。例如,从已有类派生出一些新的子类以实现功能扩充或修改、增加或删除某些对象等等。所以以对象为中心所构造出的信息系统相对稳定。

(4) 可维护性好

软件难以维护是长期困扰人们的一个严重问题,也是软件危机的突出表现。而面向对象方法所开发出的软件系统则具有良好的可维护性,具体表现为以下几点。

面向对象的软件稳定性比较好 如上所述,面向对象的软件系统所需做的改动较小且限于局部,可维护性自然比较容易实现。

面向对象的软件易于修改 至此我们已经了解到类是一种理想的模块机制,它的独立性强,修改一个类通常很少会涉及其他类。若仅修改一个类的内部实现部分而不改变该类的外部接口,那么软件系统的其他部分完全不受影响。同时,对象类的继承机制使得对系统的修改和扩充易于实现,因为通常只需从已有类派生出一些新类而无须修改系统的原有部分。再者,对象的多态性机制,使得当扩充增强软件功能时需对原有代码所作修改较少且需要增加的新代码也易于编写。

面向对象的软件易于阅读理解 在对已有的软件系统进行维护时,首先要求对已有的软件系统特别是与修改相关的部分有明确和深刻的理解。当然文档对软件的理解是一个重要的支撑环节,然而因为面向对象的开发方法符合人们习惯的思维方式,用这种开发方法所建立的软件系统的结构与问题空间的结构基本一致,因此面向对象的软件系统显然易于阅读和理解。

3.3 其他系统开发方法

3.3.1 快速原型化方法

(1) 快速原型化方法形成的背景

对相当数量的软件系统来说,如工业生产过程的计算机控制系统、交通管理系统、一些商业或企业管理系统以及诸如操作系统、编译系统、数据库管理系统等这一类系统,它们的需求是静态的且能够预先确定,开发这类系统应该预先进行严格的需求分析和精确的形式化的需求规格说明,并在严格的管理下进行开发,所以结构化方法仍然是迄今最为有效的方法之一。

而有一类系统的需求是模糊的或是随时间而变化的,通常在系统安装运行之后,还会由用户驱动对需求进行动态修改,甚至快速变化的环境使得系统在没有完成开发之前就出现需求变动的情况,比如多数商业的和行政的数据处理与管理系统、决策支持系统等,这类系统可称为用户驱动系统。对这类系统的开发需要采用一种适于进行反复试探的方法,这类系统必须具有能够快速、简便地进行调整的特征,以便在开发或在运行使用的过程中,及时根据用户需求的变化相应地修改系统。

适应变化的需求、提高软件开发质量、减少软件开发时间(需求变化导致返工、选择开发工具等所需的时间),在这样的背景之下形成了快速原型化(Rapid Prototyping)的开发方法,它是快速应用开发(Rapid Application Development,RAD)的一种方法,RAD 是一个 20 世纪 80 年代以来被广泛运用但又很少被理解的术语,大多数开发人员声称他们所用的是 RAD 方法但却不能精确地描述这种方法。所谓快速应用开发是已被证实了的在某些情况下可以缩短开发进程的开发方法、工具和技术的总和,也是软件工程解决问题的一种新途径。快速原型化方法也称为应用原型化方法或简称为原型化方法。

(2) 快速原型化方法的开发过程

要成功地开发上述的用户驱动的系统,关键是从常规的程序设计方法和呆板的"瀑布"模型开发模式,飞跃到一种快速、灵活、交互式的软件开发方法学,这种方法应该能够证明所建立起来的应用系统是符合用户需要的。快速原型化方法利用交互的、快速建立起来的原型取代了形式化的、僵化教条的(不允许更改的)大部头的规格说明,用户通过在计算机上实际运行和试用原型系统而向开发人员提供真实、客观的反馈意见或建议。原型化方法打破了传统的顺序开发模式,是一种基于迭代(iterative)的开发模式,也是目前比较流行和实用的一种开发方法。

"原型"(prototype)的本意在机械设计、建筑学中是指其结构、大小和功能都与某个物体相类似的用来模拟该物体的原始模型,而在信息系统开发中,则用"原型"来形象地表示一个系统的早期的可运行版本(version)或模型。原型可以看作一个强有力的工具,了解原型的下列特征将有助于开发人员开发出有效的原型。

1) 可运行性。原型是一个能逼真地模拟现实世界的可工作模型,原型的重点是可运行性。例如系统刚开始的简单原型可被看作一种实体模型,这个模型是一个仅显示其外观或功能或处理顺序而不提供真正执行能力的。

2) 目的性。一个原型的建立必须有一个明确的单一目的,比如用于验证一个方法合理性、测试一项技术的可行性或说明一个工作过程的正确性。当然有可能把几个简单的原型结合为一个更大的原型,但这时的原型应仍然具有目的性。

3) 快速性。考虑到原型本身需通过迭代被反复地修改以满足其目的,那么就必须有一些工具、技术和环境来支持原型的建立,一方面便于进行快速地修改,另一方面从进程上能快速地确定是否满足既定目的。成功地进行原型化开发需要系统开发人员利用功能强大、灵活而且高效的开发工具及相关辅助技术,目前许多可视化的开发环境(如VC++、VB、Oracle Forms 等)、软件重用技术等都为原型的快速性提供了支持。

原型化方法的基本思想是首先建立一个能反映用户主要需求的原型系统,让用户在计算机上运行、试用这个原型系统,通过实践,加强感性认识、了解未来系统的概貌,以便用户判断哪些功能符合他们的需要,哪些功能应该加强、精化,哪些功能需要补充进来,哪些功能存在问题,等等。总之,用户通过实际试用原型系统,会提出许多修改意见或建议,根据这些意见或建议,快速修改原型系统,然后再次试用修改后的原型系统,根据用户对第二个原型系统的意见或建议再次修改原型系统,如此反复对原型系统的试用和改进,最终建立起完全符合用户需要的新系统。

原型可以用于系统开发的不同阶段来测试和验证应用于该阶段的想法:在分析阶段,原型用来测试系统的可行性和帮助定义系统需求,这些原型也许是以最简单的屏幕或报表的形式出现;在设计阶段,可以建立原型来测试各种设计和界面方案;在实施阶段,也可以通过建立原型来测试各种编程技术的效果和效率。

原型化(Prototyping)是构建一个可以模仿真实系统的部分或者全部功能的系统模型的过程,而原型则是该过程的结果,一个原型是一个自我独立的系统。对原型化这一过程,历史上曾形成过两种主要途径:抛弃原型法和演化原型法。

1) 抛弃原型法。建立原型系统的主要目的是评价目标系统的某个或某些特征,以便更准确地确定需求或更严格地验证设计方案等;使用完之后就把这种原型系统抛弃掉,然后再重新建立正式的目标系统。这种途径本质上仍属于"瀑布"模型,建立原型只不过是一种辅助性的步骤而已。其工作过程是:① 分析、建原型、评价与修改;② 设计、建原型、评价与修改;③ 实现、建原型、评价与修改;④ 构建正式系统。

2) 演化原型法。与传统的系统开发方法之间的主要不同是,经过初步调查和分析获得用户的基本需求后,利用适当的工具快速地实现一个原型系统,它是高度迭代的动态方法,在每次迭代过程中都需要再次分析和确定需求,再次进行设计,再次构造实现系统,以及再次进行测试和评价系统,经过多次迭代直至用户完全满意。

上述的原型化方法基于迭代的螺旋渐增式的开发步骤如图 3-17 所示,首先明确用户的基本需求,这一阶段的工作不必像其他方法那么明确细致,能反映用户的基本需求即可;然后建立初始原型;再测试和评价原型;最后修改和完善原型。

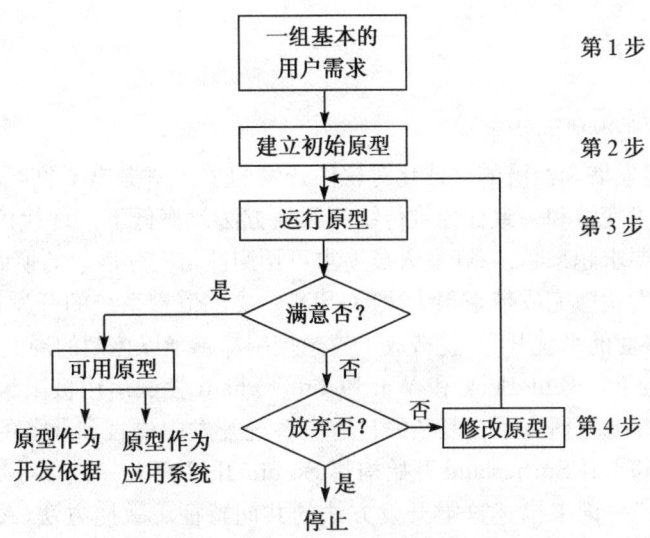

图 3-17 原型化方法的工作过程

(3) 快速原型化方法的优缺点

原型化方法主要有如下几个优点：

1) 便于需求定义。有了原型的概念，用户在系统开发过程中起主导作用，他们在陈述其需求时显得直观、简单和具体，尤其对一些动态需求或不易于用单调的语言文字、图表规范来辨认和描述的需求更为明显。

2) 系统可靠性好。因为原型化方法让用户自始至终有兴趣地参与整个开发过程，用户、开发人员以及原型系统之间直接地感性交互，需求确定，有效性好，可操作性强。

3) 系统开发效率高、风险小、费用低。原型化方法运用了"迭代模型"的原型技术以及其他大量的辅助技术和工具，不仅使系统分析、设计和实施的时间大为缩短，还减少了开发人员对用户需求的误解，而且在各个原型循环内和循环之间有许多可进行重叠活动的机会，具有开发活动的高度并行性，从而降低了系统的开发风险，减少了开发费用，提高了劳动生产率。

但原型化方法也有其不足的地方：

1) 系统分析和设计的深度不够。系统是在逐步补充和细化中完善的，缺乏整体性，从而易导致系统的局部优而整体性能差的现象以及不利于系统的扩充和维护。

2) 系统开发过程不易于管理。原型化方法 SDLC 的阶段性不够明显，系统的开发进程不如结构化 SDLC 方法那样易于组织、管理和控制，而且还缺乏相应的文档资料。

3) 对开发人员要求高。原型化方法要求有训练有素的、有经验的开发人员参加且须有一些自动化的高效辅助工具和开发环境作支持。

3.3.2 敏捷方法

(1) 敏捷方法形成的背景

技术的迅速发展和经济的全球化对软件开发的生产率提出了更高的要求,然而现代软件的复杂性、可变性和一致性导致传统的开发方法效率低下。现代信息系统的复杂性不断提高,功能要求越来越多;开发人员追求可预测性与实际需求的模糊和快速变化不协调,给软件的开发快速完成带来很大风险;SDLC 要求信息系统的开发过程规范化,为此对于一些动态多变的系统开发,就造成了越想控制却越难以控制的局面。

在这种背景下,Kent Beck 和 Ward Cunningham 尝试运用极限编程的敏捷开发理念;Jim Highsmith 也研究了在复杂的自适应系统开发中语言和业务的使用;与此同时,Ken Schwaber 和 Jeff Sutherland 开始构建 Scrum 开发方法。2001 年 2 月,业界专家使用"敏捷(Agile)"一词来描述这类开发方法的共同特征。敏捷方法(Agile Approach 或 Agile Method)也叫敏捷开发(Agile Development),是一种由系统开发实践、技术、价值和原则构成的,旨在动态开发有创意的系统的理论和方法,其通常作为开发系统的一种替代方法提出,设法通过快速灵活、迭代参与的方式响应不断变化的信息需求、商业环境,解决传统的 SDLC 方法引起的常见抱怨。

敏捷开发方法与传统重型开发方法相比较:① 是一种更加主动的开发模式,在项目管理过程中,调动每一位项目参与者主动创造、适应变化,主动发起、参与和协作就显得尤为重要,对于项目管理来说,就需要积极创造这些环境,协调资源,调动项目成员的主动性,鼓励团队的创新与协作;② 具有很强的灵活性,强调拥抱变化,项目管理方式和项目开发策略需要进行适当灵活调整,如直接授权团队成员、灵活项目计划、各项任务的优先级;③ 注重交流,特别是面对面的交流,在方法使用过程中需要提高交流沟通的效率以及各种交流会议的价值,在没有任何流程、文档强制约束的情况下,各种隐性的知识和概念在用户、项目参与者之间达成一致的、正确的理解。

(2) 敏捷方法的开发过程

敏捷开发方法的参与人员均必须扮演多种角色,不同角色具有不同的功能,完成不同的开发任务。敏捷开发的角色主要包括:① 程序员,出色的沟通者;② 客户,将成为系统的用户并且具备系统业务知识的人;③ 测试人员,与客户交流有关功能测试问题、维护测试工具并清晰传达结果;④ 跟踪人员,跟踪开发小组的总体进度,估计任务时间,跟踪报告的缺陷;⑤ 教练,尽力挖掘所有团队成员的最佳品质,不过大多数时间是在幕后操纵;⑥ 顾问,为敏捷开发团队提供咨询——如何解决他们自己的问题;⑦ 大老板,如何保持团队的沟通顺畅,在团队偏离方向时能够指出错误所在。

敏捷开发过程可以分为五个阶段:调查、计划、对第一次发布的迭代、产品化和维护,如图 3-18 所示。返回到"迭代"框的箭头代表通过重复测试和反馈创建的增量式变更,最终产生一个稳定但不断演进的系统;回送到"产品化"阶段的箭头表示产品发布之后迭代速度加快了;虚线箭头表示离开维护阶段并返回到计划阶段,这样在客户和开发团队同意修改不断演进的系统时,有一个涉及客户和开发团队的不间断反馈循环。

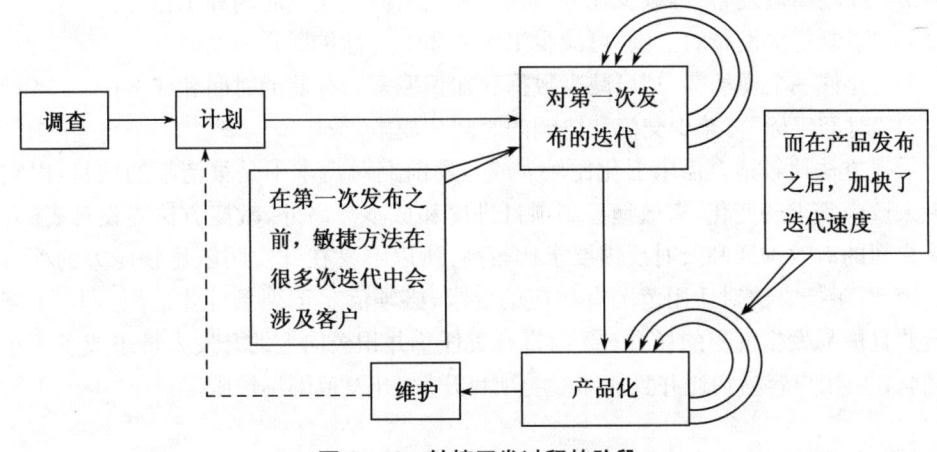

图 3-18 敏捷开发过程的阶段

1) 调查环境。声明确信可以用敏捷开发解决问题;组织团队;评估团队成员的技能。此阶段需要几周到几个月。研究构建新系统可能需要的技术,估计各个任务所需时间,同时使客户充分提炼某个素材,便于估计解决方案转换为计划系统需要的时间。

2) 计划阶段可能只需几天就可完成。开发人员和客户共同商定一个方案日期,用以解决他们最紧迫的商业问题,可能是当日之后两个半月到半年时间。

3) 对第一次发布的迭代通常是为期3周的迭代(由测试、反馈和变更组成的环节)。开发人员拟定系统的构架,在每次迭代结束时运行客户编写的功能测试。在此阶段,还要询问是否需要改变进度或者要处理的素材是否太多。

4) 当所有的迭代完成时,系统开发进入产品化阶段——反馈循环加快,不再是每三周一次迭代的反馈信息,而是一周完成一次更新。产品发布后还可以加以改进。

5) 最后一个阶段是维护阶段。系统发布后,需要保持稳定的运行环境。如有需要,还可以增加新特征,此时的变更要考虑风险较大的客户建议,并且团队成员可以轮换。

(3) 敏捷方法的优缺点

敏捷开发方法与传统重型开发方法相比较,具有两个特点:

1) "适应性"(adaptive)而非"预设性"(predictive)。传统的控制项目模式都是试图对一个软件开发项目在很长的时间跨度内做出详细的计划,然后依计划进行开发,一般将此过程称为"预设"。然而软件需求的不稳定会导致软件过程的不可预测。敏捷方法则是欢迎变化、适应变化,允许改变自身来适应变化。

2) "面向人"(people oriented)而非"面向过程"(process oriented)。传统软件开发方法中明确定义团队成员角色的方式在敏捷开发中被完全颠覆,后者试图使软件开发工作能够利用人的特点,充分发挥人的创造力。敏捷开发项目团队全员参与软件开发中,既要求研发人员的独立自主性,又重视项目团队中的信息交流。

与传统系统开发方法相比,敏捷方法具有如下优点:

1) "采用结对编程"可减少接口的时间和错误;

2) "即席原型化快速开发"可减少开发过程的学习时间和双向处理的损失;

3)"鼓励简短发布"可减少任务结构化和输出格式化的时间和工作;
4)"限制每次发布的范围"可减少工作的非生产性扩展;
5)"允许一个现场客户"可减少数据和知识搜索和存储的时间和成本;
6)"时间定标"可减少交流和协调的时间和成本。

敏捷方法比较适合需求变化比较大或开发前期对需求不是很清晰的项目,以它的灵活性来适应需求的变化,有效地控制项目进度和成本。另外,敏捷方法对设计者、开发者和客户间的有效沟通和及时反馈要求比较高,所以不易在开发团队比较庞大的项目中实施。因此,敏捷方法对适用范围有相应的要求,必须满足下列条件才适用,即:① 需求不确定并且极易发生变更的场合;② 由富有责任感并积极向上的开发人员组成了较小的开发团队;③ 用户容易沟通并且能够参与项目开发,开发范围不被限定。

3.3.3 面向方面方法

(1) 面向方面方法形成的背景

随着软件系统规模的快速扩大,软件开发过程中,程序开发人员频繁遇到特定属性散布于多个功能模块,导致难以统一维护、更新与管理的情况。在本书3.2节部分介绍的面向对象开发方法,主要着眼于系统核心业务需求,将数据和对应操作封装在一个对象中,通过消息传递触发对象操作数据,但由于对系统中横切关注点的支持不够,会造成系统中某个关注点的代码在程序中散落且频繁出现,最终导致代码可读性差、低产出、低代码重用率、代码质量差以及系统难以扩展等问题。上述问题由来已久,Dijkstra 就曾在《A Discipline of Programming》一书中提到"关注点分离(separation of concern)"的概念;随后,Kiczales 等人在1997年欧洲面向对象编程大会(ECOOP'97)上提出了面向方面的程序设计(Aspect-Oriented Programming,AOP),以有效解决这一问题。

AOP 把系统关注点分为核心关注点与横切关注点,核心关注点即业务处理中主要商业逻辑与流程;而横切关注点则是分布在各核心关注点内的共享关注点,如日志、性能、内存管理等。这些共享关注点横跨多个组件功能,也称为横切特性,如图3-19所示。AOP

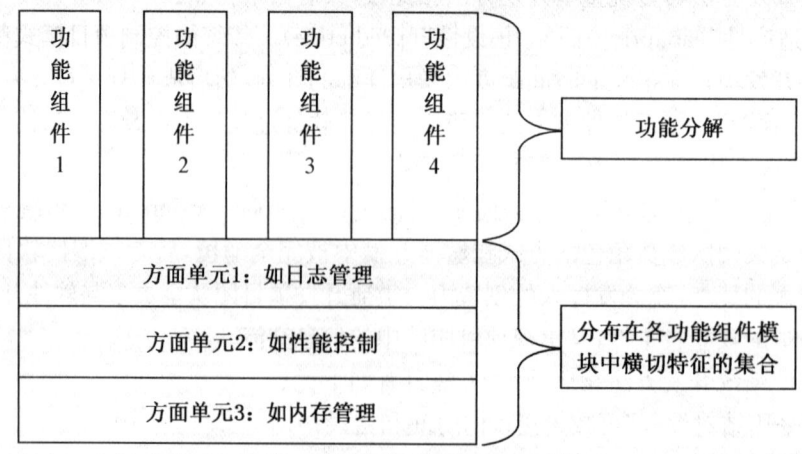

图3-19 方面单元是对横切特征的集成和封装

的主要贡献是提出方面编织的概念,方面(Aspect)不是将系统进行功能分解所得到的单元,而是局部化上述横切特性,并从系统功能模块中分离出来,封装得到的可重用模块称为"方面"。在此基础上,借助类和方面的自动编织机制,方面单元与功能组件模块经过编织,形成最终的软件系统。

(2) 面向方面方法的开发过程

面向方面方法把系统建模分成两个部分:组件和方面,它允许系统开发者在系统设计时,从核心的功能性需求中分离出不同的关注点,并支持方面的组合和绑定来实现系统集成。面向方面开发方法的核心部分大致分为三个阶段:① 方面分解,即分解需求,将核心模块级关注点和系统级的横切关注点分离开来;② 关注点实现;③ 方面的重新组合,指方面集成器通过创建模块单元(方面)来指定重组的规则,然后根据规则,把不同的功能模块单元编织或集成在一起,形成满足功能需求的最终系统。

一个完整的面向方面的开发过程可以分为需求分析、系统分析、系统设计、系统实现和系统测试五个阶段。

1) 需求分析

面向方面开发方法的需求分析与基于面向对象的需求分析相似,具体分析过程如下:

① 捕获系统最重要的需求,由此构造出系统最初的业务模型;

② 以业务模型作为输入,确定用例(use case)和用例的参与者(actor);

③ 区分各个用例的优先级,详细描述所确定的每一个用例;

④ 综合各个步骤,构造出用例模型。

2) 系统分析

系统分析是对需求分析的结果进一步分析、精化和组织,并使用更为形式化的语言(如状态图、活动图,交互图等)进行结果描述。

传统的开发方法在系统分析阶段一般只分析系统的功能性需求(一般关注点),将横切行为的非功能性需求(横切关注点)推迟到系统的设计和实现阶段进行。这将会导致对这些横切关注点的相关实现遍布在所涉及的所有功能模块当中,从而造成系统原本集中而有序的代码变得分散和混乱。面向方面开发方法在系统分析阶段以统一过程为指导,提取系统的一般关注点和横切关注点,然后进行关注点的具体分析,并由此构造出系统的分析模型。具体的系统分析过程如下:

① 构架分析:根据需求分析所得的用例模型及系统的主要用例构造系统的构架,通过确定分析包、一般关注点和横切关注点来概述分析模型;

② 用例精化:根据构架确定系统当中的一般关注点、横切关注点,进行一般关注点及横切关注点的行为分配;

③ 类分析:依据一般关注点在用例实现——分析当中的角色来确定和维护其职责、属性及其关系;

④ 方面分析:依据横切关注点在用例实现——分析当中的角色来确定和维护其职责、属性及其关系;

⑤ 分析包:确保分析包达到实现领域类或用例,确保该分析包尽可能与其他分析包无关,描述依赖关系以便能够对未来变化的影响进行估计;

⑥ 分析模型构造：将上述工作流分析的结果进行模型化。

3）系统设计

在系统设计阶段，面向方面开发方法对系统分析所得的一般关注点和横切关注点进行进一步的分析、设计、组织和精化，并根据系统的分析模型构造出系统的设计模型。设计模型由一系列相互协作的模型元素组成，这些模型元素描述了系统中的各种行为。具体的系统设计过程如下：

① 构架设计：通过对子系统及其接口、对构架有重要意义的设计类（如主动类）以及处理公共性需求的通用设计机制（如横切关注点）的识别勾画设计模型；

② 用例设计：识别系统的设计对象、设计类、设计方面以及子系统；

③ 类设计：创建一个能够实现用例实现中所要求角色（一般关注点）的设计类；

④ 方面设计：创建一个方面，由该方面实现用例实现中所要求解决的系统横切行为；

⑤ 子系统设计：确保子系统能够提供正确的接口，独立于其他子系统以及实现其接口所定义的操作；

⑥ 设计模型构造：将上述工作流的结果进行模型化。

4）系统实现

面向方面开发方法的系统实现是采用面向方面编程（AOP）将系统设计的结果以代码实现。AOP 由两部分组成：语言规范和语言实现。语言规范描述了语言的基础单元和语法；语言实现则按照语言规范来验证代码的正确性，并把代码转化成机器可执行的形式。具体的实现过程如下：

① 构架实现：通过识别对构架有重要意义的组件来勾画实现模型；

② 系统集成：描述迭代中所需的构造和对每个构造的需求，并集成每个构造；

③ 子系统实现：确保子系统履行其在每个构造中的角色；

④ 类实现：实现组件中的一般关注点，确保定义的操作和接口，生成最终的源代码；

⑤ 方面实现：实现组件当中的横切关注点，确保方面集成器能够实现类和方面的集成；

⑥ 实现模型构造：将上述工作流的结果进行构造并集成。

5）系统测试

面向方面开发方法在测试阶段与传统的开发方法基本相同，目的是为了执行并评估测试模型所描述的测试。除此之外，也有大量工作从 AOP 的问题特性出发去研制对应的测试方法，包括面向方面的单元测试、集成测试、回归测试等，并研发了相关工具，如 Wrasp、Raspect、EAT、Rambutans 等。

（3）面向方面方法的优缺点

1）面向方面方法的优点

面向方面方法能够实现系统各组件或模块中的松耦合性，并且提高系统代码重用性。其主要优点如下：

代码集中易于理解　解决了由于 OOP 跨模块造成的代码混乱和代码分散。

模块化横切关注点　AOP 用最小的耦合处理每个关注点，使得横切关注点也是模块化的。这种模块化的实现，能够减少系统代码的冗余，并且使系统容易理解和维护。

系统容易扩展　由于方面模块独立于横切关注点，所以很容易通过建立新的方面加入新的功能；另外，当系统中增添新的功能模块时，已有的方面自动横切进来，使系统易于扩展。

代码重用性更强　AOP 将每个方面实现为独立的模块，模块之间是松散耦合的。松散耦合的实现通常意味着更好的代码重用性。

2）面向方面方法的缺点

AOP 是一种新的编程技术，没有完整的文档，没有得到良好的测试和大量的实际项目应用，作为一种新技术，还需要在实际工作中得到更多的检验。

目前，AOP 在开发工具上还很缺乏，目前主要是基于 Java 上的 AspectJ，而基于 C♯ 和.NET 以及其他语言上的开发工具尚在研究。关于什么是 AOP 分析、设计过程，设计和分解方面的基本原则，如何调试，什么是良好的方面模块等问题都有待进一步研究。

AOP 的理论支持也有待进一步研究，如用什么理论能最好地描述方面与组件之间的交互等。

4. 面向方面方法的应用场景

自从 AOP 技术提出后，软件工程人员围绕 AOP 技术本身及 AOP 技术的应用做了许多研究和开发，主要有异常处理、日志处理和设计模式等方面。

下面以银行账户系统构建为例介绍面向方面开发方法的应用场景与使用。通过对银行账户系统的功能和用户需求进行分析，可以得到实现业务功能的核心关注点和提供通用服务的横切关注点，利用"关注点分离"的思想将这两者分离。核心关注点是账户逻辑，横切关注点有权限检查、事务和日志功能。限于篇幅，我们仅对日志功能进行面向方面建模，假设系统要求客户每次访问账户都要在日志中记录访问客户的姓名和访问的类型。如图 3-20 所示，描述了客户类调用账户类的存款和取款方法时，由 log 类记录日志的功能。该模型由方面、普通类、与方面关联的连接点和绑定关系 4 种元素组成。通过联接点

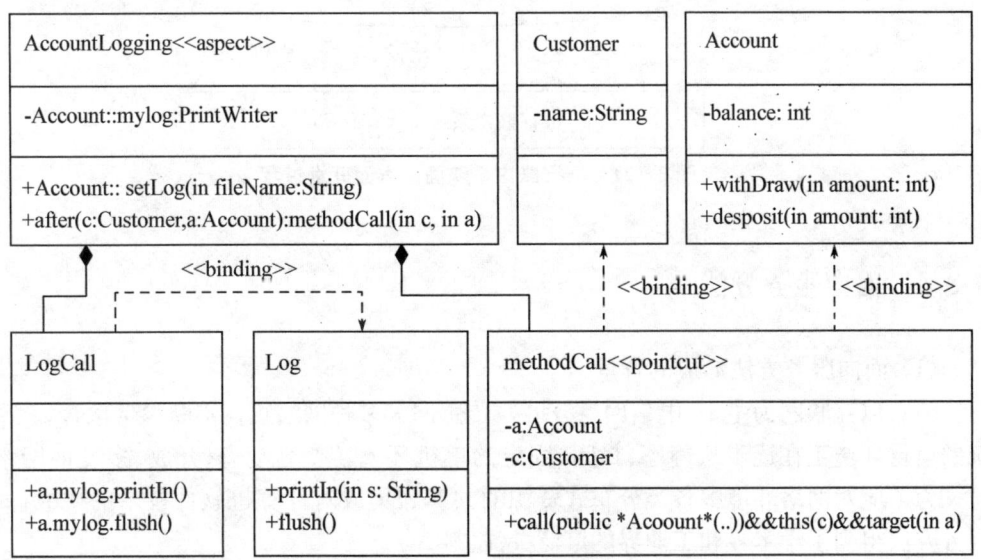

图 3-20　日志功能的面向方面建模

定义程序额外附加行为,包括异常和执行事件等。方面 AccountLogging 定义了 LogCall、methodCall 两个连接点和一个通知;而连接点 logCall 和 methodCall 分别定义了它们与普通类 Log 和 Customer、Account 相关的调用方法,它们与普通类是一种绑定关系。

银行账户系统面向方面的开发流程如图 3-21 所示。将账户逻辑、权限检查和事务分别变换为相应的模型,然后将三者编织在一起形成具有权限检查和事务功能的银行账户系统。日志功能被独立变换为日志模型,最后将具有权限检查和事务功能的银行账户系统源代码与日志代码编织起来,形成最终的银行账户系统源代码。

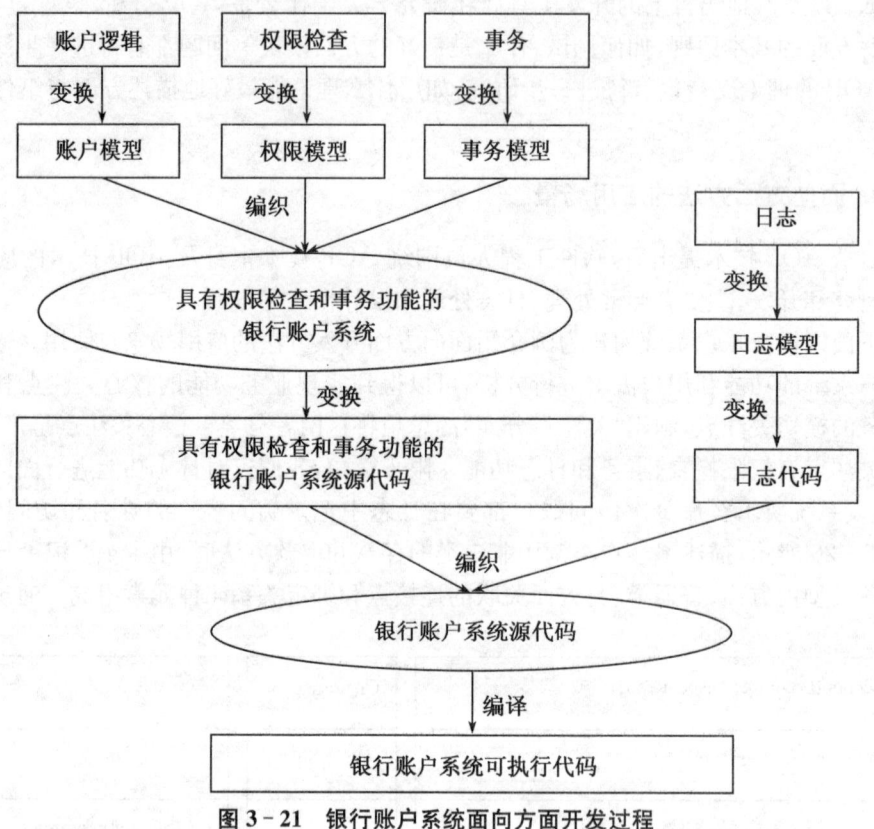

图 3-21 银行账户系统面向方面开发过程

3.3.4 面向服务方法

(1) 面向服务方法形成的背景

随着以互联网为主干,电信网、移动网、传感网等多种网络正在不断渗透融合,软件系统的运行环境正在逐步从静态、封闭、固定的单机环境转变为动态、开放、多变的网络环境。为了应对网络环境中各类分布式资源的共享和集成对计算机软件技术的挑战,面向服务方法得到了学术界和工业界的广泛关注。

服务化的思想起源于"把软件作为服务",可以追溯到 20 世纪 90 年代中期出现的应用服务提供商(Application Service Provider,ASP);到了 21 世纪初期,面向服务的体系结构(Service Oriented Architecture,SOA)及其主要的实现技术——Web 服务兴起,能把企业中大量的遗产系统、现有系统以及新的基于浏览器的前端用"服务"绑定起来;2004年前后,Web2.0 时代开启,对数据开放共享、多方协同、用户交互体验的需求不断增加,越来越多的 Web 系统所有者均开始关注如何将自身功能和数据以服务的形式开放出来,由于传统的基于简单对象访问协议(Simple Object Access Protocol,SOAP)的 Web 服务在互联网环境下难以规模化应用,基于 REST(Representational State Transfer)体系结构的软件服务技术得到了广泛关注和使用;近年来,"微服务"得到系统开发实践者的关注,其基于一组独立部署运行的小型服务来构建应用,采用尽量去中心化的管理机制。

在面向服务方法中,重要的概念包括服务、松耦合、代码重用和服务粒度等。服务是对现实世界中业务活动的一种抽象与建模,是封装成用于业务流程的可重用组件,一般包括接口部分和实现部分。常见的服务分为五种类型:数据访问服务、组件服务、业务组件、复合服务和共享或企业基础结构服务。服务间的松耦合是指具有中立的接口定义,没有强制绑定到特定的实现上的服务特征。服务粒度指的是服务所公开功能的范围。

(2) 面向服务方法的开发过程

一般而言,面向服务的系统开发主要包含 3 类角色,即服务提供者、服务使用者和服务代理。

1) 服务提供者(Service Provider)。按照服务契约实现了提供业务功能的软件模块,从业务角度看,它是服务的拥有者;从体系结构看,它是访问服务的平台。对于提供同一业务功能的服务,可以有多种不同的服务提供者。

2) 服务使用者(Service Consumer)。调用服务提供者所实现的服务,以完成特定的业务需求。从业务角度看,它是请求特定功能的业务;从系统体系看,它是寻找并调用服务或启动与服务交互的应用。

3) 服务代理(Service Agent)。一个可搜索的第三方注册机构,如 UDDI 等,服务提供者将服务描述发布给服务代理,服务请求者在服务代理处查找服务并进行绑定和调用。

服务化方法的开发过程主要可以分为以下四个阶段:

1) 服务封装和生成。服务提供者将软件系统中需要开放的功能和数据按照一定的标准(如 Web 服务)进行封装并发布,服务的生成一般是对已有的软件系统的功能和数据进行封装,也可以是服务提供者新开发的功能和数据;

2) 服务查找和选择。服务使用者查找并选择满足其功能和非功能需求的服务,服务查找既可以通过统一的服务代理,也可以通过搜索引擎来进行;

3) 服务组装。服务使用者对若干服务进行组装来形成新的增值服务,组装的过程既可以按照预定的规则(如业务流程规约 WS-BPEL 或 WSCI)及其引擎自动或半自动地完成,也可以根据当前情境以人机协同方式(如 Web Mashups)来完成;

4) 服务演化。由于每个软件服务是相对独立的实体,其功能和质量均可能发生演化。相应地,通过服务组装而成的应用也会随之发生演化,可表现为服务的升级、降级、增加、退出和替换等。

(3) 面向服务方法的特点

与传统系统开发方法相比,面向服务方法具有如下特点:

1）业务驱动服务，服务驱动技术。从本质上来说，服务在抽象层次上位于业务和技术中间。面向服务的架构师一方面必须理解在业务需求和可以提供的服务之间的动态关系，另一方面同样要理解服务与提供这些服务的底层技术之间的关系。

2）业务敏捷是基本的业务需求。在 SOA 中，提供响应变化需求的能力是新的"元需求"，而不是处理一些业务上的固定不变的需求。在硬件系统上的整个架构都必须满足业务敏捷的需求，因为任何瓶颈都会影响到整个 IT 环境的灵活性。

3）面向服务的变化。面向服务工作的场景，更像是一个活的生物体，而不是像传统所说的"盖一栋房子"。IT 环境中不变的就是变化，因此面向服务架构设计师的工作永远不会结束。

3.4　开发方法选择或重构的依据

系统开发可以使用许多不同的方法，几乎每一种方法都使用模型、工具和技术，并且在系统开发中有许多通用的概念，大多数的系统开发中都包括项目规划、分析、设计、实施和支持阶段。不论何种开发方法，按系统开发生命周期（SDLC）或其变体所顺序描述的一系列活动就是指导系统分析和设计的逻辑思路。然而，每种开发方法都有其各自的特点，选择一种适当的开发方法或者将几种开发方法进行综合，不仅能缩短系统的开发周期，而且还能保证系统的开发质量。

传统的系统开发方法倾向于顺序型，它强调在设计阶段之前完成需求的确定，实施之前一定要设计，当然传统的开发方法也为一些活动的并行性、重复性留有余地，如结构化方法，通过阶段性的预排和评审活动决定是否进一步确认需求或需求定义。

最原始的软件开发方式是完全顺序化的，这是时代背景的要求：系统相对简单并且彼此独立、计算机硬件资源非常昂贵、软件开发工具相对原始。这就是说，对相对简单、容易分析和建模的系统，在设计和构造活动开始之前，需求能够被充分和正确地界定；计算机资源的巨大成本和编程工作的艰巨性使得构造一个"错误的"系统变得非常昂贵且浪费时间，因此在构造之前完成充分设计不仅是合理的而且在经济上也是必需的。如今，一方面软件开发工具与硬件能力的结合允许程序以更快速度、更廉价的成本进行开发；另一方面现代信息系统规模日益庞大、结构日益复杂，没有理由认为在系统设计和构造之前就可以完全正确地确定所有的需求，而且技术、经济等方面的可行性也不能在项目开始的时候被完全确定。因此，完全顺序的开发方法对此很不适合，而那种通过经验和学习，循序渐进的开发方法显然要更适合些，因为这样的方法允许逐渐发现和精炼需求，也可以使开发人员和用户能够跟上新技术的学习曲线，如原型化方法、面向对象方法、敏捷方法和面向方面方法。

为了不让项目重复执行，我们必须确保构建正确的系统，并且努力提供系统的质量。这就需要重新强调在构建之前首要需求是先进行完整和正确的系统分析、设计，但是，如果需求是复杂的、变化的或者是可行性不确定的，如何才能做到这一点呢？这就必须选择或重构正确的系统开发方法以包容这种不确定性。一般说来，选择或重构开发方法除方

法自身的特性外,尚需要依靠下面四个因素:
1) 系统规模的大小。
2) 系统开发初期需求或可行性因素的(不)确定性程度。
3) 系统生命周期中用户需求的预期变化率。
4) 开发人员对提出的开发技术和工具所具有的经验和信息。

因此,多种开发方法可针对不同的特定的系统,系统开发方法的选择或重构可看作上述的系统表现特征的因素的函数,如图 3-22 所示。这里的重构是指对两种或两种以上方法的合理有序的综合。事实上,现今开发的许多系统在一个系统中同时使用了传统方法和面向对象方法,如用传统方法进行系统分析和设计而用面向对象方法进行实施;一些集成开发环境(Integrated Development Environment,IDE)也在同一工具中结合了传统方法和面向对象方法,如 OOP(面向对象编程)用于用户界面,而过程编程则用于其他方面;但用传统方法进行系统分析而用面向对象方法进行系统设计的情况是从未见过的。这也是本书既包括传统方法又包括面向对象方法的一些原因,尽管有些书只强调了其中的一种方法,但每一位读者都应该了解这两种方法的基本概念和开发思想。

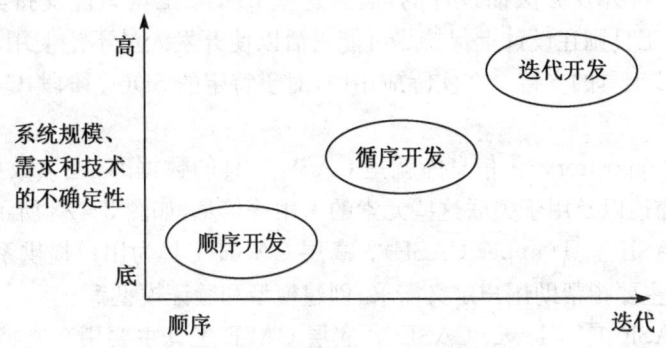

图 3-22 作为系统特征函数的系统开发方法

通常情况下,结构化方法适用于系统需求已经明确且相对稳定(静态需求)的系统;很大的系统规模、变化的或不确定的需求(动态需求)以及新技术,都直接促使我们远离顺序型的开发进程,从而产生了 SDLC 变体,例如敏捷方法和原型化方法提出在开发过程中要进行反复迭代。需要注意的是,这里并没有建议完全抛弃顺序型或者传统的开发方法,当所要开发系统的需求和可行性的不确定性较低的时候,顺序型的传统的开发方法仍然是最快的途径,况且方法本身也在日益变化发展且方法之间有时互为补允。

3.5 计算机辅助软件工程(CASE)工具

计算机辅助系统工程(Computer-Aided System Engineering,CASE),是软件工程发展到一定时期的必然产物。如果说 20 世纪 60 年代后期产生的软件工程完成了软件生产的第一次革命——由"手工作坊"方式向"工程化"方式的转变的话,那么 80 年代中后期产生的 CASE 则完成了软件生产的第二次革命—由"工程化"方式向"自动化"方式的转变。

对于 CASE,目前一种比较公认的解释是,CASE 包括一些自动化工具和方法,能辅助软件开发生命周期(SDLC)中各阶段的软件工程活动(J. Sodi)。也就是说 CASE 是软件工具与开发方法的结合体,它提供的是一种软件开发环境,而 CASE 工具则是指能够支持 SDLC 中一个或多个阶段的工作自动化的计算机软件。

不论采用什么样的开发方法去开发信息系统,很显然自动工具的适当采用对提高系统开发的速度和质量都是很有帮助的。CASE 工具是专门为帮助系统分析员自动完成系统开发任务而设计的,系统分析员使用 CASE 工具来创建系统模型,其中的模型大多是用图形符号来表示,然而 CASE 工具并不是一个简单的制图工具,其作用远不限于创建系统模型。CASE 一方面提供开发工具与开发方法相结合的一个集成的开发环境;另一方面实现软件开发过程的自动化,提高软件开发效率和质量。因此,有人错误地认为 CASE 是已有的系统开发方法的替代品,事实上 CASE 本身也可以看作一种支持 SDLC 的开发方法或者是一个方法的组成部分,它在软件开发中具有不可替代的地位。

在系统开发过程中,我们可以获得许多现成的 CASE 工具的支持。需要说明的是,CASE 的发展是一个从单一的软件工具到集成化的软件开发环境的过程。有些 CASE 工具是专门为某一种开发方法而设计的,显然这些 CASE 工具只能支持其相应的开发方法;有些 CASE 工具则在设计上保持尽可能灵活以使开发人员不论使用哪一种开发方法都能获得 CASE 工具的支持。在实际应用中,对于特定的 SDLC 阶段,CASE 工具可以分为:

1) 信息库(repository)。信息库就是 CASE 工具的数据库,在该数据库中存储了各种模型、图表、描述以及用于关联这些元素的引用等信息,如图 3-23 所示。

2) 高层 CASE 工具(upper CASE)。高层 CASE 工具为用户提供系统分析、系统设计方面的支持,主要指帮助用户定义需求、创建模型和验证模型等。

3) 底层 CASE 工具(lower CASE)。底层 CASE 工具主要用于支持系统实现,包括程序基础代码的生成、数据库的建立、测试和维护工作等。

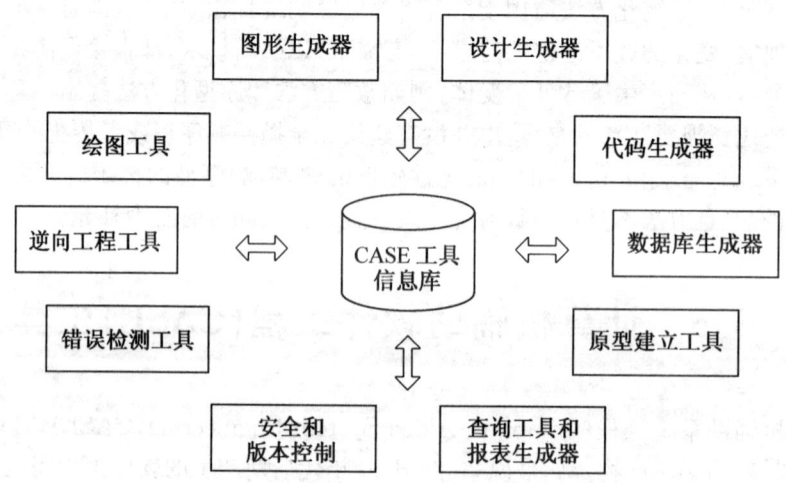

图 3-23 包含系统所有信息的 CASE 工具信息库及 CASE 工具集

4) 集成的 CASE 工具(integrated CASE)。集成的 CASE 工具在 SDLC 的各阶段都提供支持,从系统设计到具体的代码实现、测试与文档。典型的集成工具是微软公司的 Visual Studio,包括了整个系统开发周期中所需要的大部分工具,如 UML 工具、代码管控工具、集成开发环境(IDE)等。

3.5.1 上层 CASE 工具

(1) 图工具

图工具以图形的形式表示各种软件组件和系统结构之间的系统组件、数据和控制流,常用于系统的需求分析与设计阶段,如 UML 流程建模工具。常用的图工具有微软出品的 Visio(https://products.office.com/zh-cn/visio/flowchart-software),与 Office 产品可良好兼容;StrarUML(http://staruml.io/)等。

(2) 项目管理工具

项目管理工具用于项目规划、成本和工作估算、项目调度和资源规划,项目管理工具有助于在整个组织中实时存储和共享项目信息。常用的项目管理工具有提供免费基础版的 Trello(https://trello.com/)和 Wrike(https://www.wrike.com/),收费的 Microsoft Project(https://products.office.com/zh-cn/project/project-and-portfolio-management-software)和 Basecamp(https://basecamp.com/)等。

(3) 文档工具

项目的文档管理开始于系统开发之前,贯穿于 SDLC 的所有阶段以及项目完成之后。在参与人员较少的情况下,操作简便的 Office 工具即可满足一般需求,但是在复杂的系统开发中,文档管理非常重要,并且经常有协同编辑的需求。文档工具为技术用户和最终用户生成文档,技术用户主要是开发团队内部的专业人员,他们需要参考系统手册、参考手册、培训手册、安装手册等;面向最终用户的文档对系统的功能和操作进行描述,如用户手册等。例如,著名的接口管理文档工具 Swagger(https://swagger.io/),主要面向技术用户;支持知识管理 Read the Docs(https://readthedocs.org/)和 GitBook(https://www.gitbook.com/)等;Adobe 出品的 RoboHelp 是一款专业创作工具,可用于开发帮助系统、电子教学内容、知识库以及方案和步骤等。

(4) 原型设计工具

系统原型是预期软件产品的模拟版本,原型(Prototype)设计提供了产品的初始外观和感觉,并模拟了实际产品的几个方面。原型化案例工具本质上带有图形库,它们可以创建独立于硬件的用户界面和设计。这些工具帮助信息系统设计和开发人员基于现有的需求信息快速构建原型,此外还提供了系统原型的仿真。目前市场上有很多功能强大的原型设计工具,有些工具的专业性较强。例如,网页端的 InVision(https://www.invisionapp.com/)可支持 Web、Android 和 iOS 系统的原型设计,无须下载桌面软件;Sketch 也是一款强大的原型工具,但是目前只有 OSX 系统下的软件版本;类似的工具还有在 Mockup Builder(http://mockupbuilder.com/),以及国内出品的墨刀(https://modao.cc/)等。

3.5.2 下层 CASE 工具

（1）配置管理工具

配置管理的重要意义在于维护文档的统一性和可追溯性。尽管宏观的配置管理包括很多内容，但是我们最常用到的是对文档和程序代码的版本控制，至于变更的控制、管理和通知这里不多介绍。目前，业界常用的配置管理工具有 Git（https://git-scm.com/），subversion（http://subversion.apache.org/）和 CVS（http://www.nongnu.org/cvs/）。

（2）编程工具

广义上的编程工具包括编程环境，如 IDE（集成开发环境）、内置的模块库和仿真工具。编程工具提供全面的援助建设的软件产品，其中包括功能仿真和测试。不同的编程工具所支持的编程语言不同，例如，Visual Studio 可支持 C 类、J 类和 Basic 类等语言；Eclipse 可支持 Java；JetBrains 公司针对不同编程语言推出了一系列编程工具，支持 Python 的 PyCharm，支持 Java 的 IntelliJ IDEA，以及支持 HTML、CSS、Javascript 开发的 WebStorm 等。

（3）Web 开发工具

除了使用编程语言达到 Web 开发的目的，在系统开发的过程中，Web 开发工具可以帮助开发人员快速设计具有所有相关元素（如表单、文本、脚本、图形等）的 Web 页面，还提供正在开发的内容的实时预览，以及完成后的效果。例如，Visual Studio 提供的基于 .NET 的 Web 开发，Adobe 公司出品的 Dreamwheaver，HBuilder 等。

（4）质量保证工具

系统开发中的质量保证是检查开发信息系统所采用的工程过程和方法，以确保符合组织标准的质量，质量保证工具主要由软件测试工具组成。例如，代码质量检测的 Sonar（https://www.sonarqube.org/），图形界面脚本测试工具 Sikuli（http://www.sikuli.org/），针对 Web 页面的自动测试工具 Selenium（http://docs.seleniumhq.org/），基于 App 的自动化测试框架 Appium（http://appium.io/）等。

（5）维护工具

软件维护包括软件产品交付后的修改。维护工具可以帮助系统开发人员在 SDLC 的维护阶段，完成自动日志记录、错误报告技术、自动错误生成和根本原因分析。例如，Atlassian 公司出品的项目与事务跟踪工具 Jira（https://www.atlassian.com/software/jira），开源缺陷跟踪工具 Bugzilla（https://www.bugzilla.org/）等。

本章小结

1. 结构化方法的技术要点：结构化程序设计技术、结构化设计技术、结构化分析技术等。

2. 结构化程序设计技术（SP）包括两层含义：① 程序的结构化，结构化程序是具有一个开始和一个结束的程序或程序模块,并且在程序执行过程中的每一步都由顺序、选择或循环这三种基本语句结构之一组成;② 结构化编程技术,自顶向下的程序设计(Top-down programming)是结构化程序设计的一种基本方法,即把复杂的程序分解成具有层次结构的若干程序模块。

3. 结构化设计技术(SD),主要指通过提供一些技术以确定程序集有哪些程序模块、每个程序模块应该实现什么功能以及如何把这些程序模块组织成一个具有整体功能的层次结构图,其核心是自顶向下的功能模块的层次分解设计。此外,还包括数据库设计技术、人机接口设计技术等。

4. 模块结构图(MSC),一个图形化的模型,用来抽象地表示功能模块及功能模块之间的相互关系,具有高内聚低耦合的特点。

5. 结构化分析技术(SA),帮助开发人员定义系统需要做什么(处理需求)、系统需要存储和使用哪些数据(数据需求)、系统需要什么样的输入和输出(处理和数据之间的关系),以及这些元素是如何组织在一起以完成其目标任务。相关模型主要有数据流程图(DFD)、实体-关系图(ERD)、处理逻辑的表示、数据字典等。

6. 从开发方法学观点看,结构化方法是用结构化分析技术、结构化设计技术以及结构化程序设计技术去开发一个信息系统;从开发的过程性及系统原理观点看,所谓结构化方法是分阶段实施、自顶向下、逐步求精的开发方法,是一种从具体(现实世界的物理系统)到抽象(用逻辑模型表示的系统需求)、再由抽象(由逻辑模型转换得到的物理模型)到具体(一个具体的信息系统)的系统的(先整体后局部、由分析到综合)开发方法。

7. 结构化方法一般具有以下特征:① 抽象性;② 面向过程;③ 模块化、层次性、结构化;④ 逻辑独立性。

8. 结构化方法的优点:① 阶段的顺序性和阶段间的依赖性国;② 推迟实现的观点;③ 良好的文档支持。结构化方法的缺点:① 分析阶段和设计阶段的工作转换不自然;② 可变性差。

9. 面向对象方法的指导原则:使开发软件系统的方法和过程尽可能接近人类认识世界、解决问题的方法和过程,也就是使描述问题的问题空间(问题域)与实现求解问题的解空间(求解域)在结构上尽可能一致。

10. 对象(Object)是指在应用领域中有意义的、与所解决的问题有关系的任何事物。用户观点:一个对象就是一个人们要进行研究或感兴趣的任何类型的客观事物;开发者观点:一个对象是指能对消息有所响应的一个客体,或者说,对象是由描述该对象属性的数据以及可以对这些数据施加的所有操作封装在一起构成的统一体。

11. 类(Class)是具有相同属性和行为的一个或多个对象的集合,是对特征相似的对象的一种抽象。类是一种封装机制:方法/行为+属性/状态。

12. 类实例(Class Instance)是由某个特定的类所描述的一个具体的对象,类实例可简称实例。

13. 属性(Attributes)是类中所定义的数据,它是对客观世界或者说是问题域中事物的状态特征的抽象描述。

14. 方法(Methods)是类中所定义的服务,它是对客观世界或者说是问题域中事物的行为特征的抽象描述。

15. 消息(Message)是一个对象请求某个对象执行定义在它的那个类中的某个操作的规格说明，或者说，消息就是用来要求对象执行某一操作(行为)或回答某些信息的请求。一个消息通常由三个部分组成：接受消息的对象、消息选择符(也称为消息名)、包含零个或多个变元的参数列表。

16. 继承(Inheritance)是子类自动地获得基类中所定义的数据和方法的机制。继承具有传递性。

17. 多态性(Polymorphism)是指在类层次结构中，位于不同层次上的类可以共享一个方法的名字，但不同层次上的每个类却可以按照各自的需要来实现这个方法。

18. 面向对象的方法(OO)，是指把信息系统看作一组相互作用的对象的集合，系统通过对这些对象的操作来完成任务。玻姆(Boehm,1988)按 SE 思想提出了一个结合了宏观和微观视角的螺旋式开发模型，具体包括 3 个阶段：① 分析，发现和识别对象；② 设计，发明和设计对象；③ 实施，创建和实现对象。

19. UML(统一建模语言)是面向对象方法中编制软件蓝图的一个国际标准，获得了面向对象软件开发界广泛的认可。

20. 面向对象的分析(OOA)，识别系统中所有类型的对象(对象类)，并描述这些对象如何通过相互作用(消息机制)来完成任务。相关模型包括事件列表、类图、用例图、交互图(协作图和顺序图)和状态图。

21. 面向对象的设计(OOD)，定义系统中人机交互所必需的所有类型的对象，并对每一种类型的对象(包括分析类)进行细化，以便可以用某种开发工具来实现这些对象。相关模型包括包图、设计类图、人机交互图和伪码等。

22. 面向对象的程序设计(OOP)，用某种编程语言来定义对象的所有行为，包括对象间的消息传递。

23. 面向对象方法的技术要点：① 抽象；② 封装；③ 继承；④ 多态；⑤ 共享；⑥ 对象结构而非过程结构。

24. 面向对象方法的优点：① 与人类习惯的思维方法一致，直观性强；② 可重用性好，包括源代码重用和组件重用；③ 稳定性好；④ 可维护性好；⑤分析阶段和设计阶段的工作转换较自然。

25. 原型化方法是快速应用开发(RAD)的一种方法，其形成背景是为了适应变化的需求以提高软件开发质量，减少软件开发时间(需求变化导致返工、选择开发工具等所需的时间)。

26. 在信息系统开发中，用"原型"来形象地表示系统的早期可运行版本。原型应具有可运行性、目的性和快速性的特征。

27. 原型化方法要求在获得一组基本的用户需求后，快速地实现新系统的一个"原型"；随着用户和开发人员对系统理解的加深，不断地对需求进行补充和细化，系统的定义是在逐步发展的过程中形成的，是一个用户、开发人员和"原型"之间反复交互、反馈、评价和修改的过程。

28. 需求原型，也称为发现原型，是指用来发现或细化系统的需求或其参数的原型系统。

29. 开发原型,被多次修改认证直至成为最终系统(或最终系统的部分)的原型系统。

30. 原型化方法的优点:① 便于需求定义;② 系统可靠性好;③ 系统开发效率高、风险小、费用低。原型化方法的缺点:① 系统分析和设计的深度不够,缺乏整体性;② 系统开发过程不易于管理,阶段性不明显,缺乏相应文档;③ 对开发人员的要求较高,需要自动化工具。

31. 敏捷方法也叫敏捷开发,是一种由系统开发实践、技术、价值和原则构成的,旨在动态开发有创意的系统的理论和方法。敏捷开发设法通过快速灵活、迭代参与的方式响应不断变化的信息需求、商业环境,解决传统的 SDLC 方法引起的常见抱怨。

32. 敏捷开发过程可以分为五个阶段:调查、计划、对第一次发布的迭代、产品化和维护。

33. 敏捷开发方法与传统重型开发方法相比较,具有两个特点:① "适应性"(adaptive)而非"预设性"(predictive);② "面向人"(people oriented)而非"面向过程"(process oriented)。

34. 敏捷方法比较适合需求变化比较大或开发前期对需求不是很清晰的项目,以它的灵活性来适应需求的变化,有效地控制项目进度和成本。另外,敏捷方法对设计者、开发者和客户间的有效沟通和及时反馈要求比较高,所以不易在开发团队比较庞大的项目中实施。

35. 针对面向对象方法可能导致的代码可读性差、代码质量差、低产出、低代码重用率以及系统难以扩展等问题,Dijkstra 首次提出了"关注点分离(separation of concern)"的概念,1997 年欧洲面向对象编程大会(ECOOP'97)正式提出了面向方面的程序设计(AOP)。

36. 面向方面方法的主要贡献是提出方面编织的概念,核心部分可分为三阶段:① 方面分解;② 关注点实现;③ 方面的重新组合。

37. 面向方面方法的优点:① 代码集中易于理解;② 松耦合,代码重用性更强;③ 模块化横切关注点,使系统容易扩展。面向方面方法也存在缺点:① 作为一种新的编程技术,还需要在实际应用中得到更多的检验;② 在开发工具上还比较缺乏;③ 理论支持也有待进一步研究。

38. 开发方法的选择或重构:SDLC 支持不同的开发方法,区别在于方法的内容本身,以及方法的过程性(顺序开发、迭代开发)。① 结构化开发方法通常适用于系统需求已明确且其相对稳定(静态需求)的系统;② 原型化方法通常适用于系统需求未知或需求易于变化(动态需求)的系统;③ 面向对象方法通常适用于其生命周期要求相当长的系统。

39. CASE 是软件开发自动化工具与开发方法的结合体,它提供的是一种软件开发环境;而 CASE 工具则是指能够辅助软件开发生命周期中一个或多个阶段工作自动化的计算机软件。

40. CASE 的目标是:① 提供开发工具与开发方法相结合的一个集成环境;② 实现软件开发过程的自动化,提高软件开发效率和质量。但需要注明的是,CASE 并不是软件开发方法和技术的替代品。

41. 在实际应用中,有的 CASE 工具只支持专门的某种开发方法;有的比较灵活,支持多种开发方法。CASE 体系结构包括:① 信息库,是 CASE 工具的数据库,存储了各种模型、图表、描述以及用于关联这些元素的引用等信息;② 高层 CASE 工具,支持系统分析、系统设计,主要指模型创建和模型验证等;③ 底层 CASE 工具,支持系统实现,主要包括程序基础代码的生成及数据库模式的建立等;④ 集成的 CASE 工具。

第4章

信息系统开发的若干组织和管理工作

软件工程从提出到现在,一直致力于两大方向的研究:软件开发方法学和软件开发管理学。通过上一章的介绍,读者已经对系统开发方法学以及方法学的选择对信息系统开发可能带来的影响等有了一定认识。信息系统的开发是一个综合复杂的过程,以往失败的教训和成功的经验表明,在有助于完成信息系统开发的因素中,项目管理的质量是"非常重要的因素之一"。虽然好的系统开发过程的组织和管理工作不一定能确保项目成功,但是坏的或不适当的管理技术却一定会导致项目失败,比如系统开发进度拖延、大大超过项目的预计成本或最终的软件产品难以维护等。这一章将主要讨论与系统开发过程相关的一些组织工作和管理技术,高质量的组织和高水平的管理是项目成功必须考虑的关键因素。

4.1 项目与项目管理概述

20 世纪 90 年代起,随着与国际社会的进一步接轨,国内很多单位对工程的开发已经开始吸收国外项目管理的思想。系统分析员要使解决所属领域的问题的工作富有成效,必须有组织且目标明确地展开工作,现在比较流行的成功系数也比较高的做法是把这一工作以项目的形式进行计划、组织和管理。

4.1.1 项目的定义及其特征

项目是一种组织单位,其中包括在固定预算以及固定时间内,为了达到某一明确的最终目的而临时组合在一起的一组资源。这里的资源除特别强调的资金资源、时间资源外,还包括人力资源、物质资源,比如设备、工具等。理解这个定义的关键是项目是一种组织,我们通过对它的一些特征的说明来进一步了解它和一般意义上的组织有何不同。

每个项目都具备如下特征:

项目具有目标性　和任何有效合法组织一样,项目必须经过一定的计划,有其既定的目标———一个期望的结果和产品。

项目具有生命周期性　和一般组织相比,项目具有严格的开始时间和结束时间,而且这个时间段一般相对较短,3 个月、6 个月、1 年、2 年、5 年等。因此从这个意义上,生命周期性也说成是项目的临时性,项目开始时要组建诸如项目成员等资源,项目执行过程中,所有资源都归项目所有,项目结束时项目资源则自动解体,如项目成员自动解散并回到各自原先的工作岗位。

项目必须有委托人　项目必须至少有一个提供资金等资源的对象,该对象就是项目的委托人或者看作项目的客户(client),它可能是一个人,或可能是一个组织。客户既可以是企业内部的,比如为企业内部其他部门服务,这时称之为内部客户,也有可能是企业外部的,比如一些大型的具有重要意义的项目,这时称之为外部客户。不管是内部客户还是外部客户,都是项目的委托方/资助者或者是项目的使用者。用户(user)是实际享用项目结果的人,在某些情况下客户和用户是相同的人。对有些项目可以成立一个监督委员会,它由客户和相关高级管理人员组成,这些高级管理人员需要具有该组织战略方向的远见和对项目成功的强烈兴趣。监督委员会往往是项目的批准者及项目开发的监督者、评审者和验收者。

项目只能执行一次 每个项目都有一些独特的成分,一般说来没有两个项目是完全相同的。由于各种资源的限制需要一次性完成任务的项目要么成功要么失败,这就要求项目管理者创造性地解决项目执行过程中所遇到的问题。

4.1.2 项目管理

项目管理,顾名思义就是项目的管理,可以通过延伸"管理"的定义来定义项目管理。项目管理就是组织和管理他人在预先确定的进度表和预算内实现计划。若从管理的基本职能角度出发,所谓项目管理就是对项目的任务、资源等进行计划、组织、协调以及控制的过程,以期达到其既定的目标。这两者本质上相一致,将时间从资源中单列出来,则称作进度,而将其他资源看作可以通过"采购"获得,则表现为费用或成本预算。项目管理是体现管理职能的一个过程。

从项目管理的定义可以看出,目标、成本、进度三者相互制约,其关系如图 4-1 所示。当进度要求不变时,质量要求越高或者任务要求越多,则成本越高;当不考虑成本时,质量要求越高或者任务要求越多,则进度越慢;当质量和任务的要求都不变时,进度过快或过慢都会导致成本的增加。对于一个特定的项目,其任务的范围一般是确定的,因此项目管理实际上就是在一定的任务范围下处理好质量、进度与成本三者关系的问题。在这里解释一下人们常说的质量与成本之间关系的"80-20"现象:80%的质量是由通过 20%的成本来完成的,而剩余的 20%的质

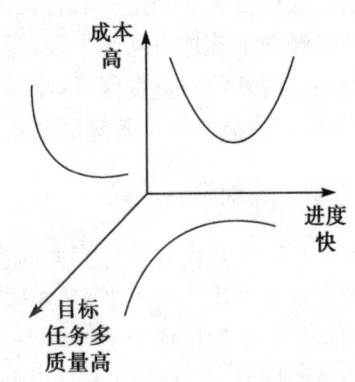

图 4-1 项目管理三要素之间的关系

量则可能需要 80%的成本来实现。一般来说,质量要求越高,所需要的成本也随之增加,而成本增加的幅度要远远高于质量提高的幅度,并且当质量达到某个程度后,收益增加的幅度也会明显减少。因此从经济观点来看,具有最高质量的结果或产品不一定是最优解。

项目自身的一些特征,导致项目管理具有以下三个基本特点:

项目管理是一个复杂的过程 一个项目一般由多种业务成分组成;需要运用多种学科的知识来解决问题;项目执行中会产生许多具有不确定性的未知因素;需要将具有不同经历、知识背景和能力的人员有机地组织成一个临时性的团队;在质量、成本、进度等较为严格的约束条件下实现项目目标等。这些都决定了项目管理的复杂性,其复杂程度甚至高于一般意义上的生产管理。

项目管理具有创造性 由于项目具有一次性、独特性的特点,因而既要承担风险又必须发挥创造性,然而创造总是带有探索性的,因而会有一定的失败率。这也是项目管理与一般重复性管理的重要区别。

项目经理是项目管理的灵魂 项目管理的一个重要原理是要求把一个时间有限和预算有限的事业委托给一个人,这个人作为项目管理的主体或者项目负责人,即项目经理,他对整个项目负责,具有独立进行计划、资源组织和分配、协调和控制的权力。项目经理必须能够综合各种不同专业观点来考虑问题,必须能够了解和利用管理项目的技术,知道如何计划、如何执行计划、如何预见问题即具有预测和控制的能力,如何使他的团队成员成为一支具有凝聚力、创造性、积极性和责任心的高效率群体等等。"三分技术,七分管理",若一个项目最终归于失败,缺少高质量的管理是一个主要原因,归根结底就是未能成功物色到一个关键性的角色,即项目经理。虽然说项目组的成员有义务来帮助承担项目经理的责任,但他本人具有不可推卸的主要责任,这也是为什么他能拿到高薪的原因。

信息系统的开发符合项目的特征。那么一个信息系统开发的项目管理者如何进行项目管理呢?

4.1.3 信息系统项目经理的责任

就像一名合格系统分析员首先必须是一名合格的程序员一样,开发一个信息系统的项目经理首先必须是一名合格的系统分析员(有关系统分析员所需的知识和技能在第1章已经做了陈述);除此之外,还必须具备诸如上一小节所介绍的那些能力。项目经理担负项目内外的双重责任,本小节侧重于那些与项目管理直接相关的任务,围绕信息系统的开发,讨论有关项目管理的基本原则和策略。

1. 展现领导才能

常言道,"没有领导能力的管理叫作官僚,没有管理水平的领导叫作混乱"。项目管理既要求体现出管理水平,又要体现出领导才能。项目经理已经是一个管理者的角色,重要的是如何去发挥他的领导能力。有些人认为这种能力是与生俱来的特性或源自一种个人的领袖魅力,其实这种能力并非那么简单地只完全属于一个人的个性,很多领导才能都是后天学来的、积累起来的,书店有许多这方面的书,也有很多这样的培训班。这里仅着重陈述对项目管理十分重要的两个方面:体现想象力(vision)和激励下属。

在项目开发的整个过程中,项目经理每天面对各方面的人、许多文字性材料、许多事件,很多问题需等他做决策,若过分纠缠于某些细节而忽视项目总体目标是很难协调好诸多任务和决定的。因此项目管理首先应对项目做出长远计划,并与项目组成员共同讨论。项目的长远计划包括两个方面。一是在项目计划中应该通过提问来决定项目的主要目标,例如可以考虑如下问题:我们为什么要承接这个项目?期望的结果是什么?出资者的利益是什么?二是对项目的开发过程进行计划,例如,项目组成员之间如何合作?期望的指导标准是什么?如何确保项目的进度?性能的标准是什么?将采用哪一种开发方法?

领导能力的另一基本特征是帮助并激励项目组成员。通常,没有经验的项目经理总是认为激励下属积极性的方法就是给他们钱,如增加工资发放奖金红利。其实,激励的手段有多种,对不同的人激励的方法应该不同,比如赋予一定的责任/权力(使他有一种成就感)、按一定标准排名次(按进步分出等级)、对其表现的赏识、提升对工作本身的满意度等等。另外,有一点是千万不能忽视的,就是如果你让下属不了解自己整天要做什么也就是没有目标性,那么下属将会有非常大的消极情绪,失去工作动力,甚至他会简单地认为你没有本事。解决这个问题的有效方法是进行频繁而广泛的沟通交流,比如让所有成员都了解各个工作小组的进度、项目发展方向的决定、项目中的难点,对大型项目可通过公共告示牌发布项目时事新闻等,但必须把握好过于琐碎与交流不够之间的尺度。

2. 项目的计划和组织

"良好的开端是成功的一半"。项目管理人员的首要任务是计划和组织项目,项目计划贯穿于项目的整个生命周期,一个全面、详细的计划是一个项目成功的重要因素。项目的计划和组织首先必须能够准确地定义问题的范围,然后确认项目可行性,再制定执行这个项目的计划——项目进度表。其中项目的任务列表、所需时间的估算、所需资源和标定的项目里程碑(项目中的关键活动)等共同为制定最终的项目进度提供信息。项目进度表计划和确定了系统生命周期(SDLC)中每一个阶段的所有活动,通过查看项目进度表,能一目了然地知道什么该做了、由谁去做和这个活动的结果将是什么,它是项目经理监督和控制项目的主要依据。

项目的计划和组织一般由项目经理和其他的几名经验丰富的系统分析员承担。完成项目计划和组织中若干任务的过程可以看作一个大大压缩简化了的并在较高层次上以较抽象的方式进行系统开发的过程,这也是要求有经验的系统分析员参与项目计划的一个原因。这些人员常常首先成为项目组的核心成员,然后在他们周围建立其余小组。

3. 项目队伍的组织和管理

项目管理要求项目经理组织和指导他人完成项目中的任务,因此项目队伍的组织和管理是项目管理中非常重要的一个环节。需要说明的是这里只关注项目组成员对项目任务的责任,而不涉及一般意义上的行政管理问题,如升职、业绩评审、病假、节假日或其他。事实上许多项目组成员从属于其他行政部门,项目经理无须担负其行政责任。项目经理对项目队伍的组织和管理主要关注四个重要方面:

① 对照人力资源计划,确定并邀请各类相关人员组建项目组。
② 划分工作组,进行项目任务的分配。
以上这两点是项目计划和组织的直接结果。
③ 确保项目组成员获得良好的培训。项目经理需要为项目组成员提供诸如适应新的开发环境、陌生的操作系统、新的编程语言或新的技术等方面的培训。如果只有少数成员缺乏培训,则可让其参见一些商业课程或内部课程,如果某项技术对整个团队来说都是新的,那么就需为全体成员安排特别的学期培训。
④ 确保项目组是一个高效的工作团队。这点往往易被忽视,团队的建设能有助于增强团队成员间的凝聚力和信任程度,稳定项目队伍,保持长期的良好的合作关系。

4. 成本估算和项目开发预算

成本估算是项目管理中最困难的一个部分,也是项目计划阶段确认项目可行性这一活动的一个主要内容。成本估算中的一个主要问题是对成本的估算必须在正式承接项目之前完成,也就是说,出资者希望在委托项目之前就了解所需的成本。这就要求项目经理必须在完全了解项目的需求和复杂性之前就估算出成本。信息系统项目的成本随着系统的类型、功能需求、开发的方法和方式等的不同而异,现在已有多种定量的估算成本的技术可供参考。

项目开发预算简单说就是项目各阶段费用的安排,它只是基于项目成本估算的现金流的时间表。比如工资在项目的整个生命周期按照项目组成员的级别进行发放,计算机设备的安装和调试费用在项目开始时只占一小部分,到系统实施阶段则是一项很大的开销。因此通过成本估算来制定预算相对来说要简单些。

5. 项目进度的监督和控制

项目一旦正式启动,项目经理必须要关心项目的执行情况。监督和控制是管理的一种基本职能,有多种不同的技术可用来监督和控制项目的执行,一些项目经理遵循"通过巡视来管理"这种非正式的方法观察项目进展,一些则通过常规的、正式的报告或会议的方法等等,这取决于项目经理本人的风格。但以下几点内容对于帮助管理一个正在进行的项目是非常重要的:

① 按照项目计划表跟踪项目的进度进展情况。

"为工作而计划,为计划而工作",说的就是这个道理。这里需要说明的是,对进度的完成情况,尽量不要用"完成了一件任务的百分之多少"来衡量,因为这种通过估算完成率来衡量某个任务的完成情况往往是非常主观的而且也是有风险的,而应该是"完成了就是完成,没完成就是没有完成"的态度,这主要是通过制定的里程碑来把握控制。

② 面对问题需有一个合理的解决程序。

项目开发过程中,会引发一些预想不到的问题,从需求的遗漏或理解的疏忽到实现技术的困难,一般说来这些问题都不是不可逾越的,项目经理必须经验性和创造性地预测并解决这些问题以保证项目按计划进行。对一些一次性不能确定解决的问题,例如对历史数据需要保存的明细字段程度的定义、一种技术需要在做出最终决定前进行额外的试验,应采用一份未完成项的"控制日志"的方法加以跟踪解决;其他常见的纠正错误的程序包括面对项目的变更调整重新安排和分配任务、通过增加人员来解决人手紧张的问题等。

③ 引导客户的期望。

一个好的经验丰富的项目经理懂得如何与用户和客户保持好良好的关系,在项目经理中有一句行话:"一个好的项目经理应懂得如何'引导客户的期望'",这就是面对问题不必太悲观,而应该采用一种技巧去和客户交流,使得既可以保持乐观又不会导致客户的期望超出现实可行性。

6. 确保最终结果的质量

信息系统的开发有一句经典的格言:不仅要系统的正确性,更要正确的系统,其前半句的意思是说所开发出的系统,能正常运行,运行的结果也是正确的,并且具备健壮性,后半句的意思是说开发出的系统完全满足用户需求,实现了系统的工作目标,正确性是系统诸多质量因素中的首要质量因素,项目经理有责任确保最终产品至少在正确性和健壮性这两方面的质量。

信息系统的质量管理不仅仅是项目开发完成后的最终评价,还需要关注在信息系统开发过程中的全面质量控制,也就是说,不仅包括系统实现时的质量控制,也包括系统分析、设计时的质量控制;不仅包括对程序代码的质量控制,也包括对相关文档等的质量控制。

"预排"(walkthrough)和"测试"(test)是确保质量所采用的两项基本技术。预排主要用于项目开发的早期阶段,在这些阶段有可供评估的文档和图表,"预排"通过复查和评审的方法以确认和验证已完成文档的正确性。测试则主要被用于项目开发的后期阶段,这时已经有计算机程序以供执行,有多种测试途径和方法以保证代码的正确性、健壮性。项目经理需要在适当的时间内预先编制好预排和测试计划。

4.2 信息系统项目计划的任务

项目计划是 SDLC 中的第一个阶段,项目计划阶段由需要进行项目组织和启动的各种活动组成,读者将会注意到这些活动中有几项是与部分项目管理有关的,这是因为项目管理本身就包含了项目计划。项目经理的许多主要职责都在项目计划阶段的活动内完成。

4.2.1 问题的定义

定义问题的目标是定义所要解决的业务问题,从而确定要开发的信息系统——新系统的作用域,也就是目标范围。这一活动定义了你想要达到的目标,它是项目中最重要的活动之一,如果这个目标定义有误,那么就会影响所有随后的活动,整个项目也就失去了重心。

这个活动中的第一个任务就是查阅最初启动这个项目的业务需要,其本质也就是项目的必要性。

一般说来项目是作为一个组织的战略计划或信息系统的战略计划的一部分启动的,因此首先就要查阅这些计划文件。一个组织的战略计划(Strategic Planning)通俗讲就是该组织目前所处的位置、应如何发展以及怎样去发展。一旦这个战略计划制定后,那么组织的所有行为都必须和它一致,组织的信息系统的建设也不例外。信息系统的战略计划通常是一个组织战略计划的重要组成部分,信息系统战略计划概说是指从技术体系结构和应用体系结构角度提供对组织战略计划的支持,这里的技术体系结构是指信息系统的硬件、软件及通信网络的规划和实现,而应用体系结构是指信息系统对组织所有业务职能的组合和实现。一个组织的信息系统和这个组织的战略计划两者要保持高度的一致性,战略计划为信息系统的开发提供了方向上、策略上的指南,当战略规划发生更新时,比如随着互联网技术的发展,企业原先的业务及市场运作方式必须随之做出调整,其信息系统必然要做相应的调整甚至会产生一个全新的信息系统。

当然如果这个项目源于组织的某个部门要求,那么就要通过询问相关的关键用户以帮助认识和理解问题。

帮助获得这个业务需要的另一个原始材料是客户所期望的项目结果所能带来的业务收益。图4-2所示的文档是某电影院的会员管理系统(MMS,Membership Management System)的需求说明和业务收益的一个范例。

问题陈述:
　　随着市场竞争愈发激烈,某电影院认为提供会员制度,加深客户与企业之间的消费黏性,能够促进客户连续性消费,提升企业收益。该系统需要能够实现对会员信息的录入、删除、修改、查询操作,并且能够对客户消费记录及时更新,并能够实现对所有会员信息的统计和更新。为此需建立一个有效的会员信息管理系统。

预期收益:
- 减少手工会员信息和积分登记引起的错误
- 根据会员消费记录,为客户提供个性化的推荐
- 实现会员积分根据消费记录自动更新,提升客户体验
- 通过跟踪消费记录,实现对电影场次的合理安排
- 通过扩大对客户多方面信息的支持提升客户体验和市场竞争力

图4-2　MMS的需求和业务收益说明

图4-3所示的文档是某个体育运动服装销售公司的网购和客户支持系统(CSS, Customer Support System)的需求说明和业务收益的一个范例。

注:本书其后章节相关的内容将均以CSS为例加以说明。其中需求说明就是对项目业务问题的一段简短描述,业务收益包括了组织通过新系统的实施所带来的预期结果。

问题陈述:
　　某销售公司认为,随着网络购物的发展,编目在册的客户不仅能通过电话、邮购的方式订购商品,提供网购平台也是极其重要的。所有的商品目录项都能在公司网购平台中得到,退货、延期订购和订单状况等这样的事件在网络上和内部操作人员都能容易实现,订单登记需要支持图形、Internet的自助风格并能得到快捷响应。所有其他类型的销售和客户服务也需具有相似的界面和能力。为此需建立一个最新型的网购和客户支持系统。

预期收益:
- 减少手工处理订单引起的错误
- 通过快速订单处理加快订单完成
- 不减少经营而保持或降低邮购和电话订单处理方面的职工标准
- 通过Internet开辟一条新的销售途径
- 通过跟踪热销和滞销商品情况增加销售额
- 通过扩大对客户多方面信息的支持增加客户信誉

图4-3　CSS的需求和业务收益说明

这个活动中的第二个任务是概要性地确定新系统的预期能力。对这个任务,重点要从组织业务需要的观点出发考虑问题转移到从所需系统能力的观点出发考虑问题,目标是根据能解决问题的信息系统的需求来定义问题域,当然一开始不可能对之进行详细的描述。系统能力是能够使这个组织实现业务收益的机制。图4-4是CSS系统能力表的一个范例。

> 客户支持系统将满足以下目标：
> - 是一个支持联机客户、订单、退还订单和退货事务的高级系统
> - 快速登录计算机并使其支持传统的邮件和电话的目录销售
> - 支持 Internet 客户和商品目录的订购及查询能力
> - 支持订单跟踪和 24 小时新订单发货
> - 为客户提供历史交易事务的查询
> - 保存足够多的历史数据以支持销售分析和市场需求预测

图 4-4 CSS 的系统能力

通常，项目组还会计划出一个关联图，它作为系统能力的补充，从系统用户信息需求的角度提供对问题域的解释。关联图也是系统分析阶段获得详细需求的一个起点。图 4-5 是 CSS 关联图的一个示意图，图中的圆角矩形表示 CSS 系统本身，正方形表示系统的外部实体，带箭头的线段表示向系统提供或从系统接受的主要信息流。

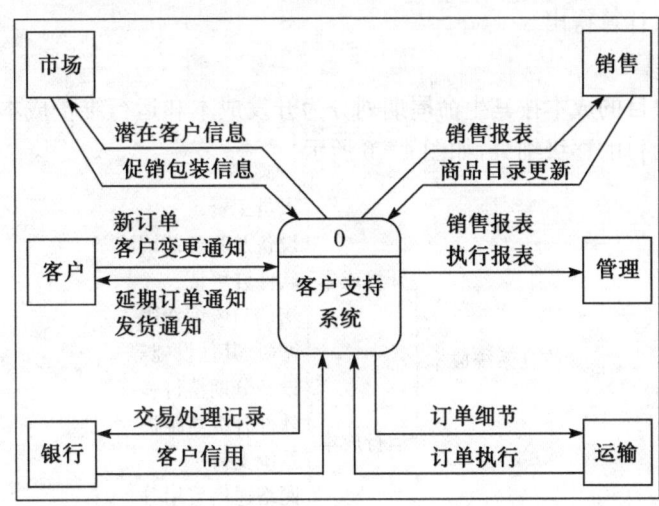

图 4-5 CSS 关联图的示意图

4.2.2 确认项目的可行性

"若不受技术、经济、时间、人力等资源的约束，所有的项目都是可行的"，事实并非如此，如果问题没有可行的解，那么花费在这个项目的任何时间、资金、人力等资源都是无谓的浪费。随着项目组在问题定义的活动中对组织的进一步了解，这时他们就应该能确认新系统是否真正切实可行。确认项目的可行性要求用最小的代价在尽可能短的时间内确定问题是否能够解决，其目标并不是解决问题，而是确定所定义的问题是否值得去解，也就是说识别各种各样的风险（包括一些潜在的风险）后如何去确定新系统开发成功的可能性。对那些不属于严重类的风险，有经验的系统分析员要确定相应的计划建议以使它们的影响最小。可行性评估一般说来要覆盖以下的四个方面的风险：经济可行性、技术可行性、时间进度可行性、操作可行性。

1. 经济可行性

尽管在项目的最初时间内可能已经得到初步批准,然而最终真正的批准通常至少需要一个全面的开发成本和预期财务收益的分析结果,经济可行性评估的关键是成本/收益分析(Cost/Benefit Analysis)。客户投资一个项目的目的是为了在未来得到更多的收益,投资开发一个新项目往往要冒一定风险,项目开发的成本可能比预期的高,收益可能比预期的低,成本/收益分析的目标正是从经济角度分析在一个项目上的投资是否会收益大于成本,以作为客户是否资助项目的决策依据。

成本/收益分析的过程分为三步。第一步是成本估算,开发信息系统的成本包括预期的开发成本和运行成本,开发成本是在新系统开发期间发生的,运行成本是在系统交付使用后发生的。第二步是评估预期的财务收益,财务收益是指自新系统安装后预期每年所减少的成本和增加的收益。第三步是成本/收益分析,它根据详细的成本和收益通过一定的财务测定方法计算得出。

(1) 成本估算

信息系统项目的成本按其生命周期划分为开发成本和运行维护成本两大类,在各类中又根据费用的目的逐级细分,如图4-6所示。

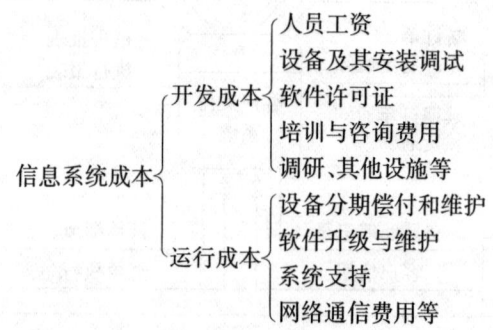

图4-6 信息系统项目成本的构成

开发成本中的支撑软件的许可证、人员培训、硬件设备等种类的成本相对较小也相对固定,一般可较精确地算出。开发成本中的人员工资是指项目组成员在系统开发过程的人力消耗,人员工资成本也可说成软件开发成本,它是开发成本估算中的重要和重点部分,需要借助于软件工程学中的软件成本定量估算技术来估算。这些技术有代码行技术、任务分解技术、Boehm的构造性成本模型(Constructive Cost Model,又称 CoCoMo 模型)、Putnam的参数方程、自动估算成本技术等。运行维护成本一般仅包括与新系统直接有关的费用,它根据与开发成本之间比值的经验系数来估算。

(2) 预期收益来源

预期收益的评估涉及系统的用户和客户,是由他们而不是由项目组成员自身确定预期的收益值,但项目组成员需提供一定的帮助。

新系统的收益通常有两个主要来源:减少的成本和增加的收益。新系统的投入使用提高了组织的运行效率,不仅节省了一定的成本,同时也带来了一定的收益。预期减少成本的领域可考虑下列几个方面：
- 自动化代替了原先的手工操作或效率增加使得工作人员减少；
- 维持定量的工作人员而增加工作量；
- 由于自动编辑和校正减少错误率；
- 确保文件或交易的快速处理和周转；
- 减少不良账单的损失或更快地收取可收的账款；
- 由于严格控制减少库存或商品的损失；
- 采用电子数据交换和其他自动化手段减少纸上作业的成本等。

由于每个项目的独特性，其预期产生的收益的评估不像降低的成本的评估那样，没有一个规范统一的"标准"。以下是某公司预期从新的CSS的实施中获得收益的一个例子。
- 网络订单的出现增加收益；
- 电话订购、邮购提高效率而增加收益；
- 仓库/运输提高效率而增加收益。

大多数在成本/收益分析方面常见的错误是缺乏对成本和收益的全面定义，因此应注意尽量避免这类错误的发生。另外有一点要说明的是，上述我们所列举的都是有形的成本和收益，即可通过货币单位来度量或估算。但在许多情况下，有些成本和收益不能被量化或正确估算，被称为无形的成本或收益，比如降低职工士气、在系统运行初期失去一些客户等属于无形成本，提高服务水平和客户满意度、增强企业竞争力等属于无形收益。即使无形收益不参与下一步的财务计算，但它们也应作为项目进行与否的决定因子来考虑，有时会有这种情况出现，对项目的客户来说，虽然直接从收益的货币单位角度不能预示是一个好的投资，但这个系统最终还是被决定开发，其原因也就是看准了无形收益远大于有形成本。

(3) 成本/收益分析

成本/收益分析实质上是一个财务计算过程，目标是计算出新系统的总收益。可以使用多种财务计算方法来测定新系统的总收益，比如净现值法(NPV, Net Present Value)，回收期分析法(Payback Period or Breakeven Point)，投资回报率(ROI, Return On Investment)。现就比较通用的净现值法方法的原理作简单的介绍，其他方法感兴趣的读者可参阅有关书籍。

净现值方法，顾名思义主要考虑了货币(既可表现为成本也可表现为收益)的时间价值，货币的价值是随时间的变化而变化的，这种变化有涨有跌。因此在用净现值方法进行财务计算时，需要有一个时间标准参照系，一般以新系统开始开发的当年为准。所谓现值(PV)就是将货币的未来价值折算成现在的价值，折算的方法是：PV=FV×PVF。其中，FV为货币的未来价值(Future Value)；PVF为现值因子(Present Value Factor)；PVF是根据贴现率(DR, Discount Rate)计算得出，$PVF=1/(1+DR)^n$；这里的 n 为年数。

例如：3年后某项收入为 $100，贴现率为 6%，则
$$PV=100/(1+0.06)^3 = \$83.96,$$
净现值(NPV)＝收益的 PV－成本的 PV。

2. 技术可行性

一般说来，新系统将会给组织带来新的技术，既有现成的成熟的技术也有最先进但未被广泛使用的技术。技术可行性是指开发一个新系统所需的技术是否具备，比如对存储能力的要求、对通信功能的要求、对响应时间的要求、对新系统便于能力扩充的要求、对已有的技术如何有效集成、对技术服务的要求，以及掌握这些技术的人员的数量和水平的程度等。毕竟所有的技术都需要相关的专门人员来掌握。也就是说，技术可行性的目标是项目组需要评估所达成的技术需求和有用的专门技术人才。

诸如此类的技术上的风险一旦被识别后，相应的解决方案通常是公正而简明的。技术风险的解决方案包括进行额外的技术培训、聘请技术顾问或聘请更多的有丰富技术经验的人员加入项目组等。

3. 时间进度可行性

时间进度可行性评估目标是所开发的新系统能否在规定的时间内完成。

项目的客户常要求一个新系统必须在一定的时间内按期完成，如"千年虫"问题必须在 2000 年 1 月 1 日之前完成，CSS 必须在"双十一"之前完成以赶促销商机，北京奥运会的信息系统也必须在规定的时间内完成等，况且进度表制定本身就是一件很具风险的事件，因为这当中包含了许多假设和估计等不确定的因素。面对可能出现的时间进度风险，项目组成员通常先不考虑预想的完成时间的约束，通过"里程碑"的方法建立项目时间进度计划表，一旦进度表完成，再对所要求的日期进行比较以了解两者是否一致。若不一致，则应有相应的纠正措施，如增加项目按时完成的可能性，建议减少项目的作用域等，并及时纠正进度表中"里程碑"的错误以减少风险的进一步扩大。

4. 操作可行性

任何组织都有它自己的文化及其社会性，新的信息系统必须适应这种文化和社会环境这个大系统，否则，若新系统与原有的标准有着巨大的差异将会导致不能被成功地使用的情况发生。操作可行性，也称作社会可行性或运行可行性，其目标是评估组织文化上和社会上的问题，以便识别新系统潜在的风险。这样的问题可考虑如下几个方面：

- 当前组织内及全社会计算机操作和应用的普及水平不算高；
- 计算机病毒的泛滥、黑客的攻击等使得人员存在对计算机的恐惧；
- 工作人员或管理人员的失落感；
- 新系统可能会引起组织上、行政上多方面潜在的变化；
- 组织成员对变换已习惯的工作方式后工作责任的担忧；
- 自动化程度的增加会使组织成员面临失业的危险等。

事实上，有些潜在的对新系统有抵触态度的风险在短期内对项目组成员来说很难识别，因为这需要他们对组织内一些微妙的事情很敏感。

一旦识别了这些操作上的风险，就要采取积极的措施，以避免妨碍新系统的有效使用或导致新系统业务收益的损失。例如，加强培训以增强成员计算机操作技能和掌握新的业务处理流程;让更多用户参与新系统的开发以增强他们的工作热情和责任感。

项目可行性的各个方面是相互影响的,比如技术可行性可能会影响到时间进度可行性,因此在进行可行性评估时,必须对这些前后方面的风险因素综合考虑、加以权衡。确认项目的可行性的结果文件是可行性论证报告,报告中除了上述可行性评估的内容外,还必须有一个明确的建议结论:项目可行;项目不可行;推迟到某些条件成熟后或对项目目标做某些调整后进行等。

4.2.3 制定项目的进度表

对信息系统开发这类复杂的工程项目,最好的管理方法是从全局的观点出发把它分解成比较容易理解和控制的子任务。信息系统开发的生命周期 SDLC 从过程性角度引出了三个术语:阶段、活动、任务。阶段是由一组相关的活动组成,活动是由一组相关的任务组成,而任务是可以识别、命名和安排的最小工作单位,活动当然也可以识别、命名和安排,这三者的分解共同组成了系统开发过程的层次结构。对大型系统开发项目来说,在将活动分解成位于最底层的任务之前,还可在活动这一中间层进一步分解成多个更小的活动层次。这种层次结构是项目进度计划制定的基础。

工程网络图(也称为 PERT/CPM 图,Program Evaluation Review Technique / Critical Path Method)和甘特图(Gantt Chart)是制定进度计划常用的两种技术。

1. 工程网络图的构建

项目组成员利用工程网络图制定项目进度表有四个步骤:

(1) 为每个活动确定所有的单个任务

阶段、活动、任务的层次关系结构被看作组织(项目组)所要完成工作的一种方法,因此也称之为分工结构(work breakdown structure)。一般以标准的 SDLC 确定的活动一览表为向导,项目组成员为每个活动确定所有的单个任务。表 4-1 是 CSS 项目的资源估算任务表的一个范例,在该例中项目计划阶段被分解成详细的任务,项目分析阶段只列出到活动一级,其他阶段则作了省略。表 4-1 中的第一栏和第二栏分别是阶段、活动和任务的标识号和对其名称的描述。

表 4-1 项目资源估算任务表

标识号	阶段、活动和任务	最可能的持续时间	资源数目	先行任务
1.0	项目计划阶段			
1.1	定义问题			
1.1.1	会见用户	2	2	0
1.1.2	确定问题域	2	2	1.1.1
1.1.3	问题需求和业务收益描述	1	1	1.1.2
1.1.4	定义系统能力/目标	1	1	1.1.3

(续表)

标识号	阶段、活动和任务	最可能的持续时间	资源数目	先行任务
1.1.5	制定关联图	1	1	1.1.4
1.2	确认项目可行性			
1.2.1	识别无形成本和收益	1	2	1.1.5
1.2.2	估算有形开发成本和运行成本	3	2	1.2.1
1.2.3	估算有形收益	2	2	1.2.1
1.2.4	计算成本/收益	1	1	1.2.2, 1.2.3
1.2.5	评估操作可行性	1	1	1.2.4
1.2.6	评估技术可行性	2	2	1.2.5
1.2.7	评估时间进度可行性	1	1	1.2.6, 1.3.3
1.3	制定项目进度表			
1.3.1	制定分工结构	3	2	1.2.6
1.3.2	指定资源、持续时间和优先权	2	2	1.3.1
1.3.3	制定PERT图和甘特图	2	2	1.3.2
1.4	项目人员组织和配备			
1.4.1	制定项目资源计划	1	2	1.3.3, 1.2.6
1.4.2	确认和邀请技术人员	1	1	1.4.1
1.4.3	确认和邀请用户工作人员	1	1	1.4.1
1.4.4	组织项目小组	1	1	1.4.2, 1.4.3
1.4.5	小组初步技能培训和磨合	7	2	1.4.4
1.5	启动项目			
1.5.1	准备演示文稿材料	1	1	1.4.1
1.5.2	配备项目设备和支持资源	3	2	1.5.1
1.5.3	召开正式启动会议	1	1	1.5.2
2.0	分析阶段			
2.1	收集信息	30	3	1.5.3, 1.4.5
2.2	定义系统需求	30	3	2.1
2.3	需求预排	20	2	2.1
2.4	确定需求优先级	5	2	2.2, 2.3
2.5	产生并评估可选方案	3	2	2.4
2.6	与管理人员复审推荐方案	2	2	2.5

(2) 估算完成每个任务所需工作量的大小

估算任务的大小包括所需每人工作日、所需人力资源数目、其他特殊的可能所需资源的数目,每个活动所需完成的工作量由每个独立任务的工作量组成。一种比较常用的计算每个任务所需时间的技术是先估算出完成任务最有利的、最不利的和预期的时间,然后再"综合"这三种可能的情况而得出一种结果,称其为最有可能的持续时间(duration),这里的"综合"既可以通过简单的平均计算[如,(最有利时间+最不利时间+预期的时间)/3],也可以通过加权平均计算。加权的目的是避免最有利或最不利的巨大偏差严重影响最有可能的持续时间。人力资源数目安排时要确保不能把同一个人分配到两个同时进行的任务中。

表4-1中的第三栏和第四栏分别是任务或活动的最有可能的持续时间和所需分配的分析员数量。因为分析阶段中的具体任务并未定义,所以只算出了在活动一级所需的时间。

(3) 确定已定义任务的先后完成顺序

在这一步中主要是定义每个任务的直接的先行任务,这也是工程网络图所需的又一基本信息。所谓直接的先行任务是指其结果被已定义的任务需要或者与已定义的任务需要相同的人员。除第一个任务外的每个任务都可能有一个或多个直接的先行任务,因此所有的任务需要被按照顺序排定。

表4-1中的第五栏是每个任务或活动所需的先行任务/活动。

(4) 对每一任务作时间进度的安排

最后一步,根据上述的分工结构、任务最可能的持续时间及其任务间的先行关系,画出工程网络图。这里通过图4-6对PERT/CPM图的基本格式和特性做说明。

图4-7是PERT/CPM图的一部分,其中的矩形表示任务,连接它们的带箭头的线段表示先行关系。矩形中上部的单元格是任务名称,中部左格单元是任务的标识号,中部右格单元是任务的持续天数,下部左格单元是任务的最早开工日期,下部右格单元是任务的最迟开工日期。

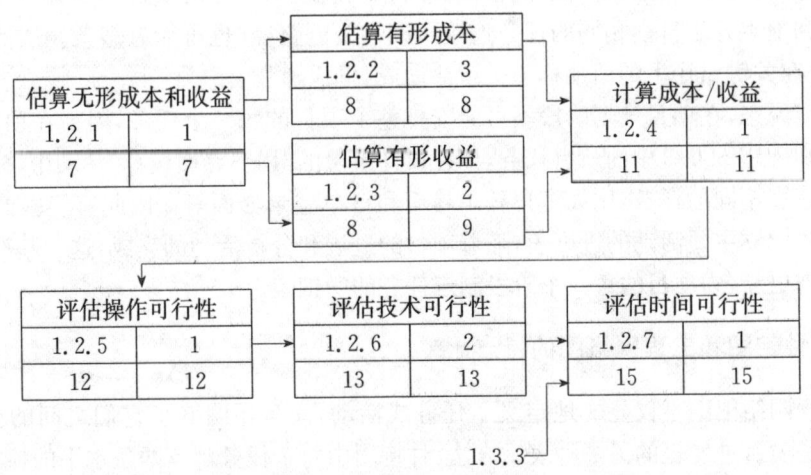

图4-7 说明最早开工日期和最迟开工日期的 PERT/CPM 图

图4-6中1.2.2和1.2.3两个任务可同时进行,所以在平行的两条路径上。在任何时候只要有两条或更多条并行的路径,总有一条路径可能会先于其他路径完成,比如这里的任务1.2.2需持续3天,而任务1.2.3只需持续2天。一个任务的最早开工日期取决于其先行任务,所谓最早开工日期是指一个任务能够开始的最早时间。最迟开工日期是一个任务开始的并能保证一切按计划进行的最迟时间。图4-7中任务1.2.4计划于第11天开始,所以任务1.2.2和1.2.3必须在第11天前结束。任务1.2.2在第8天开始且需要的持续时间是3天,而任务1.2.3计划在第8天开始但只需2天。因此,即使任务1.2.3直到第9天才开始,依然可按时完成以保证任务。任务1.2.4按计划于第11天开始,所以任务1.2.3的最迟开工日期是第9天。一个任务的最早开工日期和最迟开工日期的差称为该任务的松弛时间(slack time),这个时间就是该任务可以延迟开始并且不会对整个项目产生不利影响的时间。

任务的最早开工日期从左向右计算,其值是其所有直接先行任务的结束时间中最迟的一个,就是说一个任务只有在它的耗时最长的先行任务结束之后才能开始。若某个任务只有一个先行任务,那么它的最早开工日期就非常容易算出,其值就是这个唯一的先行任务的结束时间。

任务的最迟开工日期则需从右向左计算。一旦所有任务的最迟开工日期被算出,那么完成整个项目所需的时间(最长时间)就可以被确定,项目的结束时间就是最后一个任务的结束时间。所以一个任务的最迟开工日期就是该任务的后继任务的最迟开工日期减去该任务的持续时间。若一个任务有多个后继任务,那么这个最迟开工日期就是其所有后继任务中最迟开工日期中最早的一个。若只有一个后继任务,则最迟开工日期也非常容易算出,其值就是该后继任务的最迟开工日期减去当前任务的持续时间。

图4-7中有些任务的最早开工日期和最迟开工日期相同,换言之,这些任务没有松弛时间。具有这种特征的任务被认为是处在关键路径(critical path)上。如果任何在关键路径上的任务落后于进度,则将会导致整个项目的延期;反之若希望缩短工期,则只有往关键活动中增加资源才会有效果。因此关键路径被定义为完成项目所需的最短可能时间,网络工程图中关键路径一般用带箭头的粗线段表示。任何项目至少有一条由最早开工日期和最迟开工日期相同的任务连接而成的关键路径,也可能有多条。从活动这个层次说,处在关键路径上的活动称为关键活动或"里程碑"。

一般说来,在项目计划阶段不可能安排整个项目的每一个任务,因为在项目的早期,很难明确确定SDLC中的所有任务,如在设计阶段的"用户界面设计"活动中,分析员可能要确定许多不同的任务,比如客户登录界面和订单登录界面等。因此有经验的系统分析员通常先建立主要活动的进度表,随着项目的进展和分析活动的完成,这一基准性的计划进度将被更新,为项目的每一个阶段制定任务的明细表。

2. 甘特图和工程网络图的特点比较

工程网络图中不仅显式地定义了任务或活动,而且还明确了它们之间的相互关系。甘特图是项目进度表的另一种表示方法,甘特图中每个任务都有两条水平的棒状线段,一条表示任务的持续时间(进程日期),一条表示任务的进度进展(完成情况)。甘特图简单直观,也为大多数人所熟悉,但它只很好地反映了时间信息,而不能显示地描述任务间的相互依赖关系,且计划中的关键任务不明确,易造成工作安排的被动。

由此可见,这两种制定项目计划进度表的技术各有特点。一般而言,在项目计划阶段,建立初期项目进度表时 PERT/CPM 图十分有用,一旦项目启动后,用 Gantt 图对项目的执行情况进行跟踪则更为直观有效。

3. 创建项目进度表的工具

制定项目进度表常会面临有可能更新的问题,这需要很大的工作量去保持该图表是最新的。Microsoft Project 是一个被广泛应用于自动制定项目进度表的工具,对该工具特点和功能的详细认识留作本章的习题。

4.2.4 项目成员的组织和分配

根据在项目进度表中明确的任务,可以制定一个详细的资源计划。事实上,进度表和资源需求通常是同时制定的,每个任务所需的资源是进度表中的一部分。在初始计划阶段,人力资源通常通过类型和数量来决定;在进行项目分配时,具体的人员将被分派到这些任务上。

一旦制定了计划,就要确定并邀请专门人员参与到项目组。项目组一般需要技术成员和用户两种人,技术成员是由系统分析员、系统设计员、程序员、网络工程师及其技师组成,用户成员是分配到项目组的组织内部的人员。在这个过程中,项目经理要充分认识到虽然寻找技术成员是一个规范的过程,但有些类型的成员不总是想要就能有的,因此需要一些时间去寻找;有时把用户专职分配到组里很困难,对用户而言组里的工作毕竟不是他正常工作的一部分,但专职的用户成员不仅能代表用户利益,至少也能起到联络员的作用,项目进度就会更顺利些。

考虑到信息系统项目管理的复杂性,每个管理者一般只能管理 3~5 名下属人员。对于规模小的项目,项目组可以都在一起工作。但若一个项目组多于 5 人时,则一般要分成若干个小的项目组,每个小组将由一个小组领导协调分配到小组的任务,并由他承担任务的责任。任务分配时需考虑任务本身的工作量大小、难易程度和成员本身的能力、经验这两个方面。项目经理接受客户或监督委员会的监督。

4.2.5 项目启动

完成上述的先期任务时,若表明已经定义了新系统的作用域、识别了风险、确认项目是可行的、制定了项目计划进度并确定了项目组成员,则到了准备正式启动项目的时间。

项目启动通常需完成两个主要任务:一是监督委员会的最后定案,向项目发出最后的允许信号,包括必需资金的核发到位;二是通过组织内的正式会议或红头文件的形式对项目给予信任并要求所有参与的各部门通力合作。项目只有得到了组织上高层管理人员的批准和明确的支持才能真正开始执行。

4.3 信息系统的质量保证

项目组对信息系统开发项目提出的要求,不仅要强调必须完成的功能、应该遵循的进度计划、建设这个系统所需成本的控制等,还更应关注整个生命周期中信息系统应该具备的质量。

4.3.1 软件产品的质量因素

信息系统最终结果表现为软件产品的形式。虽然软件质量是难于定量度量的软件属性,但是对此仍然能够提出许多重要的软件质量指标,这些指标因素中大多数目前还处于定性度量阶段。表 4-2 按照 ISO/IEC 9126 软件质量因素模型的规定,列出了诸多软件质量因素的简单定义,其中正确性与健壮性之和称为可靠性。

表 4-2 软件质量因素的定义

质量因素	定 义
正确性	正确性是软件质量的首要指标,它是指软件产品准确执行需求规格说明书中所规定的全部功能的能力。
健壮性	也称坚定性或鲁棒性,是指在异常情况下软件仍能正常运行的能力。
效率	指系统对硬件资源、软件环境资源的利用程度。
安全性	也称完整性,指控制合法用户使用权限和非法用户入侵的能力。
可再用性	也称可重用性,指在其他应用程序中可被再次使用的程度。
易用性	也称易操作性,指用户使用的方便、友善程度。
风险性	指按预定的成本和进度计划开发出一个成功系统的可能性。
可移植性	指适应环境的能力。
兼容性	也称互操作性,指与其他软件系统组合起来的难易程度。
可维护性	指软件程序本身被阅读、理解和修改错误的难易程度。
灵活性	指软件系统被修改维护工作量的大小。

这些质量因素中,不同的软件产品所强调的侧重面不同。若从使用角度,可分为外部质量因素和内部质量因素,如正确性、易用性、安全性等属于外部质量因素,而健壮性、可维护性、可重用性等则属于内部质量因素。若从技术角度,可分为运行质量因素,如正确性、效率等;修改质量因素,如可维护性、灵活性等;转移质量因素,如可移植性、兼容性等。影响软件质量的因素有多个方面,如开发方法、开发环境与工具、系统本身的性质、时间、经费、人力资源自身素质等,这里仅从管理角度讨论对软件质量进行控制的措施。

4.3.2 软件质量保证(QA,Quality Assurance)

为了在信息系统开发过程中保证软件的质量,从关键角度主要采取下述措施,当然有些措施必须采用相应的技术手段。

1. 计划 QA 活动

项目进度的压力使得各个阶段紧紧相连,追求速度的同时往往忽视 QA 活动;QA 活动的公开性(他人的全面检查和批评)常导致许多人不主动或不情愿这样做;或错误地认为忽略一些 QA 活动来误导没有坏消息就是好消息的侥幸心理。计划 QA 活动是一种简单的管理方法,可以阻止进度压力和人的惰性对 QA 活动的影响。计划 QA 活动应该在项目计划或 SDLC 的相应阶段进行,质量标准必须明确,具有可度量性。

2. 结构化预排

随着开发阶段的推移,纠错的开销不断增加,错误最好在分析设计阶段就能发现,以免转移到程序代码中,结构化预排被认为是降低这种开销的有效措施。结构化预排简称为"预排",所谓预排就是对在信息系统生命周期每个阶段结束之前都使用结束标准对该阶段产生出的结果(主要表现为文档)进行严格的审查。预排的目的是发现工作中的错误和问题,并提出意见和建议。一般说来,至少在生命周期每个阶段结束之前,应该进行一次正式的审查,某些阶段可能需要进行多次审查。如在系统分析阶段获得系统需求这一活动完成后,需对需求调研中所获得信息的基础上而形成的资料和概念原型进行评审,以发现需求的全面性、准确性(即资料描述上有无遗漏和问题);在需求定义活动结束后也需预排,以确认和验证需求定义和需求之间的一致性和正确性(即确认概念原型表示上有无错误)。

之所以称为结构化预排是指预排本身有一套固定的工作程序(What,When,Who,How),是一种"有计划、有规律、有步骤"的安排。

评审小组由评审人和被评审的人共同组成。结构化预排不同于对软件产品的复审和测试,因此领导人员必须参与。评审人就是系统的风险责任人等管理者和部分用户,有可能的话可以邀请其他有经验的系统分析员参与,被评审的人就是指项目组有关的开发技术人员,这里的"有关"是指与要评审的业务有关联的人。

评审的过程需经历评审准备、评审和评审总结。评审准备由被评审人准备好评审材料,并通知相关评审人。评审过程中由被评审者对文档等被评审内容进行理解性的讲解,由评审人发现错误、问题并提出评述意见和建议。问题和错误在评审总结过程中进行解决和排除。

统计表明,结构化预排可在进行其他 QA 活动之前减少由 5~10 种因素导致的错误的数量,相应地节约了大约 50% 的测试开销。

3. 复查和管理复审

复查就是检查已有的材料,以断定特定阶段的工作是否能够开始或继续。每个阶段开始时的复查,是为了肯定前一个阶段结束时确实进行了认真的预排审查,已经具备了开始当前工作所必需的材料。

管理复审通常指向开发组织或使用部门的管理人员,提供有关项目的总体状况、成本和进度等方面的情况,以便他们从管理角度对开发工作进行审查。

4. 测试

测试就是用已知的输入在已知环境中动态地执行系统或系统的组成部件以发现其错误的过程。软件产品的测试有多个层次:单元测试、集成测试和系统测试等。尽管测试的具体进行是在系统实施阶段,但测试活动的安排却贯穿于整个生命周期,每种测试类型的测试计划产生于 SDLC 的相关阶段,如图 4-8 所示。有关测试更详细的内容将在系统实施这一章中介绍。

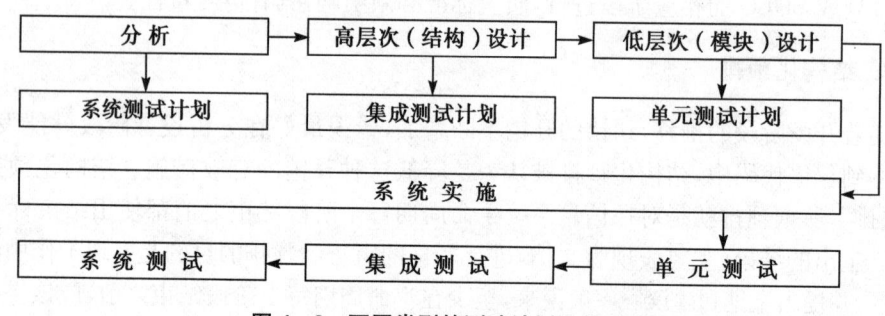

图 4-8 不同类型的测试计划及其测试

4.3.3 文档及文档管理

软件工程学家 Boehm 曾对软件下了这样的定义,软件是程序以及开发、使用和维护程序所需的所有文档。文档是软件的一部分,同样也是信息系统不可缺少的组成部分,没有文档的信息系统不能成为完整的信息系统,文档质量的好坏直接影响着信息系统质量的高低。

1. 文档的作用

在项目开展的各个阶段,都要形成相应的结果材料,材料中的内容既可表现为各种图表,也可表现为文字,或两者兼而有之,这些材料统称为文档。文档是信息系统开发过程中留下的"痕迹",把"不可见的"内容转换成"可见的"结果形式。其作用主要体现在三个方面:

(1) 作为项目组成员在一定阶段内的工作成果和结束标志。阶段性的工作成果一般是以可见的文档的形式加以标志,它是审查与评判阶段性工作的依据,也是继续后继阶段工作的基本保证。

(2) 是管理人员、开发人员、用户、操作人员以及信息系统之间的沟通桥梁。系统开发过程中所形成的各种不同类型的文档,是不同角色进行"通信"的物质手段,也是"事实"

根据,如图4-9所示。比如系统操作人员和信息系统之间通过操作说明书文档进行"交流",系统分析员和用户之间则通过系统需求说明书,程序员和系统分析员之间通过系统设计说明书,操作项目经理和开发人员之间通过项目进度表等。

(3) 便于系统维护。对于软件开发,常会提及这么两句话"读懂一段程序比直接写出具有同样功能的程序会更费时间""好的文档能提高程序的阅读性,但坏的文档比没有文档更坏"。显然,系统需求说明书、系统详细设计说明书等相关文档对提高系统维护的效率有着很大的帮助作用。

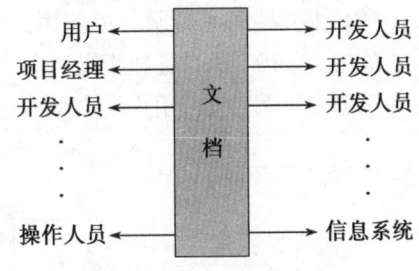

图4-9 文档的桥梁作用

2. 文档的分类

信息系统的文档有多种分类的方法,分类的目的是便于形成、使用和管理文档。

(1) 按信息系统生命周期的阶段性

一个信息系统文档数量的多少、详细程度取决于其规模与复杂性,如表4-3所示,该表内容符合国家标准GB8567-88《计算机软件产品开发文件编制指南》。

注:每一文档其内容及格式的具体安排同样可以参照该编制指南。随着项目规模的扩大,一个文档可再分成几卷,如项目开发计划除进度计划外还可包括质量保证计划等其他计划。

表4-3 信息系统生命周期中的文档体系

小规模项目	中规模项目	大规模项目
软件需求与开发计划	项目开发计划	可行性论证报告
		项目开发计划
	软件需求说明书	软件需求说明书
		数据要求说明书
	测试计划	测试计划
软件设计说明书	软件设计说明书	概要设计说明书
		详细设计说明书
		数据库设计说明书
使用说明书	使用说明书	用户手册
		操作手册
测试分析报告	模块开发卷宗	模块开发卷宗
	测试分析报告	测试分析报告
项目开发总结	开发进度月报	开发进度月报
	项目开发总结	项目开发总结

(2) 按文档的不同服务或使用目的

如图 4-10 所示，管理类文档服务于项目管理人员，开发类文档也称为技术类文档，服务于系统开发人员，用户类文档服务于系统用户。

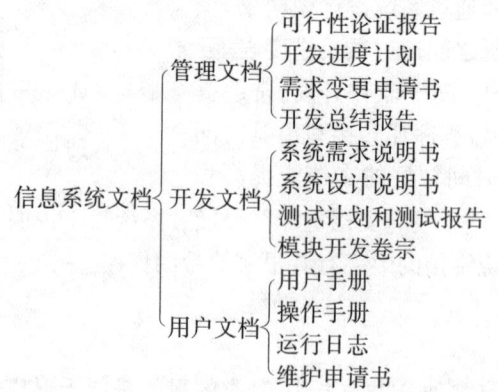

图 4-10　信息系统服务于不同人员的文档体系

(3) 按文档形式的性质

近些年来，随着技术的进度，系统文档的表现性质也在发生重大变化。20 世纪 80 年代之前多数文档打印在纸上并被装订起来或用活页夹夹起来。现在的文档形式正逐步向自动文档标准靠拢，这样有助于文档的修改、相关主题间的快速浏览等。

自动文档的常见形式包括以下几种：

- 电子手册：如 Microsoft word 文档或 Adobe Acrobat 文档
- 超链接文档：如同网页上浏览用的文档格式
- 在线帮助：说明性的文本、图片和嵌入在应用程序中的定义
- 电子系统模型：格式化并存储于图片文件中的文本或图片格式：如 GIF，JPEG，Visio
- 专业工具系统模型：如 IDEs，DBMSs，CASE 工具

自动文档的一些形式如图 4-11 所示。

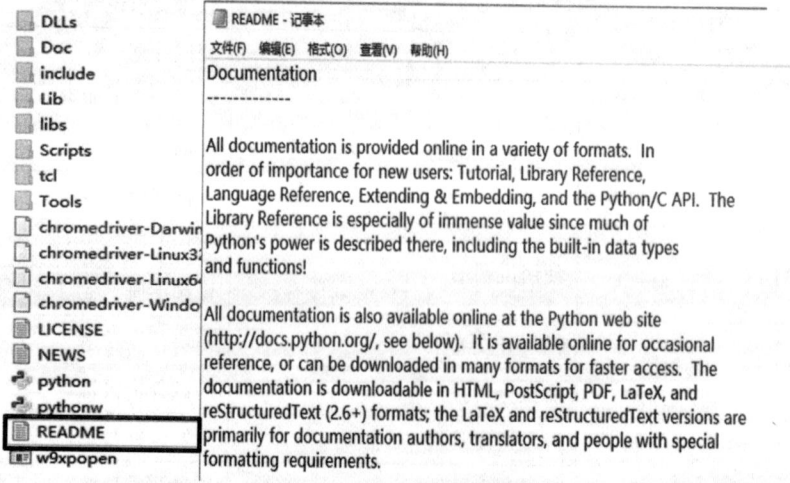

图 4-11　自动文档的常见形式

一些文档还可以按不同开发方法进行进一步细分,如结构化方法包括 E-R 图、数据流程图、数据流和元素的定义、结构图等;OO 方法包括类图、用例图、顺序图、协作图、状态图、设计类图等。

3. 文档的管理

随着项目进程的进展,在信息系统生命周期中,各种文档作为"半成品"或者是"成品",会不断形成、修改和补充。对文档进行管理不仅是其自身的需要,更是信息系统质量保证计划的要求。文档的相关管理工作应从以下几个方面着手:

文档的标准规范化　首先是文档内容的标准规范化;同时为便于文档的保存、查找、使用和修改,应对文档进行分类组织和加以标识:文档所属的项目的标识、文档种类的标识、同一种文档的不同版本号、文档密级及分发对象的确定等。

维护文档的一致性　同一文档或不同文档间的业务用词必须统一;文档修改必须经过提议(提出修改内容、理由、计划)、评议与审核(检查与确定修改的必要性、范围、可行性等)、批准与实施等程序以确保相关联文档内容的一致性;软件代码的修改需关及相应的文档的修改等。

文档管理的制度化　提交的文档必须有编制者、评审者、批准者的签字及相应的日期;归档文档备份保存;文档管理的人员保证等。

本章小结

1. 项目(Project)是一种组织单位,其中包括在固定预算以及固定时间内,为了达到某一明确的最终目的而临时组合在一起的一组资源。这里的资源包括资金资源、时间资源、人力资源和物质资源。

2. 项目的四个特征:项目具有目标性;项目具有生命周期性;项目必须有委托人;项目只能执行一次。

3. 委托人/客户(client)是项目的资助者。用户(user)是实际享用项目结果的人。

4. 项目管理(Project Management,PM),顾名思义就是项目的管理,从管理角度讲,项目管理是组织和指导他人在预先确定的时间进度和预算内实现计划的结果。从管理的基本职能角度讲,项目管理就是对项目的任务、资源等进行计划、组织、协调以及控制的过程,以期达到其既定的目标。

5. 项目管理的三要素及其之间的关系。项目管理的三要素包括:目标、成本、进度。项目管理三要素之间的关系:目标、成本、进度三者相互制约。当进度要求不变时,质量要求越高或者任务要求越多,则成本越高;当不考虑成本时,质量要求越高或者任务要求越多,则进度越慢;当质量和任务的要求都不变时,进度过快或过慢都会导致成本增加。

6. 项目管理具有以下三个基本特点:① 项目管理是一个复杂的过程:多种业务、多学科知识、未知因素、人员组成、资源控制;② 项目管理具有创造性:项目一次性、独特性的特点决定;③ 项目经理是项目管理的灵魂:利用有限的时间和有限的预算完成项目。

7. 信息系统项目经理的责任。① 展现领导才能；② 项目的计划和组织；③ 项目队伍的组织和管理；④ 成本估算和项目开发预算；⑤ 项目进度的监督和控制；⑥ 确保最终结果的质量。

8. 项目经理对项目队伍的组织和管理主要关注四个重要方面：① 对照人力资源计划，确定并邀请各类相关人员组建项目组。② 划分工作组，进行项目任务的分配。上述这两点是项目计划和组织的直接结果。③ 确保项目组成员获得良好的培训。④ 确保项目组是一个高效的工作团队。

9. 项目进度的监督和控制需要注意以下几点：① 按照项目计划表跟踪项目的进度进展情况；② 面对问题需有一个合理的解决程序；③ 引导客户的期望。

10. "不仅要系统的正确性，更要正确的系统"是信息系统开发的经典名言，前半句的意思是说所开发出的系统能正常运行，运行的结果也是正确的，并且具备健壮性，后半句的意思是说开发出的系统完全满足用户需求，实现了系统的工作目标，正确性是系统诸多质量因素中的首要质量因素，项目经理有责任确保最终产品至少在正确性和健壮性这两方面的质量。

11. "预排"(walkthrough)和"测试"(test)是确保质量所采用的两项基本技术。预排主要用于项目开发的早期阶段，通过复查和评审的方法以确认和验证已完成文档的正确性。测试则主要被用于项目开发的后期阶段，保证程序代码的正确性和健壮性。

12. 信息系统项目计划的任务包括：① 问题的定义；② 确认项目的可行性；③ 制定项目的进度表；④ 项目成员的组织和分配；⑤ 项目启动。

13. 定义问题的目标是定义所要解决的业务问题，从而确定要开发的信息系统——新系统的作用域，也就是目标范围。

14. 信息系统的战略计划通常是一个组织战略计划的重要组成部分，信息系统战略计划概括说是指从技术体系结构和应用体系结构角度提供对组织战略计划的支持。技术体系结构是指信息系统的硬件、软件及通信网络的规划和实现。应用体系结构是指信息系统对组织所有业务职能的组合和实现。

15. 组织的信息系统和战略计划的关系。两者要保持高度的一致性，战略计划为信息系统的开发提供了方向上、策略上的指南，当战略规划发生更新时，其信息系统必然要做相应的调整甚至会产生一个全新的信息系统。

16. 关联图从系统用户信息需求的角度提供对问题域的解释，是系统分析阶段获得详细需求的一个起点。

17. 项目的可行性要求用最小的代价在尽可能短的时间内确定问题是否能够解决，其目标并不是解决问题，而是确定所定义的问题是否值得去解，也就是说识别各种各样的风险(包括一些潜在的风险)后如何去确定新系统开发成功的可能性。

18. 可行性评估主要包括四个方面：经济可行性、技术可行性、时间进度可行性、操作可行性。经济可行性目标是评估系统收益是否会大于成本。技术可行性目标是评估项目的技术需求和可用的专门技术人才。时间可行性目标是评估所开发的新系统能否在规定的时间内完成。操作可行性目标是评估组织文化上和社会上的问题，以便识别新系统潜在的风险。

19. 成本/收益分析的过程分为三步：① 成本估算；② 评估预期的财务收益；③ 成本/收益分析。

20. 信息系统项目的成本按其生命周期划分为开发成本和运行维护成本两大类。成本定量估算技术有代码行技术，任务分解技术，Boehm 的构造性成本模型（Constructive Cost Model，又称 CoCoMo 模型），Putnam 的参数方程，自动估算成本技术等。

21. 新系统的收益通常有两个主要来源：减少的成本和增加的收益。

22. 测定新系统总收益的财务计算方法包括净现值法（NPV，Net Present Value），回收期分析法（Payback Period or Breakeven Point），投资回报率（ROI，Return On Investment）。

23. 系统开发过程的层次结构包括：阶段、活动和任务。阶段是由一组相关的活动组成。活动是由一组相关的任务组成。任务是可以识别、命名和安排的最小工作单位。

24. 工程网络图（也称为 PERT/CPM 图，Program Evaluation Review Technique / Critical Path Method）和甘特图（Gantt Chart）是制定进度计划常用的两种技术。

25. 工程网络图构建的四个步骤：① 为每个活动确定所有的单个任务；② 估算完成每个任务所需工作量的大小；③ 确定已定义任务的先后完成顺序；④ 对每一任务作时间进度的安排。

26. 最早开工日期是指一个任务能够开始的最早时间。一个任务的最早开工日期取决于其先行任务。最迟开工日期是一个任务开始的并能保证一切按计划进行的最迟时间。

27. 一个任务的最早开工日期和最迟开工日期的差称为该任务的松弛时间（slack time）。

28. 关键路径（critical path）被定义为完成项目所需的最短可能时间，路径上的所有任务的最早开工日期和最迟开工日期相同即没有松弛时间。任何项目至少有一条由最早开工日期和最迟开工日期相同的任务连接而成的关键路径，也可能有多条。

29. 甘特图和工程网络图的特点比较。甘特图是项目进度表的另一种表示方法，甘特图中每个任务都有两条水平的棒状线段，一条表示任务的持续时间（进程日期），一条表示任务的进度进展（完成情况）。和工程网络图相比，甘特图简单直观，但其只是反映了时间信息，而不能显示描述任务间的相互依赖关系，且计划中的关键任务不明确易造成工作安排的被动。工程网络图显式地定义了任务或活动，而且还明确了它们之间的相互关系。由此可见，这两种制定项目计划进度表的技术各有特点。一般而言，在项目计划阶段，建立初期项目进度表时 PERT/CPM 图十分有用，一旦项目启动后，用 Gantt 图对项目的执行情况进行跟踪则更为直观有效。

30. Microsoft Project 是一个被广泛应用于自动制定项目进度表的工具。

31. 软件产品的质量因素包括：正确性；健壮性（鲁棒性/坚定性）；效率；安全性；可再用性（可重用性）；易用性（易操作性）；风险性；可移植性；兼容性（互操作性）；可维护性；灵活性。

32. 软件质量保证的关键措施包括：① 计划 QA 活动；② 结构化预排；③ 复查和管理复审；④ 测试。

33. 结构化预排,也称静态测试,是 SE 中保证软件正确性的测试方法。结构化预排是指预排本身有一套固定的工作程序(What,When,Who,How),是一种"有计划、有规律、有步骤"的安排。

34. 评审小组由评审人和被评审的人共同组成。结构化预排不同于对软件产品的复审和测试,因此领导人员必须参与。评审的过程需经历评审准备、评审和评审总结。结构化预排可在进行其他 QA 活动之前减少由 5~10 种因素导致的错误的数量,相应地节约了大约 50% 的测试开销。

35. 复查就是检查已有的材料,以断定特定阶段的工作是否能够开始或继续。

36. 管理复审通常指向开发组织或使用部门的管理人员,提供有关项目的总体状况、成本和进度等方面的情况,以便他们从管理角度对开发工作进行审查。

37. 测试就是用已知的输入在已知环境中动态地执行系统或系统的组成部件以发现其错误的过程。

38. 软件产品的测试类型:单元测试、集成测试和系统测试等。

39. 软件是程序以及开发、使用和维护程序所需的所有文档。在项目开展的各个阶段,都要形成相应的结果材料,材料中的内容既可表现为各种图表,也可表现为文字,或两者兼而有之,这些材料统称为文档。文档是软件的一部分,同样也是信息系统不可缺少的组成部分,没有文档的信息系统不能成为完整的信息系统,文档质量的好坏直接影响着信息系统质量的高低。

40. 文档的作用主要体现在三个方面:① 作为项目组成员在一定阶段内的工作成果和结束标志;② 是管理人员、开发人员、用户、操作人员以及信息系统之间的沟通桥梁;③ 便于系统维护。

41. 文档的分类。① 按信息系统生命周期的阶段性,信息系统的文档分为:小规模项目、中规模项目和大规模项目;② 按文档的不同服务或使用目的,信息系统的文档分为管理文档、开发文档和用户文档;③ 按文档形式的性质,信息系统的文档分为手工文档和自动文档。

42. 文档的相关管理工作应从以下几个方面着手:文档的标准规范化;维护文档的一致性;文档管理的制度化。

第 **5** 章

系统分析的任务

系统分析阶段的基本任务是围绕新系统的既定目标,了解并获得其所有的业务功能及其处理要求的信息,并对获取的信息进行检查、分析和结构化,以全面地、准确地、详细地定义新系统的需求,从而得到新系统的逻辑模型——系统需要做什么。系统分析阶段是系统开发生命周期中最为困难也是最为关键的一个阶段,它决定了系统设计和实施解决方案的方向。

5.1 系统分析任务的概述

一般说来,系统分析员在系统分析阶段需要完成五个方面的活动。

5.1.1 获取系统需求

信息的获取包括收集信息的类型,从什么人那里获得,以及如何获取。分析阶段包括收集大量信息。分析员不能低估对系统用户所完成工作的学习,而是要真正成为系统将要支持的相关业务领域的专家。只有这样,才能保证新系统正确地满足业务需求,才能将信息技术和业务处理过程相结合,从而发现目前业务过程的差距,以进一步提高组织工作的效率和有效性(因为从业务用户角度,他们已经适应目前的工作方式和工作过程,很难去用一个新的并且起点较高的认识来改变工作的现状),也才能建立可信性,即只有运用相关的业务观点与用户进行交流和提出建议,才能为他们所接受和信赖。同时,分析员也需要收集相关的诸如与其他系统的接口、处理的性能约束等技术信息。

5.1.2 定义系统需求

当获取所有的必要信息后,重要的是如何对这些信息进行正确描述。系统需求包括功能需求(需要系统做什么)和技术需求(这里可理解为处理性能要求),定义系统需求不仅仅是把事实和数字简单地记录下来,而是为了更好地帮助记录和交流需要系统做什么,去创建许多不同类型的模型,其创建的具体模型取决于系统分析所使用的技术。

一个需求模型即多种模型的集合,是一个逻辑模型。逻辑模型只详细表示了系统需要做什么,但并没有明确指出使用哪种具体技术来实现它,这样能确保系统分析员有足够的精力完成系统分析的任务。与逻辑模型相反,物理模型则是显示系统如何实现的模型,逻辑模型和物理模型之间的差异是理解系统分析和设计阶段工作目标不同的关键。对分析员来说,建模过程是一个学习过程。随着模型的建立,分析员对系统的了解将越来越深入,就需要不断和最终用户复查模型来验证每一个模型是否完整和正确。

5.1.3 确定需求的类型与优先级

一旦很好地理解了系统需求且完成了需求的详细模型后,确定哪些是功能需求和技术需求便是实现系统目标的关键。

系统需求一般会随着用户不断提出的建议而被不断扩张（称为需求扩张），用户通常会增加一些想要的但并不是目标系统所必需的功能。考虑到信息系统开发项目资源的有限性，且需保持或证明其可行性，分析员和用户就需彼此了解哪些功能是真正重要的、必需的，哪些功能是相对重要的但不是绝对必要的，哪些功能是希望的，从而仔细明确地评估系统需求的优先级。只有具有最高优先级的需求而非所有需求才包括在最终系统中，以掌握系统开发的主动性。

5.1.4 生成和评价可选方案

针对确定的系统需求，一个系统的最终设计和实现有多种可能的解决方案。每一种方案都有自己的费用、效益以及其他需要仔细衡量和比较的方面，系统分析员需按一定标准评估这些可选方案，并从中选择最优的解决方案。如果说在项目计划阶段，分析员需要关心整个项目的可行性，那么在系统分析阶段，分析员则需要考虑每一种具体解决方案的可行性。

有些人或有些参考文献中把这两种可行性确认工作并在一起进行，在某些情况下这无可厚非，比如分析员在系统分析之前就能对系统的需求了如指掌或一开始时项目需求就很明确详细。严格意义上来说，没有详细的需求分析是很难正确地评价具体实施方案的。这里需向读者强调的是，本书各章节内容的安排只是一种逻辑顺序，事实上，开发过程中的活动或任务的安排顺序有些是并行的，有些在某种情况之下会合并或做些先后调整等，并非一成不变。

解决方案的实施可能来自组织内部的开发人员，或者是利用专业开发公司、咨询公司，或者是一种或多种现成的软件包等等。方案的实施方式也是一个解决方案要考虑的方面。

5.1.5 和管理人员一起复查推荐方案

在分析阶段的上述活动完成后，项目经理最后必须推荐出一个解决方案，并从客户或监委会那里得到决定。向高级管理人员提出建议是项目执行过程中的一个关键控制点，好的项目管理技术总是要求对项目的可行性和正式的管理复查不断进行重新评估。

有时在项目中已经做了大量工作，但效益并不像最初想象的那么多，或费用要远大于最初的假设，或由于急剧变化的市场环境致使组织的目标和最初的想象发生了变化，从而使得项目对组织变得不再重要。对于以上的任何一种原因，最好的建议也许就是取消项目。如果项目值得进行下去，那么有可能需进一步修正完成项目的预算和进度表等。

评价可选方案和复查推荐方案都属于项目管理方面的任务。

5.2 系统需求的获得

在为获得系统需求而调查寻找事实的活动期间，系统分析员将掌握业务过程和日常运作的细节,像用户一样熟悉各种业务活动。

5.2.1 系统的功能需求和技术需求

系统需求是新系统必须完成的功能。系统计划阶段的第一项活动是定义问题,确定系统的功能范畴和目标,在系统分析阶段,需求的获得和定义则是对该问题的进一步细化,也就是说将高层次的抽象描述分解为更详细的系统需求。一般而言,系统需求分成系统功能需求和技术需求这两个方面。

功能需求是对系统所需支持的功能和处理过程的描述。比如,"工资支付系统"应包括"计算工作量""计算所得税""生成工资清单"以及"维护职工基本信息"等功能。功能需求一般是根据业务处理过程及其处理规则来描述的,这一过程将会花费大量的时间和精力,当然其中的内容有些是显式的、通用的并详细地记录在文档中,因此容易识别和描述,如"工资支付系统"中的"所有新员工必须填写一定格式的表格以便于其基本信息的输入";而有些内容特别是一些业务规则也许非常隐蔽、含糊、没有明确的记载,因此相对难以识别,有时会取决于业务用户是否记得向你叙述,如上述的"计算工作量",它不仅要对固定部分的工作量进行计算,还要考虑到其他诸如加班工资等所有特殊情形,发现这些规则对系统的最终设计有着重要的影响。但不管怎样,关键在于发挥潜力挖掘出可能会影响到系统功能的所有可用的业务处理规则。

技术需求是对操作环境及操作性能指标的描述。比如"系统必须使用 C/S 计算模式且运行在 Linux 或 Windows 2000 环境下""系统的屏幕响应时间必须在 0.5 秒钟之内""在同样的响应时间内,系统的吞吐量必须支持到 30 个终端"等。技术需求通常是以系统必须达到的具体目标来描述。

功能需求和技术需求是系统需求调查的两个方面,这两者共同承担一个系统需求的完整定义。功能需求一般在系统的分析模型中得到反映,技术需求则通常记载在技术需求的叙述性描述里。

5.2.2 系统需求的信息来源

系统需求信息的主要来源是被称为风险责任人的人员。所谓风险责任人,简单说,就是那些对新系统感兴趣的人。风险责任人包含三种类型:

(1) 用户:使用该系统处理日常事务的人;
(2) 客户/委托人:资助开发费用和最终拥有该系统的人;
(3) 技术人员:确保该系统正常运行在组织的计算机环境下的人,他们通常是系统的最终维护人员。

系统需求调查的第一步也是很关键的一步,就是要识别出系统不同类型的风险责任人,然后再在每一类型的责任人中确定出关键性的角色作为业务领域的骨干。过去开发的一些系统产生的局限性问题,导致其问题出现的一个重要原因就是仅考虑了部分范围内的责任人的需求,致使这些系统往往仅为这些人设计。

1. 用户类责任人(User Stakeholders)

对用户责任人的定义要从"矩阵结构"角度进行考虑,既要能反映水平方向上各个业务职能部门之间的业务活动关联,又要能反映垂直方向上每个职能部门业务活动不同层次的要求。

在水平方向上,分析员必须在各业务部门中寻找信息流。例如一个新的库存管理信息系统也许会影响到采购、仓库、销售和生产等部门,销售部门可能提供一些信息来帮助确定什么时候以及是否更新系统库存量,生产部门也许需要库存系统的信息来帮助制定生产计划等等。

在垂直方向上,需要一般职员、中层管理人员以及高层管理人员提供信息需求,他们对系统有不同层次上的信息需求。以下是垂直方向上各种用户的特征及其信息需求(当然这些相同的特征也适用于水平方向上的各个部门)。

(1) 业务操作类用户

业务操作类用户,即使用系统来具体承担组织内日常事务的业务工作人员。事务是组织内完成的一项工作,如"登录订单"。这些人员通常提供有关日常事务处理过程和系统应如何支持这些事务过程方面的信息。

(2) 查询类用户

查询类用户,即要求从系统中得到所需信息的人员,很多情况下就是业务操作用户本人,也有可能是组织的客户。查询类用户通常提供关于每天、每周、每月或每年需要使用的以及使用何种格式最便于浏览的信息。

(3) 管理类用户

管理人员负责让组织能高效地完成每天的日常事务,因此他们要求从系统中得到能反映工作效率和有效性方面的统计性的概要信息。这类用户通常能帮助系统分析员回答诸如系统要具备哪些类型的统计功能、系统要生成哪些类型的报表、系统要对哪些信息长期保存、系统必须支持多大的数据量、信息查询请求的次数及频率、系统是否有足够的控制措施来避免错误和人为破坏等问题。

2. 委托类责任人(Client Stakeholders)

虽然说项目组必须满足用户类责任人的信息处理需求,但作为系统分析员还有责任去考虑客户类责任人的意见。另外,项目组必须在项目的整个开发过程中向客户提供项目进展的概要情况,因为评审系统的开发工作和安排开发费用的调拨是由客户负责的。

3. 技术类责任人(Technical Stakeholders)

技术类责任人和用户类责任人不同,他们不提供有关业务方面的需求,尽管他们不是真正的用户群,但有许多技术方面的需求源自他们。这类人往往在程序设计语言、计算机平台及其他设备等方面为项目开发提供一些指南。当然,对某些项目来说,项目队伍里始终包括一组技术类责任人,对某些项目来说,只有需要时才考虑把他们吸纳进来。

5.2.3 获取系统需求

1. 获取系统需求的要素

系统开发中分析阶段的目标之一是获取并理解现行系统的所有业务功能,然后再定义新系统需求。那么对系统分析员来说,关键的问题是:应该获得什么样的信息才能有助于他们建立新系统的逻辑模型？在系统需求的调查过程中,能够提供指导的三个要素是:

(1) 业务的描述:向用户提出这样的问题"你做什么事情？"
(2) 业务的工作过程:向用户提出这样的问题"你怎样完成它或需要哪些步骤？"
(3) 业务的数据需求:向用户提出这样的问题"要完成它你需要哪些数据？"

在系统需求的调查过程中,若能时刻围绕这几个要素,它将有助于向用户提出一些有意义的和有用的问题。在这里还有几点需要说明:① 作为系统分析员,系统分析过程的重心应由面向"当前系统"逐步转向面向"新系统"。比如对销售人员来说,若客户下了一个订单,通常的做法是首先验证客户的历史信用情况,而在新系统中,销售人员就无须考虑这个问题,因为这一过程可以让计算机自动完成。② 作为系统分析员,其价值不仅仅是知道如何去建立一个具体的模型或如何用某一具体的语言去编程,更重要的是运用你的能力去分析并解决业务信息方面的问题,甚至考虑到 BPR 是如何影响需求定义的。当然,在你提高提问和建立模型技能的同时,理解用户需求的能力以及分析问题和解决问题的能力也将同样得到逐步提高。③ 系统需求的调查和分析是一件既费精力又耗时间的事情,作为系统分析员,在保证需求有效性的同时还需考虑高工作效率。需求有效性是指其正确性、全面性和综合性,高工作效率是指将占用用户的时间及其他资源降低到最低限度,以保证项目按计划执行。

2. 获取系统需求的方法

获取系统需求有多种方法,它们在实际使用中都已经被证明是有用的和有效的,只是哪一种方法在特定场合下更具效果而已。在大多数情况下,分析员将这些方法中的几种方法进行适当组合后使用。

(1) 分发和收集调查表

调查表是分析员收集信息的一种手段,当各种类型责任人数量较多,尤其是他们的工作地理位置分布很广时更为方便实用。调查表中的问题一般分为两种类型:

1) 封闭式问题:这类问题通常都只有一个简单而明确的答案。通过封闭式问题来收集最基本的信息,特别是"数量"方面的数据。

2) 自由式问题:表中的所有问题以讨论的形式而发表见解。通过自由式问题来收集用户对"当前系统"各个方面的意见和看法以及对"新系统"的建议。

图 5-1 是 CSS 的一个调查表样例。

样例:

CSS 调查表-1

本调查表将被发给所有的电话订单销售人员。CSS 是正在开发的一个新的客户支持系统,它可以为客户提供订单处理和其他服务功能。本调查表的目的是获得一些帮助分析员定义新系统需求的最初信息,此后还将进行进一步的讨论以使每一个人都可以详细地阐述系统需求。

第一部分　根据你同意的倾向程度,在下列表格中给出的范围上画圈。

问　　题	非常同意				非常反对
和客户洽谈业务时有大量可参照的产品描述信息对你完成好工作有帮助	1	2	3	4	5
若你可以参照各户以往购买记录,那么对做好工作会很有帮助	1	2	3	4	5
若提供有所订商品相应的附件信息,那么你可以为客户提供更好的服务	1	2	3	4	5
计算机响应时间缓慢会导致你在响应客户需求时发生困难	1	2	3	4	5

第二部分　根据你每天的实际工作情况,回答下列问题。
1. 接到多少个电话?_____其中订购的_____,只订购一件商品的_____,仅仅是咨询的_____。
2. 客户在缺货时想要延期订货情况的百分比_____%。
3. 客户在洽谈时取消订单的次数_____。
4. 由于客户信用问题而拒绝其订货的次数_____。
5. 客户试图从过期目录中订购商品的次数_____。

第三部分　请写下您的意见和建议。
_____
_____

图 5-1　调查表样例

使用调查表可以获得对系统需求的初步了解,可以引导你确定哪些领域的需求需要其他方法来进一步有效获得。调查表也有它自身不足的地方,主要表现为不能帮助分析员了解业务的工作流程、业务规则;尽管一张调查表中仅包含非常有限的自由式问题,但它们的反馈数量不高。

(2) 浏览现存的文档资料

这里的文档资料主要指用户正在使用的各类报表、表格、过程手册以及业务描述等。通过浏览这些资料,一般会给分析员带来如下几个方面的帮助:① 能帮助你初步了解和掌握业务功能、基本工作过程及其业务规则;② 能帮助你发现目前业务过程中存在的不一致或冗余问题;收集这些资料的同时,本身就是一个与用户接触的机会,比如可以简单地了解一张表格的使用、目的、内容及分发等;③ 能帮助你形成与用户进行详细会谈时的具体问题,其实这些表格、报表等就可以充当你会谈时的"实物助手"。

在这一过程中,有几个需要注意的问题:① 各类报表、表格最好是填写过真实数据的复印件;② 所有资料最好是最新最近的。

(3) 和用户会谈与讨论

目前为止,和用户进行面对面的交流被认为是最为有效的理解业务功能和业务规则的方法，但同时也是最费时间和最耗资源的方法，因为在分析员真正理解业务过程需求并形成相应的需求模型之前，他们必须反复准备一系列要继续了解及讨论的问题。其会谈方式可以是单独会谈（按职能部门）或联合会谈（各类职能部门联合）。为确保会谈的有效性，分析员需要在三个方面进行组织，简单来说就是会谈之前、会谈过程中及会谈之后。

1）准备会谈：任何一次成功的会谈都需要有一个精心的准备。

准备工作的第一步也是最重要的一步就是要确定会谈的目的。换句话说，就是通过这次会谈你想要完成哪些内容。

第二步就是要确定会谈的对象，即包括哪些风险责任人。事实上，会谈对象和会谈目的这两者是交织在一起的，确立了目的也就是确定了对象或是根据会谈对象制定会谈目标。会谈的参与者应包括项目组成员和用户成员，每次会谈最好有两名项目成员参与，这样可以相互照应，相互补充，确保会谈内容的准确性。用户成员及其数量需视会谈目的而定，就数量而言在能满足目的的情况下，人数越少越好，以免"人多嘴杂"、时间拖沓而影响会谈效果。会谈之前至少要确定好会谈目的与会谈对象这两点内容，当然最好还包括下面的内容。

第三步准备好会谈时要提到的问题。这些问题要求围绕目标并和目标相一致，可以是自由式的问题，如"你每天如何完成这项功能？"，对这类问题应鼓励讨论，鼓励说明业务的详细过程和业务规则细节；也可以是封闭式的问题，如"你每天处理多少张表格？"这类问题用来获得具体的事实。

第四步确定会谈时间、地点。时间要求对双方均合适，地点最好安静、少干扰，最后将会谈目的、议题、时间和地点通知会谈对象，这样能让参与者预先知道"会议"目的并做必要的内容准备，从而使会谈得以高效进行。

2）引导会谈：一些"新手型"的分析员在和用户进行交流时总是显得十分紧张，其实你要有这样的心理认识：对用户而言，当知道你要开发一个系统并将有助于他们将当前工作完成得更方便、更好时，他们的态度是相当积极的。当然，任何系统分析员都应把握会谈过程的礼貌性和艺术性，这样才能保证有更佳的会谈效果。

（ⅰ）得体的着装：倘若你是专业公司的职员，最好是穿代表公司形象的统一着装，它是一种能力和专业精神的体现。和管理人员会谈时穿着西装是最合适的，而在工厂车间或生产环境下也许穿着工作服更为合适。

（ⅱ）准时出席：最好比预约的时间早到一点。

（ⅲ）把握好会谈时间：面谈的时间应该控制在两个小时左右，建议对费时较多的问题分几次会谈，这要比一次马拉松式的会谈效果要好，一方面有利于分析员理解和细化，另一方面也迎合用户的态度。

（ⅳ）发现业务例外及出错情况：这一点可通过询问诸如"如果怎样会怎样"类的问题来得到落实，比如："如果客户退货是否考虑包括佣金？"，若用户对这些问题在以前从没考虑过，则要对未解决的这些问题条目通过"日志"跟踪解决。一个优秀的分析员应该有意识地去确定这类问题，当然这需要有大量的经验作为基础。

（ⅴ）探究业务过程的细节：任何分析员都能很容易地去掌握业务的大体过程，但有些刚涉足的分析员却不愿去"刨根问底"，他们对过程、处理规则的细节以及数据需求一知半解,而忽略这些细节就不能保证系统需求定义的有效性。

(vi) 做好适当的笔记:任何现代的录音设备都会使得用户感到紧张。记好笔记不仅表明你认为你正在获得的信息是重要的,用户也觉得他的工作或建议得到了你的认可。同时一组好的笔记也为你下一次会谈的成功打下了基础,也为建立分析模型提供了基础。

3) 会谈总结:会谈总结是每次会谈的重要组成部分。总结的第一条是消化理解并整理出会谈所获得的信息,分析员通过构造业务过程的模型来记录会谈的细节,这里的模型在系统分析初期主要表现为稍后将要介绍的"事件列表"。在此基础上列出尚需进一步会谈的问题。

(4) 观察和亲自参加业务实践活动

"一幅图胜过一千句话",没有哪一种方法比亲自观察和参与业务实践活动更能获得有关现行系统的第一手真实信息。在调查活动的早期,应计划一段时间来观察新系统将要支持的业务过程,通过它掌握用户如何实际使用系统以及用户到底需要哪些信息。该活动可以帮助得到如下方面的信息:① 对其办公室布局、计算机设备的要求及其使用有一个综合而感性的认识;② 理解实际操作业务流程的工作细节和处理规则;③ 发现现行过程和信息源瓶颈及困难之处,通过像用户一样接受训练和做实际工作来发现学习新过程的困难之处以及发现系统易于使用的重要性。

要注意的是,分析员没有必要对所有过程以同样的仔细程度进行观察或实践。在观察和亲自参加业务实践活动中可能会导致用户的一种紧张心理,这时应尽可能少评论,对用户在其从事的业务过程所流露出的一些看法和观点多表示出一些"共鸣",这样能减少双方彼此的"不自在",取得积极的效果。

(5) 建立联合分析小组

系统开发之初,分析员往往对用户的业务和术语不太熟悉,用户也不熟悉计算机的处理过程,所以用户提供的需求信息在系统分析员看来,往往是零散和片面的,需要由领域专家来沟通。因此,建立一个由用户、系统分析员和领域专家组成的联合分析小组,可极大地方便系统开发人员和用户之间的沟通,对需求获取非常有利。有些学者将这种方法称为"便利的应用规约技术"(Facilitated Application Specification Techniques,FAST)。

在参与 FAST 小组的人员中,用户方的业务人员应是系统开发的主体,是理所当然的"演员"与"主角",系统分析员好比"导演",其他开发人员是"配角"。因此在需求获取阶段,切忌忽视用户业务人员的作用,由系统开发人员越俎代庖。

5.2.4 结构化预排

项目经理的责任之一就是确保新系统最终产品的质量。显然,若直到项目开发后期的实施阶段,才采取对系统进行大量测试等质量控制手段,则系统的高质量的目标很难得到全面保证。因此,将质量控制措施分散落实到项目开发的每一个阶段是质量保证的一个有效手段。

如果把开发一个新的信息系统和建造一座房子相比较,若在房子建造之前就能设计出一些测试方法来确保地基的结实性,那就很有帮助了。事实上在建造建筑物时有一些已使用了多年的规则和方法,通过根据房子的规模和重量计算出对地基的要求。信息系统的开发项目毕竟和这类项目不同,因此这类规则就不适用了。

在编写计算机程序时,程序员必须通过执行程序(输入数据和观察其结果)来测试程序代码的正确性,但是不能以同样的方式来测试需求,而是需使用一种不同的方法。结构化预排就是项目早期对质量进行控制的一项有效技术。

结构化预排的目的是发现需求理解后形成过程模型期间出现的错误与问题,包括需求信息的全面性、正确性和综合性(称之为确认),以及需求定义和需求之间的一致性和正确性(称之为验证)。预排的频率并不一定要严格限制,文档一旦建立后就应着手计划预排。

5.3 建模的基础:模型、事件、事物

上一小节介绍了信息收集的过程及其相关技术,通过它们来获取、了解并理解新系统功能及技术方面的需求。接下来就要讨论如何通过构造各种模型来对这些信息内容进行描述或表示,在系统分析阶段把这些建立模型的活动称为需求定义。在介绍如何进行需求定义之前,先介绍什么是模型、模型在系统开发中的作用及其种类,同时引出建立模型需要用到的两个关键概念——事件和事物。

5.3.1 模型

1. 模型的定义与建模

为了更好地理解问题,人们常常采用建立问题模型的方法。所谓模型,广义上说就是对现实世界相关内容的一种无歧义的、形式化的可视化表示。通常,模型由一组图示、文字符号和组织这些符号的规则组成,利用它们来定义和描述问题域中的概念和术语。对信息系统而言,模型则是对新系统的有关内容的描述。

在系统分析阶段,系统分析员需要建立多种不同形式的模型来表示收集到的和分析消化后的所有信息,其中"不同形式的模型",一方面是指对不同类型信息的不同表示,比如业务过程和业务数据需求是两种不同性质的信息,因此需要不同性质的模型对之加以描述;另一方面是指对同一信息的不同抽象层次上的不同表示或不同认识角度的不同表示,比如既包括在全局或高层次上对系统的概括,也包括针对局部的或系统某一方面的细节描述。建立模型的过程就是抽象的过程,除了用抽象的模型符号表示信息外,更要围绕该模型所要反映的信息内容的特征,以抓住系统需求相应的本质而忽视辅助的或无关的细节,比如建立反映数据及数据关系模型时,无须考虑业务活动过程方面的细节,定义功能需求时无须考虑实现技术的限制。系统设计阶段建立模型的要求也和系统分析阶段一样。

2. 模型的作用

模型的建立在系统开发过程中起着许多重要作用。

(1) 建模过程本身就是一个不断学习的过程

一些系统开发人员片面地认为模型仅仅是系统分析或系统设计工作结束后所形成的文档。其实，对系统分析员来说，建立模型是一个和其他活动并发执行的过程，也是一个需不断反复的过程，这个过程在分析阶段中，能帮助分析员澄清需求、思考和分析问题、定义术语、做适当假设并保持定义和假设的一致性、验证是否满足用户对目标系统的需求，在设计阶段逐渐把和实现有关的细节加进模型、改良设计，直至最终用程序实现模型。

(2) 通过抽象降低系统的复杂性

信息系统因其自身的复杂性和不可触摸性，分析员应从不同角度抽象出目标系统的特征，使用精确的表示方法构造出系统各个部分的模型，这样有助于问题的简单化和具体化。另一方面，人的大脑每次只能处理一定数量的信息（也就是后面小节要介绍的"信息过载"现象），模型通过把系统分解成人的大脑一次能接受或处理的若干个子部分，能减少对系统复杂性的认识，并能使分析员集中精力于系统的某个方面。

(3) 易于组织和记忆信息细节

每个系统分析员都需花费很长一段时间来收集和处理大量的信息，面对庞大的、初始模糊的、涉及众多业务功能的、错综复杂的信息，分析员往往感到无从下手，模型提供了组织大量信息的一种有效机制。人的大脑仅能记住有限的信息，因此也需要一些能帮助记忆的工具，模型提供了以一种易于理解的形式为后期使用而存储信息的方法。

(4) 便于开发人员之间、开发人员与用户之间的相互交流

模型是开发人员之间、开发人员与用户之间相互交流的主要手段，而且这种交流贯穿于系统开发过程的整个阶段。比如在系统设计阶段，一些人员专门从事系统输入、输出模型的设计，一些人员从事处理过程模型即如何将输入转换成输出的设计，要保证这两种模型之间的正确匹配，两组人员之间的交流必须以相应的模型为依据，后者必须要了解需要知道哪些输出结果，当然，在这同时这两组人员以有关分析模型为支持，这样他们才能知道输入、输出、处理所需数据的来源、去向的存取。同样，模型也用于系统开发人员与用户之间的交流，系统分析员利用用户对模型的反馈意见进而进一步理解系统需求、修正模型，用户通过模型来认识系统分析员对新系统的框架所能提供的各种可能的功能；模型也是管理者进行阶段工作复审的依据。

(5) 为系统维护和升级提供了文档支持

模型是系统开发过程中所形成的文档资料的重要组成部分，每一阶段的模型都是日后系统维护和扩充升级的一个重要的保证依据。

3. 模型的一般类型

按照模型的外在表现形式，在信息系统开发过程中通常要形成三种类型的模型，它取决于被表示的信息内容的性质特征。

(1) 描述性模型

描述性模型用于表示一个系统的诸如叙述性备注、报表、列表、业务处理规则等信息。分析员最初和用户的会谈需要分析员以描述的形式记录下来;有时用户在给分析员的报表或备忘录中也描述了他们所做的工作,分析员在编辑、理解和分析这些信息时以列表的形式加以有效描述;分析员也可以用结构化英语或伪代码的形式写下处理过程及规则。

(2) 图形化模型

图形化模型是运用含有语义信息的图形符号对系统某些信息的一种示意性表示。图形化模型是分析员所建立的最为有用的一种模型,图形化模型有助于表达和理解那些很难用语言来清楚地描述的复杂关系。图形化模型的建立也是最为复杂的,在系统分析阶段更是如此,因为它面临的是如何运用抽象的符号诸如外部实体、处理过程、数据、对象、消息、连接等去表示更为抽象的信息内容。

在系统开发中要使用多种图形化模型,不同的开发方法要使用不同的图形化模型,每个图形化模型突出地抽象了信息系统某一方面的重要细节。理想的情况下,对每一种类型的图形化模型都应考虑用唯一的和标准规范的符号表示一种信息成分,以确保大家都能容易地理解并读懂它们。然而,在实际工作中,会发现每种模型使用的符号略有差别,早期的面向对象分析和设计方法尤为突出。因此,就一个系统的建模过程而言,大家必须遵守符号的约定含义。

(3) 数学模型

数学模型一般用于表示系统有关技术方面细节,有时也用来表示某些业务的计算过程,这些部分最适合用数学公式或数学符号表示。比如数学等式表示网络吞吐量、用函数式表示一个查询请求的系统响应时间、职工工资的计算公式或商品折扣率计算方法等。许多分析员也将数学模型看作描述性模型。

系统分析员应该知道使用什么样的模型表示系统的诸多方面的信息最为合适,这也是对模型进行分类的目的。当然也可以从模型的功用或不同的开发方法所建立的模型或模型的形成时间等角度进行分类描述。

5.3.2 事件

1. 事件概念产生的背景

现代的系统开发方法都是以事件(events)概念开始建模的。事件作为定义系统需求的一个重要概念,一开始出现在80年代的结构化分析方法中。事件当时主要针对的是实时控制系统,诸如生产制造系统、电子导航系统等,它们要求对环境中相关的事件都能立刻做出响应。比如"如果一桶化学制品已经加满,那么系统必须关掉开关阀门",则与此相关的事件就是"桶已满",系统必须立即响应此事件;再如"如果一架飞机的正常飞行高度低于5 000英尺,系统就需开启飞行高度过低的报警"。

虽然信息系统不同于上述的实时控制系统,但近十几年来,信息系统的交互性越来越强,系统的用户都要求系统能对每件事件做快速响应。所以从这个角度,现代信息系统的开发在交互性上的要求已经不亚于当时的实时系统。现在这一概念几乎已经被用在所有的开发方法中,结构化方法用事件触发处理过程,面向对象方法把事件看作消息,用来激活对象中的方法,引起对象状态的转换。

2. 事件的定义及其类型

所谓事件就是指在特定时刻和特定场合发生的、由系统能够描述和值得处理的问题的抽象。其中"特定时刻"是指事件没有持续时间,是瞬间完成的;"特定场合"是指事件可以在系统之外即系统环境中发生,也可以发生在系统内部;"能够描述"是指这种抽象应该易于被系统所识别;"值得处理"是指对这些问题处理与否直接影响着系统的目标。图5-2是影响"信用卡处理系统"的一些事件的例子。

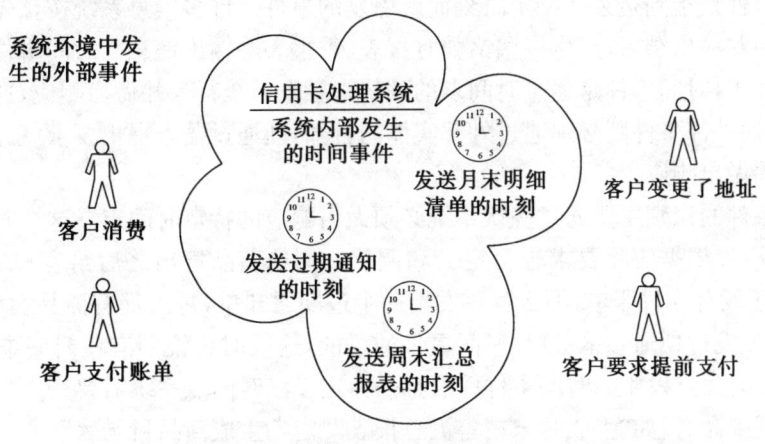

图5-2 影响系统的事件的示例

有了对事件这一概念的认识,就可以利用它帮助定义系统需求。当为一个系统定义需求时,分析员首先应去识别有哪些事件的发生会对系统产生影响、需要系统做出什么响应。通过询问对系统产生影响的事件,可帮助你从高层次上全面考察系统,而不是集中在系统内部工作上,即把整个系统看成一个"黑盒",也使你的注意力集中在系统与系统用户及系统与其他系统的接口上。另外,系统用户也习惯于按照那些影响他们工作的事件来描述系统需求。当系统用户操纵系统时,把重点集中在事件上也是理所当然的事,把重点集中在事件上也提供了一种划分或分解系统需求的方法,把复杂的系统需求分解成易于处理并能更好理解的小单元,按照事件来划分系统是对复杂系统进行分解的一种方法。

分析员要考虑三种事件来帮助识别并列出尽可能多的事件,它们是外部事件、时间事件和状态事件。

(1) 外部事件(External Events)

外部事件是由系统外部因素引起的、发生在系统之外的事件。这里外部因素是指人(如系统的用户或相关客户)或某个组织单位等外部实体,他们或为系统提供数据或从系统获取信息。客户就是CSS系统一个典型的外部实体的例子,客户想订购一种或多种商品是一种外部事件,当然还有许多与客户相关的其他事件,客户按发票支付订货费用,或客户有时想退掉所订购的一件商品。诸如此类的事件正是分析员定义系统功能所需寻找的,这些外部事件是促使系统必须处理的事务。

识别系统外部事件的关键是要识别出所有要求从系统中得到想要得到帮助的外部实体。当描述外部事件时,必须给事件命名。命名外部事件时需既能反映出相关的外部实体,又能反映出外部实体所需要的处理,这样外部实体才能明确,同时也揭示了外部实体需要系统进行的处理工作。最典型的外部实体就是系统的用户,比如"客户下订单"事件描述了外部实体(客户)想要做的事情(订一件或多件产品);"客户更新账户信息"事件描述了外部实体(客户)提供了系统只需记录下来以便将来使用的新信息;"管理部门检查订单状态"事件描述了外部实体(该公司的管理人员)要求系统反馈他们所需要的有关订单状态信息。

(2) 时间事件(Temporal Events)

时间事件是指到达某一特定时刻而所引发的事件。许多信息系统按预先约定的时间间隔产生一些输出结果,产生一些诸如月报表、季报表等输出信息。时间事件与外部事件的不同点在于,时间事件是通过时间点的到达来触发系统行为并做出响应,这一过程是自发自动的;而外部事件则必须通过外部实体的告知,即通过输入提出要求(下达命令)触发系统行为并做出响应。

时间事件的识别主要通过确认系统必须做出响应的特定时间点。这个时间点不是固定不变的,可以根据实际要求进行定义和调整。例如商品售出之后给客户发账单,如果15天之后还没有支付账单,那么就该发出一个过期通知单,每天都有商品卖出,因此每天也就都有"该发过期通知单"这种时间事件的可能,这同时也说明有些时间事件不一定非要在确定的时间点发生。时间事件一般都是由定义该时间点系统需要产生的结果或要求的其他处理来命名,如"生成月末销售汇总报表""定期生成商品目录表"。

(3) 状态事件(State Events)

状态事件是指某个事情的发生而触发系统需要处理的事件。比如一件产品的销售会导致其库存量记录的变化,当这时的库存量低于其需要重新订货临界值时,就有必要重新订货,该状态事件可以被命名为"到达订货点"。

状态事件通常是外部事件引发之后的结果,状态事件和时间事件十分相似,仅有的区别在于状态事件不能预先确切地定义所发生的时刻。比如上面的状态事件"到达订货点",从时间事件的角度又可命名为"库存该重新订货了",这样听起来就像时间事件。

3. 事件的识别方法

(1) 事件时序:跟踪事务处理的生命周期

在识别事件时,跟踪针对某一外部实体而发生的一系列事务处理通常很有效。如图 5-3 所示,在 CSS 的订单处理系统中,分析员要考虑添加一个新客户所引发的所有可能的处理。首先,客户想要一本商品目录,或者想询问其中一些商品的条目信息是否有效,比如有无他所需的款色,这一事件将导致数据库中新添加了一个客户姓名、地址记录。接着客户也许想发送订购订单,也许将来他想要修改他的订单的有关信息,比如衬衫的大小、颜色或数量,再下来客户也许想要查询订单的状态以获得发货时间。也许客户的住址变了,想修改以前注册的地址以方便今后邮寄。最后,客户也许想退回某一种商品。通过该例子,不难发现研究此类过程有助于你去识别事件。

> 客户想要一本商品目录
> 客户想要确定商品条目信息的有效性
> 客户下订单
> 客户修改或取消订单
> 客户查询订单状态
> 客户修改账户信息
> 客户退货

图 5-3　CSS 针对某一客户的一系列"事务处理"

(2) 与系统控制有关的技术依赖事件

分析员在识别事件时,不应仅关心那些在事务处理的业务功能上与系统有关的事件,还应该注意那些不直接影响用户和事务处理但对系统同样重要和有影响的事件,这类事件通常会涉及和系统控制设计有关的技术类问题。当然在系统分析阶段这类事件可不作为识别的重点,因为系统分析的逻辑模型着重于考虑用户功能需求而不必关心系统如何实现的细节,况且从用户角度,他们一般也不会十分在意,而且也认为系统开发人员应该会注意这些细节。然而在设计阶段,这些事件却非常重要,分析员必须要认真考虑,如用户登录(log on)、数据转储(back up)就是与系统控制设计有关的事件(其中用户登录是外部事件,数据转存是时间事件),因为这些用于系统控制方面的事件所触发的防范和安全程序能够保证系统的安全性和数据库的完整性。

4. 事件列表

事件列表用于记录与每件事件相关的信息,该列表就像数据库中的关系二维表一样,行用于记录一件事件,列则用于记录事件的详细信息属性。

(1) 触发和事件源

对任何一件引起系统去执行某种操作的事件,系统是如何知道它的发生呢? 把告知系统一件事件已经发生的过程称为触发(trigger)。对外部事件而言,触发就是指要求系统处理的数据已经到达,同时也就明确了事件源。所谓事件源(source)就是向系统提供输入有关数据的外部实体或参与者(人或计算机),比如,"客户想确定可用商品信息"事件,则商品查询信息可以作为系统的输入数据,事件源就是客户。对时间事件而言,触发就是指某一预先指定的时间点已到,例如每天的交易业务处理结束时就到了生成交易事务汇总报表的时刻了,对时间事件没有事件源的要求。

(2) 行为

当一件事件发生时系统该做什么呢? 把系统对一件事件的发生所产生的操作动作称为行为(activity)。比如,当客户发送了订单事件后,系统就执行动作"生成新订单";当到了生成交易汇总报表的时刻,则系统就是执行"生成交易汇总报表"的行为。

(3) 响应和事件宿

系统的一个操作会导致什么结果呢? 响应(response)就是由系统的动作行为所产生的结果,简单地说响应就是系统的输出。一个活动有时可能会导致几种响应结果,有时产生一种响应结果,有时甚至没有响应结果。比如,对应于"客户下订单"事件的"生成新订单"行为,系统就需把订单确认信息发送给客户,会产生"订单确认"的响应;同时把订单的详细信息发送给发货部门,会产生"订单详细信息"的响应;最后还要把该事务的交易记录信息发送到银行,会产生"交易处理记录"的响应。又如,执行"生成交易汇总报表"的行为,系统会产生"交易汇总报表"的响应。再如,对应于"客户要求更改账户信息"事件的"修改客户账户"行为,新信息被记录在数据库中,不需产生输出结果,也就是没有响应。事件宿(destination)是系统的响应结果的归宿,即送交系统输出结果的地方,它可以是外部实体或参与者。比如,上面的"订单确认"的响应,其事件宿是"客户","订单的详细信息"的响应,其事件宿是"仓库发货部门"。

由此可见,事件列表中的事件、触发、事件源、行为、响应和事件宿为记录有关系统需求的关键信息提供了极其方便的手段,事件列表中记录的所有事件也为今后对它的跟踪使用提供了保证。表 5-1 是 CSS 的一个较为完整的事件列表。

5.3.3 事物

1. 事物的定义

事物是系统需求定义还需用到的另外一个重要的概念。对系统的用户来说,事物(thing)就是他们业务工作中所要面对和处理的对象,比如订单、产品、客户、发票等均可看作事物。这些事物也就自然地成为任何一个信息系统中不可缺少的组成成分,因此,需要存储的数据类型是信息系统需求的一个关键方面。

在结构化方法中,这些现实世界客观存在的事物构成了信息系统所需存储的数据,也就是稍后将要介绍的数据实体。数据实体和外部实体是不同的概念,比如一个信息系统通过客户发送订单来订购产品,系统要存储有关客户、产品、订单的信息,这里客户既是系统的外部实体又是系统需存储的数据实体,而产品只是系统的数据实体不是外部实体。在面向对象方法中,这些事物就是系统中相互交互的对象。无论你使用哪一种方法来开发信息系统,识别和理解这些事物都是非常关键的初始步骤。

2. 事物的类型

和识别上述的事件一样,分析员应该和用户讨论他们日常业务工作中所处理的事物的类型。不同的事物对不同的用户而言其关心程度不同,所以对事物的识别同样要求不同类型的用户参与。

现实世界中的事物都是客观存在并可相互区别的,有些是实实在在的、具体的,因此易于识别和理解,而有些事物是抽象的、无形的,因此不易识别和理解。分析员可以提出几种事物类型,以帮助识别所讨论事物的类型。

具体的事物通常很明显,例如飞机、书或交通工具,在 CSS 中商品目录和目录中的每个商品都是实在的事物。另一种常见的事物类型是人所充当的角色,如客户、雇员、医生和病人,在 CSS 中客户显然就是一个非常重要的角色。其他类型的事物如组织部门、地

表 5-1 CSS 的事件系统事件列表

事 件	触 发	事件源	行 为	响 应	事件宿
客户想确定可用性商品条目信息	商品条目查询	客户	查询可用性商品条目	可用性商品条目细节	客户
客户下订单	新订单	客户	生成新订单	实时连接	银行信用部门
				订单确认	客户
				订单细节	仓库发货部门
				交易处理记录	银行
客户修改或取消订单	订单修改请求	客户	修改订单	修改确认	客户
				订单修改细节	仓库发货部门
生成订单执行情况汇总报表	月末、季末、年末		生成订单汇总报表	交易汇总报表	管理部门
生成交易汇总报表	每天结束时		生成交易汇总报表	交易汇总报表	会计
客户或管理人员想查询订单状态	订单状态查询	客户或管理人员	查询订单执行情况	订单状态细节	客户或管理人员
仓库发货部门按订单发货	订单执行通知	仓库发货部门	记录订单执行情况		
仓库发货部门确认延期交货订单	延期交货订单通知	仓库发货部门	延期交货订单通知	延期交货订单通知	客户
客户退货	订单退货通知	客户	生成退货单	退货交易确认	客户
				退货交易记录	银行
生成订单执行情况汇总报表	月末、季末、年末		生成订单执行汇总表	订单执行汇总表	管理人员
潜在客户索取商品目录报表	索取商品目录的请求	潜在客户	提供商品目录信息	商品目录	潜在客户
生成潜在客户报表	月末		生成潜在客户报表	潜在客户表	市场部门
客户修改账户信息	客户账户信息修改细节	客户	更新客户账户信息		
市场部给客户发送促销宣传信息	促销宣传包细节	市场部门	分发促销宣传包	促销宣传包	客户和潜在客户
管理人员对客户的费用调整	客户费用调整信息	管理人员	生成调整费用汇总记录	费用调整通知	客户
				交易处理记录	银行
				费用调整报表	管理人员
销售部门修改促销特别商品	商品目录修改细节	销售部门	修改促销商品信息	促销调整记录	管理人员
销售部门促销特别商品	促销商品细节	销售部门	生成促销商品信息	商品目录	客户和潜在客户
销售部门形成新的商品记录	新商品目录细节	销售部门	生成新商品目录	商品目录活动表	销售部门
生成商品目录活动报表	月末		生成商品目录活动报表	商品目录活动表	销售部门

点或位置在某些特定的信息系统中也十分重要。

有关订单、服务电话、合同或航班等"偶然发生"的事件或重要的交互行为信息也可以看作事物,在 CSS 中,一份订单、一次发货或退货都是重要的"偶然发生"的事件。在有些情况下,这些事件被看作事物之间的关系,例如订单就是客户和某一(几)件商品之间的关系。分析员一开始仅需简单地把这些作为事物列举出来,然后根据不同的分析和设计方法的要求对其加以调整、细化。

分析员应借助事件列表中的事件和咨询用户来讨论并确定这些事物的类型,对某个事件来说,它影响了哪些类型的事物,对这些事物系统需要知道并存储其信息。例如,当客户下了一份订单时,系统需要存储该客户的信息、客户所订购商品情况的信息和订单本身的信息。

3. 事物的属性

所有信息系统都存储并使用关于每个事物的一些信息。把一个事物所具有的某一特征称为属性,一种事物可以由若干个属性来刻画。例如,CSS 中的每个客户都有姓名、电话号码和信用限额等特征,每个特征都是一个属性。

分析员需要明确信息系统中需要存储的每个事物的属性,并把其中能唯一标识某个具体事物的属性集(一个属性或几个属性的组合甚至所有属性的组合)称为关键字或标识符;如果这样的属性集有多个,那么必须从其中选择一个作为主关键字。例如,一个人的身份证号、某次交易的订单号。标识符有时是现成的,例如身份证号、商品编号;有时是由系统自动分配的,如订单号、发票号等。

一个系统可能需要记录很多相似的属性,也就是说分析员在识别事物时,会面临包含了许多相关属性的属性(复合属性)。例如,一个客户可能会有多个电话号码——住宅、办公室、移动和传真,地址包括邮编、所属省市、辖区等,因此分析员开始时可描述其有代表性的属性,然后再逐渐加入,最终可能会出现属性列表很长的现象。

4. 事物间的关系

有很多事物之间的关系非常重要,关系是指某些事物之间自然发生的联系,例如,客户下订单、雇员在某个部门工作,如图 5-4 所示,这里的"被订购""工作于"就是两个自然地发生在特定事物之间的关系。信息系统需要存储雇员和部门的信息,但同样重要的是,系统也需存储某些关系的信息:张三在财务部工作、李四在市场部工作,类似地,存储由张三处理的订购衬衫和牛仔裤的 1043 号订单也很重要。

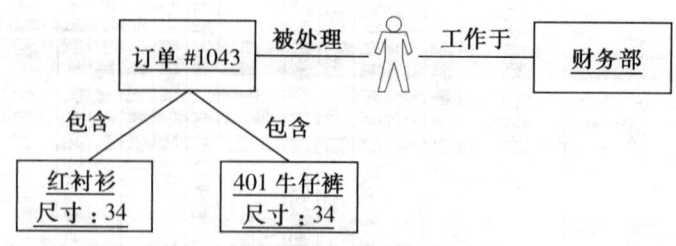

图 5-4 事物之间自然发生的关系

事物之间的关系具有双向性。例如,"客户下订单"描述的是一个方面的关系,而"订单被客户订"描述的是另一方面的关系。理解关系的双向性很重要,在有些情况下系统从一个方面记录关系比从另一个方面记录关系更有用。根据客户所订购的商品信息可用于准备给客户发什么货,但公司若要给所有订购了某种残次商品的客户发有关通知时,那么"订单被客户订"的信息就显得很有效了。关系的这种双向性对系统的用户来说,因为有些相关的关系需求起初并不明显而无法马上认识到这一点,但对分析员来说则需作一定的考虑。逻辑模型中所反映的现实世界事物之间的关系如何在信息世界中体现,是数据库设计时应该解决的问题。

两种类型事物之间的关系,根据两者之间具体事物的关联数目分为三种基本类型:一对一、一对多、多对多。关系的类型有助于进一步理解关系的本质。例如,对客户和订单这两种类型的事物,某个客户可能订了零张、一张或多张订单,但一张订单只能被一个客户来订,那么客户和订单之间的关系就是一对多的关系,这种关联数目允许出现"零"的情况可被称为可选关系,可选关系的基数范围从 0 到 N。又如,对订单和订单条目这两种类型的事物,某张订单可包括一件或多件不同的具体商品条目,这种关联数目不允许出现"零"的情况可被称为强制关系,强制关系的基数范围从 1 到 N,也就是说,在这种情况下最少需要一个关联,即一张订单至少需要订购一种商品,系统才记录该订单的信息。

上述描述的是两种不同类型事物之间的关系,这种关系也被称为二元关系。有时关系是同一种类型的两个具体的不同事物之间的关系,这种事物内部关系被称为一元关系,例如,"领导"这个关系是反映两个雇员之间上下级的关系,"婚姻"也是两个人之间的关系。关系还可以存在于三种或多种不同类型的事物之间,这种关系称之为多元关系,例如,有供应商、项目、产品三种类型事物,一个供应商可以提供给多个项目多种产品,而每个项目可以使用多个供应商供应的产品,每种产品可由不同供应商供应,由此看出供应商、项目、产品三者之间是多对多的关系。要注意的是,三个事物之间多对多的关系和三个事物两两之间的多对多关系的语义不同。

5. 数据实体和对象

到现在为止,描述对于系统很重要的事物时,主要用到的例子都是系统需要存储的现实世界中业务过程所涉及的事物。对信息系统的开发,在传统的结构化方法和信息工程方法中,这些事物被称为数据实体(Entity)。数据实体、数据实体间的关系以及数据实体的属性通过实体-关系图(ERD)的方式来建立模型,计算机用以处理数据实体间的相互作用、生成数据实体、修改属性值以及建立实体之间的关联,其中用来定义数据存储需求的 ERD 模型是设计和创建数据库(通常是关系数据库)的基石。

对面向对象方法而言,问题域中的对象类似于传统方法中的数据实体。两者的区别在于系统中的对象不仅仅存储信息而且具有一定的功能,换句话说,对象既具有属性又具有行为,这种简单的差别却对认识和建立系统的方法产生了巨大的影响。但在需求建模的早期阶段,它和传统方法相比区别不大。图 5-5 是从数据实体和对象的角度,对结构化方法和面向对象方法的简单比较。

数据实体与处理过程相分离

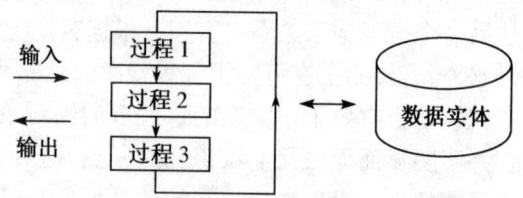

对象把数据和处理数据的方法封装成一个单元

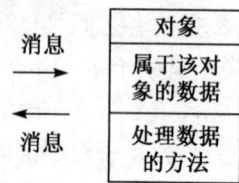

图 5-5　数据实体和对象的比较

在面向对象方法中,事物的类型被定义为类,而每个特定具体的事物就是一个对象,这就像实体型和实体值的关系一样,类中的所有对象均具有相同的特征属性,但属性值互不相同。类、类之间的关系和类的属性用类图来建立模型。类图中还包括了该类对象的行为,称为方法。要让一个对象执行某种操作,可以让另一个对象发送一个消息。一个对象可以给其他对象发送消息,也可以给用户发送消息,整个信息系统实际上就是一个相互作用的对象的集合。

5.3.4　实体-关系图

新系统数据存储需求是结构化方法定义系统需求的重要内容之一,数据存储需求包括数据实体、数据实体的属性以及它们之间的关系,用来定义数据存储需求的模型被称为实体-关系图,也就是实体-联系图。

1. ERD 概念的符号表示及实例

在实体-关系图中,可用矩形符号表示数据实体及其属性,数据实体间的关系及关系的关联基数类型用连接数据实体的线段符号表示,如图 5-6 所示。图 5-7 是一个简单的实体-关系图,每个客户最少可以订零张订单,最多可以订多张订单,但每张订单必须且只能由一个客户来订;一张订单中包含了一个或多个商品条目,即每张订单最少有一件商品,最多可以有多件,比如一张订单中可以包含两件衬衫、一双鞋和一条皮带。这些细节反映了组织管理部门所制定的业务规则,分析员必须发现并遵守这些策略,而不能去随意更改。这个例子还列出了每个数据实体的一些属性,属性位于数据实体名的下面,关键字属性一般排列在前。

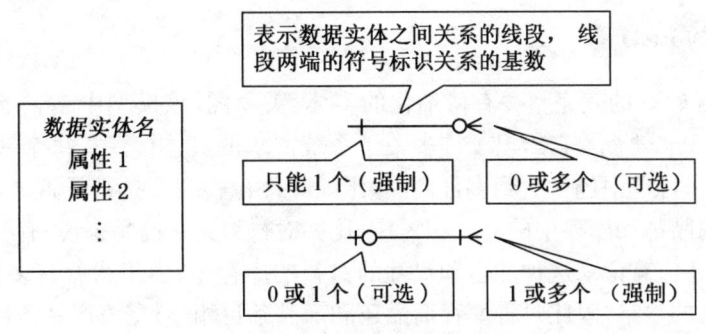

图 5-6 ERD 的基本符号说明

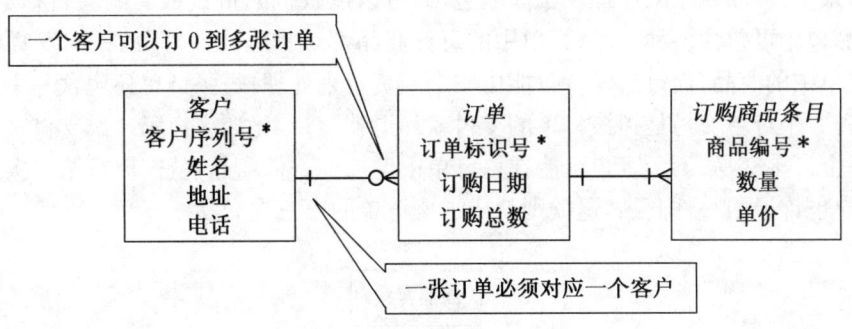

图 5-7 一个简单的 ERD 实例

　　分析员在建立 ERD 模型过程中,若出现多对多关系类型时,则需进一步细化。例如在大学的选修课系统中,有课程和学生两个数据实体,一名学生可以选修多门课程,每门课程也可以供多名学生选修,因此课程和学生之间是一个多对多的关系,如图 5-8(1)所示。若用关系数据库存储信息,考虑关系数据库设计的依据是 ERD,而关系数据库不能直接实现多对多关系,因此必须建立一个独立的表——课程选修或课程注册,该表包含多对多关系两端的数据实体的关键字,这便是细化多对多关系的主要方面。另外,模型没有显示学生选修课程的成绩,诸如"成绩"信息也往往是系统要存储的反映多对多关系的信息,这个成绩可作为"课程选修"这个独立表的属性,如图 5-8(2)所示,该图是对图 5-8(1)细化的结果。"课程选修"表实质上反映了学生和课程之间多对多的关系,也可把它看作一个数据实体,这时称之为"关联实体",即关联实体是表示两个数据实体间多对多关系的数据实体。当然对 ERD 的细化还包括其他方面,这需涉及关系数据库规范化理论,在数据库设计过程中将做介绍。

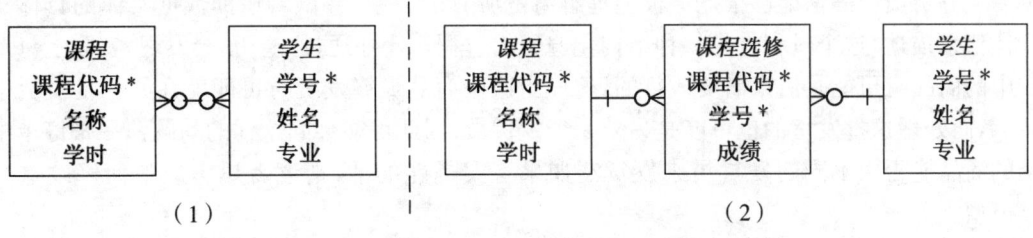

图 5-8 包含多对多关系的大学课程选修 ERD

2. CSS 的 ERD 图

在此给出 CSS 的较完整并有待细化的实体-关系图，该模型中略去了所有数据实体的属性，如图 5-9 所示，它给出了许多关于系统需求的具体信息。每个客户可能订 0 到多张订单，每张订单中包含 1 到多件商品，比如 1 件衬衫和 2 条裤子这样的商品条目；订单中的每件商品都和库存中的商品相对应，比如对衬衫这一商品来说，有特定的颜色和尺寸，库存商品还应有记录这种颜色和尺寸的衬衫的库存量；由于衬衫有多种颜色和尺寸，每种都有各自的数量，因此每种库存商品还和产品条目相连，在该产品条目中记录了这些商品的共性，比如供应商、季节、正常价格和优惠价格等；每种产品可以出现在一个或多个商品目录中；商品目录中还提供了商品包，如可以以较低的价钱成套购买衬衫、长裤和皮带；商品包中可包含多种产品；订单中的每件商品都是货运的一部分，一次发货可能包含多张订单中的商品，而每次发货只能由一个发货员来处理；每张订单还包含一个到多个订单交易，一个订单交易是指该订单的支付款和退款记录，比如客户第一次支付订单账款时创建一个订单交易，不久客户可能在该订单中增加了一件商品，就需履行第二次的订单交易，客户也许退回一件商品，退款则就成了该订单的第三次交易。

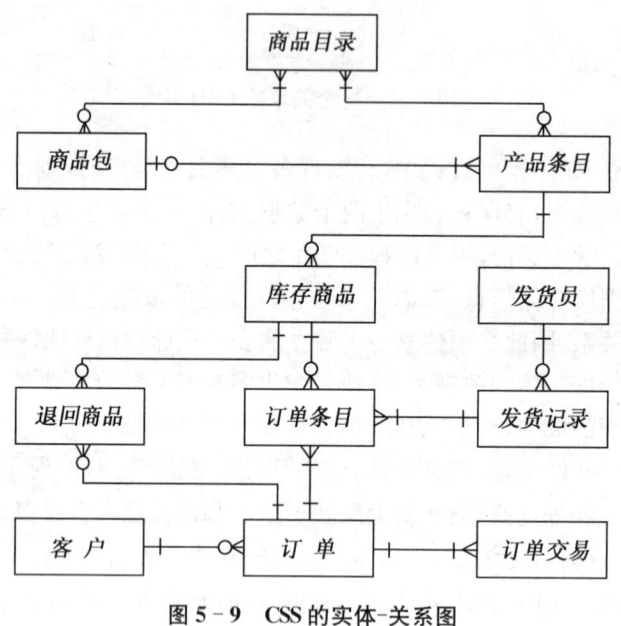

图 5-9 CSS 的实体-关系图

分析员应确信能够根据该模型理解清楚所有的关系，并试着借助数据实体的具体实体值来描述，这个过程也是一种结构化遍历的过程。比如通过"遍历"会发现，实际上订单中的商品有可能是后来需要改订的，这样当这些商品最终发货时可能就在另一批发货中了，而处理这批发货的也可能是另外一个发货员，因此可能会问这样的问题："一张订单中的商品能否由不同的发货员来发货？"如果答案是能的话，请读者思考应如何修改这个模型。

5.3.5 类图

面向对象方法同样强调理解和识别出系统中所包含的事物,这种方法建模时使用了对象类而不再是数据实体。尽管有关事物的问题并不是面向对象方法所特有的,但是使用面向对象方法和使用传统方法相比,会经常遇到一些其他方面的问题。这些问题也正是人们用来理解现实世界中事物的两种方法:分类结构和组装结构。在一些资料中分类结构也称为泛化或泛化/特化或一般/特殊层次图,组装结构也称为聚合或整体/局部层次图。

1. 分类结构和组装结构

分类结构的建立源自人们按照事物的相似点和不同点对其进行分类的思想,它有助于刻画出问题空间的类层次,分类结构通过泛化/特化层次图来表示。泛化就是把具有相似公共特性的事物划分为一组,特化就是对具有共性的事物再按其不同种类进行分类,泛化/特化就是通过搜索公共特性并把这种特性扩充到特例之中来显示世界事物的通用性和专用性。例如,有很多种类的形状:矩形、圆、多边形,它们都具有原点属性及移动、缩放和显示的行为等共性特征,因此矩形、圆、多边形和形状之间表现为一种泛化关系,实质上也就是"is-a-kind-of"关系;矩形、圆、多边形具有形状的共性,但在其他方面却不同,因此可看作形状的特化,泛化和特化反映了关系的双向性。

分类结构的泛化/特化层次图按一般到具体的顺序排列,在该层次图中位于上层的称为父类,位于下层的称为子类,形状作为父类有三个子类,矩形作为父类有一个子类。继承是分类结构的重要机制,子类除具有自己的个性特征外,继承机制还允许子类共享其父类所具有的特征。

分类有助于理解现实世界和定义事物的类,比如一个银行职员可以具体说出贷款和储蓄账户的种类,一个销售公司的业务员可以把各种户外运动鞋和服装的种类说得很清楚。当分析员询问用户的工作时,要努力去掌握用户在工作中所使用的知识,并将这些知识按照泛化/特化层次图表示出来。

组装结构的建立源自人们认识事物的另一种思想,这就是根据一个事物的各个组成部分定义事物间的关系,这种关系实质上是一种"has-a"关系,组装结构通过整体/局部层次图来表示。例如,一辆汽车由一个发动机、一个传动装置和一个刹车装置组成,一个公司由多个部门组成。

分析员定义组装结构时,要考虑系统是否需要跟踪每一部分的实例,这些实例能否用属性描述,该部分是否在所定义的系统范围中,该部分是否是现实世界的一部分。发动机并不是汽车的一种特殊类型,而只是汽车的一个部分,当然就发动机本身而言,它是一个完全独立的事物。组装结构除了反映的是一种非常紧密的聚合关系外,和不同类型的事物之间的其他关系的意义相同。

2. 类图的符号表示及实例

类图是用于定义系统中对象类、对象类之间关系以及对象类的属性和行为的模型,类图中的符号采用目前流行的 UML 中的符号标准。如图 5-10 所示,对象类符号是一个由三个部分组成的矩形,矩形的顶端是类名,中间部分是类属性的描述,下端列出了类方法。图 5-11 描述了处理银行账目的一个简单类图,类图设计最初阶段不必标出方法。

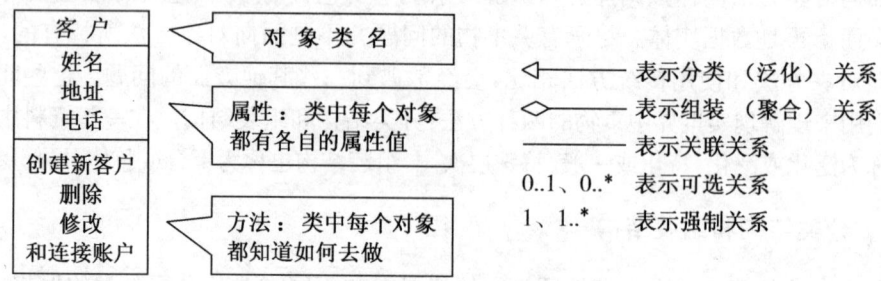

图 5-10 UML 中类图的符号定义

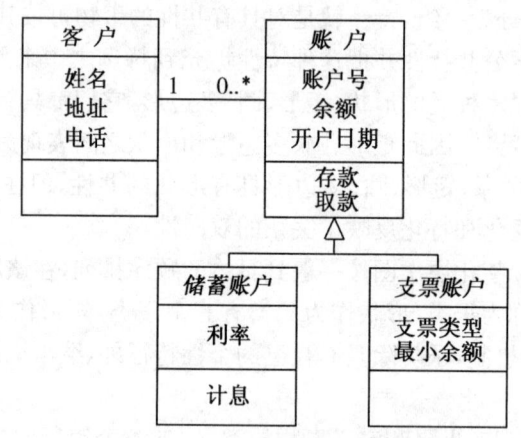

图 5-11 一个简单的类图实例

类图中对象类之间的关系通常分为一般关系、依赖关系、分类关系与组装关系四种。下面将对这四种关系进行展开介绍。

(1) 一般关系

一般关系又被称为关联关系,可理解为 ERD 中的关系。关联表示两个类之间存在的某种语义上的联系,即与该关联连接的类在对象之间的语义连接(称为链接)。例如,一个人为一家公司工作,一家公司有许多办公室,就可认为人和公司、公司与办公室之间存在某种语义上的联系。在分析/设计阶段的类图模型中,即可在"人"类和"公司"类、"公司"类和"办公室"类之间建立关联关系。

最常见的关联关系是普通关联,可在两个类之间用一条直线连接,直线上写上关联名。关联可以有方向,表示该关联的使用方向。可以用线旁的小实心三角表示方向,也可以在关联上加上箭头表示方向,在 UML 中也称为导航(navigability)。通常将只在一个方向上存在导航表示的关联称作单向关联,在两个方向上都存在导航表示的关联称作双向关联。图 5-12 表示了"学生"类与"书"类之间存在的双向关联,即学生购买书,书属于学生。

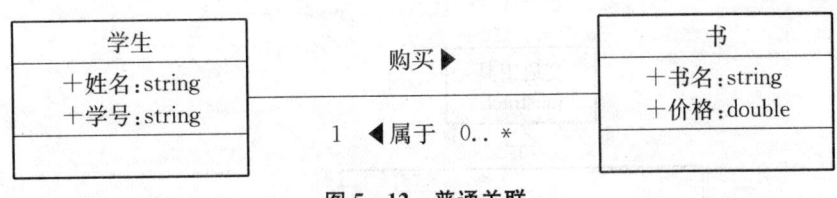

图 5-12　普通关联

在关联的两端可写上一个被称为重数(multiplicity)的数值范围,表示该类有多少个对象可与对方的一个对象连接。重数的符号表示有:

1　　　　表示一个对象,重数的默认值为1;
0..1　　　表示 0 或 1;
1..*　　　表示 1 或多;
0..*　　　表示 0 或多,可以简化表示为 *;
2..4　　　表示 2~4。

图 5-12 表示一个学生可以购买 0 或多本书,而一本书只能属于一个学生。

(2) 依赖关系

假设有两个元素 X、Y,如果修改 X 的定义可能会引起对 Y 的定义的修改,则称元素 Y 依赖于元素 X。例如,某个类中使用另一个类的对象作为操作中的参数,一个类存取作为全局对象的另一个类的对象,或一个类的对象是另一个类的类操作中的局部变量等,都表示这两个类之间存在依赖关系。依赖关系的图形表示为带箭头的虚线,箭头指向独立的类,箭头旁边还可以带一个标签,用于具体说明依赖的种类。图 5-13 所示是一个简单的依赖(friend dependency)关系,可理解为某人要过河,需要借用一条船,此时人与船之间就是依赖关系。

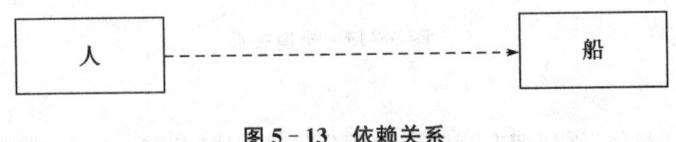

图 5-13　依赖关系

(3) 分类关系

分类关系也可称为泛化,泛化也可称为继承,例如,飞鸟和走兽可泛化为动物,男人和女人可泛化为人。UML 对泛化有 3 个要求:① 一般元素所具有的关联、属性和操作,特殊元素也都隐含性地具有;② 特殊元素应包含额外信息;③ 允许使用特殊元素实例的地方,也应能使用一般元素。

在 UML 中,泛化常表示为一端带空心三角形的连线。空心三角形紧挨着父类,子类则继承父类的属性、操作和所有的关联关系。图 5-14 是最常见的泛化关系,父类是"交通工具","车"和"船"是它的子类;与此同时,"车"又是"轿车""卡车"和"客车"的父类。

没有具体对象的类称为抽象类,可用于描述其子类的公共属性和行为(操作)。图 5-14 中的"交通工具"就是一个抽象类,一般用一个附加标记值"{abstract}"来表示。

(4) 组装关系

组装关系也称为聚合关系或聚集关系,是一种特殊形式的关联。一般表示类之间具

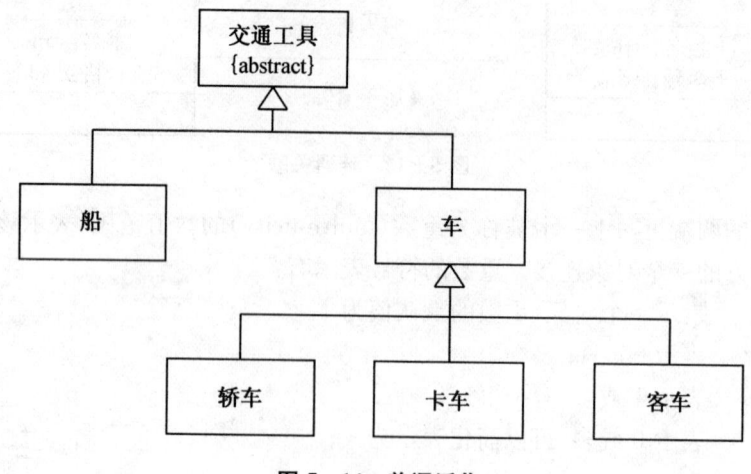

图 5-14 普通泛化

有整体与部分的关系,还有一种特殊聚集称为组合关系。在 UML 中,聚集表示为空心菱形,组合表示为实心菱形。

1) 聚集

一般聚集也称共享聚集(shared aggregation),其特征是"部分"对象可以是多个任意"整体"对象的一部分。例如,课题组包含许多人,但是每个人又可以是另一个课题组的成员,即"部分"可以参与多个"整体"中。图 5-15 表示"课题组"类和"个人"类间的共享聚集。

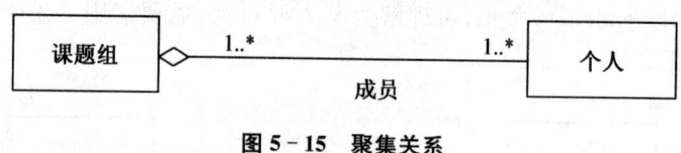

图 5-15 聚集关系

2) 组合

在组合中,"整体"强烈拥有"部分","部分"与"整体"共存。如果"整体"不存在了,"部分"也会随之消失。例如,一个窗口由标题、外框和显示区组成,一旦窗口被关闭,则各部分同时消失。"整体"的重数必须是 0 或 1,而"部分"的重数可以是任意的。图 5-16 给出了组合的例子。

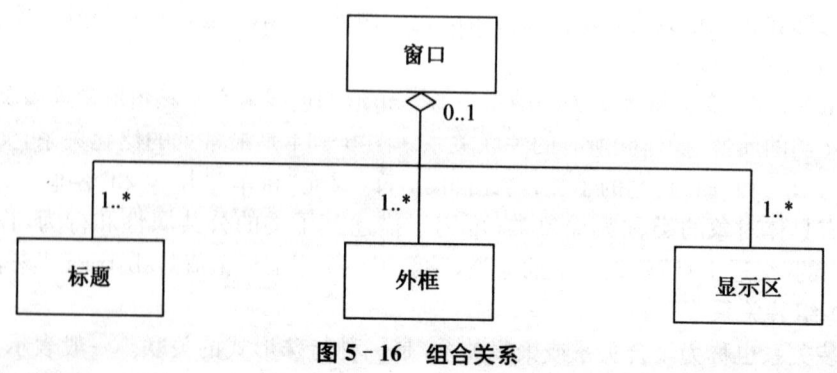

图 5-16 组合关系

3. CSS 的类图

图 5-17 是 CSS 的类图,它和图 5-9 非常类似,图中显示了一些主要属性,还包含了一张泛化/特化层次图,该层次图可以通过三种方式:网上订单、电话订单和邮件订单中的任何一种订购,它们都共享订单类的属性,但每种类型的订单又具有一些其他属性。该类图中没有显示方法,在项目的系统分析阶段初期所形成的初始类图可以不包括方法,随着分析阶段和设计阶段对对象行为的进一步研究,方法将被逐步添加到类图中。例如,发货员类知道如何创建一个新的发货员对象、如何删除一个发货员对象、如何更改一个发货员对象的名字或地址以及如何和发货部门建立连接。

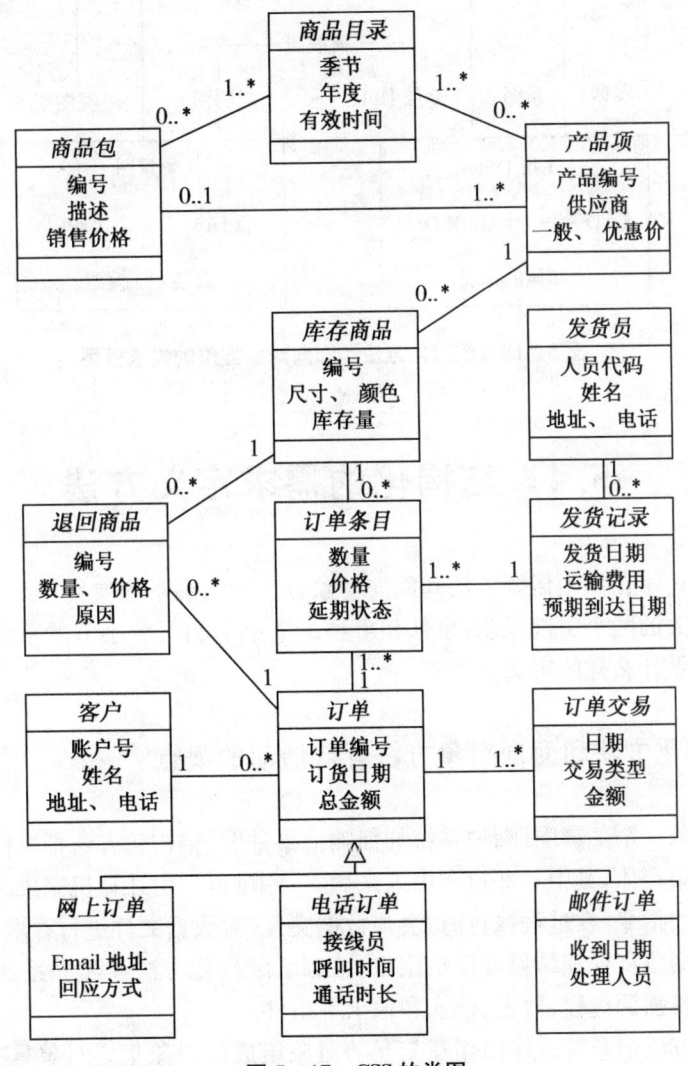

图 5-17 CSS 的类图

5.3.6 系统需求定义的目标

本小节所讨论的事件和事物这两个关键概念都是建模过程的起点,但采用不同的系统开发方法所生成的新系统的需求模型会有着很大的差别,如图 5-18 所示。结构化方法根据事件列表中的信息生成一组数据流程图(DFD),如关联图、DFD 片段、详细 DFD,其中需求的其他定义包括数据流定义和过程描述。面向对象方法根据事件列表中的信息生成用例图,由用例图和类图生成对象行为的其他模型,包括场景图、顺序图、状态图及其他模型。

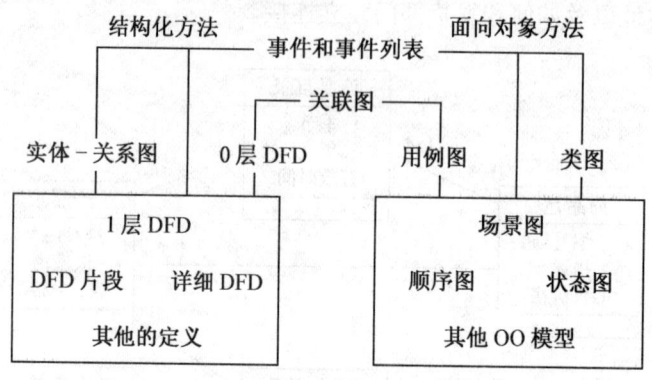

图 5-18 结构化方法和面向对象方法的需求模型

5.4 结构化的需求定义方法

上一节描述了在使用传统方法和面向对象方法的信息系统项目开发过程中与建立系统需求模型相关的两个关键概念:事件和事物。本小节和下一小节的重点将转向当事件发生时系统会做什么样的定义。

5.4.1 结构化方法和面向对象方法看待活动的观点

系统需求的一个关键问题是"系统如何响应事件"。结构化方法把系统看作由若干处理过程组成的集合体,其中一些过程由人来做、一些过程则由计算机完成。计算机顺序地执行处理过程的指令,在过程执行时,会与数据交互,对数据文件进行存取操作,有时会要求用户输入数据或将处理结果反馈给用户。因此,结构化方法在建立系统如何响应事件的需求模型时将强调过程、数据、输入和输出等组件。

面向对象方法把系统看作由相互交互的对象组成的对象集。对象具有行为特征,对象的行为使对象与其他对象或系统的用户进行交互。一个对象的行为被其他对象发送的消息激活,活动由对象完成并记录数据,面向对象方法中没有传统的计算机过程和数据文件的概念。因此,面向对象方法建立需求模型时需考虑对象、对象行为、对象交互等方面。

5.4.2 数据流程图

在信息系统开发中,结构化方法把完成业务的活动行为描述为由人或计算机执行的过程。数据流程图(Data Flow Diagram,DFD)被实践证明是一种非常普遍和有效的、用于定义过程的图形化模型。所谓数据流程图就是把系统中所有的业务处理活动都理解成"变换"过程,并对这个过程所需的数据来源、去向及其存储等进行综合描述的图形化模型。DFD在一张图中显示了信息系统的输入、输出、处理过程和数据存储等主要需求,任何从事系统开发项目的人员通过DFD能立刻明白系统的各个工作部分及其之间的关系,这也是DFD得以普遍使用的一个原因。DFD的图形化特征,加之只涉及几个简单符号,因此,即使对管理人员、系统的终端用户及信息系统的其他工作人员,也只需稍加培训即可读懂和理解DFD。

1. DFD的符号定义及简单实例

DFD中的符号及其含义描述如图5-19所示。这些符号的用法如图5-20所示,该DFD是CSS数据流程图的一部分。正方形中的客户是外部实体;圆角矩形是名为"查询可用性商品条目"的过程,用数字编号1标识;客户和过程1之间有两条带箭头的线段即数据流:"商品条目查询"是过程1的输入,"可用性商品条目细节"是过程1的输出;有三个由扁平三边矩形表示的数据存储,每个数据存储用来存储一个数据实体的信息,它代表一个数据文件或数据库的一部分:"商品目录""产品条目""库存条目";过程1和这三个数据存储之间的数据流表示过程1从中查询信息。

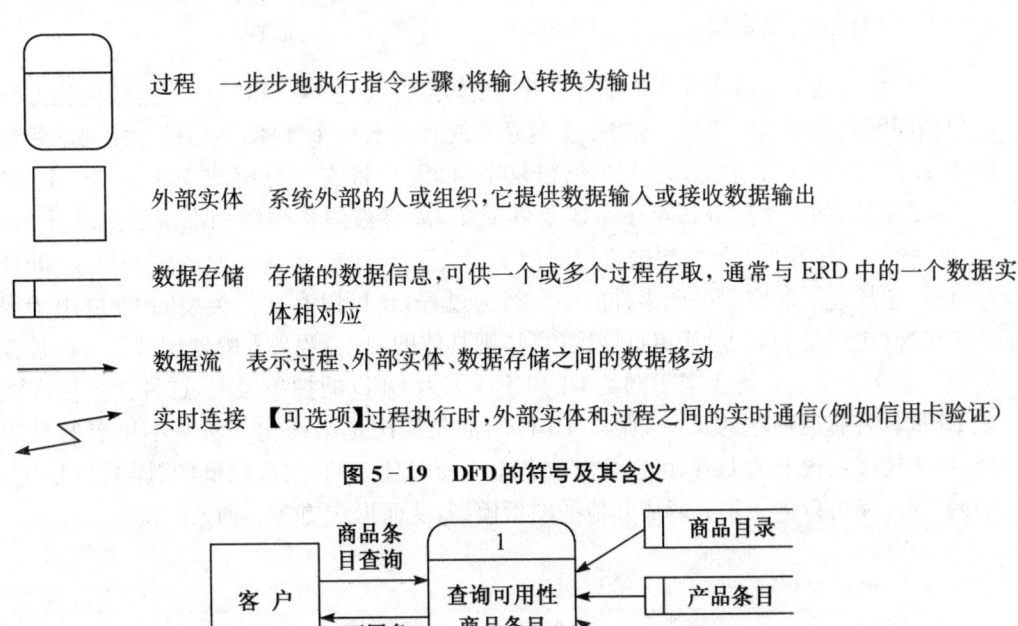

图5-19 DFD的符号及其含义

图5-20 一个DFD的例子

细心的读者可能会发现,图 5-20 中的过程实际上对应于 CSS 事件列表中事件"客户想要查询可用性商品条目信息"的行为,该事件的触发是商品条目查询,事件源是客户,响应是可用性商品条目细节,响应的目标是客户。但在图 5-20 的 DFD 中,有关商品条目可用性信息的数据实体并没有包含在事件列表里,而 DFD 中的过程使用了在实体-关系图中所提供的数据实体及其属性信息。不难看出,DFD 实际上是以图形的方式将事件列表中描述的事件和 ERD 中定义的数据实体有机地集成在一起,图 5-21 概括了 DFD 的各个组成部分与事件列表中的事件、ERD 中的数据实体之间的一致性和综合性。

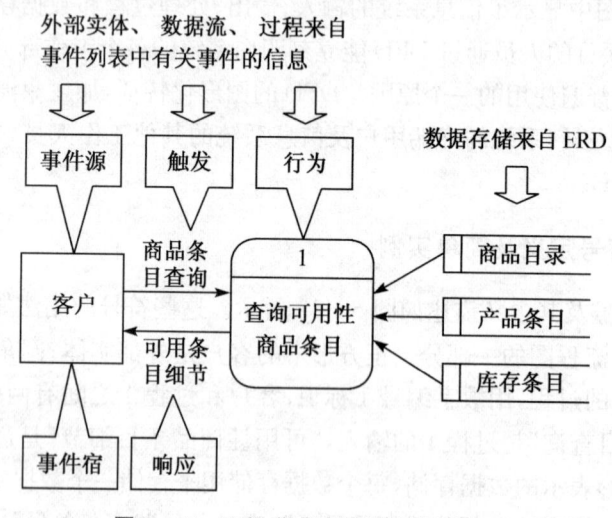

图 5-21 DFD 集成了事件列表和 ERD

2. DFD 的抽象层次

结构化方法的基本思想是"自顶向下,逐步求精","抽象"和"分解"是结构化方法解决复杂问题的两个基本手段,先将一个复杂系统理解成一个整体,然后按一定要求将它分解成 1、2、3、4 四个子系统,若 1、3 仍很复杂,可继续将它们分解成 1.1、1.2…和 3.1、3.2…子系统,如此逐层分解至子系统足够简单,能够被清楚理解和准确表示为止,如图 5-22 所示。有多种类型的数据流程图用于定义系统需求,图 5-20 的例子只是 DFD 的一部分,它描述了对应于一个事件的一个行为过程,还可以有其他类型的 DFD 用于定义更高层次(更概括的观点)或更低层次(更详细具体的观点)意义上的处理过程。这种在不同层次意义上定义系统需求不同类型的 DFD 称为 DFD 的抽象层次,这种抽象层次性也是 DFD 具有有用特性的又一原因。DFD 的抽象层次是结构化方法基本思想的具体体现,位于较高层次上的 DFD 可以分解成若干个相对独立的、层次较低的、详细的 DFD,详细的 DFD 又可以进一步分解成其他的图形模型,从而形成更多的抽象层次。

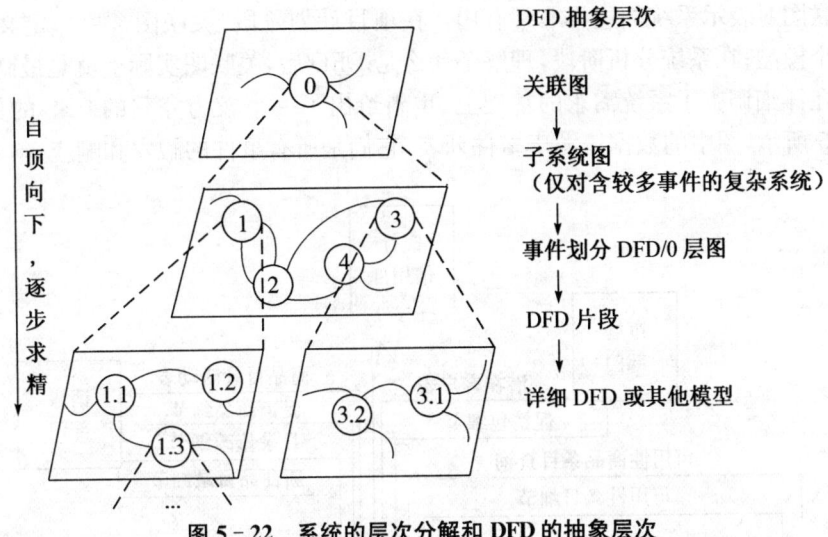

图 5-22 系统的层次分解和 DFD 的抽象层次

3. 关联图

关联图(context diagram)是定义系统需求的最高抽象层次的 DFD,它把整体系统表示成一个过程,并把所有的外部实体和流进、流出系统的数据流描述在一张图中。数据存储不用包括在关联图中,因为数据存储本身一开始被看作系统内部的一部分。图 5-23 是大学课程选修系统的关联图,教务处提供有关课程计划的信息,学生从供选修的课程中提出选课注册请求,教师拿到班级列表。图 5-24 为医院门诊管理系统的关联图,系统实现了为患者提供挂号、处方药品收费的功能。

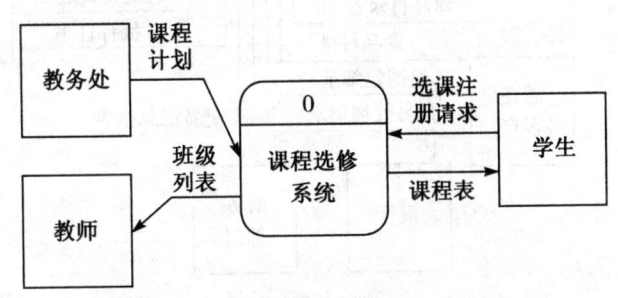

图 5-23 大学课程选修系统的关联图

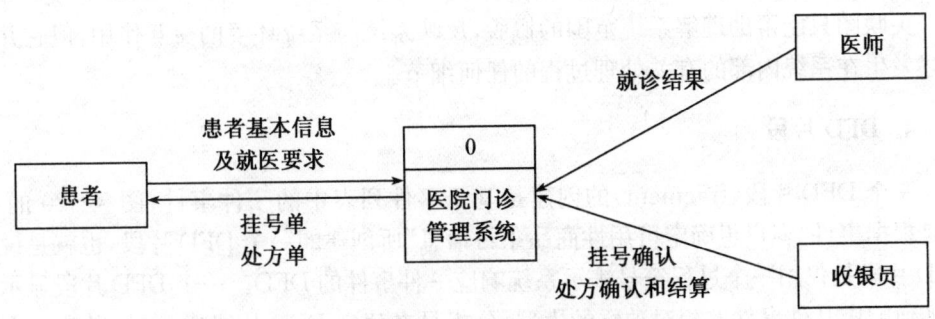

图 5-24 医院门诊管理系统的关联图

关联图对表示系统的边界非常有用。在项目计划阶段，关联图被用作定义新系统范围的一个模型；在系统分析阶段，理解了什么是 DFD 后，关联图实际上就是最高抽象层的 DFD。在详细调查了系统需求的基础上，重新给出了一个较为完整的 CSS 的关联图，如图 5-25 所示，图中的数据流源于事件列表，它们是所有事件的触发和响应。

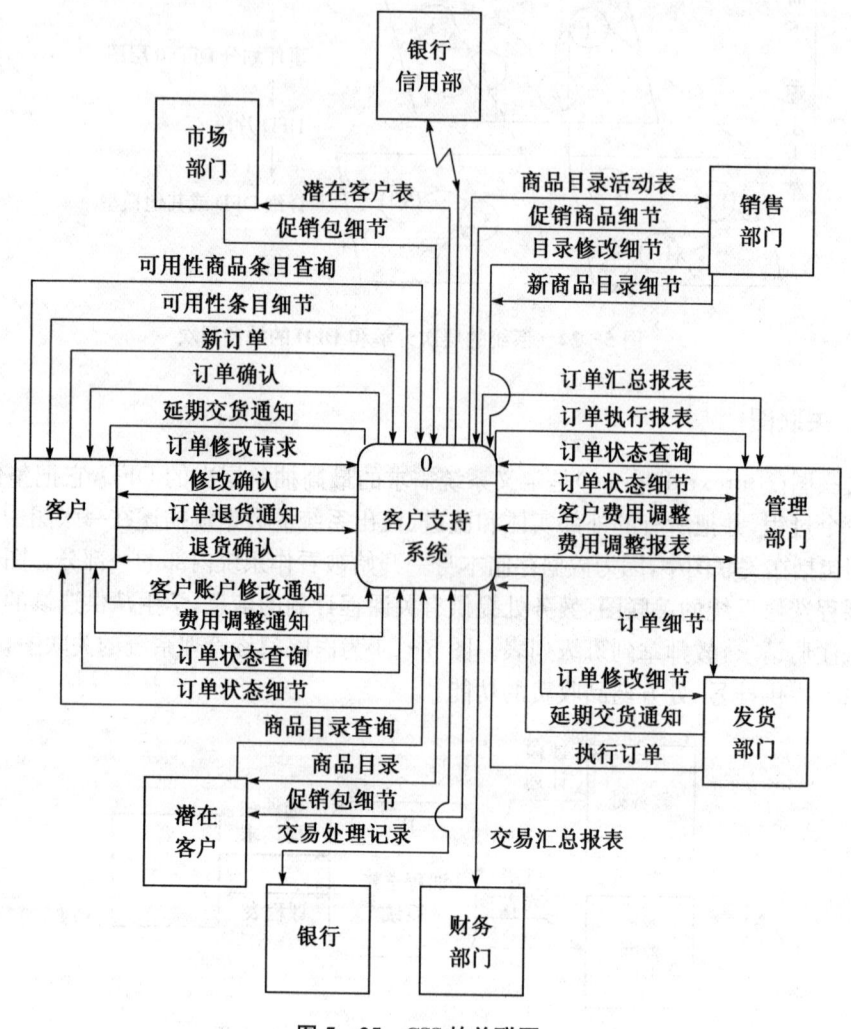

图 5-25　CSS 的关联图

关联图只能帮助理解系统范围的概貌，反映系统与系统环境的交互作用，但它并没有描述发生在系统内部的有关处理过程的任何细节。

4. DFD 片段

一个 DFD 片段(fragment)的创建是基于事件列表中的一件事件，图 5-20 的 DFD 就是根据事件"客户想确定可用性商品条目信息"所创建的一个 DFD 片段，也就是说一个 DFD 片段是仅用一个过程符号表示系统响应一件事件的 DFD。一个 DFD 片段显示了系统如何响应某件事件的相对独立的模型，分析员在建立 DFD 片段模型时，通常一次创建一个,以确保注意力集中于系统的某一点上。

图 5-26 是大学课程选修系统的三个 DFD 片段,每个 DFD 片段显示了通过过程、外部实体和内部数据存储之间的交互而对事件的整个响应过程,每个 DFD 片段仅需表示要响应相应事件的那些数据存储。同理,图 5-27 是医院门诊管理系统的三个 DFD 片段。

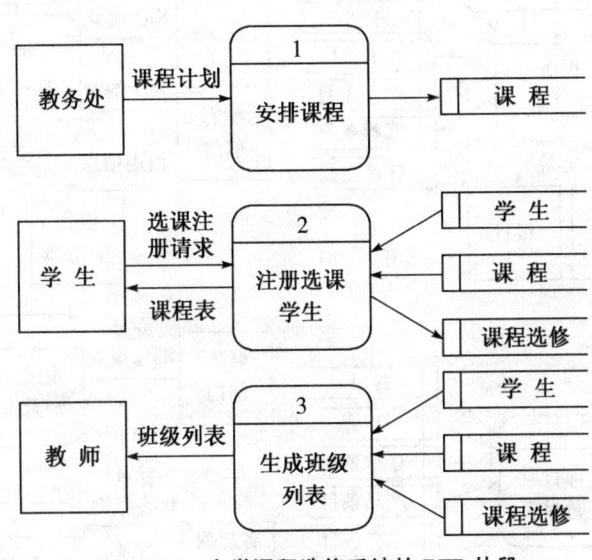

图 5-26 大学课程选修系统的 DFD 片段

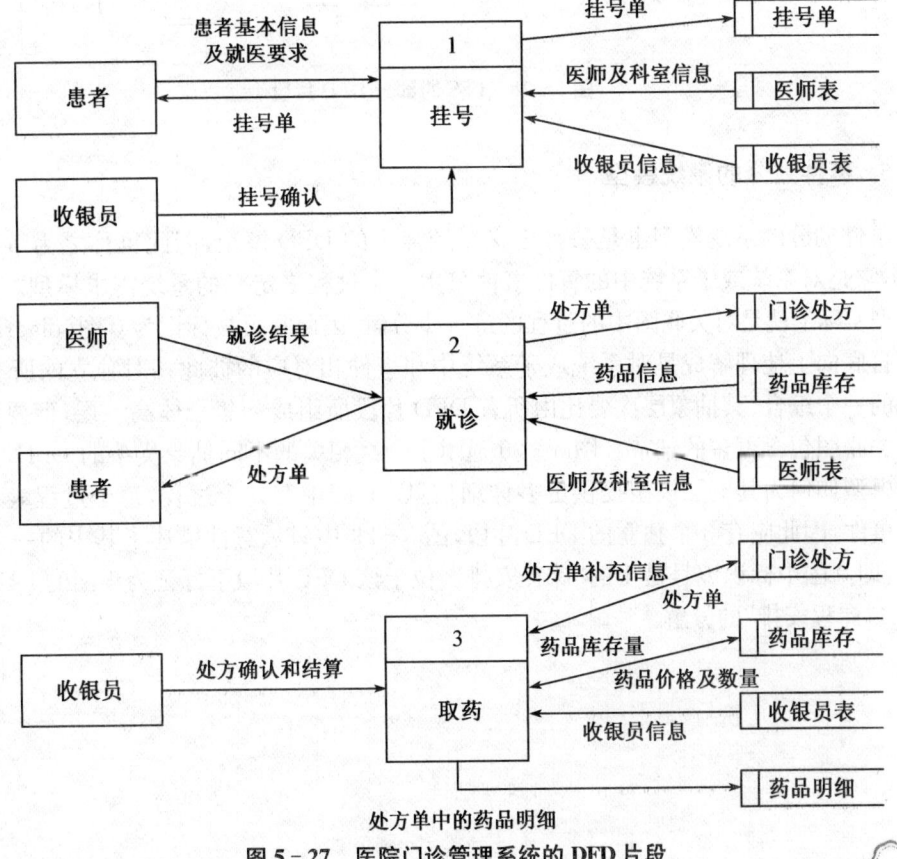

图 5-27 医院门诊管理系统的 DFD 片段

表 5-1 中定义了 CSS 的 20 件事件，因此对应于有 20 个 DFD 片段。图 5-28 中仅定义了 CSS 的部分 DFD 片段，其余部分读者可自己创建。

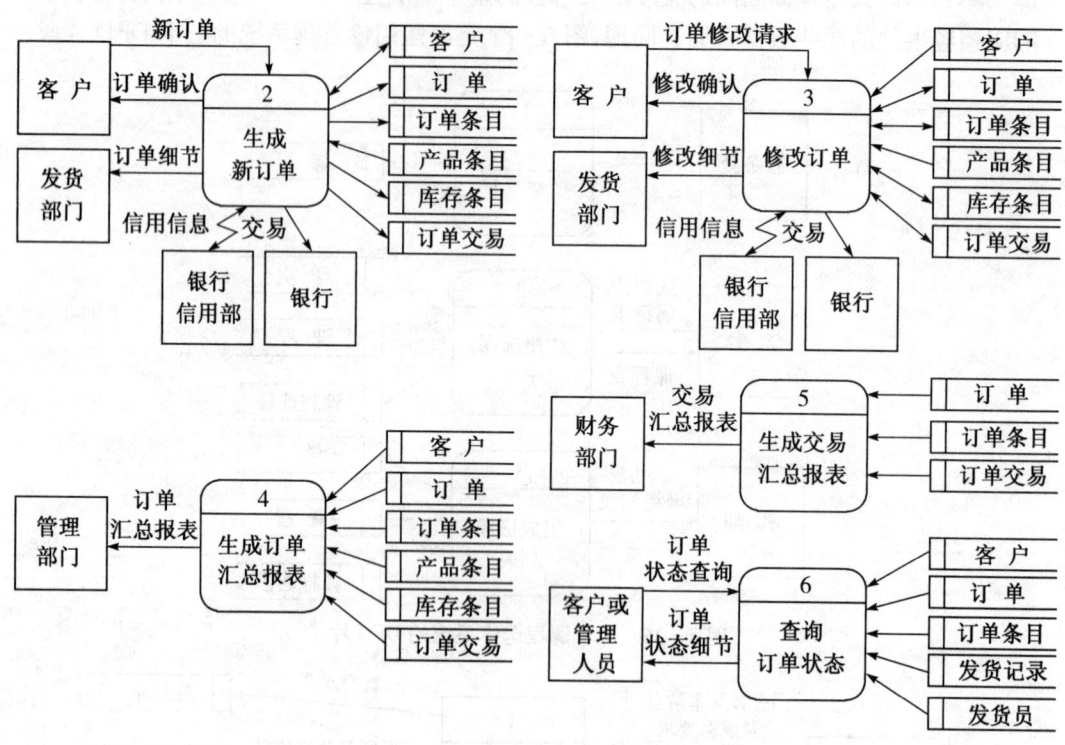

图 5-28 CSS 的部分 DFD 片段

5. 事件划分的系统模型

事件划分的系统模型也是一种定义系统需求的 DFD 模型，因此也称之为事件划分 DFD，它是对系统或子系统中的每件事件只用一个过程来定义的系统需求模型。事件划分模型实际上就是对关联图中的过程的进一步分解，因此它可被标记为 0 图（diagram 0），也可自底向上地理解成是对系统或子系统中和事件相对应的彼此相对独立的所有 DFD 片段的一个综合，其抽象层次要比由所有 DFD 片段所组成的集合体高一层，但要比其上层的关联图包含更多的细节。图 5-29 显示了一组相关的不同抽象类型的 DFD，体现了下层模型如何为其上层模型提供更多详细信息。0 图中有 3 个过程，每个过程表示响应一件事件，因此应有 3 个独立的 DFD 片段，图 5-29 中只示意性描述了其中的一个 DFD 片段，即 0 图中标识编号是 1 的"课程安排"，位于该 DFD 片段下标记为 1 图的 DFD 是对过程 1"课程安排"的分解。

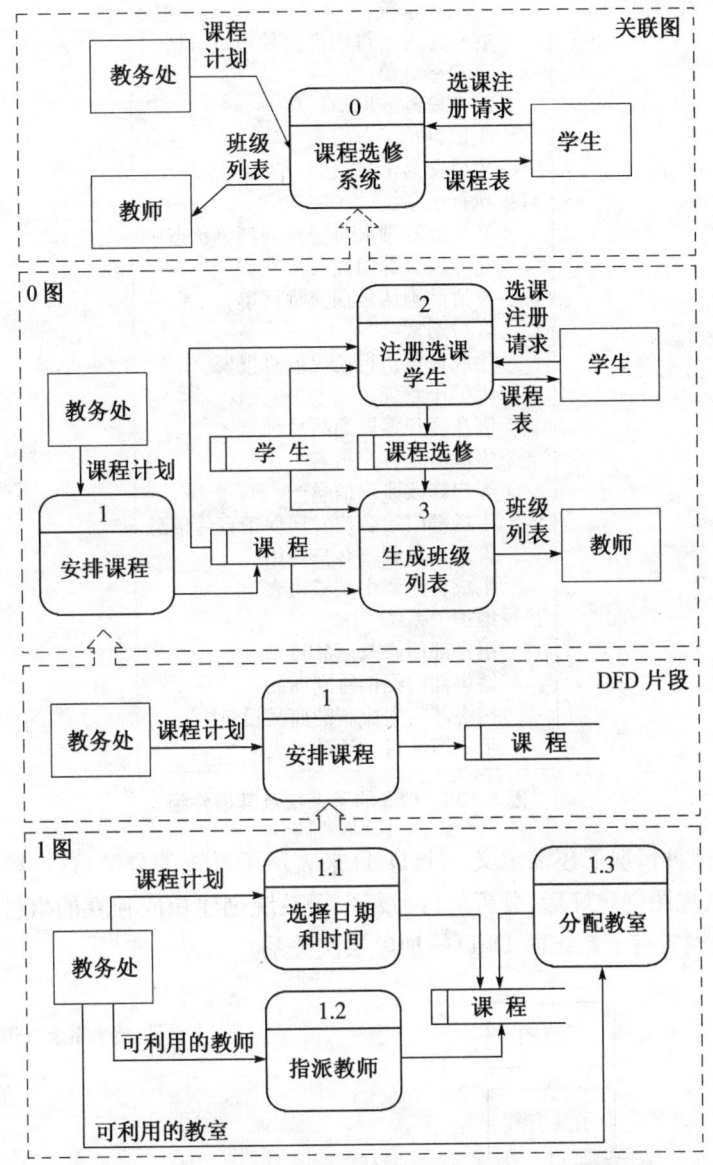

图 5-29　大学课程选修系统的 DFD 抽象层次示意图

CSS 有 20 个事件，因此在事件划分模型中应有 20 个过程。显然这样的图将会很臃肿庞大且难于阅读，一种自然的也是系统性的解决方法是把系统分解成若干个子系统。分析员通常根据事件列表进行系统分解：查看事件列表中的所有事件信息，按其与外部实体、数据存储的交互的相似性及过程需求的相似性来定义组成子系统的事件组。图 5-30 列出了 CSS 的子系统及其事件组。

图 5-30　CSS 的子系统及其事件组

因此,在这种情况下还需定义一个 DFD 来表示子系统的分解,这一模型称为子系统图。一旦子系统图创建好后,分析员再为每个子系统创建相应独立的事件划分模型。图 5-31 描述了当含有子系统时 DFD 的抽象层次关系。

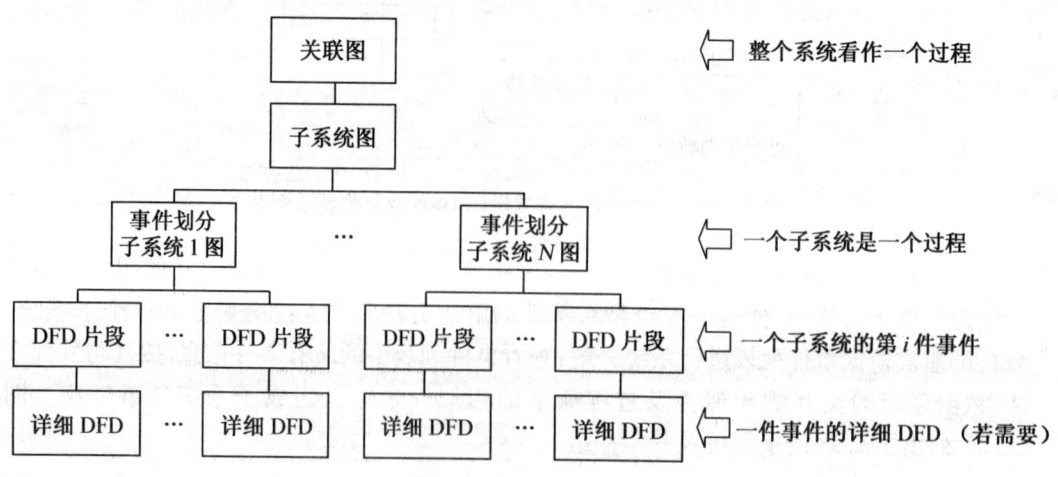

图 5-31　含有子系统时 DFD 的抽象层次关系

图 5-32 是根据图 5-30 中的信息所创建的 CSS 子系统图,可以想象若不用子系统

DFD 而直接把 20 个事件放在一张 DFD(事件划分模型)中将是多么复杂。需要说明的是,为避免数据流的交叉太多,影响 DFD 的可读性,同一个外部实体在同一个 DFD 中可以重复出现,对重复出现的外部实体符号,需要在其左上角添加一条 45°的斜线或小直角线,表示是对同一实体的不同拷贝。图 5-33 是 CSS 订单登录子系统的事件划分模型,当然分析员还需为其他三个子系统创建事件划分的系统模型。

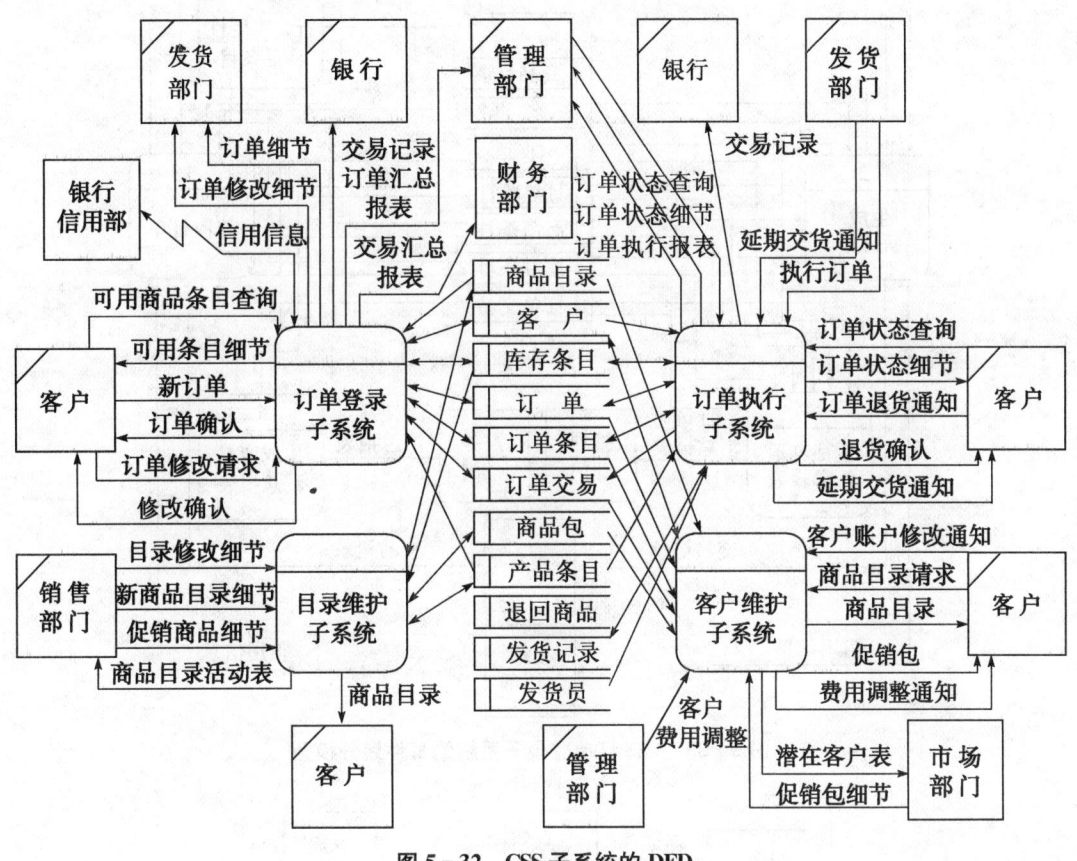

图 5-32　CSS 子系统的 DFD

6. 过程分解

对一些事件来说,DFD 片段的抽象粒度还不足以了解其处理细节,可能会包括许多更细的处理行为需要分析员去探讨。就像关联图可以分解为事件划分模型图一样,一个 DFD 片段也可以分解为子过程,过程分解后所得到的子过程可看作完成一个过程的主要步骤,这种进一步的分解程序有助于分析员了解更多的需求,同时也形成所需的相关文档。图 5-34 显示了 CSS 编号为 2 的 DFD 片段"生成新订单"的较为详细的过程分解DFD,该 DFD 标记为 2 图(它是对标识号为 2 的过程分解),子过程的标识被编号为 2.1、2.2、2.3 和 2.4。其中的编号方式并不表示子过程的执行顺序;过程分解只是分割事件细化工作一种方法,你还可以通过其他途径达到这一目标。

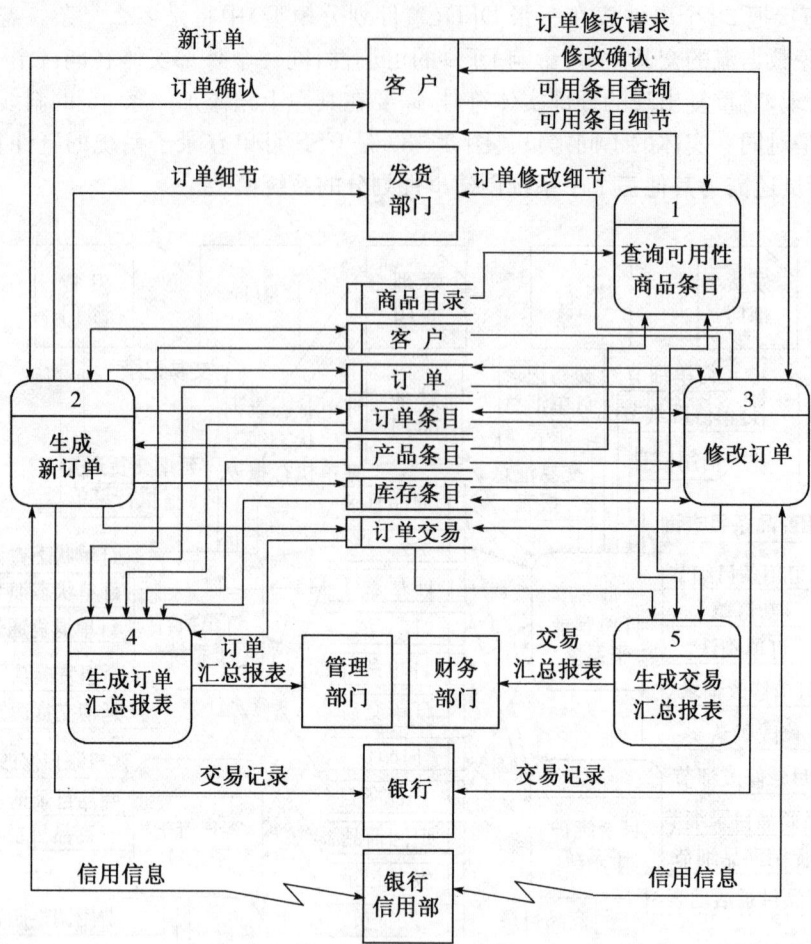

图 5-33 CSS 订单登录子系统的事件划分模型

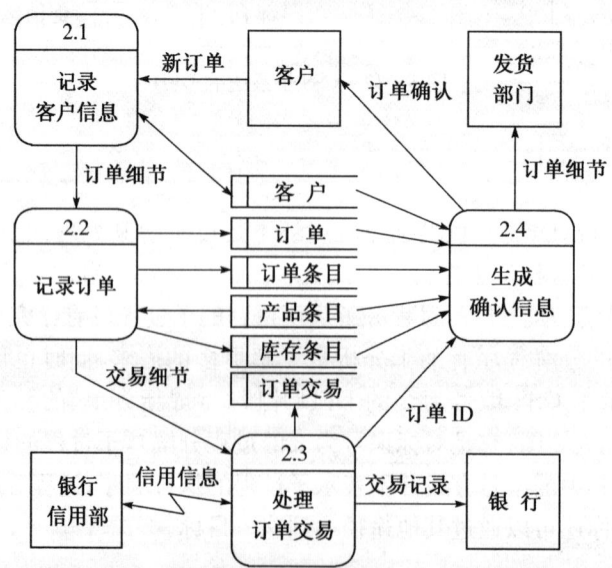

图 5-34 "生成新订单"过程的一个更详细的 DFD

7. 构造 DFD 需考虑的问题

高质量的 DFD 不仅能正确地表示系统需求，而且应具有很好的可读性和高度的内部一致性。DFD 的正确性主要取决于分析员对各种风险责任人所描述内容的掌握和理解，而 DFD 的可读性和一致性则要求分析员在创建 DFD 的过程中适当运用和遵守一定的规则。因此，构造 DFD 时需考虑的问题和评估 DFD 的质量，这两者一脉相承，倘若在构造 DFD 的过程中充分考虑了相关规则，则所绘制的 DFD 就会有一定的质量保证。

(1) 确保 DFD 的最低复杂性

众所周知，所有人对复杂信息的理解和使用均受到一定能力的限制。当大量信息同时出现时人们马上变得无法理解和接受，这种现象常称为"信息过载"(information overload)，因此使 DFD 的复杂性降到最低的目的就是避免"信息过载"现象的发生。读者已经了解到构造 DFD 的过程实际上就是不断"抽象"和"分解"的过程，将复杂的综合的信息处理过程分解成若干个较小的且相对独立的子集，当然每个子集本身又具一定数量的可理解性的信息以帮助人们理解和接受它。如果想要获得某个过程的更详细的信息，则转移到其下一个层次的 DFD，反之，如果想要了解某个 DFD 如何与其他 DFD 相关联，则转移至其上一个或更高层次上的 DFD。

DFD 的抽象层次为避免"信息过载"现象提供了可能，分析员在层次"分解"过程中，须把握好"7±2 法则"的运用。"7±2 法则"就是著名的米勒(Miller)法则，也称为米勒数，它源于对心理学的研究，研究表明一个人可同时有效地记忆、理解与使用的信息块的数量介于 5 和 9 之间，若信息块数量过多则易引起"信息超载"现象，信息块是一个抽象的概念，可以指任何事物包括名字、数字、表中的一段文字或一幅图的组成部分等。"7±2 法则"应用于构造 DFD，主要体现在两个方面：单个 DFD 中所包含的过程的数目不宜多于 7±2；单个 DFD 中流进和流出一个过程、一个数据存储的数据流的数目不宜多于 7±2 (有些人将这个运用单独称为"接口复杂性最小化法则")。当然，这一法则的运用不是绝对的，只是一种通用性的指南，否则可能会引起一些潜在的问题。

(2) 保证数据流的一致性

分析员在建立不同抽象层次类型的 DFD 时或在同一 DFD 中，有时会出现因疏忽、遗漏、差错等引起数据流的不一致性的情况，以下是三种常见的且易于判别的不一致性错误。

1) 数据流包含的内容在父图和子图之间的不平衡：子图是对其父图的过程进一步分解细化的结果，因此流入或流出某个层次上 DFD(父图)中的一个过程的数据流所包含的内容，必须要和对这个过程分解后所得到的 DFD(子图)中流入或流出相应的所有过程的数据流内容的总和一致，这种一致性被称为"平衡"，把握"平衡"的关键在于对数据流内容的理解，数据流和数据流的内容两者是不同的概念，同一个数据流在不同层次上的 DFD 可能会被赋予不同细节程度的内容，父图中的一个数据流在子图中可能会通过若干个更小更细致的数据流来表示，但其内容总量不变。因此分析员在"平衡"性的验证上要留心数据流的组成成分，而不要只片面关心数据流的名称。

2) 数据流的流入端与其流出端不一致：根据定义，过程将输入数据转换为输出数据，数据流不能无意义地流经一个过程。因此，构造 DFD 时，要保证流入一个过程的数据流，必须完整地流出或用于生成新的数据流流出,否则,这种情形被称为"黑洞"现象(black hole)。图 5-35 给出了与该规则相冲突的一个"黑洞"的例子,数据元素 A、B、C 流入了过程但没有流出,数据元素 A 用来判定如何计算 X 的值,因此 A 必须输入,而 B、C 在过程的输出上没有发生任何作用,因此它们不应列入输入元素序列。

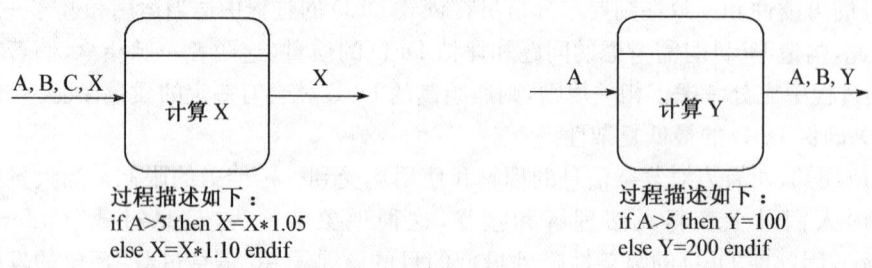

图 5-35 含有不必要的数据输入的过程(黑洞)　　图 5-36 含有不可能的数据输出的过程(奇异)

3) 数据流的流出端与其流入端不一致:同样,构造 DFD 时,还要保证从一个过程流出的数据流必须是已经流入的数据流或根据流入的数据流而生成的新的数据流,否则,就被称为"奇异"现象(miracle)。图 5-36 给出了与该规则相冲突的一个"奇异"的例子,数据元素 A、B、Y 从该过程流出,且数据元素 A 流入该过程,Y 的值是根据 A 的值按一定算法计算而得的,而输出的数据元素 B 既不是流入的数据流,也不是经过内部处理逻辑加工之后的结果,因此这要么是一个错误(数据元素 B 应删除),要么就是一个疏忽(过程中应添加相应的业务处理)。

当然,上述第二三两条对数据流一致性的检查规则同样适合于数据存储,也就是说从一个数据存储中读得的数据必须是在这之前就已经写进去的数据,同样,所有写入数据存储中的数据一定会在将来的某个时刻被用到。对数据存储一致性的检查要比对数据流一致性的检查复杂一些,因为相同的数据流可能会在不同的 DFD 中进出数据存储。

由此可见,数据流一致性包括多个方面的内容,对数据流一致性的检查不能说是一个复杂的过程,但确实是一件非常乏味的事件,好在目前大多数 CASE 工具支持对数据流一致性的自动检查。

5.4.3 细化 DFD 的其他模型——过程描述和数据定义

结构化方法中,一个 DFD 综合地刻画了系统内部三种类型的成分——过程、数据流和数据存储,但这些组成成分尚有许多有待于进一步描述的细节。首先是详细地定义位于最底层的各个过程;其次,需根据数据流所包含的数据元素来定义数据流,根据数据存储所包含的数据元素来进一步定义数据存储,同时,还需适当地定义每一个数据元素。所有这些对 DFD 进一步细化的内容可以看作对 DFD 补充说明的文档。

1. 过程描述——处理逻辑的表达

DFD 中的每一个过程都必须有一个形式化的定义,而这种形式化的定义方法可以有多种选择。例如上述讨论的"过程分解"本身就是一种形式化的定义方法,在这种方法中,位于父图中的一个层次较高的过程的定义是通过位于一个子图中的若干个被分解后的层次较低的过程来完成的,相应地,这些较低层次上的过程可以进一步分解定义为层次更低的过程。如此下去,直至一个"临界点"状态,所谓"临界点"就是对过程无须再由 DFD 定义的状态,也就是说这时的 DFD 无须做进一步的分解,"临界点"的出现标志着一个过程已经简单到可以用另外一种方法来对其进行描述,常见的描述方法有结构化英语、决策表和判定树。在这些方法中,每个过程都被要求用一个逻辑算法的形式来描述,因此选择描述方法时要考虑到表达形式的紧凑性、可读性和无二义性。在一些参考文献中,这些方法也称为"处理逻辑的表达(process descriptions)"。

(1) 结构化英语

所谓结构化英语是一种介于结构化程序设计语言和自然语言之间的用于描述过程的方法。"介于两者之间"是指,运用一些有关结构化程序设计的语法规则,包括锯齿(缩进结构)书写格式以便阅读,但又不具体涉及计算机的概念,是一种形式化的描述方法。通过结构化英语所描述的一个过程的算法,不是一个计算机程序,还不能直接在计算机上运行而只是一个逻辑模型。图 5-37 一个是由结构化英语描述的图 5-34 中"记录客户信息"的实例。

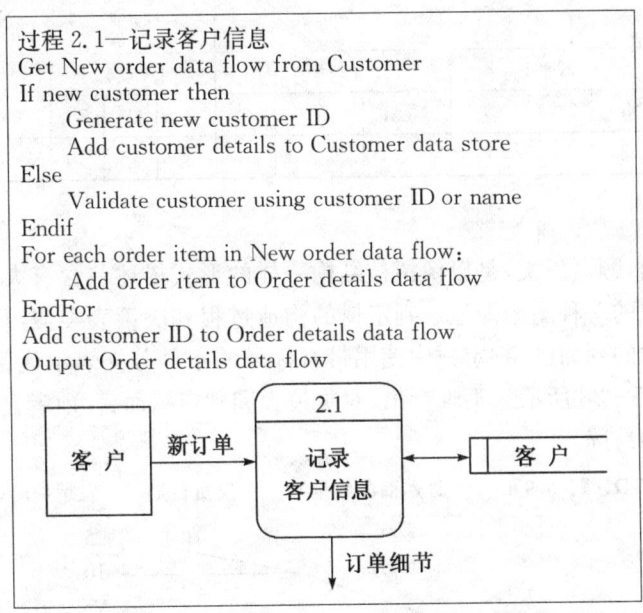

图 5-37 一个由结构化英语描述过程的例子

结构化英语适用于描述一个过程包含有一系列要求连续顺序处理的步骤且其业务处理的控制逻辑相对简单(比如一条简单的 loop 语句或 if-then-else 语句)的情形。倘若一个业务过程的控制逻辑相对复杂的话,即包含有多个决策条件以及对这些条件的大量组合应用,结构化英语的表达就显得相当冗长和难于读懂,并且容易出错。在这种情况下,决策表和判定树则显得相对简洁、直观。

(2) 决策表

所谓决策表是以表格形式描述包含有大量逻辑判断、逻辑组合应用的过程。决策表由四个部分组成,首先确定决策变量和它们的可能取值(或取值范围),这些逻辑变量或逻辑条件列在决策表的左上角,在这一步要注意的是,要把可能取值(或取值范围)数目越少的决策变量越放在上面;然后,把每个决策变量的可能取值(或取值范围)数目的乘积结果作为逻辑条件的所有可能的组合数,列出这些条件并把它们放在决策表的右上角;最后对照左下角的决策目标(决策目标可能有多个的现象,如发运费用、急件发货),确定各种条件组合下所应采取的行动或计算公式,对无法用具体公式表示的行为,如在满足"急件发货"的条件下,则在相应的条件组合下画一个勾表示,并把它们列在决策表的右下角。

例如,用决策表定义 CSS 发运费用规则:根据客户本年度已订购的总额 YTD(Year To Date,参考标准 500 元)以及这次订购的商品数量 N(参考标准 4 件)和所要求发货日期(有三种可能的选择:次日、3 天内、1 星期内)的要求,实行不同的收费标准。该例共有 3 个条件决策变量:当年已订购额、订购商品数量、发货日期,按其可能的取值或值域共有 $2\times2\times3$ 种组合,以此决策目标是如何计算发运费用。对该过程所构造的决策表如表 5-2 所示。

表 5-2 一个用决策表描述过程的例子

YTD 订购 >500 元	Yes						No					
订购商品数量 N	$N<4$			$N>=4$			$N<4$			$N>=4$		
发货日期	Next	2nd	7th	Next	2nd	7th	Next	2nd	7th	Next	2nd	7th
发运费用(元)	25	10	$N*1.50$	$N*6.00$	$N*2.50$	Free	35	15	10	$N*7.50$	$N*3.50$	$N*2.50$

(3) 判定树

所谓判定树,顾名思义,是以像树枝结构一样的形式描述包含有大量逻辑判断、逻辑组合应用的过程的一种图形模型。判定树的构造过程和决策表类似,只是用决策表中的行作为判定树中的列而已,判定树中使用带有标号的条件分支表示代替决策表中的条件分组表示,如图 5-38 所示。不难看出,对决策表和判定树而言,前者显得紧凑和严谨,后者则显得直观和易读。

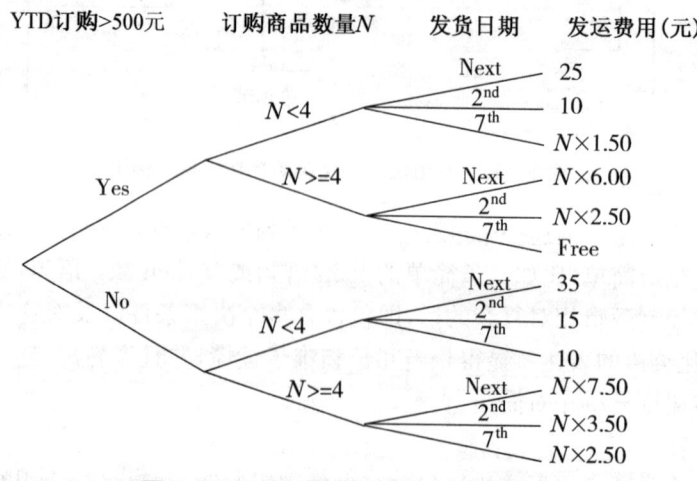

图 5-38 一个用判定树描述过程的例子

2. 数据定义

通常,对数据流的定义和对数据流中的数据元素的定义以及对数据存储的定义通过数据字典的形式加以描述。所谓数据字典(data dictionary)是一个关于数据描述信息的文件,也就是关于数据的数据,它实际上也是一种元数据(metadata)。图 5-39 说明了数据字典定义的对象及其层次结构,以下将对如何描述这一层次结构中的对象作具体介绍。

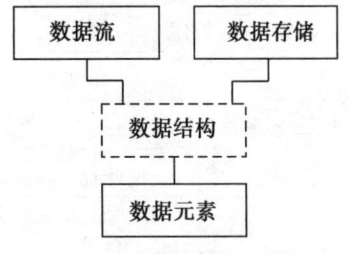

图 5-39 数据字典定义的对象

(1) 数据流的定义

数据流就是以文本的形式对数据流的内容及其内部结构进行描述。数据流是数据元素的集合,因此定义数据流时将要列出所有的数据元素。例如,"新订单"数据流包含客户名称、信用卡号和商品种类及每类数量等数据元素,这些数据元素都需由系统保存,它们一般与 ERD 中数据实体的属性相一致。数据流的定义有些会涉及一些较为复杂的结构,例如"新订单"中的商品种类及每类数量实际上是一种重复结构,亦即可能会订购多种不同商品及数量。数据流定义的方式有两种:条目式和代数式。条目式只是简单地列出所有的数据元素,代数式则还需借助一些简单的数学符号以反映数据元素之间的关系,条目式虽然简洁但不能体现出数据元素间的结构,因此能体现结构性的代数式文档显得更为有效。图 5-40 展示了数据流的两种定义方式。另外,数据流定义允许嵌套的形式,即一个数据元素可以是其他数据元素的结构。

```
New_Order:                          New_Order=
Customer_Name                       Customer_Name+
Customer_Address                    Customer_Address+
Credit_Card_Information             Credit_Card_Information+
Item_Number                         ₁ᴺ{Item_Number+Quantity}
Quantity
        (1) 条目式                              (2) 代数式
```

图 5-40 数据流定义的方式

表 5-3 和图 5-41 展示了一个较复杂的样例报表及相应的数据流定义,该报表的结构先在产品上重复分组,然后又在产品中嵌入库存条目的重复分组,该报表的数据流定义需体现出这些结构特征。

表 5-3　CSS 产品与库存条目汇总报表的一个样例

产品与库存汇总报表

编号	名称	季节	目录	供应商	单价	优惠	优惠价	终止订购
		春/夏	衣着	8201	35.00	No	0.00	No

描述　全棉外穿长裤

尺寸	颜色	款式	库存量	临界值
大号	灰色	有褶条	3000	200
大号	黑色	一色	2000	200
小号	蓝色	有褶条	3000	200
小号	灰色	一色	3000	200
小号	黑色	一色	5000	200

编号	名称	季节	目录	供应商	单价	优惠	优惠价	终止订购
		春/夏	衣着	8201	28.00	No	0.00	No

描述　轻质棉衬衫

尺寸	颜色	款式	库存量	临界值
大号	灰色	圆领	3000	200
大号	黑色	V字领	2000	200
小号	蓝色	圆领	3000	200
小号	灰色	V字领	3000	200
小号	黑色	V字领	5000	200

$$\begin{aligned}
&\text{Products\_and\_items\_Reports} = \\
&{}_1^N\{\text{Product\_ID} + \text{Product\_Name} + \text{Season} + \text{Category} + \\
&\quad \text{Supplier} + \text{Unit\_Price} + \text{Special} + \text{Special\_Price} + \\
&\quad \text{Discontinued} + \text{Description} + \\
&\quad {}_1^N\{\text{Size} + \text{Color} + \text{Style} + \text{Units\_in\_Stock} + \text{Reorder\_Level}\} \\
&\}
\end{aligned}$$

图 5-41　CSS 产品与库存条目汇总报表的数据流定义

(2) 数据元素的定义

数据元素就是对数据元素的具体含义及其数据类型等的描述,其定义形式如表 5-4 所示。每个数据元素应能清楚地指出它所表示的含义,举个简单例子,"出售日期"是一个意义含混的数据元素,它可以是指订货的日期,也可以是指交易账单的支付日期,有时同一数据元素在同一组织内的不同部门之间甚至具有不同的定义,因此对分析员来说,确切地说明数据元素的意义很重要。数据元素定义的备注信息因其数值类型的不同而异,或作其他的特别说明。

表 5-4　数据元素定义的格式

数据元素	含　义	类　型	备　注
Order_ID	订单编号（代码）	字符型	长度，每位代码的含义
Customer_Name	客户名称	字符型	中间不允许有空格
Items_in_Stock	商品条目库存量	整数型	允许的取值范围
Unit_Price	商品单价	浮点数	单位，取值范围
Special	商品的促销状态	布尔型	1:True；0:False

（3）数据存储的定义

考虑到一个数据存储表示 ERD 中的一个数据实体，因此无须对数据存储作特别定义。若一个数据存储没有和 ERD 相关联，则分析员可采用和数据流定义相同的方法把数据存储定义成一个可能含有结构的数据元素的集合。

综上所述，结构化方法的系统需求定义包含四个方面的内容：实体—关系图、数据流程图、过程定义以及数据定义，它们相互连锁，共同构成了系统分析的逻辑模型，如图 5-42 所示。其中的 DFD 提供了系统最高层次的视图，它综合表示了过程、数据存储、外部实体以及它们之间的数据流动关系，分析模型中的其他组成部分则对 DFD 中的某个方面做了进一步的描述。

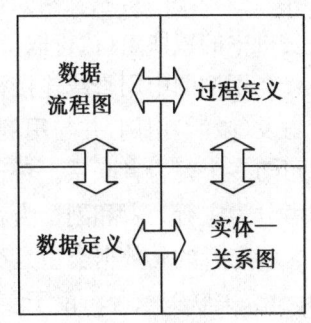

图 5-42　结构化方法的系统分析模型的构成

5.5　面向对象的需求定义方法

从上一节已经了解到结构化方法如何用事件列表和实体—关系图驱动新系统应用需求的开发的，在这一小节将继续介绍面向对象方法如何用事件列表和类图来开发新系统的需求。

面向对象的观点认为客观世界由相互交互的对象组成，面向对象方法定义系统需求通常包括结构化方面的信息和行为化方面的信息这两个部分。结构反映的是系统的各组成部分及其关系，类图提供了系统组成部分及其关系的定义，因此类图为新系统提供了非常重要的结构化信息，当然除此之外还需考虑物理实施的类，如用户界面类，称之为实施类。而行为反映的是这些组成部分的执行逻辑，通过行为信息来描述这些组成部分如何协作在一起。这些描述又可分为两方面：一是必须理解和描述出不同对象之间的交互，这些交互表现为对象之间的消息；二是一个对象接受其他对象发来的消息时如何响应。这些正是这一小节所要讨论的主要内容，以 CSS 为主要应用实例，按 UML 标准来定义系统需求模型（有关 UML 更详细完整的内容请读者参阅其他专业书籍）。如果说类图说明了系统的组成部分是什么，表达的是系统的静态视图，那么这里所要定义的模型则侧重于描述新系统的行为方面，表达的是系统的动态视图。

5.5.1 系统行为：面向对象的用例图与用例模型

1. 参与者及其关系

参与者(Actor)是指与系统交互的人或其他系统，它代表外部实体。使用用例并且与系统交互的任何人或物都是参与者。参与者代表一种角色，而不是某个具体的人或物。例如，在自动售货机系统中，使用售货功能的人既可以是张三（买矿泉水），也可以是李四（买可乐），但是不能把张三或李四这样的个体对象称为参与者。事实上，一个具体的人可以充当多种不同角色。例如，某个人既可以为售货机添加商品（执行供货功能），又可以把售货机中的钱取走（执行取货款功能）。

在用例图中用直线连接行为者和用例，表示两者之间交换信息，称为通信联系。行为者触发（激活）用例，并与用例交换信息。单个行为者可与多个用例联系；反之，一个用例也可与多个行为者联系。对于同一个用例而言，不同行为者起的作用也不同。可以把行为者分为主行为者和副行为者，还可分为主动行为者和被动行为者。

参与者的元数据类型是类的一种特殊版型，因此类之间的关系也适合于参与者之间，如泛化、关联关系等。由于参与者一般是系统之外的对象，只需要观察其对系统的影响或者受系统的影响，通常不需要详细建模。但是有一部分参与者本身也会转换为系统内部对象，如用户对象等，因此对这一类参与者有必要进行详细建模，只不过应该在系统建模阶段来细化对象之间的关系。一般来说，在确定系统边界和功能期间，不宜对这种对象的细节进行细化，但在不影响直观性的前提下，可以定义参与者之间的泛化(Generalization)关系。

泛化关系就是一种分类或抽象关系，可以把参与者看成一般对象，只不过是系统之外的对象，具体的参与者和更加抽象的参与者之间的关系可以使用泛化关系来表示。例如，课程注册系统的用户主要分为系统管理员、教师用户和学生用户等几种类型，其中用户是抽象的，可分为系统管理员、教师和学生三种具体类型，参与者之间的关系如图5-43所示。

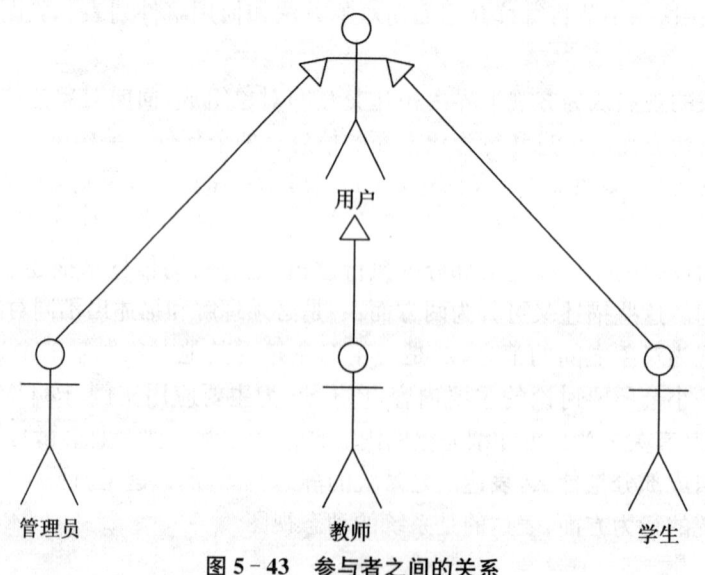

图5-43 参与者之间的关系

参与者之间也可以有关联关系，但因为参与者一般是系统之外的对象，一般不需要对这些关系建模。我们研究参与者的目的是为了从系统之外的相关因素（环境因素）来认识和建模系统，这是由于系统本身的复杂性所致。

2. 用例及其关系

用例（Use Case）的全称为使用案例，是系统功能执行过程的抽象，也是参与者为了达到一定目的而与系统进行交互的过程的抽象。在 UML 中，用例使用带有文字描述的椭圆图标来表示，如图 5-44 所示。

图 5-44 用例的表示

一个用例是可以被参与者感受到的、系统的一个完整的功能。在 UML 中把用例定义为系统完成的一系列动作，动作的结果能被特定的参与者察觉到。这些动作除了完成系统内部的计算与工作外，还包括一些参与者的通信。用例通过关联与参与者连接，关联指出一个用例与哪些参与者交互，这种交互是双向的。

用例一般具有以下特征：
(1) 用例代表某些用户可见的功能，实现一个具体的用户目标；
(2) 用例总是被参与者启动的，并向参与者提供可识别的值；
(3) 用例必须是完整的。

注意，用例是一个类，它代表一类功能而不是使用该功能的某个具体实例。用例的实例是系统的一种实际使用方法，通常把用例的实例称为场景（scenario，也称为脚本）。场景是系统的一次具体执行过程，例如，在自动售货机系统中，张三投入硬币购买矿泉水，系统收到钱后把矿泉水送出来，上述过程就是一个脚本；李四投币买可乐，但是可乐卖完了，于是系统给出提示信息并把钱退还给李四，这个过程是另一个脚本。

书写用例的一个事件流场景时，应该包括用例何时开始和结束，用例何时与参与者交互，什么对象被交互，以及该行为的基本流（也就是主事件流）和可选流（也就是异常事件流）。现以 CSS 的"生成新订单"（客户下订单）用例为例，它至少会有两个场景：客户生成电话订单的事件流和客户生成 Web 订单的事件流，图 5-45 分别描述了这两个场景。

UML 用例之间主要有扩展和包含两种关系，它们是泛化关系的两种不同形式。

(1) 扩展关系

向一个用例中添加一些动作后构成了另一个用例，这两个用例之间的关系就是扩展关系，后者继承前者的一些行为，通常把后者称为扩展用例。例如，在自动售货机系统中，"售货"是一个基本的用例，如果顾客购买罐装饮料，售货功能完成得很顺利，但是如果顾客要购买用纸杯装的散装饮料，则不能执行该用例提供的常规动作，而要做些改动。人们可以修改售货用例，使之既能提供售罐装饮料的常规动作，又能提供售散装饮料的非常规动作，但是，这将把该用例与一些特殊的判断和逻辑混杂在一起，使正常的流程晦涩难懂。图 5-46 中把常规动作放在"售货"用例中，而把非常规动作放置于"售散装饮料"用例中，这两个用例之间的关系就是扩展关系。在用例图中，用例之间的扩展关系用"《extend》"进行标识。

> **客户生成电话订单的事件流**
> 主流:客户打电话并与订单办事员交谈。订单办事员确认客户信息,若是一个新客户,则生成客户信息。客户请求订购商品条目,这时将触发生成新订单。办事员确认该商品条目有存货后,则将所订购的数量添加到订单中。然后客户请求订购余下的每一个商品条目,办事员确认后添加到订单中。最后,客户提供支付信息,办事员对其确认。至此订单处于就绪状态。
> 异常流:若一个商品条目没有库存,客户则可以选择不订购该商品或以延期订购的形式添加到订单中。若客户的信用不好,则只有收到客户支票且还清账务时订单才会送到客户手上。
>
> **客户生成 Web 订单的事件流**
> 主流:客户连接到 CSS 主页并进入订购页面。若是新客户,客户则要求打开新客户页面,输入包括密码在内的一些必要信息。然后系统链接到商品目录页面,客户通过分类查找各类商品条目,当客户找到所需订购商品时,点击"放入购物车"按钮把所购放入购物车。当把所有需要购买的商品放入购物车后,系统将显示订购清单,客户这时可更改其中的任一商品条目。系统然后再显示支付表格,客户输入其支付信息。当系统确认后,客户还有最后一次取消订单的机会。系统接受订单后,显示汇总的 Web 页面,并将汇总结果 Email 给客户。
> 异常流:若信用卡未通过验证,订单将被保留 24 小时,直到收到支付信息,其间客户可更改其订单信息。

图 5-45 "生成新订单"用例的两个场景

(2) 使用关系

当一个用例的行为包含另一个用例的行为时,这两个用例之间就构成了包含关系,也可称为使用关系。如果若干个用例有某些行为是相同的,即可把这些相同的行为抽取出来单独成为一个用例,称为抽象用例。这样一来,当某个用例使用该抽象用例时,这个用例就包含了抽象用例中的所有行为。例如,在自动售货机系统中,"供货"和"取货款"这两个用例的开始动作都是去掉机器保险并打开它,而最后的动作都是关上机器并加上保险,可以从这两个用例中把开始的动作抽象为"打开机器"用例,把最后的动作抽象为"关闭机器"用例。于是,"供货"和"取货款"用例在执行时必须使用上述的两个抽象用例,它们之间便构成了包含关系。在用例图中,用例之间的包含关系用"《include》"或"《uses》"进行标识,如图 5-46 所示。

注意扩展与使用之间的异同:这两种关系都意味着从几个用例中抽取那些公共的行为并放入一个单独的用例中,而这个用例被其他用例使用或扩展,但是使用和扩展的目的是不同的。通常在描述一般行为的变化时采用扩展关系,而在两个或多个用例中出现重复描述又想避免这种重复时可采用使用关系。

3. 用例图与用例模型

用例图是 UML 用于对系统的动态方面建模的几种图之一。一幅用例图包含的模型元素有系统、参与者、用例及用例之间的关系,如图 5-47 所示为用例图的一些组成符号。其中系统边界以一个矩形表示,上方注明系统名称,内部包含一个或多个用例;每个用例

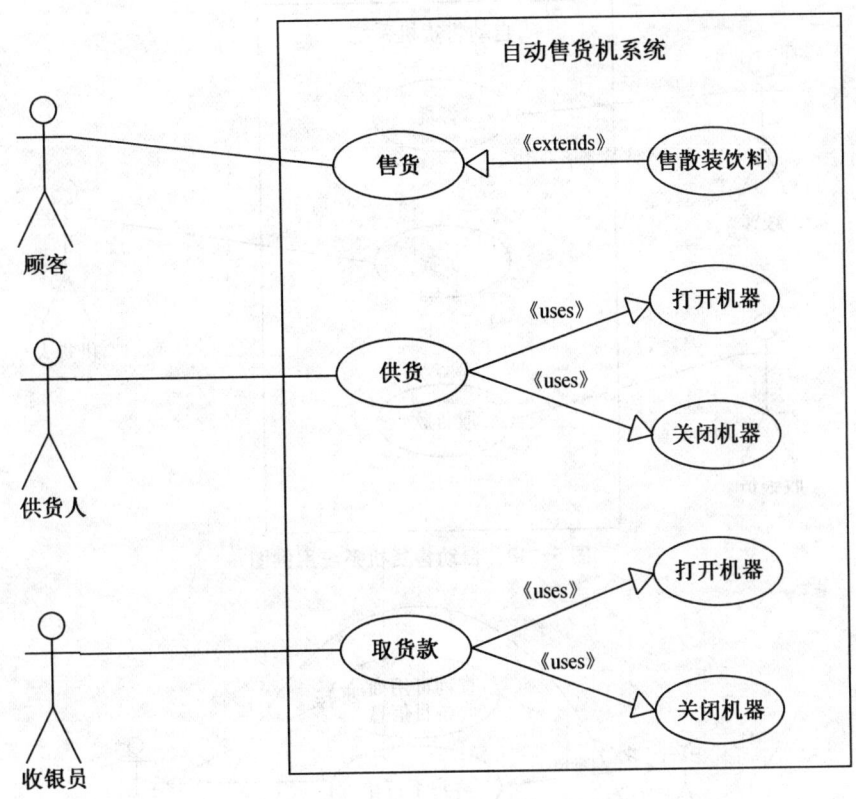

图 5-46 含扩展和包含关系的用例图

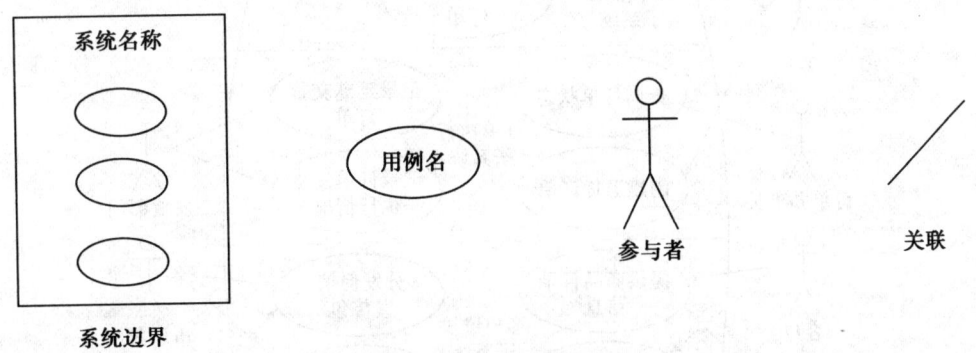

图 5-47 用例图的组成符号

由一个椭圆形表示,其中标上用例的名称;参与者用一个人形的符号表示;参与者与用例之间或用例与用例之间的关联均用直线表示。如图 5-48 所示是自动售货机系统的用例图。

用例图中的用例源于事件列表中的业务事件,可以用不同的方法来组织用例图。一种方法是使用子系统,如图 5-49 所示,图中的 14 个用例对应于外部参与者触发的事件(内部触发事件在用例图中不被描述)。另一种方法是包含所有的涉及一个特定参与者的用例,如图 5-50 所示,它是一个与通过 Internet 访问的客户参与者相关的所有用例。

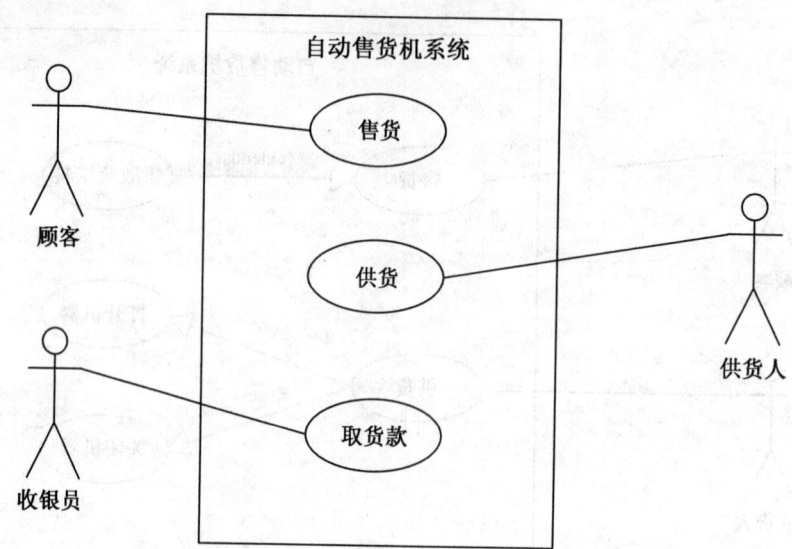

图 5-48 自动售货机系统用例图

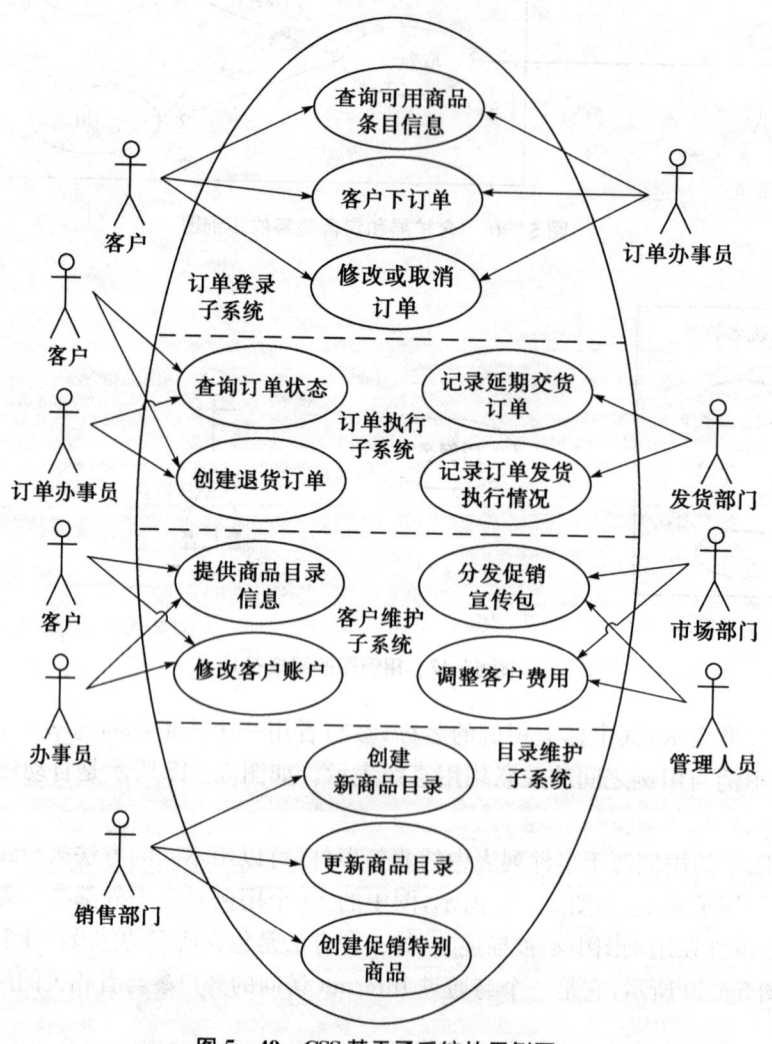

图 5-49 CSS 基于子系统的用例图

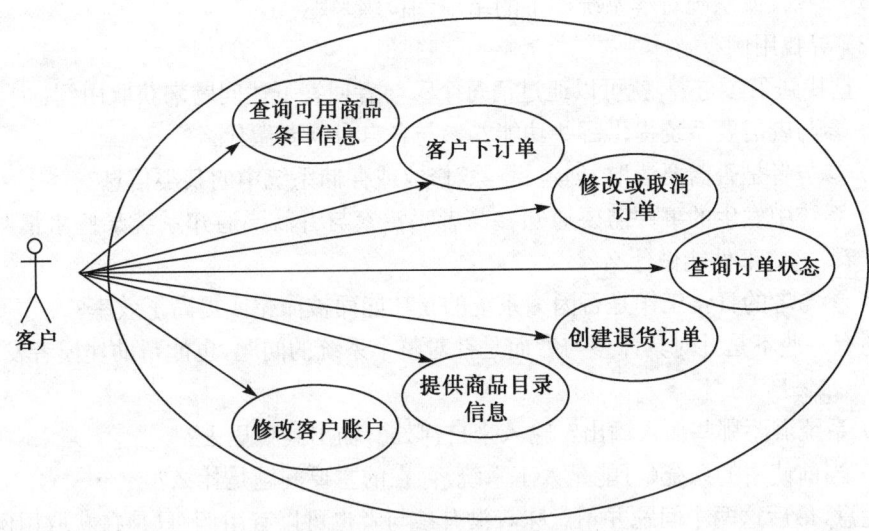

图 5-50　CSS 仅与客户相关的用例图

用例图提供了一个系统的概貌,包括系统的执行功能和系统的参与者,从这个意义上说,UML 中的用例图和结构化方法中的关联图及 0 层图相似,即定义了系统的范围。但用例图中就单个用于支持系统功能的用例来说更像是一个 DFD 片段。结构化建模和面向对象建模的一个主要差别在于系统自动边界的确定,在 DFD 开发中,外部实体总是信息源或信息宿,且不一定是一个与系统交互的实体,自动边界是在所有的过程均被细化后才确定,而在用例图中,参与者一定是与系统交互的角色而不管其是否是信息源或信息宿,这就是说 OO 方法在分析早期就能体现定义系统自动边界的思维过程。另一个不同是用例图不显示数据流,流进和流出系统的信息要到其后层次即交互图建模中再进行标识。

用例模型由一组用例图组成,其基本组成部件是用例、参与者和系统。用例图可描述软件系统和外部参与者之间的交互,其中用例代表从外部可见的系统的一个功能,可能包括完成某项任务的一系列逻辑相关的任务;参与者表示与系统交互的外部环境,可以是一个人、一个软件、一个硬件或其他与系统交互的实体。创建用例模型的工作包括:定义系统,寻找参与者,描述用例,定义用例之间的关系,确认模型。其中寻找参与者和用例是关键。

(1) 寻找参与者

为获取用例,首先要找出系统的参与者,可以通过请系统的用户回答一些问题的办法来发现行为者。下述问题有助于发现行为者:

1) 谁将使用系统的主要功能(主行为者)?
2) 谁需要借助系统的支持来完成日常工作?
3) 谁来维护和管理系统(副行为者)?
4) 系统控制哪些硬件设备?
5) 系统需要与哪些其他系统交互?

6) 哪些人或系统对本系统产生的结果(值)感兴趣？

(2) 寻找用例

一旦找到了参与者，就可以通过请每个参与者回答下述问题来获取用例：

1) 参与者需要系统提供哪些功能？参与者自身需要做什么？
2) 参与者是否需要读取、创建、删除、修改或存储系统中的某类信息？
3) 系统中发生的事件需要通知参与者吗？参与者需要通知系统某些事情吗？从功能观点看，这些事件能做什么？
4) 参与者的日常工作是否因为系统的新功能而被简化或提高了效率？

还有一些不是针对具体参与者而是针对整个系统的问题，也能帮助建模者发现用例。例如：

a) 系统需要哪些输入输出？输入来自何处？输出到哪里去？
b) 当前使用的系统(可能是人工系统)存在的主要问题是什么？

注意，最后这两个问题并不意味着没有参与者也可以有用例，只是在获取用例时还不知道参与者是谁。事实上，一个用例必须至少与一个参与者相关联。

5.5.2 对象交互：顺序图和协作图

1. 交互

在 UML 中，使用交互来对一个系统的动态方面建模，它通过描述所有的共同完成某些动作的对象来静态地设置它的行为步骤。所谓交互(interaction)是这样一种行为，它由完成一定任务的一组对象之间交换的消息组成。交互会涉及参与者和对象、消息、链、序列、创建和撤销等概念，一个交互也是由这些内容所组成的。

参与交互的对象既可以是具体的事物，也可以是一个原型化的事物。具体的事物来自用例图，是参与者所扮演的一个角色。原型化的事物来自类图，是用例中的内部对象即类图中一个对象类的具体对象(也称为实例，instance)，对于一个给定的抽象的对象类，可能会有若干个实例对象。参与者和对象这两个概念当它们的名字相同时很容易混淆，例如有一个名叫客户的参与者，也有一个名叫客户的对象，前者扮演客户的角色，代表系统外部的、物理的人，而后者是"制品"(artifact)，代表系统内部的虚拟的客户。

交互通过引入消息的动态序列做进一步的表示。消息就是传送信息的对象之间所进行的通信的详细描述、该信息带有对将要发生的行为的期望。消息所引起的动作是一个对业务行为的抽象而得到的可执行语句，一个动作将会引起对象的状态发生改变。

链(link)是对象之间的语义连接，是对象类关系的一个实例。每当一个类与另一个类之间有关联时，这两个类的实例之间就可能有链，每当两个对象之间有链存在时，一个对象就能向另一个对象发送消息，链指明了一个对象向另一个对象发送消息的路径。

当一个对象向另一个对象发送消息时，接受消息的对象可能会接下去发送消息给另一个对象，另一个对象又可能发送消息给下一个不同的对象，这些消息流就形成了一个序列。任何序列都有一个开始，只要任务不结束，消息序列就会继续。

多数情况下,参与交互的对象将在整个交互过程中存在,但是在某些交互的过程当中对象可以被创建(由 create 消息来说明)和撤销(由 destroy 消息来说明)。链也一样,对象之间的关系可以建立和消失。

当对交互建模时,通常既要包括对象又要包括消息,交互图可用来可视化地表示交互中的对象和消息。所谓交互图(interaction diagram)就是显示一个交互,由一组对象和它们之间的关系构成,其中包括在对象间传递的消息。交互图是一种侧重于系统动态性的视图,和用例图相比,就像"你能通过观察一条动脉上流过某一点的血液来理解人的循环系统"一样。交互图有两种具体的表示方法:顺序图和协作图。顺序图(sequence diagram)是一种强调消息的时间顺序的交互图,在图形上,顺序图是一张表,其中显示的对象沿 X 轴排列,而消息则沿 Y 轴按时间顺序排序。协作图(collaboration diagram)是一种强调发送和接受消息的对象之间的结构组织(上下层次关系)的交互图,在图形上协作图是顶点(参与交互的对象)和弧(对象间的链)的集合。

顺序图和协作图都是交互图,前者强调消息传递的时序,后者突出交换信息的对象之间的合作关系。在系统开发期间,你可以同时使用这两种图或其中的一种。喜欢自顶向下方法的人倾向于先构造协作图以得到协作实现一个用例的所有对象的一个概貌;喜欢自底向上方法的人倾向于先构造顺序图,但这时往往不再会去构造其协作图。大多数人更倾向于后者,好在顺序图和协作图是同构的,这意味着它们之间可以相互转换而不丢失什么信息。

2. 顺序图

顺序图用来显示场景或用例的事件流中所发生的交互,它侧重于对消息时序的描述。一张基本的顺序图由以下图形元素构成:对象及其生命线与活跃期、消息传递和注解,如图 5-51 所示。如图 5-52 所示为课程注册管理系统中学生选课注册顺序图。

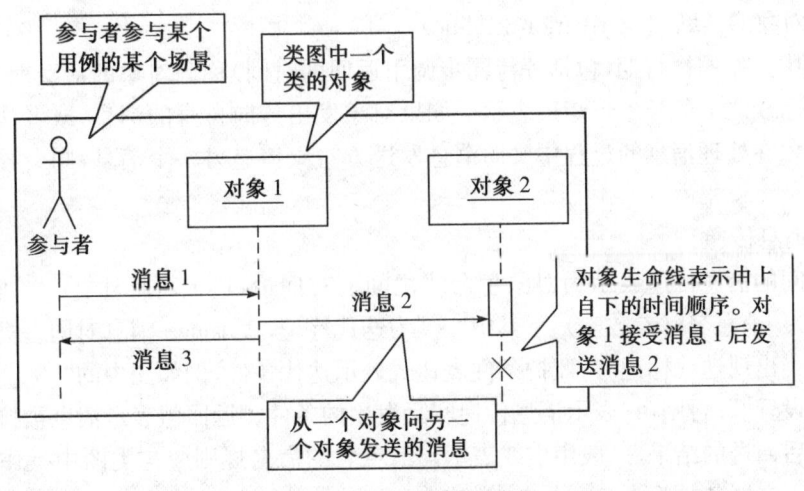

图 5-51 顺序图的符号表示

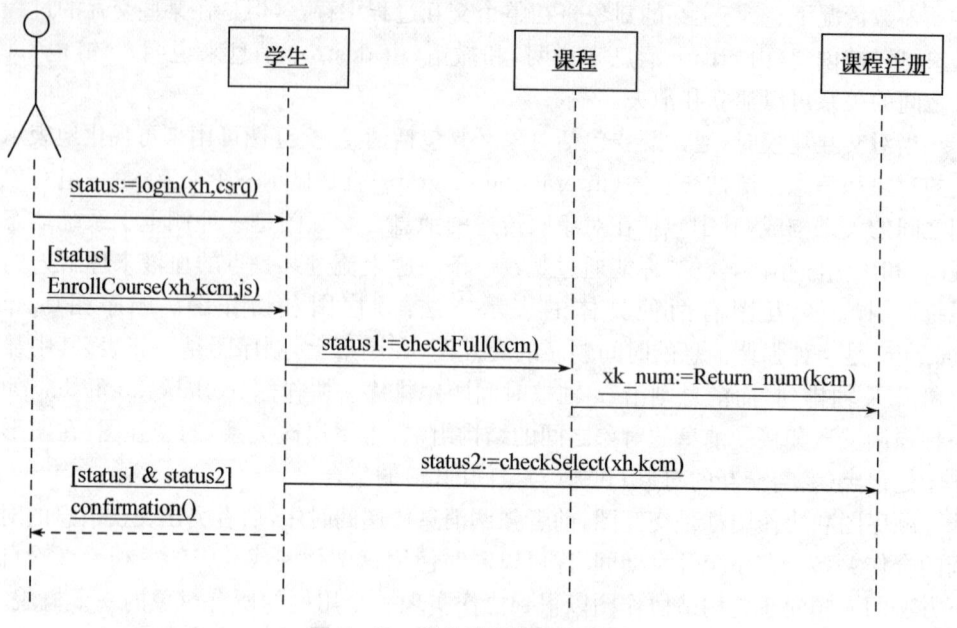

图 5-52 学生选课注册顺序图

(1) 对象

顺序图中的对象表示为嵌于矩形框内形如"[对象名]:[类名]"的文本,其中对象名、类名分别可省略,但不能同时省略。当一个类有多个对象参与同一张顺序图所示的交互时,或者当对象将作为参数出现在图中的某条消息中时,对象名就不能省略。

(2) 对象的生命线(lifeline)

对象之下的垂直虚线称为对象的生命线,表示在某段时间内对象是存在的。如果对象生命线的下方没有终结符,则表示对象在顺序图所表示的时间段之后依然存在。

(3) 对象的活跃期(activation lifeline)

对象中操作的执行期(包括等待同步调用返回的时间)称为对象的活跃期,它由覆盖于对象生命线之上的长条形矩形表示。如果对象发出传向自身的消息,或者作为消息接收方的对象在处理消息的过程中又向消息发送方对象传递另一个消息,则会导致活跃期的嵌套。

(4) 消息传递

对象间的消息传递表示为对象生命线之间的有向边,边上可标注"[*][监护条件][返回值:=]消息名[(参数表)]",其中"*"为迭代标记,表示同一消息对同一类的多个对象发送。当出现迭代标记时,监护条件表达式表示迭代条件,例如图中的"[*][对所有无冲突课程设置]";否则,它表示消息传递实际发生的条件。返回值表示消息被接收方对象处理完成后回送的结果,一般用虚线表示。消息名的命名规则应与类图中操作的命名规则相一致。在消息的条件表达式和参数表中可以使用关键字"self"表示发出消息的源对象。

一般情况下,建模者无须考虑消息发送与接收之间的时延,确需考虑时(例如在实时应用中,或者当消息通过网络传输时),可以用斜向下方的消息边来表示,如图 5-53(c)所示。

顺序图中的消息分为同步与异步两种,在绘制时分别用实心三角形箭头和普通箭头表示。同步消息的发送者等待消息接受对象将消息处理完成后再继续,异步消息的发送者在发送完消息后不等待接收方即继续自己的处理,分别如图5-53(a)和5-53(b)所示。一般而言,同步消息会指向作为消息接收目标的对象的活跃期的顶端。

(5) 注解

在顺序图的左侧,可加注解以阐释消息的意义、有关的约束以及消息传递时间点之间的延时约束。注解所处的位置应在水平方向上与对应的消息相齐。为精确地描述延时约束,可以在对象的生命线或活跃期上标注时间标签,如图5-53(c)所示。当用例图中的执行者的实例出现在顺序图中时,它与软件系统内部对象之间的交互消息不同于两个内部对象之间的交互,仅依靠消息名、参数表来描述此类消息往往过于形式化,也难以完整详尽地表达交互的内容,因此应该在注解中以自然语言予以阐述。

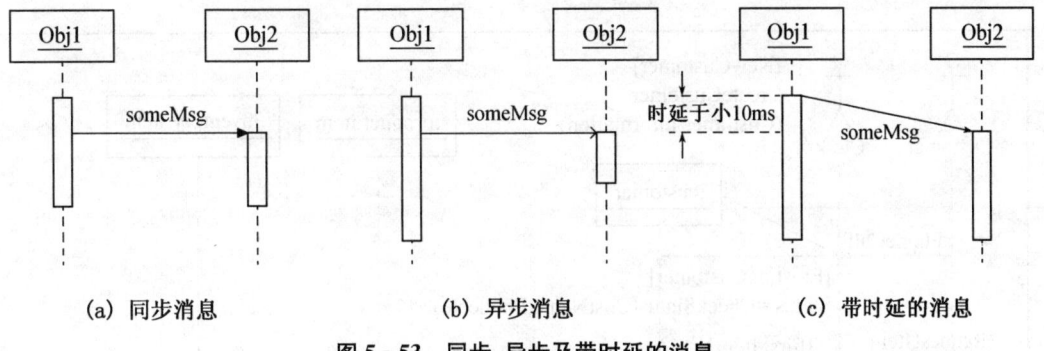

图 5-53 同步、异步及带时延的消息

图5-54是CSS"查询可用性商品条目"用例的示意性顺序图。在这个例子中,客户Customer是参与者,他就是实际上的直接与系统交互的人(比如通过Internet),参与交互的对象还包括"商品目录"(catalog)的对象、特定的"产品条目"(product item)对象和特定的"库存条目"(inventory item)对象。在生命线上消息的次序提供了关于消息顺序的信息,第一条消息ItemInquiry是客户发送给商品目录对象(比如某年度春季目录表)的消息,当在目录表中标识某个特定的产品后,则有一条消息ProductItemInquiry发送给相应的产品条目对象,产品条目更详细的信息可在库存条目对象中发现,因此产品条目对象进一步发送消息InventoryItemInquiry给库存条目对象,这条消息中包含返回值InventoryInfo,这个返回值也是最终要被客户接收的信息。其实这是一个"非正式"的有关顺序图的例子,因为消息器中描述的消息通常要求代表消息的真正意义,而图中的消息描述不甚严格规范,也就是说消息中没有指明参数和返回值,而将返回值通过"返回消息"ProductInfo、ItemAvailabilityDetails的形式以返回箭头的虚线线段(返回消息)表示。分析员在开发初期的事件发现活动这个层次上开发这样的顺序图完全可以接受,它对有关消息的类型及用例中发生的事件流顺序已经有了一个较好的概念视图,但在随后的SDLC活动中需再逐步细化和精化消息描述器等内容,这也体现了OO方法高度的可迭代性。图5-55就是一个较为细致的展现交互协作的顺序图,但图中还是省略了激活生命线,它描述了CSS"生成新订单"这个用例的场景:客户打电话给订单办事员请求订购商

品的过程。

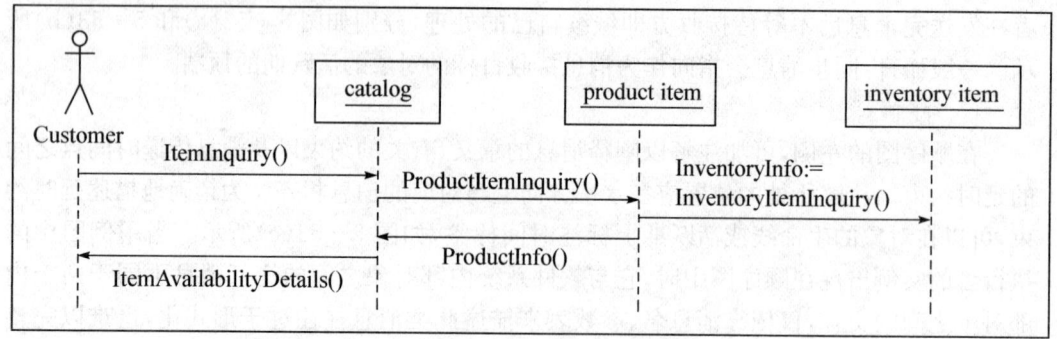

图 5-54　CSS"查询可用性商品条目"用例的顺序图

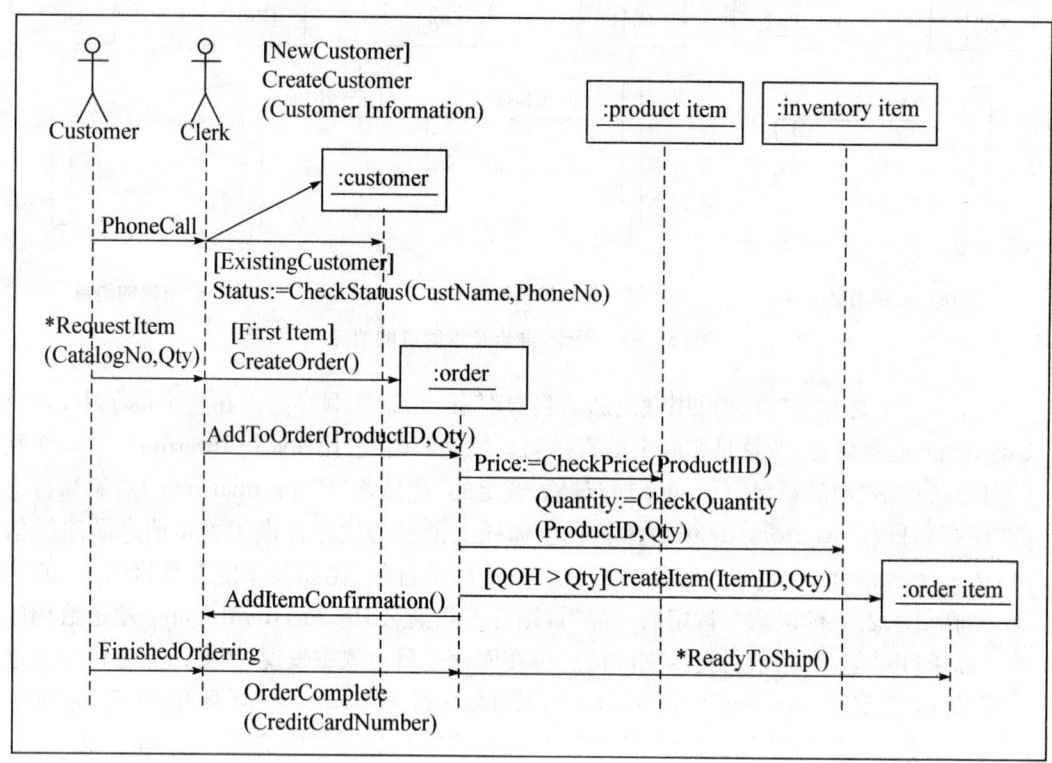

图 5-55　CSS"生成新订单"用例的顺序图

客户 Customer 给订单办事员 Clerk 打电话开始一个场景。如果是一个新客户 NewCustomer，则生成新客户 CreateCustomer()，消息就直接发送至客户对象以创建一个新客户。如果该客户对象已经在 CSS 中存在，那么客户对象的状态将被验证。在同一位置开始发送的消息，它或者是同时发送的并发消息或者是相互排斥的消息（该例属于后者）。下一条是从客户到订单办事员的请求订购商品条目细节的消息 RequestItem()（注：消息前面的星号＊表示迭代即消息按给定的表达式重复）。订单办事员为此通过发送消息 CreateOrder()以创建一个新订单对象并发送消息 AddToOrder()以把每一个请求的商品条目添加到订单上。当订单对象接收到添加商品条目的消息 AddToOrder()时,它还需要发送其他三个消息:从产品条目对象中获得其单价、在库存条目对象中获得当前库存数量并更新它、创建一个新的订单条目对象(当然只有在库存数量大于所订购数量时,才会生成一个新的订单条目对象)。

在分析期间所建立的系统需求模型,其焦点是针对基于事物的类图这一问题域,有关用户界面类、数据管理类等实施类在模型中并未体现。例如,上例中的订单办事员应有一个用户界面对象,通过它接受消息和发送消息给系统,在 SDLC 的系统设计活动中将要把这些内容添加到各自相应的模型中。

以上只是介绍了如何画和如何理解顺序图,那么又应该如何用正确的思维方法来开发顺序图呢?

(1) 识别出所有与场景有关的对象和参与者。仅使用在用例图中已标识过的参与者和来自已经类图中标识过的对象类的对象,否则为保持一致性需修改相应的用例图和类图。

(2) 基于事件流,识别出每个需要在场景中发生的消息以及所发送、接受消息的对象。这一点对不习惯于用 OO 观点思考问题的分析员可能会有些困难。在识别接受消息的对象时,关键的一点要记住对象的行为只针对它自身,即对象只能对自己做操作。例如,如果你想查看库存条目的数量时,只有库存条目对象本身可以完成这件事件,订单对象、订单办事员角色和其他对象都不能够做到,因此需有其接受对象是库存条目对象这样的消息。在识别发送消息的对象时,首先要把握好需要服务的对象,其次而且也是非常有效的一种方法是,如果类图中的两个对象类之间有一对多的关联关系,则通常基数是 1 的这一端的对象会创建并发送消息给基数是 N 的这一端的对象,特别是当依赖关系在类图中存在时,这种方法总是正确的。例如,CSS 类图中订单类和订单条目类实际上是一种依赖关系,即订单条目在没有相应的订单时不可能存在,对这种情形,总是要通过独立类(订单类)给依赖类(订单条目类)发送消息。尽管有了这些方法,对一个项目的顺序图的开发,通常还会有几种可能的解决方案,但其中有一种方案可能更合理些。例如在电话订购中,谁发送消息检查库存、谁应该创建订单条目,是办事员还是订单?考虑订单要控制和保证与之相关的每行条目的正确性,因此应由订单来创建订单条目,从而订单需要接受一个产品条目的描述信息(给产品条目发送消息)和确认库存数量(给库存条目发送消息)。

(3) 消息的发送有无条件的限制以及消息的响应虽然最终要求做出描述,但在开发初期,应将精力集中在得到用于支持事件流的消息上,消息的细节可逐步完成。

(4) 按发生事件的先后排序正确地对这些消息进行排序,并把它们附在相关的参与者或对象的生命线上。

3. 协作图

协作图用来快速浏览相互协作以支持一个场景(特定用例)的所有对象,它侧重于参加交互的对象之间关系组织的描述。协作图中的参与者、对象使用了顺序图中的图形符号,消息符号中添加了表示序列概念的顺序号,没有生命线符号但使用了表示链的符号,如图 5-56 所示。

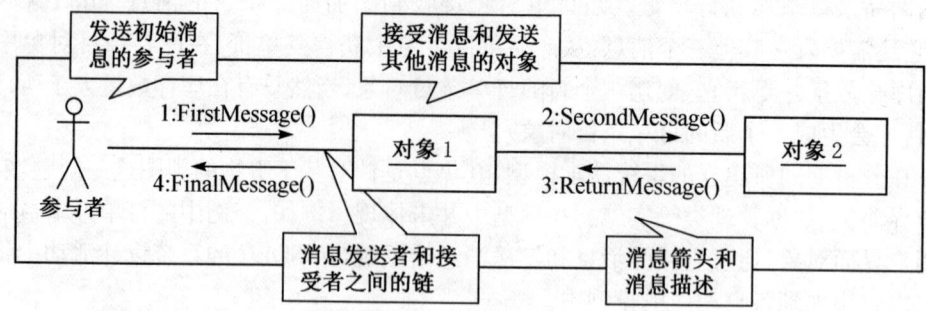

图 5-56 协作图的符号表示

由于没有生命线表示场景中消息的时间性，所以用顺序号来表示每一个消息发生的先后次序，其消息描述器的语法格式是：

　　　　［布尔条件］ 顺序号:返回值 := 消息名(参数列表)

顺序号和返回值之间用冒号隔开。

在对象之间或参与者和对象之间的链用一条实线线段表示。

图 5-57 所示为某文件打印系统部分事件的协作图。

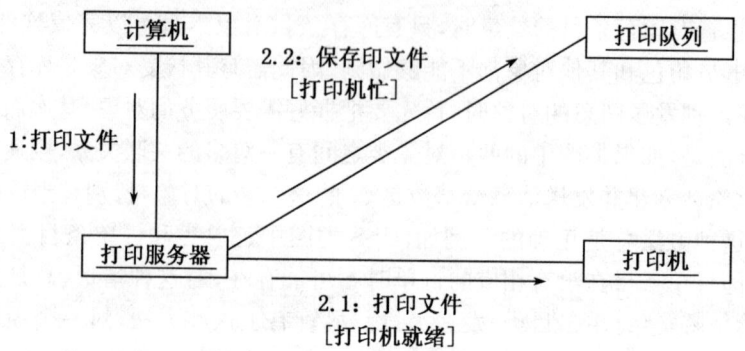

图 5-57 某文件打印系统部分事件的协作图

图 5-58、图 5-59 分别是描述 CSS 两个用例场景的协作图，它们都有对应的顺序图：图 5-54、图 5-55。

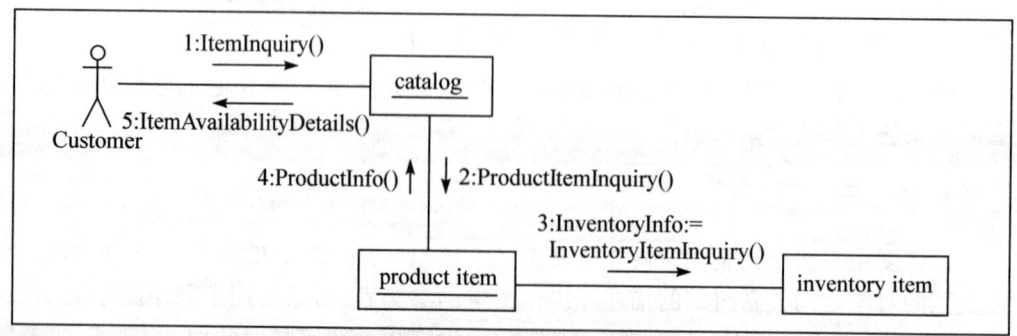

图 5-58 CSS "查询可用性商品条目"用例的协作图

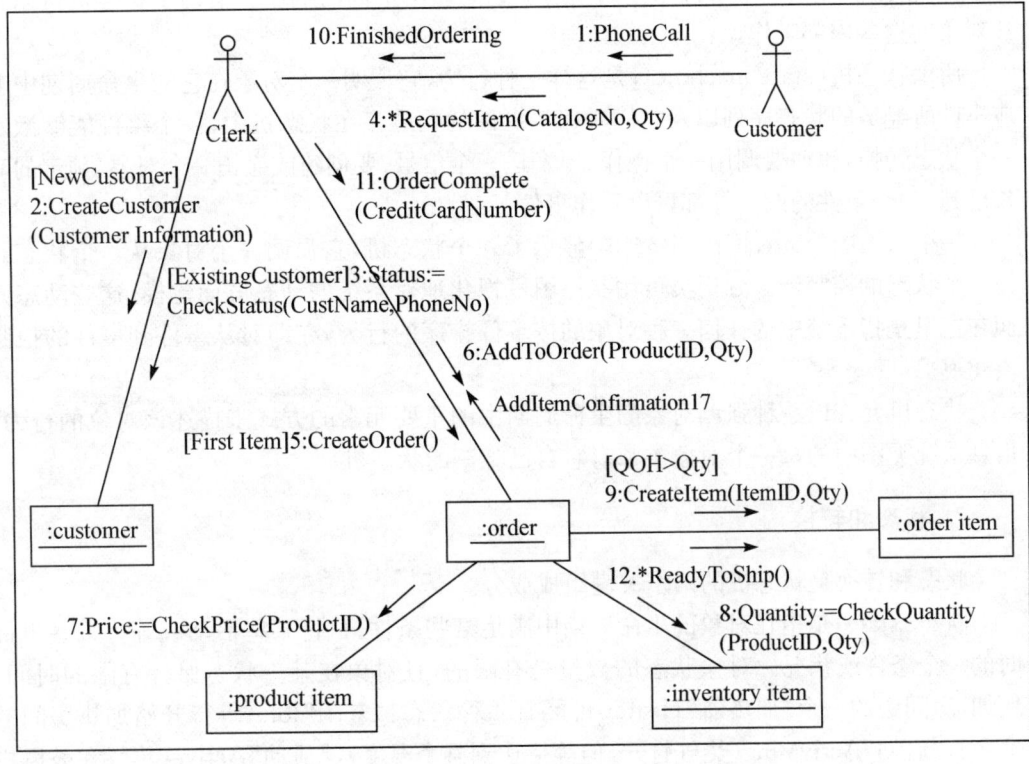

图 5-59　CSS"生成新订单"用例的协作图

由上述协作图的例子可以看出,协作图不易显示出并发的消息以及场景内创建或撤销的对象等信息。

一旦场景已经使用协作图进行了详细描述,下一步的任务就是定义每个对象类的内部细节。

5.5.3　对象行为:状态机、状态图、状态和转换

交互图给出了对象行为的外部视图,它标识了对象发送和接受的消息,在交互图中定义的消息交互可用来帮助描述每一个对象类的行为。也就是说,当一个对象接收到消息,它应该做些什么呢? 在开发系统功能需求时,最后一类需要的信息是每个对象的内部逻辑,这些信息是对对象本身执行动作的描述。

1. 状态机和状态图

使用交互,可以对共同工作的对象群体的行为建模。使用状态机,可以对单个对象的行为建模。每个对象都有一个生命期,创建时,一个对象诞生;撤销时,一个对象终止;在两者之间,当一个事件发生时,某些活动将依赖对象的当前状态而发生。就是说一个对象可以接受一个事件,并通过一个动作来响应,然后改变它的状态;该对象还可以接受另一

个事件,根据响应前一个事件产生的当前状态而做出不同的响应。借助于状态机可以描述对象的这些内部工作。

所谓状态机(state machine),是这样一种行为,它说明一个对象在它的生命周期中响应事件所经历的状态序列以及它们对那些事件的响应。在状态机中,一个事件能够激发一个状态转换,比如要调用一个操作、要发送一个信号、要创建或撤销一个对象、预定的时长已到、一个条件的改变等都可以看作事件。

一个状态图(statechart diagram)显示了一个状态机,它强调一个对象从一个状态到另一个状态的控制流。分析员可用状态图可视化地对系统的动态方面建模,这些动态方面在这里是指系统中的任何一种对象的按事件排序的行为,亦即对从事件到事件的控制流建模。

状态机允许以一种强调对象的生命周期中的重要元素的方式来描述该对象的行为,信息系统类图中的每一个对象类都有它自己唯一的状态机。

2. 状态和转换

状态和转换是状态机的两个关键组成成分。

状态(state)是指在对象的生命周期中满足某些条件、执行某些活动或等待某些事件时的一个条件或状况。对象状态的数量是有限的,且对象在某一状态保持有限的时间。例如,房间中的一个"加热器"Heater 可能有 4 种状态:"空闲"Idle(等待开始加热房间的命令),"启动"Activating(热气打开,但等待达到某个温度),"活动"Active(热气和鼓风机都打开)和"关闭"ShuttingDown(热气关闭,但鼓风机打开以吹散剩余热量)。

当一个对象的状态机处于一个给定的状态时,这个对象就被称作处于这个状态。例如加热器可能处于"空闲"状态,或可能处于"活动"状态。一个状态需有一个名称加以标识,名称通常是首字符大写的动词或动名词短语或体现动感的名词,也就是说,一个状态的命名需具有无歧义性,以区别于其他状态;命名还要能体现出"半持久性",以说明状态的存在(处于这个状态)是一种条件,条件是可以被打断的,如"空闲""存在""在工作""等待发运"。在图形上用一个圆角的矩形表示一个状态,其内部是状态的名称。

在状态机中有两种要定义的特殊状态。一个是初态,表示该状态机或子状态的缺省开始位置,在图形上一个初态用一个实心的圆表示;一个是终态,表示该状态机的执行已经完成,在图形上用一个内部含有一个实心圆的圆圈表示。从一个初态到一个终态的转换可以有充分的特征补充。初态和终态实际上都是伪状态(pseudostate),它们除了名称之外,不具有正规状态的通常部分,其目的是便于理解状态机,而没有其他的重要性。

状态转换(transition)是两个状态之间的一种关系,表示在某个特定事件发生或某个特定的条件满足时处于第一个状态中的对象将执行一定的动作,并进入第二个状态。当对象发生这样的转变时,转换被称作激活了,在转换激活之前,称对象处于源状态(source state),激活后,就称对象处于目标状态(target state)。例如,当 tooCold(带有参数 desiredTemp)这样的事件发生时,加热器可能会从"空闲"状态转换到"启动"状态。一个转换由 3 个部分组成:

(1) 源状态:受转换影响的状态,如果一个对象处于源状态,当该对象接收到转换的

触发事件且满足保护条件(如果有的话)时,就会激活一个离开的转换;

(2) 目标状态:在转换完成后的状态;

(3) 转换标识:其组成成分的语法规则是:

$$\text{转换名(参数列表)[保护条件]/动作表达式}$$

其中,转换名就是触发这个转换并引起对象离开源状态的事件的名称,有些资料又称消息事件(message event)。把它叫作消息事件是因为一方面它是从其他对象发送来的消息(注意它和消息格式的相似性),另一方面它像事件一样即时发生。为了使转换激活,触发事件要首先发生。保护条件(guard condition)是一个布尔表达式,当转换因事件触发器的接受而被触发时对这个布尔表达式进行评估,若为真值则激活该转换;若为假值则该转换不激活或激活一个其他的转换(如果有的话),如果没有其他的转换被此事件所触发,则该事件丢失。动作(action)是引起状态改变或值的返回的一个可执行的原子计算过程,该过程用动作表达式描述,动作可以直接作用于拥有状态机的对象,也可间接作用于对该对象可见的其他对象,动作是原子的,这意味着它不能被事件中断,并因此一直执行到完成,相对于状态来说,动作的持续时间很短暂。参数列表中的参数可能是转换动作自身或目标状态中的动作所需要的。

有两种特殊的转换形式需要说明。有一种转换叫自身转换(self transition),是指源状态和目标状态相同的转换;还有一种称为无触发转换(non-trigger transition),它表示一个没有事件触发的转换,即当源状态已经完成它的活动时,它被隐式地触发,因此也被称为完成转换(completion transition)。

在图形上,一个转换用一条从源状态到目标状态的有向实线表示,转换标识放在其上方或下方,如图5-60所示。转换标识中转换名、保护条件以及动作表达式中的任何一项都可以缺省。如果保护条件为空则默认为真值;如果这三项均缺省,则可看作完成转换(完成转换有时也需要保护条件,稍后有例子)。保护条件以及动作表达式也可以很复杂,保护条件可使用 AND 和 OR,动作表达式可用结构化英语或类 C++ 来描述。假设图5-60 中的状态1和状态2分别表示铣床对象的"空闲"状态和"工作"状态,触发状态转换的消息事件(转换标识)是"当开关按钮按下"(OnButtonPushed),其保护条件是一复合条件:"箱柜不空"和"安全盖关闭",若该保护条件为真值,则动作表达式 status:=self_test(); ControlPanel.UpdateState(status)在源状态"空闲"中执行,然后转入目标状态即"工作"状态。若假设图5-60中的状态1和状态2分别表示报警控制器对象的"空闲"状态(控制器等待来自各种传感器的报警或来自用户的命令)和"工作"状态(控制器处理一个报警条件),当然报警控制器还有"命令"状态(控制器处理来自用户的命令),其中"空闲"状态是带有时间事件的自身转换,即每隔一段时间就检测一下报警系统的状况。

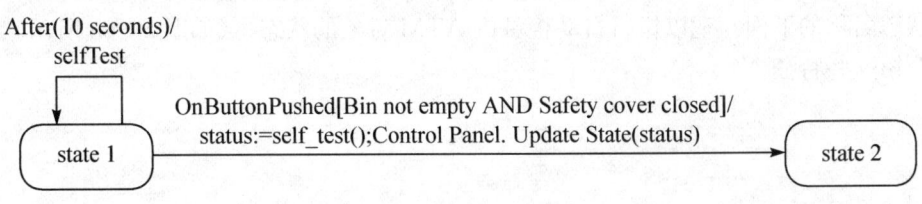

图 5-60 转换的图形表示

带有保护条件的转换在图形上有时可以用一个菱形方块表示(被称为判断伪状态,decision pseudostate),如图 5-61 所示,根据保护条件的逻辑值触发不同的转换分支,一般情况下,判断伪状态只有一个入转换和两个(或多个)出转换。

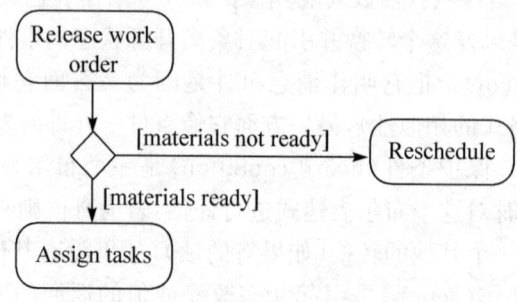

图 5-61 保护条件的分支图形表示

至此,读者可以只使用状态和转换的这些基本特征来对广泛的、各种各样的行为建模。使用这些特征,最终可以产生简单的状态机,它意味着模型中除了顶点(状态)和弧(转换)之外不包括其他信息。如图 5-62 所示,它是 CSS 订单条目(order item)对象的状态图,订单条目是一个具有简单生命周期的被动对象(passive object)(被动对象是相对于主动对象而言的,主动对象是拥有线程或进程并可以启动控制活动的对象,简单地说主动对象能自主决定活动)。一个订单条目对象是订单中的一行条目信息,它是 CSS 系统的一个人工制品,是系统内部的信息,但它是一个真正的对象。当一个商品条目添加到订单上时它开始存在,在完成登录订单的过程中,它处于什么也不做的状态即"存在"状态。一旦订单完成(订购的所有条目都在订单中),且客户信用良好时订单条目对象就转换到"等待发运"状态,发货完毕后就转换到"已发货"状态。其中状态的名称均是应用到订单条目对象本身。

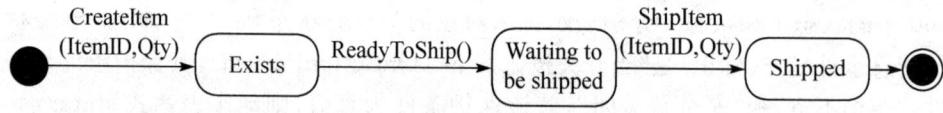

图 5-62 CSS 订单条目对象的状态图

然而 UML 状态机具有许多可以帮助描述复杂行为模型的高级特征,这些特征可减少需要的状态和转换的数量,同时将在使用简单状态机时遇到的许多通用的并显得有些复杂的惯用法编集在一起。这些高级特征包括进入动作/退出动作、内部转换、活动、子状态等,它们通常作为一个状态的组成部分,在图形上,它们被放在表示状态的圆角矩阵内的状态名称的下面。现以银行自动柜员机 ATM 对象的状态机(如图 5-63 所示)为例分别介绍这些特征。

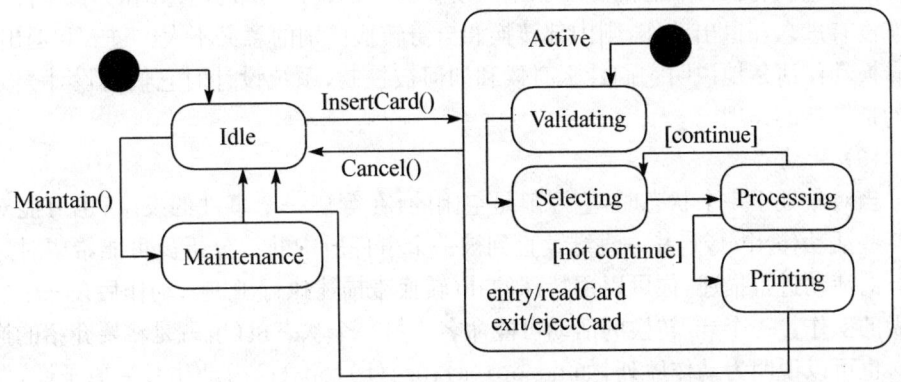

图 5-63 ATM 的状态图

(1) 进入和退出动作

在许多情况下,当不管什么转换进入一个状态时,都要执行同一个动作;同样当不管什么转换离开一个状态时,也会都要去执行同一个动作。比如当客户将信用卡插入 ATM 时,ATM 的状态将从"空闲"转换到"活动",进入"活动"状态时,执行进入动作,读取信用卡信息 readCard,当客户所有事务处理结束后,"活动"状态执行一个退出动作,吐出信用卡 ejectCard,又转换至"空闲"状态。尽管使用简单的状态机可以把这些动作放在每个进入和退出的转换上来达到这种效果,但这样的话你不得不在每次添加一个新的转换时要记住这些动作,且修改这个动作时不得不触及每个相关的转换。这时有一种简捷的表示方法,在状态符号中包括一个进入动作(以关键字事件 entry 标识)和一个退出动作(以关键字事件 exit 标识),并辅以行动表达式:

entry/action expression
exit/action expression

进入和退出动作没有保护条件。这样,当进入该状态时,就执行它的进入动作,当离开该状态时,就执行它的退出动作。

(2) 内部转换

所谓内部转换(internal transition)就是对象处于一个状态时而不离开该状态的一种转换。例如,ATM 进入"活动"状态时,读信用卡信息确认为有效后,信用卡身份的验证转换:verifycharacter/verifyPsw, input()就是一种内部转换,密码输入有误可再次输入。内部转换和自身转换有一点差异,在一个自身转换中,事件触发这个转换后,对象便离开这个状态,一个动作(如果有的话)被执行,然后又重新进入同一个状态,也就是说,自身转换先执行该状态的退出动作,接着执行自身转换的动作,最后执行该状态的进入动作。然而,有可能会遇到想要不离开该状态的情况下处理的事件,即不想去触发该状态的进入和退出动作。使用简单的状态机可以达到这种效果,但这时不得不关心哪个状态的转换中有进入和退出动作,哪个状态的转换中没有进入和退出动作。这时有一种简捷的表示方法,在表示状态的圆角矩形符号内包括一个内部转换(用事件来标识转换名),因而当处于该状态且该事件被触发时,其相应的动作被执行,而不必离开后重新进入该状态,即这个事件的处理没有执行状态的退出和进入动作。内部转换可带有参数和保护条件。若一个状态没有进入和退出动作，则内部转换和自身转换区别的意义不大。进入和退出动作、内部转换动作清楚地说明它们什么时候和如何被控制，系统设计时它们对设计类方法有很好的指导帮助作用。

（3）活动

当对象处于一个状态时，它一般是空闲的，在等待一个事件的发生；也可能对象在做着某些活动(activity)，并一直继续直到被一个事件所中断。分析员可能希望对这些正在进行的活动进行描述，你可以用特殊的 do 转换来描述执行了进入动作后在一个状态内部所做的工作。一个 do 转换的活动可能命名为另一个状态机(也就是将要介绍的嵌套状态机)，也可以说明为动作序列，如 do/op1(a);op2(b);op3(c)。动作具有原子性，但活动可以被中断，也就是说，在活动过程中，若有事件发生，则在某两个动作之间，处于该状态的对象响应这件事件导致离开此状态的转换。

（4）子状态

子状态(substate)是嵌套在一个状态中的状态，没有子状态的状态称为简单状态，一个含有子状态(嵌套状态)的状态被称为组合状态(composite state)，一个子状态仍然可以是组合状态。状态机使用组合状态能清晰地表示状态的结构组织，避免转换的交叉等，使得状态机更简捷，使用组合状态也能表示简单的状态机不便描述的并发行为。在图形上，组合状态的表示和简单状态的表示一样，但还要用一个可选的圆角方框来显示该组合状态包含这些子状态的嵌套状态机。组合状态包括顺序子状态和并发子状态。

1）顺序子状态

仍以考虑对一个 ATM 的行为建模的问题为例，这个系统可能有 3 个基本状态：" 空闲 Idle"(等待客户的交互)，"活动 Active"(处理一个客户的事务)和"维护 Maintenance"(诸如再添加现金等)。在"活动"状态下，ATM 的行为沿一条简单路径执行：验证客户、选择事务、处理事务、打印票据，之后 ATM 返回"空闲"状态。但在这个行为的任何阶段，客户都有可能决定取消事务，使 ATM 返回到它的"空闲"状态，虽然使用简单的状态机可以表示这种情况，但显得十分麻烦和复杂，因为需为活动序列中的每个状态添加一个合适的转换，也就是说，面对许多这样的中断事件，意味着需要考虑同样多的、对准同一目标状态的但来自不同的源状态的转换，而且这些转换带有相同的事件触发、保护条件和动作。通过使用顺序子状态，可简单方便地对这个问题建模。

正如图 5-63 所示，Active 状态包括一个嵌套状态机(图中省略了嵌套状态机的圆角方框)，包括 Validating、Selecting、Processing、Printing 四个子状态。当客户将信用卡插入 ATM 时，ATM 的状态从 Idle 转换到 Active。在进入 Active 状态时，执行进入动作 readCard。嵌套状态机从初态开始，控制从 Validating 状态转换到 Selecting 状态，再到 Processing 状态。在 Processing 状态之后，控制可能返回到 Selecting 状态(如客户选择另一个事务)或可能转换到 Printing 状态。在 Printing 状态之后，有一个非触发转换(完成转换)返回到 Idle 状态，Active 状态有一个退出动作 ejectCard 来退出客户信用卡。注意，从 Active 状态到 Idle 状态的转换也可以由"取消"Cancel 事件触发，即在 Active 的任何子状态中，都可能因 Cancel 触发发生这个转换，而且都要执行 ejectCard 退出动作。若不使用子状态,则这个嵌套状态机中的每个状态都将需要一个由 Cancel 触发的转换。

像 Validating、Selecting、Processing、Printing 这样的子状态,被称为顺序子状态,所谓顺序子状态(sequential substate)就是在一个封闭的组合状态中给定一组互斥的子状态。互斥(disjoint)意思是当对象处在这种组合状态时,一次只能处于这些子状态中的一个子状态上。

从一个封闭的组合状态之外的一个源状态出发,一个转换可以以组合状态为目标状态,也可以以它的一个子状态为目标状态。如果目标状态是组合状态,则它的嵌套状态机一定包含一个初态,以便在进入组合状态后执行它的进入动作(如果有的话)后,将控制交给初态;如果它的目标状态是嵌套状态,在执行组合状态的进入动作(如果有的话)和子状态的进入动作(如果有的话)后,将控制交给嵌套状态。

一个导致离开组合状态的转换,可能以组合状态作为源状态,也可能以它的一个子状态为源状态。在每种情况下,控制都首先离开嵌套状态(如果它有退出动作则执行),然后离开组合状态(如果它有退出动作则执行)。一个源状态是组合状态的转换本质上就是中断了这个嵌套状态机的活动。

2)并发子状态

顺序子状态是一种最常见的嵌套状态机,它只有一个控制流,即在一个时间点有且仅有一件事件发生,在这个流中,消息按时间顺序排列。有时会同时存在着多个控制流,即在一个时间点上同时有多个事件发生,从逻辑上可看到多个同时执行的点。对这类问题可用并发子状态(concurrent substate)来建模,这些子状态使你可以说明在一个封闭的对象中并发执行的两个或多个嵌套状态机。

图 5-64 是对图 5-63 是中的 Maintenance 状态的一个扩展。Maintenance 被分解为两个并发子状态 Testing 和 Commanding,在图形上它们在 Maintenance 状态中嵌套显示并用一条虚线分开。其中的每个并发子状态都可以被进一步分解为顺序子状态。当控制流 Idle 状态转换到 Maintenance 状态时,控制就分叉为两个并发流,即 ATM 将处在 Testing 状态和 Commanding 状态,且若处于 Commanding 状态时,ATM 还将处于

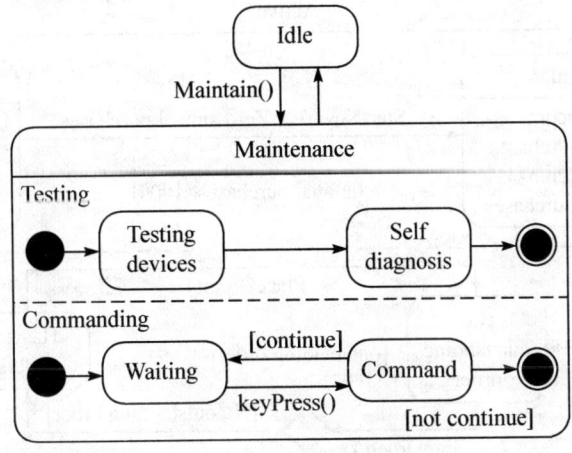

图 5-64 并发子状态

Waiting 或 Command 状态。这也是顺序子状态和并发子状态的区别所在,在同一层次给出的两个或更多的顺序子状态,对象将处于这些子状态中的一个子状态或另一个子状态中,而在同一个层次给出的两个或更多的并发子状态,对象将处于来自每个并发子状态的一个顺序状态中。

  这两个并发子状态的执行是并发的,最终每个嵌套状态机都到达它的终态。如果一个并发子状态先于另一个并发子状态到达它的终态,那么先到达的子状态的控制将在它的终态等待。当两个嵌套状态机都到达它们的终态时,来自两个并发子状态的控制就汇合成一个流。

  每当一个转换所到的组合状态被分解为多个并发子状态时,控制就分叉成与并发子状态数相同的并发流。类似地,每当一个转换来自一个可被分解为多个并发子状态的组合状态时,控制就汇合成一个流,即如果所有的并发子状态都到达它们的终态,或者有一个离开封闭的组合状态的显式的转换,那么多控制流就重新汇合成一个流。

  图 5-65 是 CSS 中的一个并发行为的例子,它是客户对象的包含有组合状态的状态图。一个客户对象在 CSS 中被创建后,这个客户对象或者处于"活动"Active 状态或者处于"非活动"Inactive 状态。当客户第一次与某销售公司接洽,CSS 会创建一个客户对象并处于"活动"状态。"活动"状态是一个包含两个并发子状态的组合状态,其中一个表示客户处于购买状态的嵌套状态机,购买量大的客户将成为 VIP 客户并可以获得额外的优惠,另一个表示客户处于有无未完成订单状态的嵌套状态机。这两个嵌套状态机彼此独立,在一个嵌套状态机中子状态的转换不影响另一个嵌套状态机。当客户对象若在 1 年当中没有购买任何商品,那么该客户对象就进入"非活动"状态,当离开"活动"状态时,同时离开每个嵌套状态机,也离开每个嵌套状态。

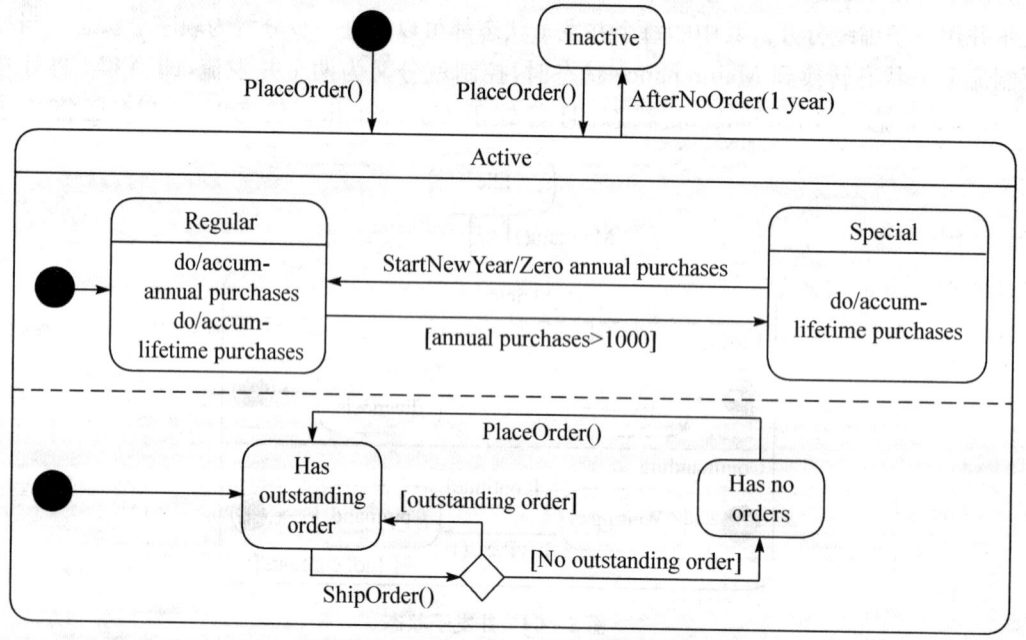

图 5-65 有并发子状态的 CSS 客户对象状态图

3. 状态图的开发

状态图是分析员要开发的一种比较复杂的模型,在讨论如何开发状态图之前,先以一个较为完整、复杂的 CSS 订单对象的状态图(如图 5-66 所示)为例,利用上述介绍的状态机的特征,再进一步帮助读者理解如何读懂状态图。

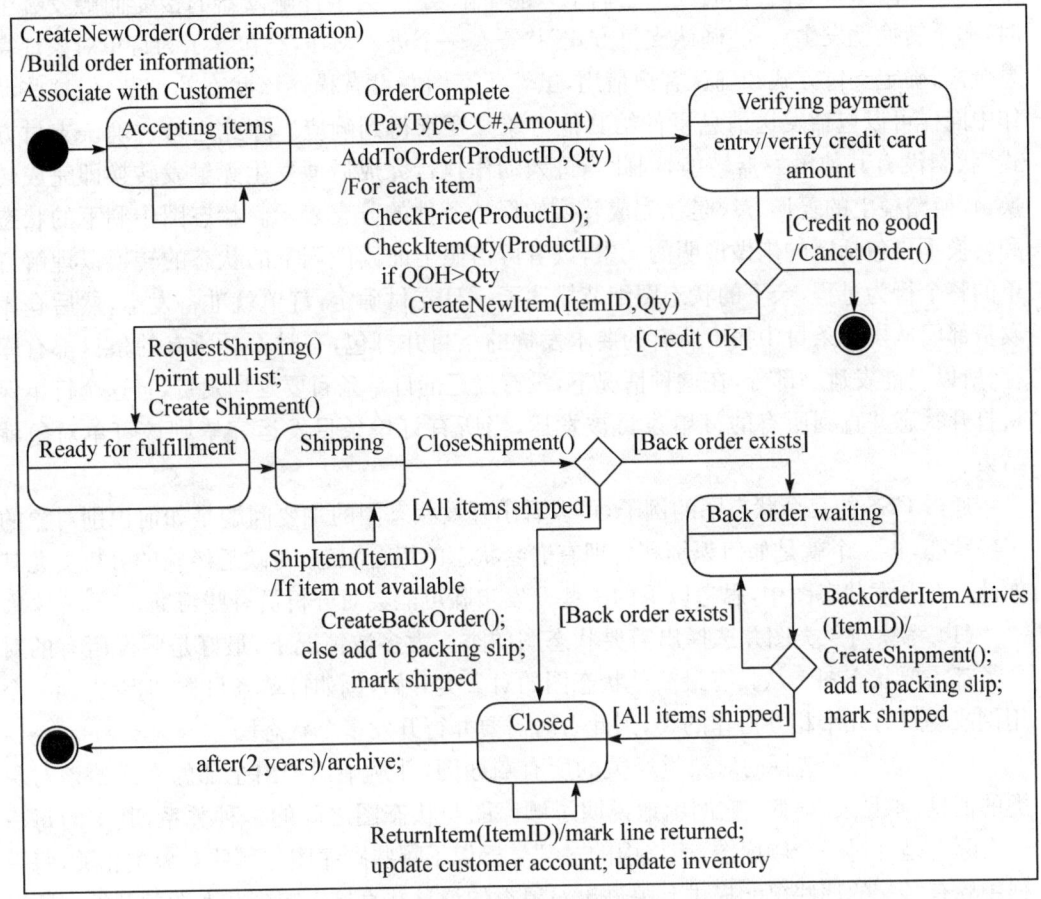

图 5-66　CSS 订单对象的状态图

订单对象较为复杂,它不仅接受消息,还有发送消息去获得信息的响应,以及其他的一些内部活动行为。引起订单被创建的初始转换是 CreateNewOrder(),在类中大多数的状态图都从创建事件来生成一个新对象实例。在这个转换中,行动表达式通过生成订单信息的形式使订单与适当的客户相关联,行动表达式的描述可以是非正式的,可以用结构化英语,或若你知道目标编程语言,则可以用该编程语言所支持的语法。行动表达式是对象本身执行的动作,而不是被施加的动作,在系统设计时它们将包含在对象类方法的代码中。一个订单对象在一开始存在时是一个"空壳",它的第一个状态即"接受条目"(Accepting items)状态是等待所有订单条目添加到其上,它描述了正在生成的订单对象,所有订单条目各自通过内部转换 AddToOrder() 而作为一行都添加至订单中,这种转换在每个新条目加入时由接收到的消息事件触发，并在执行动作表达式后返回同一状态，该转换动作包括通过消息事件得到相应价格、库存数量并创建一个新的订单条目行。"接受条目"状态还会因订单完成事件触发发生一个外部转换 OrderComplete()，即当订单有了所有订单条目，订单完成事件触发订单转换到"确认支付方式"（Verifying payment）状态以验证支付方式和客户信用。"接受条目"状态下的两个转换 AddToOrder() 和 OrderComplete()，在任何时间点它们中只能一个发生，当事件触发器的接受而触发哪个时，哪个转换就发生。在"确认支付方式"状态有一个进入动作，它包含了为订单对象计算总金额、确定支付方式和确认客户信用，虽然状态图并没有描述该状态的细节，但这些动作中同样可以包括发送消息事件给其他对象并要求得到响应。除此之外，"确认支付方式"状态没有其他触发器转换，因此当进入动作执行完成后便发生无触发转换即完成转换，转换路径上的菱形方块是该完成转换的保护条件的分支表示。状态图中剩下的状态和转换不再包括新的未做说明的元素，读者可仿照上面读懂剩下的状态的转换以理解订单的整个行为过程，余下的状态图细节描述了一旦支付确定，订单就准备发运，然后仓库发货部门从发货条目中找出所有的要求发货的条目并打包，有时不是所有的条目都有库存，所以只能发运一部分，在这种情况下，没有发运的订单条目要延期发货，且这个订单保持打开状态并直到所有的订单条目被发运，当所有订单条目发运完毕则该订单对象就结束。

通过 CSS 的几个状态图的例子，可以看出开发状态图的主要问题是如何识别对象的正确状态，再一个就是如何识别和处理有嵌套状态的组合状态，对缺乏经验的分析员尤其如此。在开发状态图中，思考以下的一些开发步骤可能会对分析员有些帮助。

（1）考察对象类图并选择出需要状态图的类。大多数情况下，最好是假设所有的对象类都需要状态图。从具有最简单状态图的对象类开始，例如订单条目类；但考虑到一个用例或场景有几个相互协作的类，因此有时需要并行开发多个状态图。

（2）考察与所选择的对象类相关的所有顺序图，并从中识别出全部的发送给该对象类的消息，参见表 5-5。它例示地说明了顺序图与状态图之间的一种关系，其中的每一行实际上是针对一个顺序图，表格中的"×"号标识了哪些顺序图与哪些对象类相关，每一列中标有"×"的那些单元提供有关进出对象类的消息并直接影响到状态图的开发。所有这些消息就是分析员要开始标识转换的最小集合，也就是说每个消息都是一个转换触发器。在此基础上，再逐步加入其他转换，主要包括一些异常流事件的考虑。

表 5-5 状态图与顺序图之间的关系

	客户类	订单类	订单条目类	产品类
创建新客户	×			
创建新订单	×	×	×	×
查询可用性商品条目				×

例如，订单条目对象的状态图，通过查看包含订单条目对象的所有顺序图并列出所有的与状态图相关的输入消息：CreateItem() 和 ReadyToShip()，若开发完所有的顺序图还

会发现另一条消息 ShipItem()。对订单对象的状态图,读者也可用一样的方法去验证。注意顺序图中该对象所发送的消息在状态图中一定出现在某个转换的行动表达式中。

(3) 标识了消息事件(触发器)后,分析员就应集中讨论该对象的所有重要状态,对象所接受的消息有助于识别转换,而转换总是与状态相联系。因此,根据来自转换的思想来思考可能的状态。该过程还包括组合状态的考虑。

(4) 从第②步到第③步,就应该有了一个相对完整的转换和状态的集合。接着根据消息的时序,把这些单个的转换和状态按状态—转换—状态或转换—状态—转换的顺序组合在一起。该过程有时显得方便、直接,但有时显得复杂而会导致路径遗漏。

最后还需要说明的是,开发状态图是一个反复迭代的过程,与其他类型的模型相比更是如此,分析员很少说只经过一次就能得到正确的状态图,这当中需要一次又一次地增加新状态、删除状态、组合一些状态、增加新转换、开发新路径等。当分析员在改进状态图时,可能还需去更新交互图,随着对对象行为以及它们与其他对象交互的理解越来越多,交互图和状态图之间经历多次反复是很正常的现象,正如前面提及的分析员经常修改关于哪一个类应该发送消息更合适的想法,有时直到开发状态图时这个答案才会变得明显。

面向对象方法开发信息系统的主要优势在于不同模型之间相互的密切关联,交互图是通过对用例图或场景视图以及类图中的信息开发而得到的,状态图是对类图和顺序图中的信息开发而得到的。在系统分析阶段,利用这些关联以帮助保证系统需求的完整性和正确性。

5.5.4 动作及对象状态改变结果:活动图

活动图(activity diagram)显示动作流程及其结果,它既可用来描述操作的行为,也可以描述用例和对象内部的工作过程。活动图是由状态图变化而来的,它们各自用于不同的目的。活动图依据对象状态的变化来捕获动作(将要执行的工作或活动)与动作的结果。与状态图不同,活动图中动作状态之间的迁移不是靠事件触发的,当动作状态中的活动完成时就触发迁移,活动图中一个活动结束后将立即进入下一个活动。在活动图中,还使用了泳道(swimlane)概念。

(1) 活动和转移

一项操作可以描述为一系列相关的活动。活动仅有一个起点,但可以有多个终点,起点用黑圆点表示,终点用黑圆点外加一个小圆圈表示。

活动间的转移允许带有守卫条件、发送子句和动作表达式,其语法与状态图中的定义相同。一个活动可以顺序地跟在另一个活动之后,这是简单的顺序关系。如果在活动图中使用一个菱形的判断标志,则可以表达条件关系,如图 5-67 所示,判断标志可以有多个输入和输出转移,但在活动的运作中仅触发其中的一个输出转移。

(2) 泳道

活动图可表示发生了什么,但不能表达该项活动由谁来完成。在程序设计中,这意味着活动图没有描述出各个活动由哪个类来完成。泳道解决了这一问题,它将活动图的逻辑描述与顺序图、协作图的描述结合起来。泳道用矩形框来表示,属于某个泳道的活动放在该矩形框内,将对象名放在矩形框的顶部,表示泳道中的活动由该对象负责。

(3) 对象

在活动图中可以出现对象。对象可以作为活动的输入或输出,对象与活动间的输入输出关系由虚线箭头来表示。如果仅表示对象受到某一活动的影响,则可用不带箭头的虚线来连接对象与活动。

(4) 信号

在活动图中可以表示信号的发送与接收,分别用发送和接收标志来表示。发送和接收标志也可与对象相连,用于表示消息的发送者与接收者。

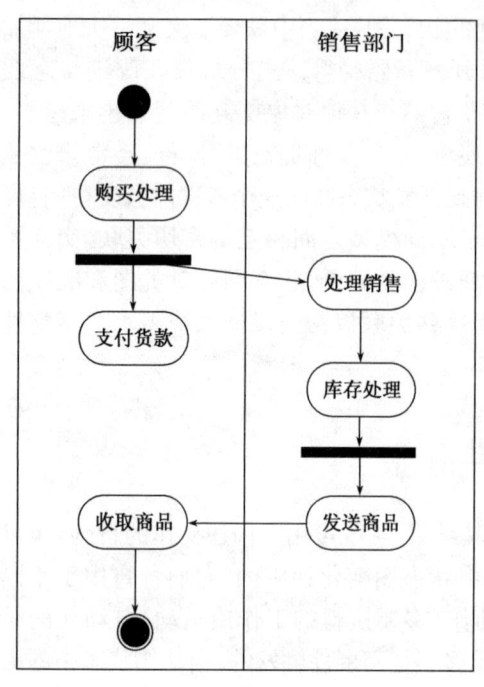

(a) 网上购物的活动图

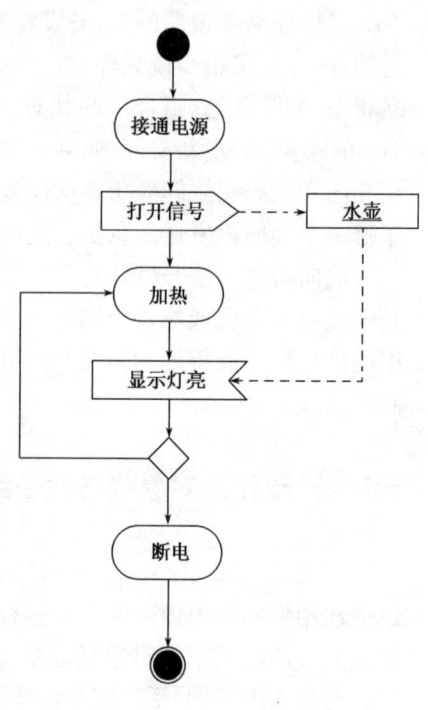

(b) 电水壶烧水的活动图

图 5-67 活动图示例

在以上提到的四个图中,顺序图和协作图适合描述单个用例中几个对象的行为。其中顺序图突出对象间交互的顺序,而协作图的布局方法能更清楚地表示出对象之间静态的连接关系。当行为较为简单时,顺序图和协作图是较好的选择,但当行为比较复杂时,这两个图将失去其清晰度。另外,顺序图和协作图仅适合描述对象之间的合作关系,而不适合对行为进行精确定义,如果仅描述跨越多个用例的单个对象的行为,应使用状态图;如果想表现跨越多用例或多线程的复杂行为,应考虑使用活动图。其中,两者的区别在于状态图重点在于描述对象的状态及其状态之间的转移,活动图描述的是对象活动的顺序关系所遵循的规则,它着重表现的是系统的行为,而非系统的处理过程。

5.6 系统的解决方案及其决策

前面几个小节分别介绍了分析阶段的事实发现、用不同的开发方法定义系统需求等活动,那么如何把开发项目的重点从发现和描述系统的需求逐步过渡系统的解决方案上呢?选择一个合适的解决方案包括目标处理环境的评估、系统需求优先级的考虑以及系统实施方式的选择,这些工作就是分析阶段剩下的后几项活动,这些活动也是整个项目至关重要的环节,它们决定着设计和实施系统解决方案的方向。

5.6.1 目标处理环境的评估

在选择一个合适的解决方案时,系统的目标处理环境是系统分析员需要考虑的一个方面。目标处理环境(target processing environment)是新系统付诸实施时所需要的计算机设备、网络的配置等硬件环境和操作系统、数据库管理系统等软件环境以及开发环境。新系统的客户和用户显然对信息系统应用自身的功能更感兴趣,因为他们需要用它来完成组织的业务。然而信息系统的应用不是孤立存在的,必须有一个稳定的环境来支持信息系统的各个元素以保证其应用被成功地执行。如果这个环境不合适、不稳定,那么信息系统就不能正常的工作、其功能就不能得到正确的体现。因此,定义、开发和配置一个稳定的目标处理环境是任何项目不可缺少的重要组成部分。

一般说来,大多数项目并不需要对计算机硬件、操作系统软件去进行一个全新的重配置,因为硬件和操作环境的选择往往是组织 IT 战略计划的重要组成部分。但在每个新项目中,去配置添加一些设备或更新、升级一些系统软件不仅是件很平常的事情,而且也是随着新技术出现组织 IT 战略计划的自身要求,两者并不矛盾。所以目标处理环境的设计和实现是项目从需求分析向方案设计过渡的重要的早期活动之一。

如何配置硬件、设计网络以及根据系统软件自身的功能和性能确定系统软件环境并不是本书要介绍的内容,更何况它们本身就是一门独立的课程。这里的目的是分析员应如何去发现并关注直接影响到信息系统开发的而与目标处理环境相关的问题,它们往往与目标处理环境的设计和实现有着密切的关系。比如,硬件环境方面,分析员需根据信息系统所支持的业务功能的需要,主要从计算模式上考虑。又比如一般来说,一个组织所使用的 DBMS 都依赖于某个特定的数据库供应商,所有数据的存储、管理和操作都在这个数据库引擎下进行,因此新系统就必须使用同样的数据库引擎,当然按 IT 战略计划的要求也有可能使用另一个不同的数据库管理系统。无论选择哪种 DBMS 都要考虑能否与已有的数据库相连或有机集成。

5.6.2 系统需求优先级的考虑

区分需求的优先次序一般从新系统的范围和自动化程度这两方面考虑,系统范围定义了系统所要支持的业务功能,自动化程度是计算机为每项功能所能提供的某种支持的反映。

1. 系统范围的确定

虽然在项目计划阶段系统范围已经有了一定的界定,但在项目分析阶段中,经常发生所发现的需求比应包含在系统中的需求要多的现象,也就是说这些需求可能比基于项目计划和开发预算的约束的需求要多出很多。因此,为确保项目的正常有序进行,分析员在系统分析阶段必须对需求有一个规范合理的优化过程,确定出哪些功能对系统来说是关键的、必须包含的,哪些功能又可以推迟考虑。

控制和确定系统范围的一种常见的方法是,先列出每一个所需功能并对该功能进行扼要描述,然后权衡其重要性程度,用"必需"(mandatory)、"重要"(important)、"期望"(desirable)对它们加以标识分类。其中"必需""重要"的功能都是新系统将要支持的功能,"必需"的功能是新系统目标的最核心部分;"期望"的功能是在获得需求的过程中从用户那里所确认的其他事件。最后形成新系统功能范围表。

范围表实际上是事件列表的一种扩展,事件列表中事件的颗粒度有时会比较大,在范围表中需对之进一步细化以准确地描述新系统的功能范围。比如 CSS 事件列表中只标识了客户销售,但是在范围表中需进一步把它细分为电话销售、邮件销售、Web 销售。

2. 自动化程度的定义

对于一个应用系统的大部分功能至少可以简单地分为低、中、高三种级别。在 20 世纪 80 年代到 90 年度初期,建立信息系统的主要目的是为了将业务过程的手工任务自动化,这些系统只是将已有的任务建立在低水平自动化层次上,是对当前人工业务过程的一种简单模拟,比如对订单登录系统往往只提供数据输入界面以获取数据,并把这些数据保存到数据库中,并提供一些最基本的数据校验功能,每栏数据都需手工录入,不自动计算价格、不验证库存量、不能确定预期发货日期等。在 90 年代中后期,具有竞争优势、提供高级自动化程度解决方案的新系统不断地被开发出来并投入使用,从过去简单的自动化流程转向更高水准的客户服务和支持,在第 2 章曾介绍过,业务流程重组(BPR)的思想彻底地重新考虑业务功能的实现方法,以获得处理速度和服务水平的根本性提高,而成功的业务功能重组依赖于提供高度自动化支持的计算机信息系统,比如对高级 CSS 系统应该具有以下特点:客户可联机看到产品目录,目录应包括详细的描述和全色三维图形以便显示产品的结构与特殊性能;目录还应具有交互性,允许客户将几种不同的商品以图形的方式进行组合(如模拟一个人穿衬衫、夹克衫和长裤的图形);系统应同时向客户提供他可能会需要或期望购买的相关商品的建议;对客户所订购的在库商品条目,系统应能建立一个确定的发货日期,若某些商品条目没有库存,应立即向制造商或其他供应商订货以给客户一个预期的发货日期;保证客户能查看到所有已订购的历史记录和每张订单的状态等等。中级自动化程度通常是低级自动化的一些特征与高级自动化的一些特征的组合,它通常适合大多数情形。

在需求分析阶段,分析员对自动化程度的把握应建立在当前的技术和项目开发预算的水平上,在此基础上,需尽最大的努力去揣摩,达到什么程度是必要的、合理的。任何现代的组织都不愿意去接受目前大多数系统都已具备的低级自动化程度的系统,大多数功能都需要中级或最可能的自动化程度来支持。定义高级自动化程度要比定义低级自动化程度困难,它要求分析员要能创造性地思考出一些全新的业务过程和业务细则。当然,高级自动化程度不但在软件处理上而且在硬件设备上,都要求有一个实质性的飞跃,比如对客户下订单这个功能,其高级支持要求系统应同时向客户提供他可能会需要或期望购买的相关商品的建议,系统的这种鼓励性的建议必须建立在公司的销售历史和客户的购买历史的基础上,而且还需要一个巨大的可高速访问的联机数据库。

确定范围和定义自动化程度的活动是新系统开发的一个关键的重要的方面,对新系统支持哪些功能、自动化达到何种程度的选择标准必须建立在组织的IT战略计划和项目可行性分析的基础上。在系统分析阶段,随着对用户功能的进一步理解,项目初期进行的可行性研究应该予以重新考虑。在经济可行性上,很显然若自动化程度越高,则实现的费用也就越多,虽然不能精确地算出每个功能及其自动化程度的费用,但是对可选择方案中的每个方案来说,都必须计算出其成本/收益值。在技术可行性上,对所期望的解决方案的技术可行性的确认是必需的,而且还应仔细考虑为了获得更高程度的自动化系统,组织内部或外部是否有专门的技术去开发和实施这个系统。在社会可行性方面,系统的范围越广、自动化程度越高,就越有可能引起BPR,虽然这样的系统能带来巨大的利润,但必须考虑到员工对新系统的热情和义务以获取他们对这种变化的支持。

5.6.3 系统的实施方式及其选择

上面讨论了系统解决方案的范围确定问题,包括自动化程度。按照SDLC的过程性,接下来的逻辑问题是对系统进行设计并实施它,有多种途径可以实现这个目标,比如对于一个业务处理过程相对标准的系统,可以通过直接购买一个现成的软件包来作为解决方案或解决方案的一部分;而对大型、综合而复杂的系统,则可以通过定制的方式等途径来解决。

1. 系统实施方式

(1) 设备托管

所谓"设备托管"(facilities management)就是一个组织的所有数据处理以及IT方面的事情全部以外购的方式交给一个别的公司来完成。比如一家银行可能雇佣一家从事信息技术开发和应用的公司提供所有的数据处理能力,计算机、软件系统、网络甚至技术人员全部属于这家外部公司,实质上,该公司就相当于这家银行的信息系统部门。"设备托管"方式严格意义上来说,不能算作一种实施方式,因为这种将所有开发和处理转交给外部提供商是一个组织长期战略计划的决策结果,它涉及整个组织而不是仅仅针对哪一个单独项目。

"设备托管"是一个组织的高层决策的行为,并在组织与提供商间签有一个长达8至10年的服务合同,而且合同发生金额也相当可观。国外已有很多这样的提供商如EDS

(Electric Data Systems)公司,也有很多组织要求用这样的方式来实施如银行业、保险业、零售业甚至政府部门。相信随着一批经验丰富的行业专家的涌现,国内也一定会越来越多地出现这样的能提供高质量的设备托管服务的公司。

(2) 软件包

软件包(packaged software)是指现成的、具有一定功能的商品软件。在组织的战略计划中,软件包占有一席之地。对信息系统而言,大多数购买的软件包通常都用于完成信息系统的一个部分的功能,而且这样的功能具有相当的标准性和规范性,比如一个标准的报表系统软件包可以为用户提供生成各种形式报表的功能。

所购买的软件包运行相对稳定、出错率底、价格低廉,有良好的文档支持,如使用说明书之类。但软件包一般不提供源程序代码、不可以修改,只能去使用和设置一些简单的内置选项且所提供的功能有限。

软件包可以作为整个项目的解决方案的一部分,如果有可能的话,应尽量找一些现成的软件包来完成那些标准功能。

软件包解决方案的一种变体称为"交钥匙"系统(turnkey system),"交钥匙"系统是指包括软件和硬件在内而被一起接管的一种完整的解决方案。"交钥匙"系统和上述的一般软件包相比,除了硬件部分捆绑移交外,主要的区别在于其应用软件并非完全标准。"交钥匙"系统由组织外部的系统集成开发商提供,并由其负责安装调试,使用部门只要打开它就能直接使用。现在已有很多这样的 IT 公司一直致力于不同行业、不同业务领域的信息系统解决方案的集成和开发,为这些行业提供相应的应用软件,如用于法律、法规咨询公司的法律系统,用于图书馆的图书管理系统,用于零售业的销售系统,用于医务门诊的医疗诊断系统等。

考虑到一个组织所包含的业务处理并非全是规范的标准性过程,"交钥匙"系统总会面临着所提供的功能不能完全满足用户需求这样致命的问题,而在这种情况下,组织常常不得不想方设法地改变自己的工作方式以使其去适应计算机信息系统。因此在"交钥匙"系统中,为了解决这种问题的一种变通办法是购买方向集成开发商定制部分系统,即一个组织通常会购买一个标准性的基本系统、一定数量的个性化修改需求和一个服务协议,开发商再对这个组织的特定需求进行分析并修改或扩充有关代码,签订的服务协议的有效期一般为几个月到几年不等,内容涉及是否可以让购买方的技术人员参与到开发商的项目开发小组中以降低定制成本并获得新系统的一些经验、开发商除了提供执行码之外是否提供源程序代码、出现问题时怎么解决(用户自己修改还是开发商修改且其时间保证如何)等,协议中所列举的这些方面可以进行多种组合。"交钥匙"软件方式对一些简单的中小型信息系统项目来说还是比较流行的。

20世纪90年代初期至中期,"交钥匙"软件只使用于一个组织内部的某个或某几个业务部门,是一种专业性的系统。而近几年,一些大型公司已经将这种"交钥匙"软件的方法引入企业管理及其业务过程中,例如 ERP 系统提供对整个组织的所有业务功能的集成和支持并具有一定的可扩展性。像 SAP 和 PeopleSoft 等公司已经在向组织引进 ERP 系统上取得了很好的成功。

ERP 系统的优势在于相对于自行开发的系统而言其成本小且风险低。说"成本小"

是因为对大型专业开发商而言,60%~80%标准规范性的源代码是现成的,已经在基本系统中存在,说"风险低"是因为这些现成的源代码也就是 ERP 的基本系统部分已经经过反复测试并有大量的成功使用记录。ERP 系统的劣势在于即使系统是定制的也有可能不能准确地满足组织的需求,在组织的需求和 ERP 系统所提供的功能之间总有一些"鸿沟"。

(3) 定制软件开发

定制软件开发(custom-built software development)是一种由外部技术供应商所开发的解决方案,新系统是在 SDLC 基础上从零开始开发的。定制软件开发方式中,开发小组的成员全是由组织之外的技术人员或聘请的顾问等组成,有些人具有丰富经验去解决复杂的技术难题,有些人则具有对特定的行业和应用有广泛的领域知识和技能。

定制软件开发的优势是新系统有丰富经验和专门技术的支持,并有一定的时间保证(技术供应商能灵活地根据需要适当扩充有经验的技术人员)。但组织往往需要为此付出不菲的开发费用,这就要求新系统的期望效益必须远大于这种开发投资。定制软件开发方式通常用在一个组织内部没有足够的专门的开发技术或有一个必须完成的挑战性计划的情形,因此定制系统的结果一般都是包含有很多事务量的中大型的复杂的信息系统。

(4) 自行开发

随着社会信息化的进步,现在很多组织都有自己的 IT 部门,拥有一定数量的专门技术人员。这种情况下就可以考虑选择自行开发(in-house development)的方式,项目开发队伍中的技术人员来自组织的内部。自行开发的一个主要难题是项目的某一部分可能会遇到一些专门的技术问题,而这些问题不是项目组内成员的技术能力和经验所能解决的,对此的一种解决办法是整个项目的进度和控制仍然由组织来维持,但要能在必要的时候获得外部的帮助,比如通过聘用专业顾问来协助解决一些特殊的问题。有些参考文献上又把这种变通的解决方法作为自行开发的变体,并称作"联合开发"方式。

自行开发方式的优势是便于对项目的控制,项目队伍驾轻就熟(技术人员对公司的业务、文化背景了解较深),并能为组织建立一支专门的技术团队、培养出一批专门技术人才。自行开发方式的主要缺点是"闭关自守",意识不到需要专家的帮助,其实有些技术方面的问题比预想的要复杂得多,也就是说他们总认为"只有自己才是做得最好的"或者"若自己没有想到的或开发的,那就是不好的",因而常导致解决方案的不尽合理和开发过程的复杂化。

2. 实施方式的选择

对系统实施方式的选择有时是可以直截了当的,有时则是相对复杂的,特别是在有可能要求外部的开发商、咨询商、供应商或集成商参与进来的时候更是难办,比如有的实施方式所提供的解决方案只能满足必要的功能需求但不包含所有的功能,而有的虽能满足所有需求但只能运行在指定的硬件平台和 DBMS 等软件环境中;有的能对当前的问题提供快速而廉价的解决方案但对未来的扩充能力的支持有限,而有的虽考虑到了系统生命力的长期性但费用昂贵、开发周期长等等。每种解决方案之间几乎没有共同点,他们都会去尽力表现出自己最有利的一面。系统分析员就需建立一系列的标准,用来对所提供的解决方案进行尽可能一致性的评估和选择。

5.6.4 提交结果、做出决定

项目调查和分析的结果通常要归纳成书面报告的形式提交,这个书面报告也就是系统解决方案建议书文档,并以口头的方式进行陈述和报告。提交和报告的对象当然是项目监督管理委员会(或项目的客户),他们对该项目有决定权和投资责任。陈述和报告的目的是提供必要的背景以便于做出正确的决定,也就是说尽管项目组成员(包括技术人员和用户成员)对所有的方案都已做出正确的分析,但最终选择哪个方案或哪几个方案的组合依然由项目监委会来决定,因为他们不仅控制预算、提供资金,而且还负责整个组织的全局战略的指导。

对项目组成员来说,较为困难和复杂的任务之一是如何用完全正确且易于理解的简单方式来编辑、组织并展现系统解决方案建议书以及解决方案中所涉及的关键问题。项目监委会一般都是由一流的企业执行者组成,他们虽然可能不是技术专家,但需要做出影响整个组织的决定。因此,形成系统解决方案建议书时,分析员需要仔细地考虑以找到细节的平衡点:一种极端是技术细节太复杂,以至于监委会不能理解或不能跟上这种逻辑从而变得迷惑或不感兴趣;另一种极端是建议书中没有足够的支持细节或逻辑。

当然,不同组织所要求提交方案的形式不同。有些组织需要非常规范的书面报告和口头表述,有些组织则不需要书面报告而只要求项目客户和项目经理间的非正式的讨论即可。另外,文档和报告的格式要求也会有很大的不同。一般说来,组织规模越小越不正式,而大型组织通常有标准的批准政策和程序。

本章小结

1. 系统分析的任务主要包括:① 系统需求的获取;② 系统需求的定义;③ 需求类型与优先级的确定;④ 生成和评价可选方案;⑤ 和管理人员一起复查推荐方案。

2. 系统需求是对系统必须提供的所有功能的定义,主要分为功能需求与技术需求。功能需求是对系统所支持的功能或处理过程的描述,技术需求是对操作环境及操作性能指标的描述。

3. 系统需求信息的主要来源是风险责任人(stakeholders),即指所有对新系统的成功感兴趣的人。具体包括用户(users)、委托人(clients)与技术人员(technical staff)三种类型。

4. 用户类责任人(users stakeholders):使用系统处理其组织的日常事务的人,包括业务操作类用户、查询类用户和管理类用户。委托类责任人(Client Stakeholders):资助项目费用和最终拥有该系统的人。技术类责任人(Technical Stakeholders):确保该系统正常运行在组织的计算机环境下的人。

5. 系统需求的要素包括:业务的描述、业务的工作过程、业务的数据需求。

6. 识别系统需求的主要方法包括:① 分发和收集调查表;② 浏览现存的文档资料;

③ 和用户会谈与讨论；④ 观察和亲自参加业务实践活动；⑤ 建立联合分析小组等。

7. 结构化预排：是在系统分析阶段实现质量控制措施的一种技术，它是对在需求调查中所获得信息的基础上而形成的资料和概念原型进行评审。目的包括两个方面：确认(Validate)，需求的全面性、准确性；验证(Verify)，需求和需求定义之间的一致性和正确性。

8. 模型，广义上说就是对现实世界相关内容的形式化(可视化)的表示，或者就是对现实的简化，以便人们能够更好地理解问题，通常由一组图示、文字符号和组织这些符号的规则组成。而对信息系统而言，模型则是对新系统的有关内容的描述。

9. 模型的一般类型：① 描述性模型(Descriptive model)；② 图形化模型(Graphical model)；③ 数学模型(Mathematical model)。

10. 事件，就是指在特定时刻和特定场合发生的由系统能够描述和值得处理的事情的抽象。在系统分析过程中需要考虑的事件主要是外部事件、时间事件与状态事件。

11. 外部事件(External Events)：由系统外部因素引起的发生在系统之外的事件；时间事件(Temporal Events)：指到达某一特定时刻而所引发的事件；状态事件(State Events)：指某个事情的发生而触发系统需要处理的事件。

12. 事件的识别方法：① 跟踪外部实体事务处理的生命周期；② 与系统控制有关的技术依赖事件均可看作事件。

13. 事件列表：用于记录每件事件的相关信息，是一个二维表格，横向用于记录事件，纵向则用于记录事件的详细信息属性，具体包括五大属性。① 事件源(source)，对外部事件来说就是提供输入相关数据的外部实体；② 触发(trigger)，告知系统一件事件已经发生的过程；③ 行为/活动(activity)，系统对一件事件的发生所产生的操作动作；④ 响应(response)就是由系统的动作行为所产生的结果，简单地说响应就是系统的输出；⑤ 事件宿(destination)是系统的响应结果的归宿，系统响应的结果一般都是针对系统的外部实体。

14. 事物，对系统的用户来说，就是他们业务工作中所要面对和处理的对象。对结构化方法来说，事物就是数据实体，是系统要求存储的客观存在的并可相互区别的事物；对OO方法来说，事物就是对象，是系统中能对消息有所响应的客观事物。

15. 事物的属性，是指一个事物所具有的某一特征。其中能唯一标识某个具体事物的属性集(一个属性或几个属性的组合甚至所有属性的组合)称为关键字或标识符。

16. 事物间的关系是指某些事物之间自然发生的联系。两种类型事物之间的关系，根据两者之间具体事物的关联数目分为三种基本类型：一对一、一对多、多对多。

17. 实体—关系图(ERD)中，用矩形符号表示数据实体及其属性，用连接数据实体的线段符号表示数据实体间的关系及关系的关联基数类型。

18. 类图用于定义系统中对象类、对象类之间关系以及对象类的属性和行为的模型，类图中的符号采用 UML 中的符号标准：对象类符号是一个由三个部分组成的矩形，对象类之间的关系一般分为四种：关联关系、依赖关系、分类关系和组装关系。

19. 结构化方法在建立系统如何响应事件的需求模型时强调过程、数据、输入和输出等组件；面向对象方法建立需求模型时需考虑对象、对象交互、对象行为等方面。

20. 数据流程图(Data Flow Diagram,DFD),是用于表示系统的输入、处理、存储、输出以及它们如何一起协同工作的图形模型。DFD 把系统中所有的业务处理活动都理解成"变换"过程,并对这个过程所需的数据来源、去向及其存储等进行综合描述的图形化模型。

21. DFD 的抽象层次:在不同层次意义上定义系统需求的不同类型的 DFD。

22. 关联图(context diagram),是定义系统需求的最高抽象层次的 DFD,它把整体系统表示成一个过程,并把所有的外部实体和流进、流出系统的数据流描述在一张图中。

23. 片段 DFD,是仅用一个过程符号表示系统响应一个事件的 DFD。

24. 事件划分的系统模型,也是一种定义系统需求的 DFD 模型,它是对系统或子系统中的每件事件只用一个过程来定义的系统需求模型。

25. 过程分解,对应于复杂事件的片断 DFD 需作进一步的过程分解以定义其更详细的处理细节。过程分解后所得到的子过程可看作完成一个过程的主要业务步骤。

26. 构造 DFD 需考虑的问题:① 确保 DFD 的最低复杂性;② 保证数据流的一致性。

27. 信息过载,人对复杂信息的理解和使用均受到一定能力的限制,难以接受同时展现的大量信息。

28. "7±2 法则",就是心理学中的米勒(Miller)法则,也称米勒数,研究表明一个人可同时有效地记忆、理解与使用的信息块的数量介于 5 和 9 之间。即单个 DFD 中所包含的过程的数目不宜多于 7±2,单个 DFD 中流进和流出一个过程、一个数据存储的数据流的数目不宜多于 7±2。

29. 保证数据流的一致性:① 注意数据流包含的信息在"父图"和"子图"之间的平衡性;② 数据流的流入端与其流出端需相符,避免"黑洞"现象(有数据流入但没有相应的数据流出);③ 数据流的流出端与其流入端需相符,避免"奇异"现象(有数据流出但没有相应的数据流入)。

30. 临界点,就是对处理过程无须(已经易于理解)或无法(DFD 不适于表示)再通过 DFD 做进一步定义。

31. DFD 中的每一个过程都必须有一个形式化的定义,常见的过程描述方法主要有过程分解、结构化英语、决策表和判定树等。

32. 结构化英语,是一种用介于结构化程序设计语言和自然语言之间的语言来定义过程的方法。

33. 决策表,是以表格形式描述含有大量逻辑判断、逻辑组合应用的过程。

34. 判定树,是以像树枝结构一样形式描述包含有大量逻辑判断、逻辑组合应用的过程的一种图形工具。

35. 数据字典,就是一个关于数据描述信息的文件,即关于数据的数据,实际上也是一种元数据。数据字典定义的对象有,数据流、数据存储、数据结构和数据元素。

36. 数据流的定义,以文本的形式对数据流的内容及其内部结构进行描述,其定义方式主要有条目式(简单地列出其所有的数据元素)和代数式(借助一些简单的数学符号以反映数据元素之间的关系)。

37. 数据元素的定义,是对数据元素的具体含义及其数据类型等的描述。

38. 数据存储一般无需作特别定义,当一个数据存储没有与 ERD 相关联时,可采用和数据流定义相同的方法把数据存储定义成一个可能含有结构的数据元素的集合。

39. 结构化方法的系统需求定义包含四个方面的内容:实体—关系图、数据流程图、过程定义以及数据定义,它们相互关联,共同构成了系统分析的逻辑模型。

40. 面向对象方法的系统需求定义通常包括结构化方面的信息和行为化方面的信息两个部分,结构反映的是系统的各个组成部分(即对象)及其关系,行为反映的是这些组成部分的执行逻辑。

41. 用例图是显示一组用例、参与者以及他们之间关系的图,可描述软件系统和外部参与者之间的交互。其中用例(Use Case),也称用况,用于表示系统所提供的服务(系统的功能),可能包括完成某项任务的一系列逻辑相关的任务;参与者表示与系统交互的外部环境,可以是一个人、一个软件、一个硬件或其他与系统交互的实体。

42. 场景(scenario),也称为脚本,是一种文字叙述性模型,用事件流或动作流来描述一个用例的行为细节(完成这个用例的一系列步骤)。

43. 交互(interaction)是指由完成某一任务(用例)的一组对象之间若干消息的交换所构成的行为。交互图(interaction diagram),用于显示一个交互,由一组对象和它们之间的关系构成(其中包括对象间传递的消息),其具体表示方法包括顺序图和协作图。

44. 顺序图(sequence diagram)用来显示场景或用例的事件流中所发生的交互,它侧重于对消息时序的描述,其构成元素主要是对象及其生命线与活跃期,消息传递和注解等。

45. 协作图(collaboration diagram)用来描述相互协作以支持一个场景(特定用例)的所有对象,它侧重于参加交互的对象之间关系组织的描述。

46. 状态机(state machine)是一种行为,它说明一个对象在它的生命周期中响应事件所经历的状态序列以及它们对这些事件的响应。

47. 状态图(statechart diagram)用于描述一个对象的整个生命周期,包含与其所接收和发送的消息相关联的所有活动。一个状态图主要是由状态和转换构成,通常当对象接收到一个消息时触发转换而导致对象状态发生改变。

48. 状态(state)是指在对象的生命周期中满足某些条件、执行某些活动或等待某些事件时的一个条件或状况。初态和终态是状态机中要定义的两种特殊状态,两者都是无特殊意义的伪状态,其目的是便于理解状态机。

49. 一个转换由 3 个部分组成:源状态、目标状态和转换标识。

50. 状态转换(transition)是两个状态之间的一种关系,表示在某个特定事件发生或某个特定条件满足时处于第一个状态(源状态)中的对象将执行一定的动作,并进入第二个状态(目标状态)。自身转换(self transition)和无触发转换(non-trigger transition,又称为完成转换)是两种特殊的转换。

51. UML 状态机具有许多可以帮助描述复杂行为模型的高级特征,主要包括进入和退出动作、内部转换、活动和子状态等。

52. 活动图(activity diagram)是一种特殊的状态图,即可以用来描述操作的行为,也可以用来描述用例和对象内部的工作过程。

53. 目标处理环境（Target Processing Environment）是新系统付诸实施时所需要的计算机设备、网络的配置等硬件环境和操作系统、数据库管理系统等软件环境以及开发环境。

54. 系统范围的确定：① 列出每一个所需功能并对该功能进行概要描述；② 权衡其重要性程度，用"必需"（mandatory）、"重要"（important）、"期望"（desirable）对它们加以标识分类；③ 形成新系统功能范围表。

55. 范围扩张（Scope creep）：在项目分析阶段中，所发现的需求比基于项目计划和开发预算约束的需求有所增加的现象。

56. 系统实施方式主要包括：① 设备托管；② 软件包；③ 定制软件开发；④ 自行开发。

57. 设备托管（facilities management），是指一个组织的所有数据处理以及IT方面的工作全部以"外购"的方式交给一个专业公司来完成。

58. 软件包（Packaged Software）是指现成的、具有一定功能的商品软件，其功能一般符合相关行业的行业标准和规范。"交钥匙"系统和ERP都是软件包作为系统解决方案的一种变体。

59. "交钥匙"系统（turnkey system），是指包括软件和硬件在内而由一个组织所完成实施的一种完整的解决方案。一般包括：一个标准性的基本系统、一定数量的个性化修改需求和一个服务协议。

60. ERP（Enterprise Resource Planning，企业资源计划）软件系统，将成套软件的方法引入企业管理及其业务过程中。

61. 定制软件开发（Custom-built Software Development），是一种由外部技术供应商所开发的一种实施方式，新系统按SDLC思想从零开始进行开发。

62. 自行开发（In-house Development），项目开发队伍的技术人员来自组织内部。

第6章

系统设计的任务

系统设计将以系统分析所得到的逻辑模型为基础,面向系统如何构建,来设计系统解决方案。也就是说,将面向系统做什么的"问题空间"向面向系统如何做的"求解空间"进行映射,从而得到新系统的物理模型。

6.1 系统设计概述

系统分析面向用户及用户需求等问题域,无须考虑具体的实现细节。系统设计则是在系统分析的基础上,面向信息系统及其实施,系统设计作为 SDLC 的一个工作阶段,从实现的角度对系统的所有组成成分进行描述、组织和构造,将系统分析模型转换成一个具体的计算机解决方案的物理模型。系统设计就像建造一座房子需要一套蓝图一样,在施工队开始施工去建造一座房子之前,必须先为其勾画出相应的设计蓝图,这个蓝图既包括对该房子的不同的组成成分及其结构的描述,也包括对该房子的房间、墙壁、窗户、门、楼层、布线、管道等各个具体部件的细节描述。系统开发从工程角度与建造一座房子的过程一样,系统设计就是为新系统的实施组织与构造实施蓝图,明确和设计系统解决方案的各个组成部分。

6.1.1 系统设计的输入:从分析到设计

在系统分析阶段,建立了面向需求的各种模型和文档,通过建模来表示问题域中的现实世界,并理解其业务过程以及业务过程所使用的信息,建模的过程同时也是一个分析的过程,把一个综合的、复杂的业务需求分解成若干个较小的、易于理解的组成元素,通过建立需求模型对问题域中的业务知识进行合理的组织和结构化并编制成文档。无论对哪一种开发方法,在系统分析阶段所形成的相应的一系列模型和文档都是系统设计阶段工作的必备基础,可看作开展系统设计活动的"输入"。

6.1.2 系统设计阶段的主要活动

系统设计的目标是描述、组织和构造作为系统最终解决方案的各个组成部分,系统设计的过程本质上也是一个建模的过程。相对说来,系统设计更是一种偏向于技术性的工作,因此应要求有更多的系统分析员和其他技术人员参与,而用户人员则无须过多涉及。

对信息系统这样的复杂系统,要进行设计首先需要把整个系统分成几个主要的部分,图 6-1 描述了这些不同的组成部分是如何协调在一起工作的,各个部分只有有机地协调在一起才能体现出整个系统的能力,因此这就要求在完成相应的设计活动的同时,还需要考虑这些设计部件之间的相互集成性。

每项设计活动都要有详细的最终设计文档,就像一栋房子的建筑图纸要有一些不同的文件材料一样,一个系统设计包也要包括一套详细说明整个系统的文档,而且这些大量的设计文档间还须具有高度的内部一致性,这样才能体现出具有整体性系统的各个组成

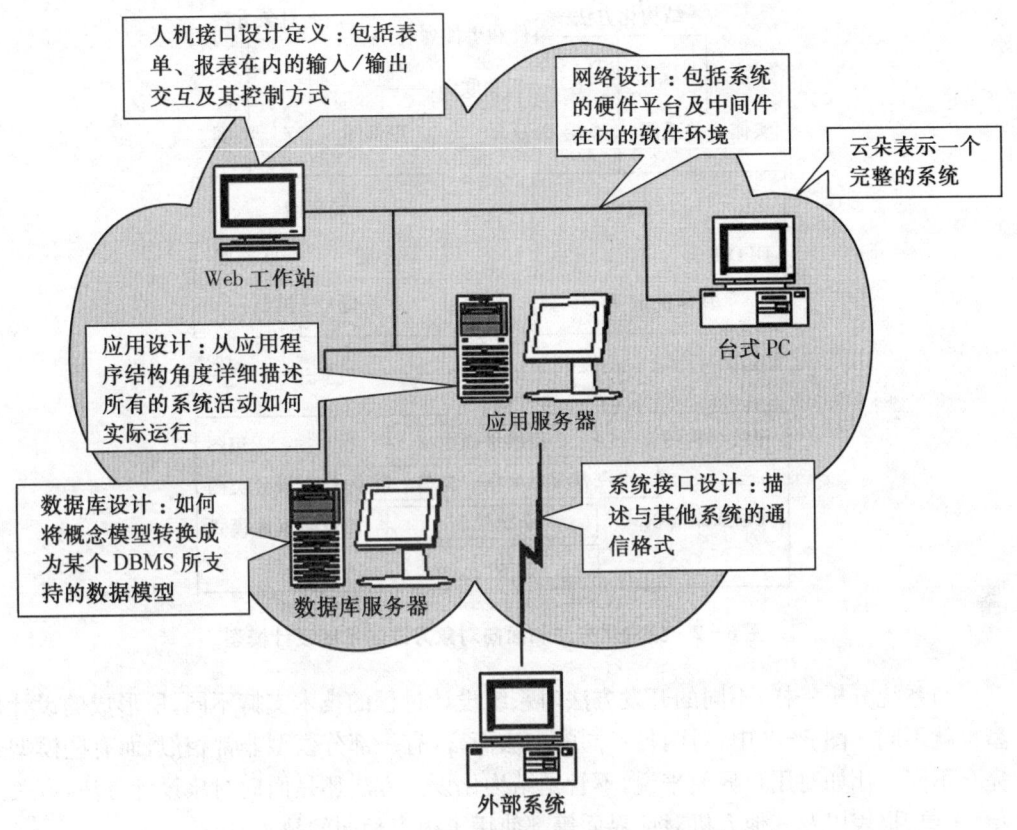

图 6-1 系统解决方案的主要组成部分

部分的有机集成。

系统设计过程中的诸多活动一般被分成两大类，抽象层次较高的总体结构设计（architectural design）和抽象层次较低的详细设计（detailed design）。总体结构设计首先决定了系统的整个框架结构，如网络的集成与设计、系统应用程序体系结构设计等可看作总体结构设计类的活动，而详细设计则包括具体的诸如人机界面、系统控制的设计。其实把一个活动归类到哪一个层次并不是很重要，何况有些活动是并行的或者是交织在一起的，例如，在设计数据库的同时也可以进行用户界面的设计，重要的是这个过程本身的"先整体、后局部"性，必须体现"自顶向下"的设计策略。

6.1.3 系统设计的输出：结构化模型和面向对象模型

系统设计活动的输出是一系列与系统目标相一致的定义为系统解决方案的各个不同组成部分的模型及文档，这些模型及文档构成了系统的物理模型，反映着"系统如何做"的问题。图 6-2 是对第 5 章图 5-18 的扩展，所扩展的内容分别包括结构化系统设计的模型和面向对象设计的模型。

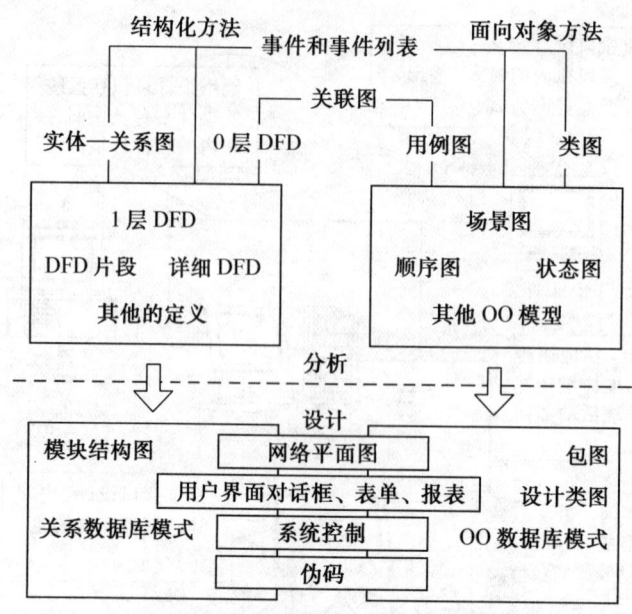

图 6-2 结构化方法和面向对象方法的系统设计模型

与系统分析一样,不同的开发方法对系统设计过程的技术支持不同,所形成的设计模型也就不同。图 6-2 中,对两种不同的方法而言,有一部分模型非常相似,而有些模型则完全不同。比如对用户界面来说,不管是结构化设计方法还是面向对象设计方法,有关菜单、表单、报表以及其他人机对话界面等都使用了很多相同的技术。

6.2 应用程序体系结构的设计

6.2.1 结构化方法

1. 模块及模块结构图

提起模块(module),有一定编程基础的读者马上就想到第三代程序设计语言(如 C、Pascal、Fortran),使用这些语言所书写的一个计算机程序是由若干个模块构成的可执行的代码实体,模块可典型地表现为一个函数、过程或子程序,而且这些模块之间通常是以树型结构的层次关系进行组织,不难看出,模块的本意是指一个计算机程序中可识别的具有特定功能的程序片断。读者已经知道结构化设计技术源自结构化程序设计技术,把模块这一概念引申到结构化的系统设计中,模块就是组成系统的具有一定功能的基本单位,因此从结构化方法的观点来看,应用程序结构由执行系统功能的若干个模块组成,即系统中任何一个处理功能都可以看成一个模块。模块(功能)的大小是相对的,也就是说模块可以组合和分解,一般称系统的顶层模块为主模块或主控模块(main or boss module),处于系统中间层的模块为控制模块(control module),处于系统最底层的模块为执行模块或工作模块,这些端结点模块可以表现为一个具体的计算算法或一个处理逻辑,甚至是手工操作过程的某项具体工作。

应用程序结构中的模块具有以下三个特征:

功能特征　说明模块所能体现的功能;

逻辑特征　刻画模块的内部逻辑,即其功能是如何实现的;

状态特征　描述模块使用的环境条件,即和其他模块之间相互调用及接口关系。

当然,在模块结构图这一抽象层次上,模块内部的逻辑还无须涉及,只是通过该结构图表明模块以何种方式实现其名称所表示的功能,以及完成该功能所需数据和产生的数据。模块内部逻辑将体现在模块的详细设计中。

结构化系统设计的一个主要目标就是要描述和组织系统的应用程序体系结构,其基本思想是"自顶向下"的功能分解,以使这些分解后的功能可由新系统的一个给定程序执行。模块结构图(MSC,Module Structure Chart)是表示系统应用程序体系结构的一个图形模型,它不仅反映系统功能模块层次分解关系,而且还反映了模块之间的调用关系以及数据信息和控制信息的传递关系。图6-3是一个大学课程选修系统的模块结构图。

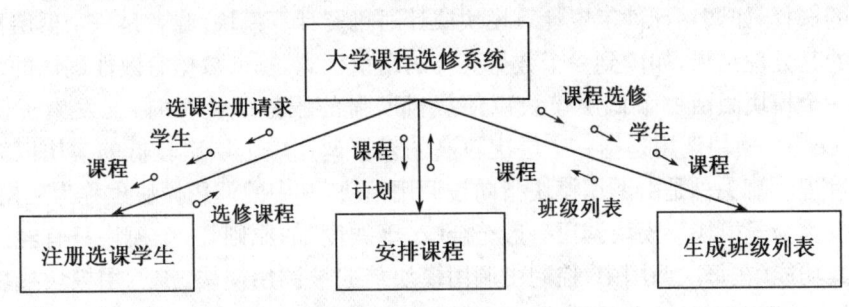

图6-3　大学课程选修系统的模块结构图

根据模块结构图的含义,在一个模块结构图中,一般涉及模块、调用、数据、控制等几个符号,如图6-4所示。

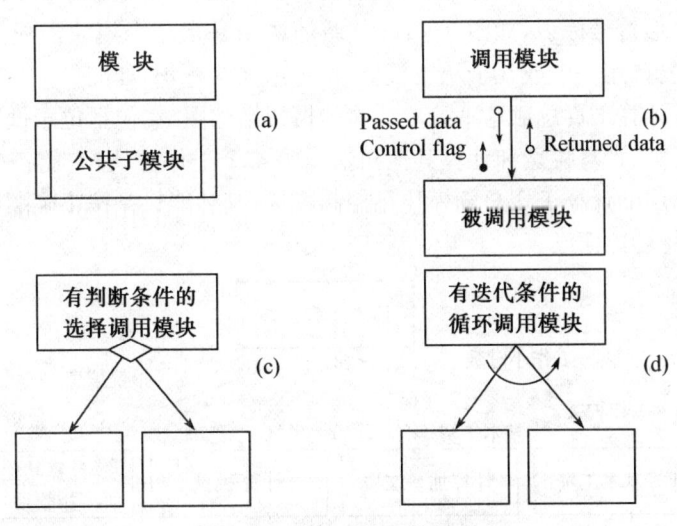

图6-4　模块结构图符号定义

其中，模块是结构图的基本组成部分，它用来标识一个功能，在图形上，模块用一个矩形框表示，框内表明该模块的名称。若一个框的两边用双线表示则标明是一个已经定义过的模块或可以在多处被调用的模块，是否使用双竖线是可选标记，如图6-4(a)。

图6-4(b)表示数据如何在模块间传递。当一个模块调用另一个模块时，调用模块（父模块）可以把数据传送到被调用模块以做处理，而被调用模块（子模块）也可以将处理的结果数据送回到调用模块。结构图中把两个模块之间的数据传递称为数据耦合(data coupling)。数据耦合在图形上用带空心圆的箭头标识，箭头旁边标以数据名称，这里的数据名称随着调用层次的不同，可以表现为一个复杂的数据结构如一个数组、一个记录，也可以表现为一个数据元素如顾客姓名或账号等，一般说来，靠近结构图上层的模块，其耦合往往使用聚集程度较高的数据结构，结构图下层的耦合则往往是一些单独的数据项、标志或相对简单的数据结构。

模块之间控制信息的传递和数据传递相类似。控制信息是数据的一种特殊表现形式，通常表现为布尔值或开关量。控制信息或者用作控制被调用模块内部处理逻辑的执行，这种情形称为模块的控制耦合(control couple)；或者用作逻辑判断的条件以确定模块调用的选择，如调用计件工资计算模块或计时工资计算模块；或者是一个低层模块告知父模块的其处理结果，如读到一个数据文件的结束标志、输入数据有效性确认的结果等。

当一个模块激活一个低层模块以便执行所需的服务或计算时，就发生了模块调用(module call)，模块调用是指一个层次较高的模块调用一个层次较低的模块以完成特定功能的过程。箭头总是由调用模块指向被调用模块，其中的调用模块也称为父模块，被调用模块也称为子模块。模块调用一般符合"军事调度"的原则，一个模块只有经过调用才能展现其功能(在每次调用中，控制由调用模块传向被调用模块，被调用模块接着执行其内部逻辑，当调用过程结束后，控制立即返回给调用模块)，模块调用只限于其直接的上级或下级模块，模块调用按照自顶向下、自左而右的次序。模块调用可分为简单调用、选择调用和循环调用三种形式，简单调用就是按照自顶向下、自左而右的模块调用原则而调用；选择调用是指一个模块需根据其内部的逻辑判断条件的成立情形来决定调用哪一个从属模块，用菱形符号标识，如图6-4(c)；循环调用是指一个模块需根据其制定的迭代条件来决定重复调用一个或几个从属模块，用弧形箭头标识，如图6-4(d)。

图6-5是计算工资总额这一简单功能的模块结构图，它包括位于低层的计算基本工资、计算加班工资、计算税费和计算其他扣款项等4个工作模块，它们各自执行相应的逻辑功能，位于高层的计算工资总额模块是控制模块，其功能只是按正确顺序调用低层模块来完成工资计算功能而已。

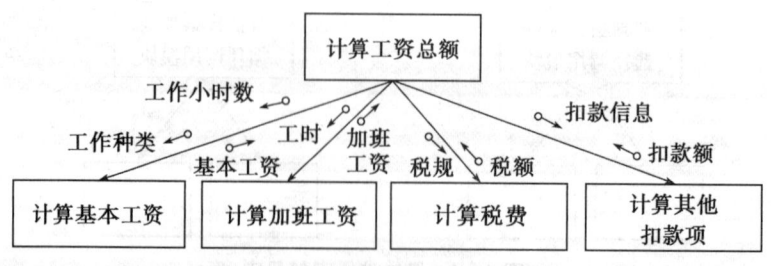

图6-5 计算工资总额的模块结构图

图 6-6 是一个更为完整的工资处理系统的模块结构图,其中包括图 6-5 计算工资总额的功能。

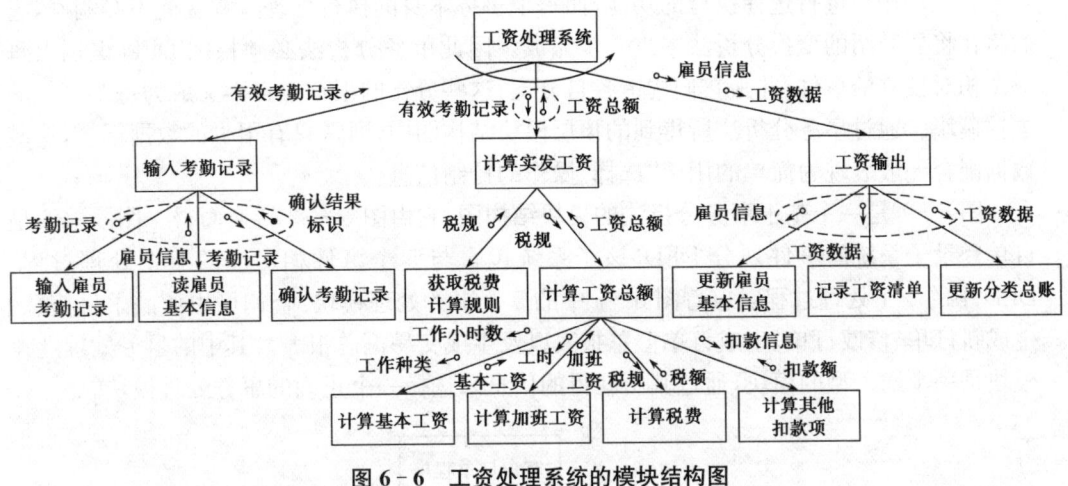

图 6-6 工资处理系统的模块结构图

结构化方法是面向过程的一种开发方法,每一处理过程都具有"输入—处理—输出"的显式特征,因此,不管多么复杂的模块结构图,根据这个特征都可以发现出一些简单的规律,如图 6-5 所示,也因此便于构造和理解一个模块结构图。

传入结构(afferent structure):传入结构的数据流大多具有由下而上的特征,表现为系统数据的输入。低层模块接受数据传递给上层模块,上层模块经过适当加工、组织或不经任何处理再传递给其上层的模块。

传出结构(efferent structure):传出结构正好和传入结构相反,传出结构的数据流大多具有由上而下特征,表现为系统数据的输出。

变换结构(transform structure):变换结构的特征是下层模块从上层模块接收数据,进行各种变换处理后,再把处理的结果传递给同一个上层模块。

2. 模块结构图的构造过程

模块结构图的构造过程就是模块化的过程,即把应用程序划分为若干个功能模块,每个模块完成一个子功能,把这些模块有机地集总起来组成一个整体,以完成满足指定求解问题的要求。根据上述介绍,模块结构图呈树型结构,由树根(根结点模块)和若干个树枝(子树结点模块)构成,模块结构图的开发同样需体现结构化方法的思想,即"自顶向下,逐步求精",与系统分析相比,系统设计只不过是逐步加入具体实现细节的过程,也就是在较低的抽象层次上进行工作的过程。

构成最终信息系统的每一个主要程序对应于按事件划分的子系统,每个程序都应有其相应的模块结构图,每个程序也包含若干个事件,每个事件对应于按事件划分的 DFD 中的一个过程。由 DFD 向 MSC 有两种基本的转换方法。

1) 事务分析法

事务分析法(Transaction Analysis)的原理是以事件列表或事件划分 DFD 为基础,构造出最顶层的模块结构图,在顶层模块结构图中,一般只给出主控模块和第一层被调用的模块。对应于顶层模块结构图的模块程序本质上就实现了在屏幕上显示系统支持的所有事务并允许用户进行选择执行的功能,而每个事务本身的执行处理过程在此不必明确,它们将在将要介绍的变换分析法中进一步完成。因此事务分析法必须根据 DFD 识别出每一个相对独立的事件,并为它们构造各自分支,这些分支的根节点自然又成为每个事件的主控模块。通过事务分析法所得到的顶层模块结构图中,通常只有很少的数据耦合,这些数据耦合一般表现为简单的用于"选择"操作的控制信息。

图 6-7 是一个基于事务分析法的模块结构图,它由图 5-33 转换而得。图 5-33 是订单登录子系统的事件划分 DFD,该子系统包含与 5 个事件相对应的 5 个处理过程,DFD 中的 5 个处理过程对应着图 6-7 中的 5 个事务处理模块:查询可用商品条目信息、生成新订单、修改订单、生成订单汇总报表以及生成交易汇总报表。其中的事务处理选择模块是一个输入型的模块,通过其所获得的信息来选择一个正确的事务处理模块。

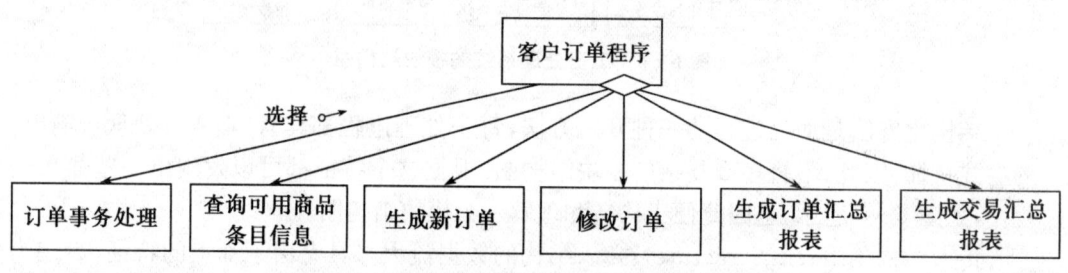

图 6-7　CSS 订单登录子系统的顶层模块结构图

2) 变换分析法

变换分析法(Transform Analysis)一般以顶层模块结构图及分析模型中的片断 DFD 为基础,其工作原理是基于"变换",即对顶层模块结构图中的每个事务模块,分析与该事务相应的细化后的事件片断 DFD,也就是该 DFD 是如何将输入的数据经过适当处理变换成相应的输出信息,需要注意的是大多数片断 DFD 通常都按"输入—处理—输出"这种模式建立。经过变换分析法所得到的模块结构图是对顶层结构图的进一步细化,在这个模块结构图中一般包括三类子树:用于得到数据的输入子模块,实现变换的计算处理子模块,用于得到结果的输出子模块。这些子模块由与该事务相对应的片断 DFD 经转换而得到,转换的关键是分析并发现片断 DFD 中的传入数据流部分、传出数据流部分及变换中心部分。

现在以 CSS"生成新订单"片断 DFD 为例子,详细说明变换分析法的变换过程。

首先,找出详细 DFD 中代表输入数据流和输出数据流间最基本的变化过程,其中输入数据流被称为传入数据流,输出数据流被称为传出数据流,两者中间的过程则被称为变换中心。然后,据此构造出相应的模块结构草图,在该草图中应体现出模块调用层次及其数据耦合,如图 6-8 所示。

变换分析法的最后,还需对上述的三类子模块做进一步分解细化。如图 6-9 所示:

① 必要时需在草图中添加一些模块,主要是一类读写数据的模块,例如,通过用户界面屏幕获得输入数据、读写数据存储、写出输出数据或报表等等,如图 6-9 中的获得客户

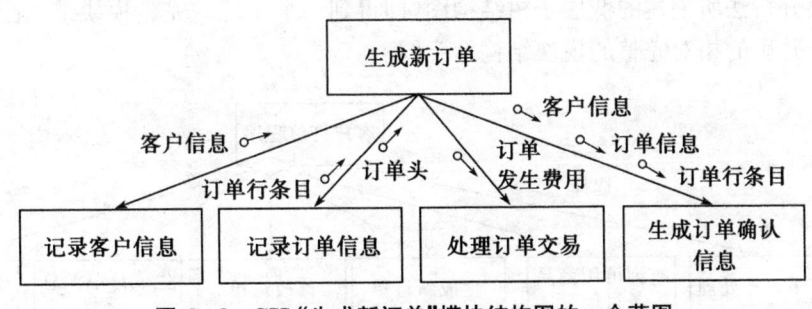

图 6-8　CSS "生成新订单" 模块结构图的一个草图

信息模块、获得订单信息模块、读取订单条目信息模块、读产品条目/库存条目数据存储模块、写入订单条目信息模块以及写入订单交易信息模块等。这类模块通常都是一些位于模块结构图中低层的具体的工作模块，而且这类模块也通常在数据流程图中没有相对应的过程，因此这时系统分析员一般都较少地依赖 DFD 中的信息，而是根据良好的设计原则及分析员自身的经验阅历。随着这些模块添加到模块结构图，数据耦合将定义得更细化、精确，从而反映出了更为详细的设计结构。

② 在上述模块结构图的基础上，根据分析模型中的结构化英语或判断表，添加其他的所需模块间的联系，如循环或判断标识。如图 6-9 中添加的可选择调用和循环调用标识符号，菱形符号标识表示只有是新客户时创建客户记录模块才被调用，循环符号标识表示一张订单中可能会包含多个订单条目。

③ 最后还需根据下一小节讨论的有关模块结构图质量控制方面的概念，对该模块结构图做优化改进。

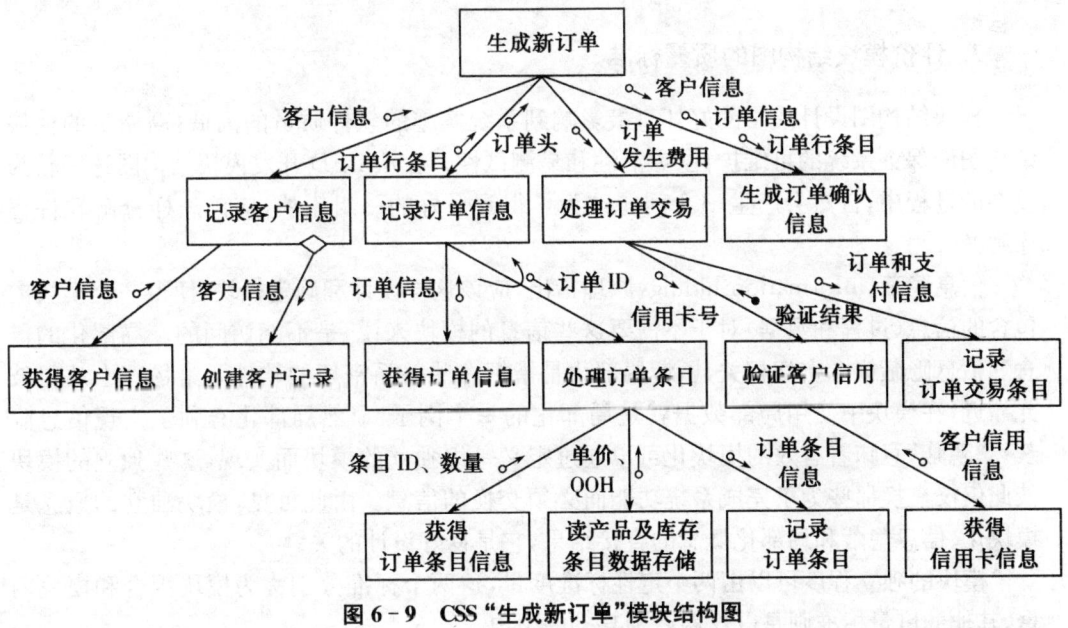

图 6-9　CSS "生成新订单" 模块结构图

在经过事务分析法和变换分析法之后，合并用事务分析法所创建的顶层模块结构图和用变换分析法所创建的低层子树结构图,即得到一个系统的完整模块结构图,图 6-10 是一个合并后的相对完整的模块结构示意图。

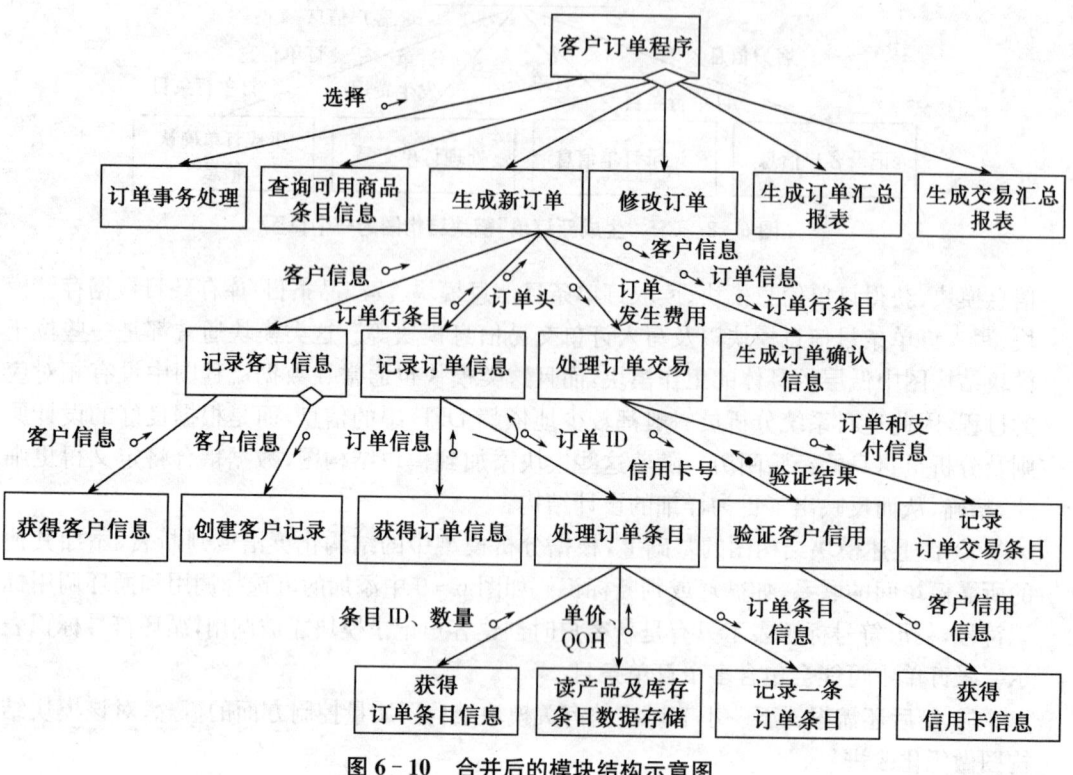

图 6-10 合并后的模块结构示意图

3. 评价模块结构图的质量标准

模块结构图设计质量的好坏直接影响到系统实施的软件质量的高低,高质量的模块结构图能保证系统的可维护性、灵活性和易测试性。在从 DFD 开发模块结构图这一较为复杂的过程中,自然会产生一个问题:"为了得到最好的一组模块,应该怎样分解软件程序呢?"

信息隐蔽(information hiding)原理指出,应该这样设计和确定模块,使得一个模块内包含的信息(过程和数据)对于不需要这些信息的模块来说,是不能访问的。局部化的概念和信息隐蔽概念密切相关,所谓局部化是指把一些关系密切的软件元素物理上放得彼此靠近,在模块中使用局部数据就是局部化的一个例子,显然局部化有利于实现信息隐蔽。"隐蔽"意味着有效的模块化可以通过定义一组独立的模块而实现,这些独立的模块彼此仅仅交换那些为了完成系统功能而必须交换的信息。由此可见,模块独立的概念是模块化、信息隐蔽和局部化概念的直接结果,它是良好设计的关键。

模块的独立程度可以由两个定性标准度量,这两个标准分别称为模块耦合和模块内聚,其他的度量标准则是以这两者为基础的引申。

1) 模块耦合

模块耦合(module coupling)是对一个应用程序体系结构内两个不同模块之间联接程度的一种度量。模块间的依赖程度越大,则其耦合程度也就越大;反之,模块间的依赖程度越小,则其耦合程度也就越小。

显然,为了使系统具有较好的可维护性、可测试性和可理解性,模块间的关联程度即耦合程度应越小越好。耦合程度越小,表明模块的独立程度越大,这样在修改、测试或研究一个模块时,对其他模块的影响程度就越小,也不需要对系统的其他模块有很多了解,从而使得这些工作仅局限于一个最小范围之内,此外,由于模块间联系简单,发生在一处的错误传播到整个系统的可能性就很小。

影响模块耦合程度的因素一般包括两个方面:

一是通过接口的控制信息流类型。前面已经介绍了模块间两种类型的控制信息。一类是由子模块传递给父模块的控制信息,这类数据一般表示子模块处理的一种"异常"结果,如"文件结束 EOF""查无此记录"。另一类是由父模块传递给子模块的控制信息,这类数据一般告诉子模块内部处理逻辑执行哪类处理,这种情形说明子模块还没有被分解成为功能独立的子模块。图 6-11 是降低模块耦合性的一个简单例子。

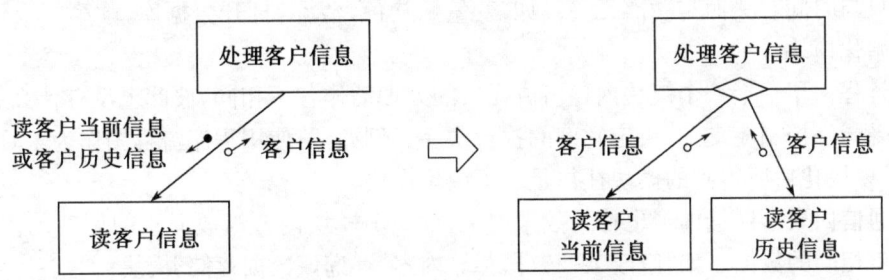

图 6-11 降低模块耦合性的一个例子

二是模块间接口的复杂性。一般来说,模块间传递的数据流越多,其接口就越复杂,从而导致模块间耦合程度的增加,也就说明模块的分解尚不完全,还需进一步进行分解。这里是指数据流数目本身,而不是指一个数据流所包含数据元素的多少。

既然模块耦合是一种度量指标,那么怎样具体区分模块间耦合程度的高低强弱呢?按其耦合程度由低到高,可以分为如下几种类型。

如果两个模块之间的接口即调用只通过数据信息的传递来关联,那么这种耦合称为数据耦合。数据耦合是低耦合,系统中必须至少存在这种耦合,因为只有当某些模块的输出数据作为另一些模块的输入数据时,系统才能完成有价值有意义的功能。

如果两个模块之间除了数据信息的传递之外,还有控制信息的传递,而且这种控制信息是用以控制被调用模块的内部处理逻辑,那么这种耦合称为控制耦合。显然,导致控制耦合的原因是模块分解的不彻底,被调用的模块不是完成单一的功能,如图 6-11 读取客户信息模块。控制耦合是中等耦合,它增加了系统的复杂程度,在把模块适当分解之后可以用数据耦合代替它。

如果两个模块之间不是通过正常的调用关系发生关联,而是一个模块直接存取或修改另一个模块的数据,那么这种耦合称为内容耦合。内容耦合是最高程度的耦合,这是系统设计中最忌讳的情况,事实上在许多高级程序设计语言中已设计成不允许在程序中出现任何形式的内容耦合,如 goto 语句,同时也建议尽量做到一个模块只使用自身的局部变量,而不去使用全局变量,也就是避免公共耦合。

模块耦合是影响软件程序复杂程度的一个重要因素,应该尽量使用数据耦合,少用控制耦合,完全不用内容耦合。

2) 模块内聚

模块内聚(module cohesion)是对一个模块内部各元素在功能上内在联系紧密程度的一种度量。也就是说,内聚是对模块内各处理动作组合强度的一种度量。

按模块内聚紧密程度由低到高分成如下七种类型:

偶然内聚　指一个模块内各组成元素同属一个"集合"外,其间无任何实质性的关联。

逻辑内聚　指一个模块内各组成元素的处理动作在逻辑功能上相同或具有一定的相似性。如把系统中与"输出"有关的操作抽取出来组成一个模块,即一个模块产生各种类型的全部输出。

时间内聚　指一个模块内各组成元素的处理动作要求在同一时间段内完成,即这些元素只与时间有关而与功能无关。如"变量赋初值,清屏,打开数据库,读第一个记录"这类初始化模块。

过程内聚　指一个模块内各组成元素的处理动作各不相同,彼此也没有什么关系,但它们受同一控制流支配,决定它们的执行次序。例如,若使用程序流程图作为工具设计软件时,模块化后所得到的模块往往是过程内聚模块。

通信内聚　通信内聚也称为数据内聚,指一个模块内各组成元素的处理动作都使用或产生相同的数据。如"修改某一数据存储内容,查询该数据存储"模块。

顺序内聚　指一个模块内各组成元素的处理动作均和同一个功能密切相关,且有严格的先后执行次序(通常其中一个元素的输出数据是下一个元素的输入数据)。如"录入明细账,对明细账分类汇总统计,打印分类统计表"模块。

功能内聚　指一个模块内各组成元素的处理动作都是为完成同一个功能而联系在一起的,即一个模块执行一个功能,且完成该功能所必需的所有元素都包含在模块中。如"计算平均成绩"模块。

模块层次分解设计过程中,没有必要精确确定模块内聚的级别(许多人把前三种内聚分类为低内聚、过程和通信内聚分类为中内聚、顺序和功能内聚分类为高内聚,高内聚模块只和某个特定功能密切相关),重要的是设计时力争做到高内聚,并且能够辨认出低内聚的模块。模块内聚和耦合性都是进行模块化设计的有力工具,两者往往相辅相成、相互一致。一般说来,模块内聚性越高则模块间的耦合性就越低,若所有模块都是功能内聚的话,那么模块间必然都是数据耦合,从而可以获得较高的模块独立性。

3) 模块影响范围和控制范围

在模块分解设计时,有时会遇到在某个模块中存在着判定处理的逻辑,对这样的模块需考虑其影响范围和控制范围(scope of function and control)的关系。

模块影响范围也称为作用范围,定义为所有这些模块的集合,这些模块内含有依赖于这个判断结果的处理。模块的控制范围是指这个模块本身及其所有的下属模块组成的集合。

在一个设计得好的系统中,所有受到判定影响的模块应该都从属于做出判断的那个模块,最好局限于做出判定的那个模块本身及它的直接下属模块。换句话说,就是一个模块的判定的作用范围必须是判定所在模块的控制范围的一个真子集,且判定范围由判定所在模块及其直接下层模块组成。这也就是模块影响范围和控制范围必须满足的关系规则。例如,若图 6-12 中模块 A 做出的判定只影响模块 B 和 C,那么是符合这条规则的。但是,若模块 A 做出的判定同时还影响模块 G 中的处理过程,又会有什么坏处呢？首先,这样的结构使得软件难于理解。其次,为了使得 A 中的判定能影响 G 中的处理过程,通常需要在 A 中给一个标记设置状态以指示判定的结果,并且应该把这个标记传递给 A 和 G 的公共上级模块 M,再由 M 把它传给 G。这个标记是控制信息而不是数据,因此将使模块间出现控制耦合。

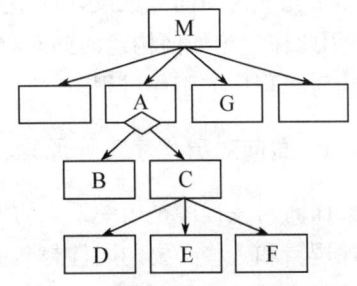

图 6-12 模块的作用范围和影响范围

怎样修改程序体系结构才能使作用范围是控制范围的子集呢？一种方法是上移判定点的位置,例如把判定从模块 A 中移到模块 M 中。另一种方法是把那些在作用范围内但不在控制范围内的模块移至控制范围内,例如把模块 G 移到模块 A 的下面,成为其直接下属模块。究竟采用哪种方法改进体系结构,需要根据具体问题而定,亦即应该使软件结构能最好地体现问题原来的结构。

4）深度、宽度、模块的扇入和扇出系数

深度表示软件结构中控制的层数,它往往能粗略地标志一个系统的大小和复杂程度。深度和模块的大小之间应该有某种对应关系,当然这个对应关系是在一定范围内变化的。如果层数过多则应考虑是否有许多控制管理模块过分简单,应做适当合并。

宽度是软件结构内同一层次上的模块总数的最大值。一般说来,宽度越大系统越复杂,对宽度影响最大的因素是模块的扇出。

扇出(fan-out)是一个模块直接控制(调用)其他模块的数目。扇出越大意味着模块越复杂,其内聚性也就越低,需要控制和协调越多的下级模块。经验表明,一个设计得好的系统,其模块的平均扇出通常是 3 或 4(扇出的上限通常是 5~9)。扇出太大一般是因为缺乏中间层次,应该适当添加中间层次的控制模块,扇出太小时可以把下级模块进一步分解成若干个子功能模块,或者合并到它的上级模块中去。当然模块的分解或合并必须符合问题结构,不能违背模块独立原理。

扇入(fan-in)是指一个模块有多少个上级模块直接调用它。扇入越大则共享该模块的上级模块数目就越多,说明该模块的通用性也就越强,这理所当然是有好处的,但同样也不能违背模块独立原理一味追求高扇入。

观察大量的软件系统后发现,好的软件结构随着层次深度的增加,高扇出数目逐渐减少,而逐步争取更大的扇入,软件体系结构呈现"上尖、中宽、底小"形状。

6.2.2 面向对象方法

如果系统分析阶段使用的是面向对象模型,那么设计阶段的工作也应该用面向对象模型来完成。面向对象设计模型是面向对象分析模型和面向对象设计模型之间的一座桥梁,因此在讨论如何构建面向对象设计模型以支持面向对象程序设计之前,首先回顾一下面向对象程序的工作过程。

1. 面向对象程序工作原理

面向对象程序是由一系列协同完成某一任务的一组程序对象组成。每个程序对象由程序逻辑和一些必要的属性封装而成,对象之间通过相互发送消息来协调工作以合作完成主程序的功能。

这里用一个大多人都熟悉的计算机网络系统来模拟说明面向对象程序和结构化程序的不同。

对结构化程序而言,网络系统中的主机是一个具有大容量计算能力的计算机,它可以直接操纵数据库,主机同时也可以连接并控制着若干个彼此独立的工作终端,这些终端只有在主机命令下才能工作。

而对面向对象程序而言,网络系统中的每台计算机均有其计算能力,如果你在其中的一台计算机上工作,可以通过消息机制来求助于网络中的另一台计算机,例如若你需要打印文档,你的计算机就会发出一个打印请求的消息给控制打印机的计算机(可称之为打印服务器),那么该打印服务器即为你打印出相应的文档。假设有一个计算任务,那么网络中的每台计算机会完成整个任务的部分功能,所有计算机之间通过消息传递以协同工作来共同完成整个计算任务。

再看一个面向对象的银行事务处理程序,其基于事件驱动的程序流参见图6-13,该面向对象程序是如何记录一笔客户存款的这一工作过程的呢?这个程序包括一个窗口对象,该窗口对象以表格形式允许输入客户ID及其他信息,当输入客户ID后,该窗口对象则发送消息(图中消息2)给客户对象类,告诉它创建一个新的客户对象(实例),这时客户对象类发送消息(图中消息3)给数据库对象,取得该客户对象的信息并把它们返回给客户对象,这些执行结束后,该新的客户对象又会给窗口对象返回一个消息,并把这些信息显示在窗口对象的表格中。然后银行职员会输入客户存款(图中消息4),这时又会形成另一个消息序列:给客户对象发送存款消息、客户对象给数据库对象发送更新数据库消息。

在结构化程序中,哪个模块是主模块以及哪个模块控制着计算任务都是显然的。然而,对面向对象程序来说则不然,会有一个一般性的问题,就是这一切到底是由谁控制的呢?事实上,没有哪个对象类处于控制地位,它们都是平等的。就像在上述的计算机网络中,每台计算机都有其特定计算功能,一旦这个功能要被执行时,这台计算机才会处于"控制状态",控制着该功能的执行,与此同时这台计算机还能调用(发送消息)网络中其他计算机以提供必要的支持。

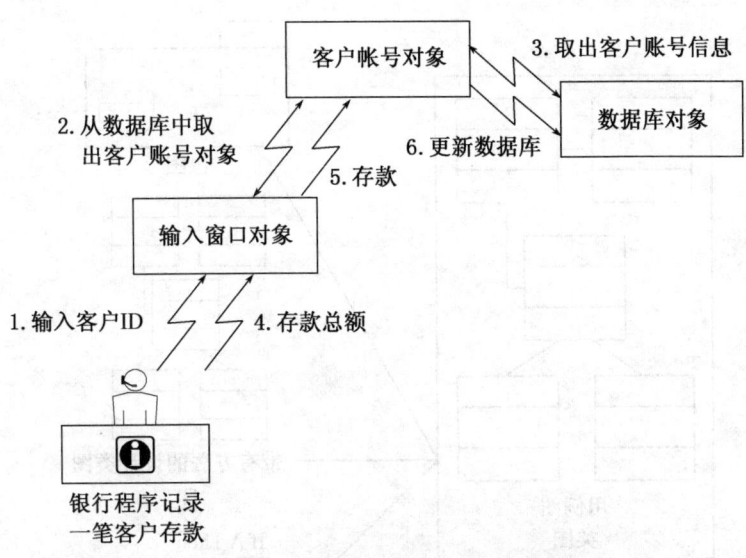

图 6-13 面向对象事件驱动的程序流

一个面向对象系统由一系列计算对象组成,每个对象都封装有属于它自身的数据和程序逻辑。类定义描述了一个执行对象的结构或模板,每个类定义都包含了属于该类的数据属性和应用于该类的一组方法,其中类方法定义了作用于类属性上的各种操作和计算,在面向对象设计中,类方法包含了程序逻辑。只有当程序开始执行时,对象才能存在,并称该对象是基于类定义的模板的实例化的结果,或者是基于该模板而生成的一个实例。每个实例都有它的数据属性值,但一个类的所有实例拥有相同的方法逻辑,因为类方法为其所有实例所共享。

面向对象程序设计中的许多对象对应于类图中定义的类,而消息则和定义在交互图或协作图中的交互非常类似。不难看出,用 OO 方法开发系统的一个主要优势在于设计模型和分析模型之间的相似性和一致性,通常可以直接从分析模型来构造其设计模型;另一个优势在于最终程序和 OO 设计模型也非常相似,可以根据 OO 设计模型直接编程。

2. 认识面向对象设计模型

图 6-14 是对图 6-2 中从 OO 分析转换到 OO 设计这一局部过程的概要,它给出了面向对象设计的输入(分析模型)和输出(设计模型)。其中包图(package diagram)是系统的一个高层视图,它是对某个类应该包括在哪个子系统(组织成组)中一种可视化的模型,包图的信息主要来源于用例图和类图。设计类图(design class diagram)是对类图的扩展,它增加了属性和方法等细节,构造设计类图的输入信息来源于类图、交互图和状态图。

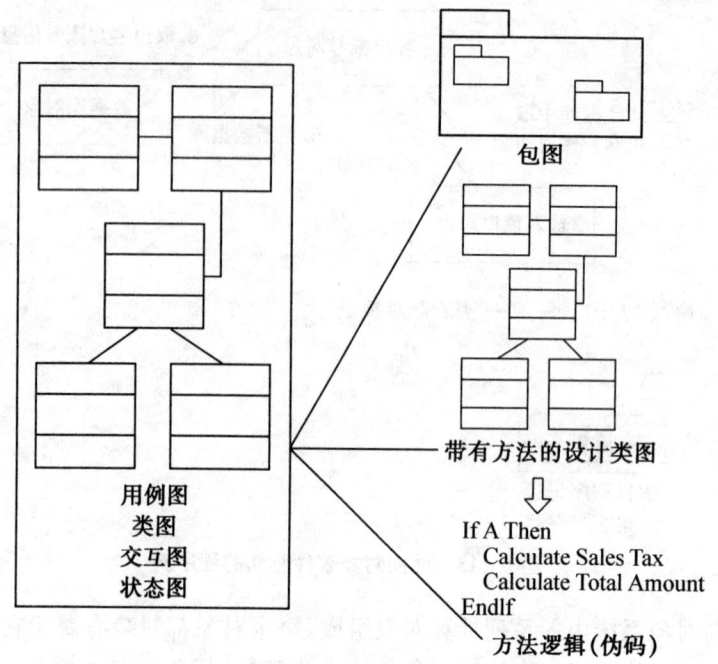

图 6-14　OO 分析模型到 OO 设计模型

3. 包图的开发

在 UML 中,包(package)是用于把元素组织成组的通用机制,用于标识一个完整系统的主要部分。每个包都必须有一个与其他包相区别的名称。包中的每个元素都唯一从属于这个包,包中的一个元素可以是一个类或其他类型的元素,也可以是一个包,这就意味着可以按层次来分解模型。在图形上,把一个包画成一个左上角带有一个小矩形的大矩形,即把包画为带标签的文件夹。

包之间的关系可以通过访问依赖(access dependency)来说明,访问依赖表明一个包(源包)有权引用另一个包(目标包)中的元素。在两个同等层次的包之间,除非存在有显式的访问关系,否则一个包中的元素不能引用另一个包中的元素。例如,假设目标包 T 含有一个类 C,如果说明了一个从包 S 到包 T 的访问依赖,那么包 S 的元素可以用完全合法的名称 T::C 来引用 C。访问依赖不具有传递性,例如,包 S 依赖于包 T,包 T 又依赖于包 T1,但这并不意味着包 S 依赖于包 T1,因此包 S 中的内容可以访问包 T 中的内容,但不能访问包 T1 中的内容,若要访问,包 S 必须显式地依赖于包 T1。在图形上,访问依赖用虚线箭头表示,带箭头的一端指向目标包,其尾部连接源包。

包图不仅能够对那些作为一个整体进行处理的成组的元素进行可视化,并且能够控制对包中可见性元素的访问(注:就像控制类所拥有的属性和方法的可见性一样,也可以控制包所拥有的元素的可见性),也就是还能模型化包之间的依赖关系。

图 6-15 是 CSS 的包图,给出了哪个类从属于哪个包,例如,客户类从属于客户维护包。该包图中还说明了一些包之间的依赖关系,例如,订单执行子系统依赖于订单登录子

系统，比如订单执行子系统可以使用订单登录子系统中定义的订单的数据结构。

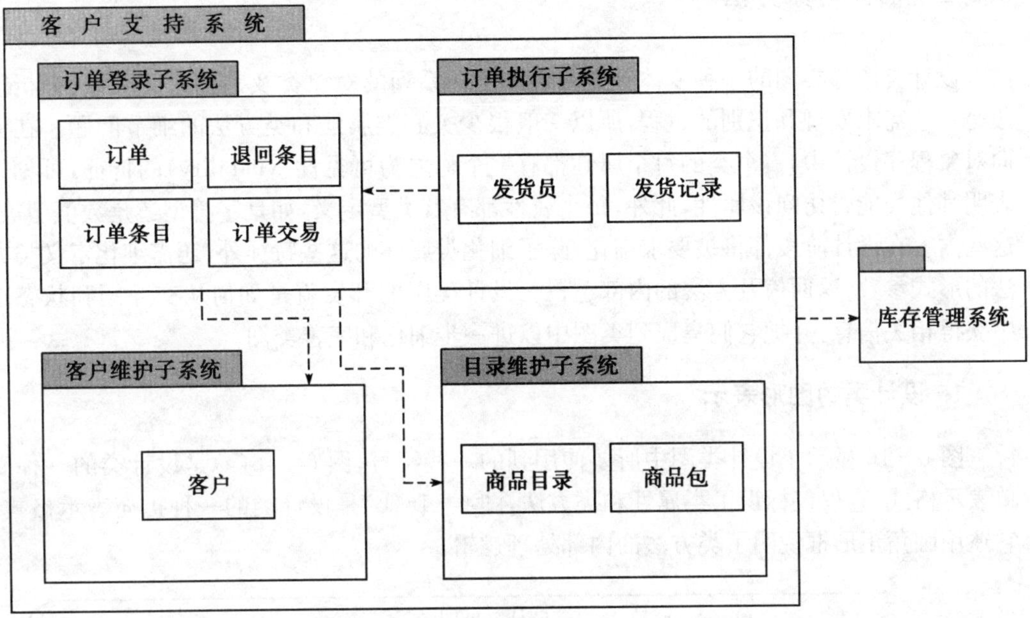

图 6-15 CSS 包图

包图开发的本质是怎样把一个系统合理地分解成若干个子系统，因此对系统设计人员来说，必须要考虑事件列表、用例图及类图，然后会从中发现哪些业务功能在逻辑上结合得最为紧密。

6.3 模块的详细设计

6.3.1 结构化方法

模块结构图提供了系统应用软件程序的总体结构，对模块结构图中的每一个模块的内部实现逻辑并没有详细描述，这里的模块的详细设计或称为模块算法设计则是用来完成这一要求。

通常有三种描述模块内部处理逻辑的方法：流程图(flow chart)、结构化英语和伪码。其中，流程图是一种可视化的描述方法，它借助于直观的图形化符号(如菱形、矩形框、箭头线等)来刻画应用程序内部处理逻辑的流程，它一直是最为广泛的、用于对算法进行设计描述的方法，系统流程图、程序流程图的描述都借助于流程图这一工具。结构化英语的概念在上一章中已经做过介绍。伪码和结构化英语相比，它更加接近于某一种程序设计语言的语法特征，伪码一般用选作实施的目标编程语言的语法形式加以描述，因此，伪码所描述的语句序列及结构与最终的目标代码已经很接近了。在系统详细设计活动中，模块算法设计大多选用伪码的描述方法。

6.3.2 面向对象方法

设计类图是类图的一种变体。类图表示了一系列的对象类及它们之间关系,分析阶段是一个需求发现和识别的过程,所以一般很少关心类属性和类方法的细节问题。在面向对象程序设计中,一个类的每个属性都有一个称之为可见性(visibility)的特征,可见性表明其他类能否访问该属性,此外,每个属性都有其类型定义,如是字符型还是数值型等。这些内容在设计阶段都将被要求细化,除了细化类属性的这些特征外,还需细化定义类方法的形式参数、返回值及方法的内部逻辑。设计类图的开发就是如何从交互图和状态图中获得相关信息,并把它们集成到类图中以进一步细化和完善类图。

1. 设计类的图形表示

图 6-16 显示了设计类图中所要使用到的一些符号,图 6-16(a)是设计类的一种简单表示格式,它仅仅标识了类属性和类方法,图 6-16(b)是设计类的一种扩充表示格式,它还用圆角矩形框说明了类方法的内部处理逻辑。

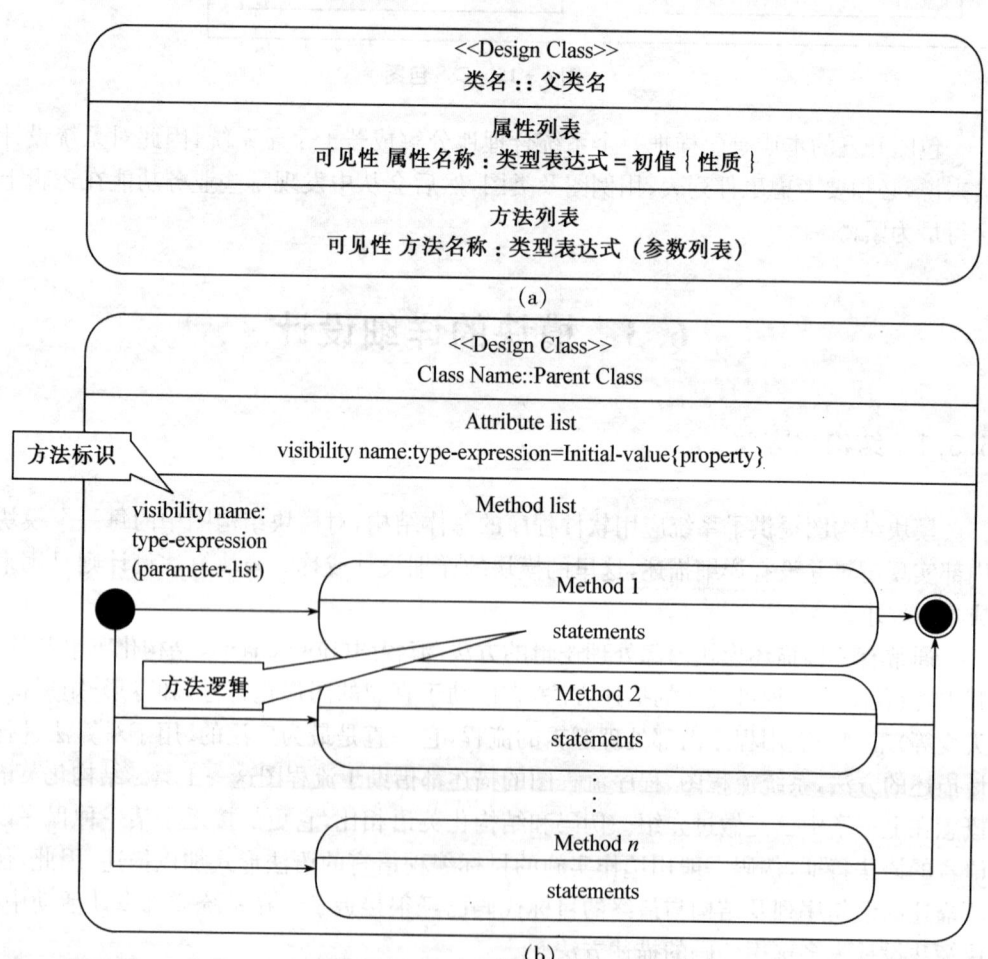

图 6-16 用于定义设计类图的符号说明

在图形上，设计类用一个大的圆角矩形框表示，框的上端部分用保留字"Design Class"标识它是设计类，类名也出现在框的上端部分，若需要，类的父类的名称也可以出现在类名的位置。设计类矩形框的中端部分是属性列表，列表中一个属性格式的说明由四个部分组成：

可见性 属性的可见性特征描述了其他类能否使用这个属性。用"＋"作前缀表示该属性是可见的（或是公有的，public），任何其他类都可以使用这个属性；用"♯"作前缀表示该属性是受保护的（protected），该类的任何子孙都可以使用这个属性；用"－"作前缀表示该属性是不可见的（或是私有的，private），只有该类本身能够访问这个属性。若没有显式地用可见性符号修饰，通常就假设这个属性是公有的。UML 的可见性特征与大多数编程语言（包括 C++、Java、Ada 和 Eiffel）间的共同语义相匹配。

属性名称 为该属性命名。

类型表达式 类型表达式可以用字符、字符串、整型、实型、货币、日期等来表示。

初值 为该属性设置默认的初始值。

设计类矩形框的下端部分是方法列表，列表中一个方法的标识也由四个部分组成：

可见性 可见性的说明及用法同"类属性"。

方法名称 为该方法命名。

类型表达式 类型表达式说明该方法返回值的类型。

方法参数列表 参数列表中列出了调用该方法的所有入口参数。

一个方法标识显示了需要调用这个方法的所有信息，也确定了相应的消息格式，在 OO 程序设计中，通过方法的完整标识来识别每一个方法。若用扩充的格式来表示设计类图的方法，则每个方法由方法标识和方法逻辑这两个部分组成，其中方法标识放在图中的输入箭头线段的上方，方法逻辑则放在圆角矩形框内，其实方法标识和方法逻辑这两类信息主要来自状态图，因此它们与状态图的符号表示也就非常类似。

以客户的账户类为例，图 6-17(a)和图 6-17(b)分别例示了该账户类的简单格式的设计类和扩充格式的设计类。

设计类中的属性列表需列出在分析活动中所发现的所有属性，此外还应包含一些其他属性，比如状态属性（上例中的 AccountState），类中添加这个属性能维护对象所处状态的信息，对象的状态信息从状态图中提取并要加入方法逻辑中；又比如表示对象引用的属性（上例中的 CustomerID），对象引用属性用来表示和其他类的对象相关联的对象引用，例如一个账户关联于一个客户，客户账户类需要一种途径来找到这个客户，一种最为常见的途径就是在客户账户类中添加一个客户类的外码，因为这种方法非常适合于关系数据库，因此如果在进行类设计的同时还要进行关系数据库的设计，这就是一个很好的例子。

在面向对象方法中，类是生成每个对象或实例的模板，一个类的大多数方法适用于该类的所有实例。然而，在设计类中有一种特殊类型的方法叫作类方法（class method），所谓类方法是一种只与类相关联而不是与该类的每一个对象相关联的方法，类方法的一个显著特征就是它同时作用于该类的所有实例对象，在图形上，类方法用一条下划线加以标识。在上述客户账户类的设计类例子中，"ListLargeAccounts"就是这样的一个特殊的类方法，该方法用来检查客户账户类的所有实例并列出余额超过一百万的账户。在上述扩

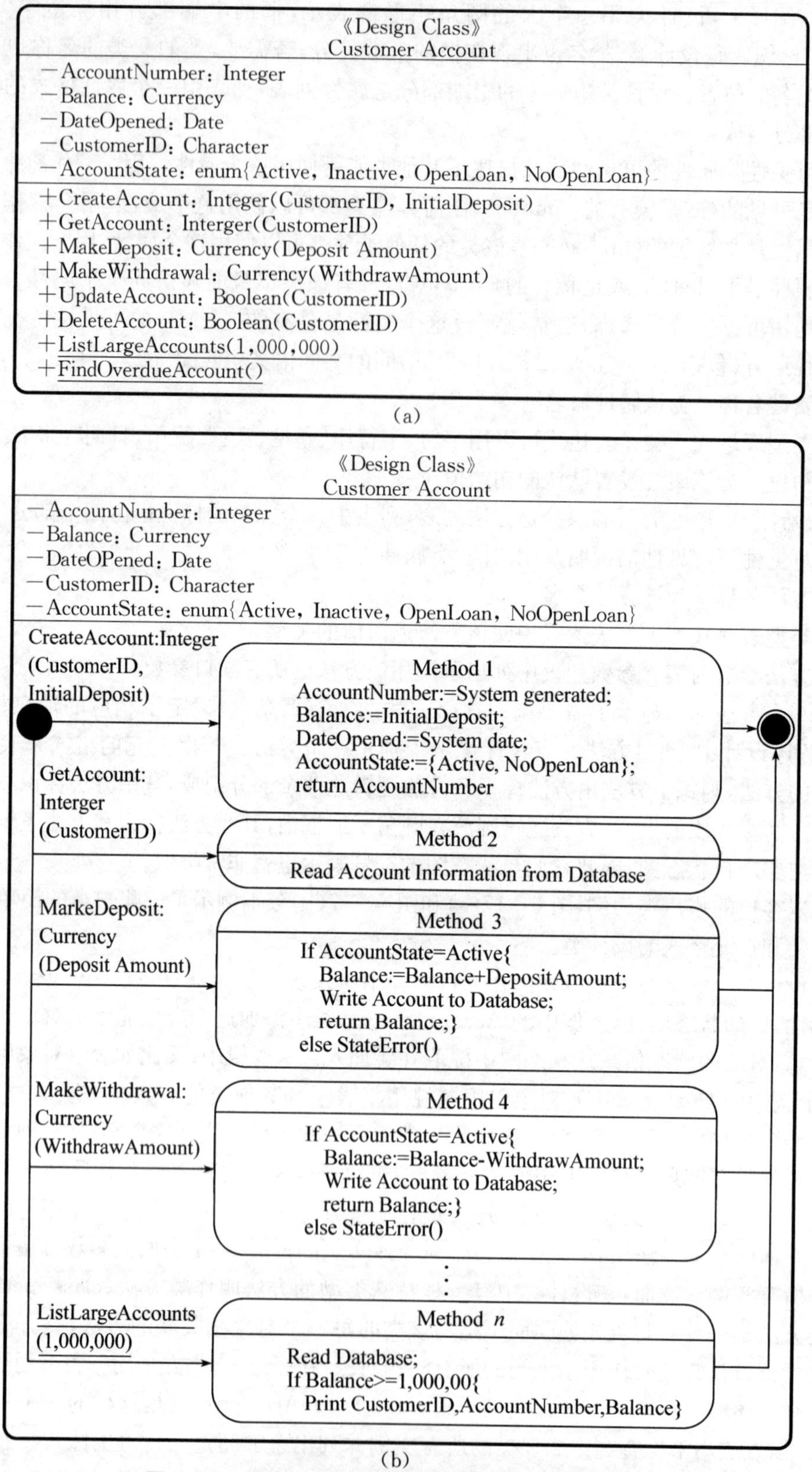

《Design Class》
Customer Account
—AccountNumber：Integer
—Balance：Currency
—DateOpened：Date
—CustomerID：Character
—AccountState：enum{Active，Inactive，OpenLoan，NoOpenLoan}
+CreateAccount：Integer(CustomerID，InitialDeposit)
+GetAccount：Interger(CustomerID)
+MakeDeposit：Currency(Deposit Amount)
+MakeWithdrawal：Currency(WithdrawAmount)
+UpdateAccount：Boolean(CustomerID)
+DeleteAccount：Boolean(CustomerID)
+ListLargeAccounts(1,000,000)
+FindOverdueAccount()
(a)
《Design Class》
Customer Account
—AccountNumber：Integer
—Balance：Currency
—DateOPened：Date
—CustomerID：Character
—AccountState：enum{Active，Inactive，OpenLoan，NoOpenLoan}
CreateAccount:Integer
(CustomerID,
InitialDeposit)
Method 1
AccountNumber:=System generated;
Balance:=InitialDeposit;
DateOpened:=System date;
AccountState:={Active, NoOpenLoan};
return AccountNumber
GetAccount:
Interger
(CustomerID)
Method 2
Read Account Information from Database
MarkeDeposit:
Currency
(Deposit Amount)
Method 3
If AccountState=Active{
Balance:=Balance+DepositAmount;
Write Account to Database;
return Balance;}
else StateError()
MakeWithdrawal:
Currency
(WithdrawAmount)
Method 4
If AccountState=Active{
Balance:=Balance-WithdrawAmount;
Write Account to Database;
return Balance;}
else StateError()
ListLargeAccounts
(1,000,000)
Method n
Read Database;
If Balance>=1,000,00{
Print CustomerID,AccountNumber,Balance}
(b)

图 6－17　简单格式和扩充格式的客户账户类的设计类

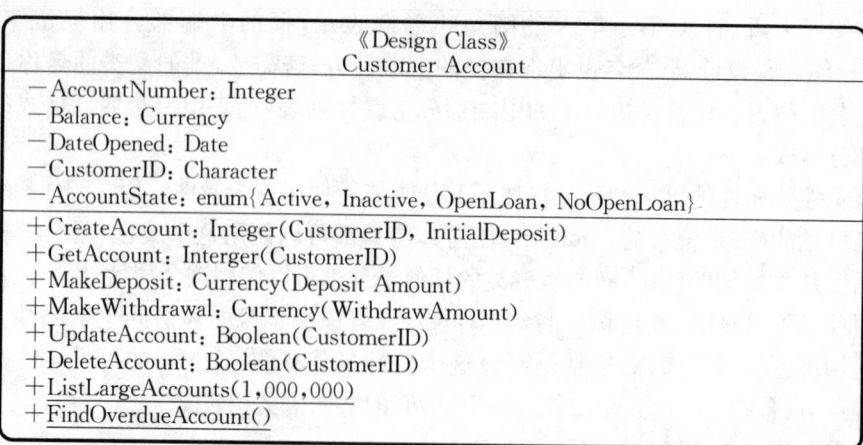

充格式的客户帐户类的设计类这个例子中,还包含了一些关于方法体或方法逻辑的描述,其中有些语句是用来更新和识别对象状态,有些语句是用来实现方法中所要求的处理过程,有些语句是用来向数据库发送消息以更新数据库等。

2. 设计类图的开发过程

现以 CSS 作为实例介绍设计类的具体设计过程。这一过程将以分析类图、顺序图和状态图为基础,该过程不仅能生成正确的设计类,而且还能验证分析模型的完整性。

第一步是选定要设计的类,并完成其属性列表的建立。该例选择的是 CSS 类图中的订单类。属性列表应尽可能详细地列出包括可见性、类型等在内的信息。

第二步是找出属于该类的所有方法。一个类中的方法由发送给该类的消息激活,因此为识别该类的所有方法,只需查看所有顺序图,并找出所有发送给该类的消息,在这当中,要利用尽可能多的有用信息包括消息名、传递参数、返回值等来详细描述设计类。图 6-18(a)是查看所有顺序图后所发现的发送给订单类的消息,图 6-18(b)给出了订单设计类的简单格式。

Messages
CreateNewOrder()
AddToOrder()
OrderComplete()
RequestShipping()
ShippingOrderItem()
CloseShipment()
BackorderItemArrives()
ReturnItem()
ListReadyOrders()
ListOrderWithBackorder()

(a)

《Design Class》 Order
+OrderID: Integer
−OrderDate: Date
−PriorityCode: Character
−TotalS&H: Currency
−TotalTax: Currency
−GrandTotal: Currency
+CreateNewOrder(Order Information)
+AddToOrder(Item Information)
+OrderComplete()
+RequestShipping()
+ShippingOrderItem(ItemID)
+CloseShipment()
+BackorderItemArrives()
+ReturnItem()
+ListReadyOrders()
+ListOrderWithBackorder()

(b)

图 6-18 订单类的消息类别及其简单格式设计类

最后一步是详细描述带有逻辑的方法。要完成此工作,必须从该类的状态图中获得有关信息。读者已经知道,状态图中的一个状态转换由一个事件触发来激活,一个事件触发表示了传递给对象的一个消息,因此从所有顺序图中发现的发送给一个对象的每个消息在该对象的状态图中都有一个相应状态转换相对应,如果没有相应的转换,那么状态图就不能去定义如何处理所接受到的消息。现以图 5-66 订单类的状态图为例,给出消息和转换之间的对应关系,如表6-1所示,其中消息名和转换名相同,这也是正确设计的一种保证。

表6-1 消息和转换的对应关系

消息名称	转换名称
CreateNewOrder()	CreateNewOrder()
AddToOrder()	AddToOrder()
OrderComplete()	OrderComplete()
RequestShipping()	RequestShipping()
ShippingOrderItem()	ShippingOrderItem()
CloseShipment()	CloseShipment()
BackorderItemArrives()	BackorderItemArrives()
ReturnItem()	ReturnItem()
ListReadyOrders()	
ListOrderWithBackorder()	

接下来就该为每个方法用伪码写出其逻辑(注:若限制设计类用简单格式描述,则伪码需书写在另外的文档中以作支持文档,许多CASE工具都提供有记录方法或模块伪码的设施)。如上所述,一个方法由一个输入消息激活,与一个消息关联的每个转换都标识了一个独立的方法。因此,方法的详细逻辑直接源自状态图,具体说来是源自状态图中与转换相关的动作语句序列及紧接在转换后的其他动作序列。这一设计活动的关键是要分析状态图以确定所设计方法的范围,因为方法的范围决定了哪些动作语句应该包含在该方法中。方法范围的确定有这样的一个技巧,考虑到每个转换都标识了一个方法,而且也有一个目标状态,因此一般说来,如果在目标状态之后,可能是完成转换、也可能是处于判断伪状态或并发伪状态或是其他情形而不是一个消息事件触发的这类转换的话,那么到下一个消息事件触发转换之前所有动作序列都要包含在与此消息相关联的转换相对应的方法中。综上所述,所形成的方法逻辑一般由三个成分组成:

用于测试对象所处状态的判定逻辑(即一条if语句)以确保对象处于某个正确的状态。

方法体 方法体来自状态图中的动作表达式。

给对象的状态变量赋予正确值的逻辑

根据上述讨论,图6-19给出了CSS订单类的扩充格式的设计类。现参照图5-66来说明图6-19中的方法逻辑如何工作,这也将有助于对方法逻辑开发过程的理解。对图6-19中的方法1而言,CreateNewOrder()属于一类初始化的方法,因此它没有对象,也就没有初始状态,其方法逻辑的构成很简单,仅为来自图5-66中CreateNewOrder()转换中的动作语句序列及将状态变量值设置为AcceptingItems状态。对图6-19中的方法3而言,方法3来自OrderComplete()转换,该方法逻辑的初始语句是验证对象是否处

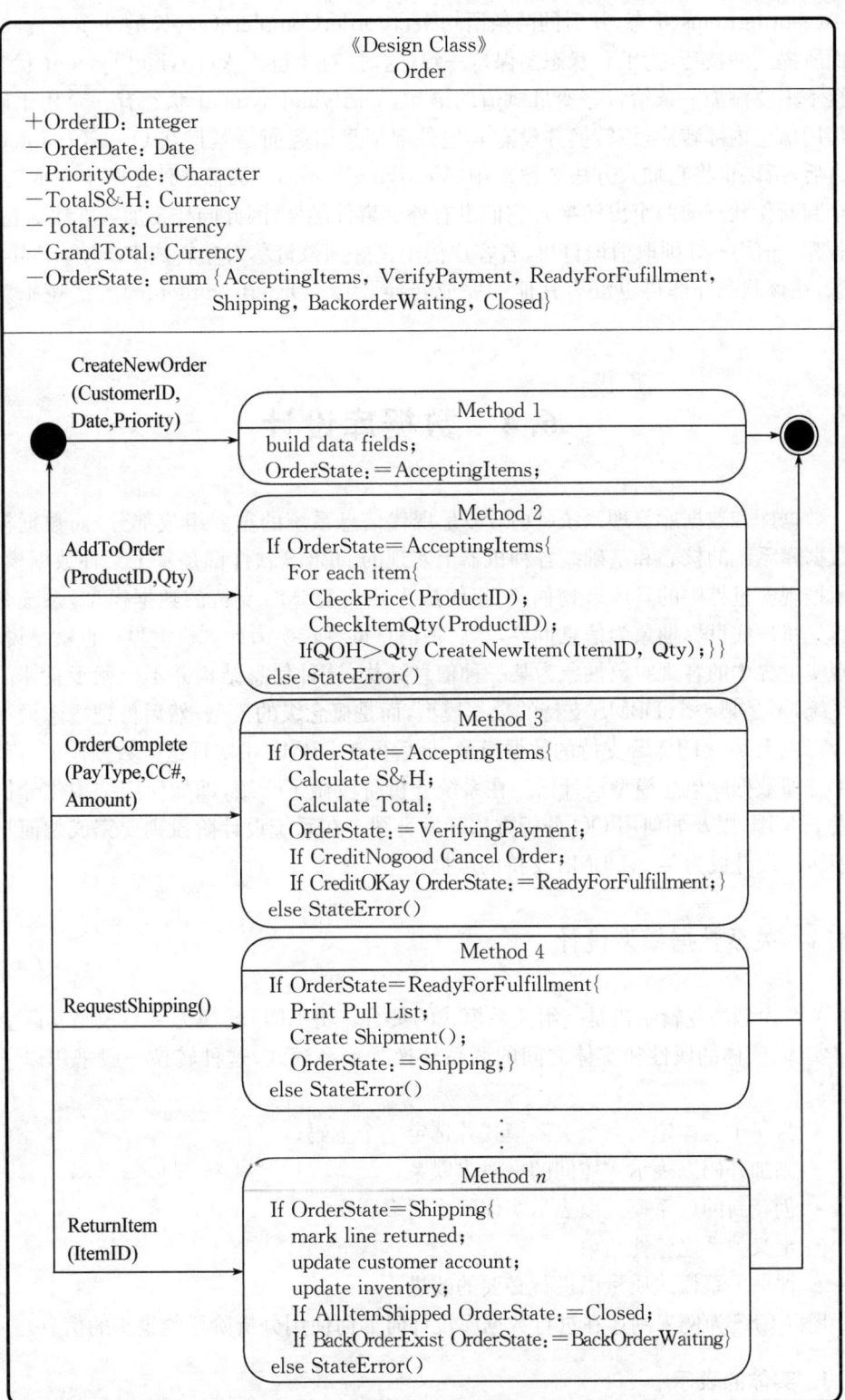

图 6-19　CSS 订单类的扩充格式设计类

于 AcceptingItems 状态，其后的两条语句来自 OrderComplete() 转换的动作表达式，根据前面所提到的技巧，为了和状态图保持一致（这时，对象进入 VerifyingPayment 状态），因此接下来要添加一条给状态变量赋值的语句，VerifyingPayment 状态有一个用于确认客户信用信息内部转换，该转换并没有其他外部消息引起而是紧接在 OrderComplete() 转换之后，所以也将它加入方法 3 逻辑中，VerifyingPayment 状态之外是两个完成转换（即一个判断伪状态的两个出转换），它们没有外部事件触发，因此同样要加入方法 3 逻辑中，即若客户信用不好则取消该订单，若客户信用良好则该订单对象转成 ReadyforFulfullment 状态，在该状态外部再也没有其他的完成转换，因此 OrderComplete() 方法逻辑就到此结束。

6.4 数据库设计

数据库和数据库管理系统（DBMS）是现代信息系统的重要组成部分，而数据模型则是数据库系统的核心和基础。各种机器上实现的 DBMS 软件都是基于某种数据模型的，为了把现实世界中的具体事物抽象、组织成为某一 DBMS 支持的数据模型，系统开发人员首先将现实世界抽象为信息世界，然后将信息世界转换为计算机世界。也就是说，首先把现实世界中的客观对象抽象为某一种信息结构，这种信息结构并不依赖于具体的计算机系统，不是某一个 DBMS 支持的数据模型，而是概念级的模型；然后再把概念模型转换为计算机上某一 DBMS 支持的数据模型，最后再在 DBMS 中实现这一数据模型。其中前半部分即数据库概念模型设计已经在系统分析阶段做了介绍，即如何用结构化分析方法开发 E-R 图，以及如何用 OO 分析方法开发类图。在系统设计阶段则要完成如何将概念模型转换设计成为某一 DBMS 支持的数据模型。

6.4.1 关系数据模型设计

关系模型的逻辑结构是一组关系模式的集合。将 ERD 转换为关系模型实际上就是要将实体、实体的属性和实体之间的联系转换为关系模式，这种转换一般采用以下几个步骤：
- 为每个实体定义一个关系模式并选定一个主码；
- 添加外码以表示实体间的一对多联系；
- 创建新的关系模式以表示实体间多对多联系；
- 定义关系完整性约束；
- 评估关系模式质量以进行必要的改进。

现以 CSS 为例来阐述在进行数据库设计时如何使用分析阶段收集来的信息。

1. 实体的表示

设计关系模型的第一步是将 ERD 中的每个实体转换为一个关系模式。CSS 的 ERD

(参见图 5-9)中有 11 个实体,因此应该定义 11 个关系模式。为避免混淆,每个关系的名称要与 ERD 中相应的实体名称一致,且每个关系中的属性都要与在分析阶段获得并定义在 ERD 中(和/或数据字典中的数据元素定义)的属性相对应、一致。

接着应为每个关系模式选定一个主码。若模式已经有一个属性或属性组可以保证唯一性标识,那么可直接选择其为主码。若不能从已有的属性或属性组中选择一个主码,则需定义产生一个新的属性作主码,它可取任意名称,但一定要确保其唯一性,常见的名称如"Identifier"("ID")、"Number"、"Code"等,也可以与关系名称组合起来考虑,如"ProductCode""OrderNumber"等。图 6-20 是为 CSS 定义的关系模式的初始集合,集合中的模式只描述了 ERD 中的每个实体关系,每个关系的主码用黑体标识。

2. 联系的表示

在关系模型中,对于实体间的联系的表示取决于联系的类型,其关系模式的表示规则如下:

- 一个一对一(1∶1)联系可以与任意一端对应的关系模式合并,也可以转换为一个独立的关系模式。若与某一端实体对应的关系模式合并,则需要在该关系模式的属性中加入另一个关系模式的主码和联系本身的属性。若转换为一个独立的关系模式,则与该联系相连的两个实体的主码以及联系本身的属性均转换为关系的属性。为使关系模式简洁,建议采用关系模式合并的方式。

关 系	属 性
Catalog	**Number**, Season, Year, Description, EffectiveDate, EndDate
Customer	**AccountNumber**, Name, BillingAddress, ShippingAddress, DayTelephoneNumber, NightTelephoneNumber
InventoryItem	**Number**, Size, Color, Options, QuantityOnHand, AverageCost, RecorderQuantity
Order	**Number**, Date, PriorityCode, ShipingAndHanding, Tax, GrandTotal, DateReceived, ProcessorClerk
OrderItem	**Number**, Quantity, Price, BackOrderStatus
OrderTransaction	**Number**, Date, TransactionType, Amount, PaymentMethod
Package	**Number**, Description, SalePrice
ProductItem	**Number**, Vendor, Gender, Description, Season, NormalPrice, SpecialPrice
ReturnItem	**Number**, Quantity, Price, Reason, Condition, Disposal
Shipment	**TracingNumber**, DateSent, TimeSent, ShippingCost, DateArrived, TimeArrived
Shipper	**Number**, Name, Address, ContactName, Telephone

图 6-20 CSS 所有实体的关系模式

- 一个一对多(1∶n)联系可以与 n 端对应的关系模式合并,即将"1"端的关系模式的主码添加到"n"端的关系模式中。当然也可以转换为一个独立的关系模式。

- 一个多对多($n:m$)联系转换为一个关系模式,即与该联系相连的两个实体的主码以及联系本身的属性均转换为关系的属性,且关系的主码为这两个实体主码的组合。
- 三个或三个以上实体间的一个多元联系可以转换为一个关系模式,即与该多元联系相连的各个实体的主码以及联系本身的属性均转换为关系的属性,且关系的主码为各实体主码的组合。
- 具有相同码的关系模式可合并。

CSS 的 ERD 中包括 9 个一对多联系和 3 个多对多联系。图 6-21 是在图 6-20 中所得到的转换基础上,通过添加外码属性来表示一对多联系,图中所添加的外码属性用斜体标识。例如,AccountNumber 属性作为一个外码属性添加到 Order 关系中,表示实体 Customer 与 Order 之间的一对多联系;外码属性 ShipperNumber 添加到 Shippment 关系中表示 Shipper 与 Shipment 之间的一对多联系。

图 6-22 是对图 6-21 的扩充,在图 6-21 基础上,增加了 3 个新的关系模式来表示 Catalog 和 Package、Catalog 和 ProductItem 以及 Package 和 ProductItem 之间的多对多联系。例如,CatalogProduct 关系包括外码属性 CatalogNumber 和 ProductNumber,用来表示 Catalog 和 ProductItem 之间的多对多联系,该关系的码是外码属性的组合,在图中用斜黑体标识,表示它们既是外码也是主码的一部分。

关系	属性
Catalog	**Number**, Season, Year, Description, EffectiveDate, EndDate
Customer	**AccountNumber**, Name, BillingAddress, ShippingAddress, DayTelephoneNumber, NightTelephoneNumber
InventoryItem	**Number**, *ProductItemNumber*, Size, Color, Options, QuantityOnHand, AverageCost, RecorderQuantity
Order	**Number**, *AccountNumber*, Date, PriorityCode, ShipingAndHanding, Tax, GrandTotal, DateReceived, ProcessorClerk
OrderItem	**Number**, *OrderNumber*, *InventoryItemNumber*, *ShipmentNumber*, Quantity, Price, BackOrderStatus
OrderTransaction	**Number**, *OrderNumber*, Date, TransactionType, Amount, PaymentMethod
Package	**Number**, Description, SalePrice
ProductItem	**Number**, Vendor, Gender, Description, Season, NormalPrice, SpecialPrice
ReturnItem	**Number**, *OrderNumber*, *InventoryItemNumber*, Quantity, Price, Reason, Condition, Disposal
Shipment	**TracingNumber**, *ShipperNumber*, DateSent, TimeSent, ShippingCost, DateArrived, TimeArrived
Shipper	**Number**, Name, Address, ContactName, Telephone

图 6-21 CSS 所有实体及其 1:n 联系的关系模式

关系	属性
Catalog	**Number**, Season, Year, Description, EffectiveDate, EndDate
CatalogPackage	***CatalogNumber***, ***PackageNumber***
CatalogProduct	***CatalogNumber***, ***ProductNumber***
Customer	**AccountNumber**, Name, BillingAddress, ShippingAddress, DayTelephoneNumber, NightTelephoneNumber
InventoryItem	**Number**, *ProductItemNumber*, Size, Color, Options, QuantityOnHand, AverageCost, RecorderQuantity
Order	**Number**, *AccountNumber*, Date, PriorityCode, ShipingAndHanding, Tax, GrandTotal, DateReceived, ProcessorClerk
OrderItem	**Number**, *OrderNumber*, *InventoryItemNumber*, *ShipmentNumber*, Quantity, Price, BackOrderStatus
OrderTransaction	**Number**, *OrderNumber*, Date, TransactionType, Amount, PaymentMethod
Package	**Number**, Description, SalePrice
PackageProduct	***PackageNumber***, ***ProductNumber***
ProductItem	**Number**, Vendor, Gender, Description, Season, NormalPrice, SpecialPrice
ReturnItem	**Number**, *OrderNumber*, *InventoryItemNumber*, Quantity, Price, Reason, Condition, Disposal
Shipment	**TracingNumber**, *ShipperNumber*, DateSent, TimeSent, ShippingCost, DateArrived, TimeArrived
Shipper	**Number**, Name, Address, ContactName, Telephone

图 6-22 CSS 所有实体、1∶n 联系及其 n∶m 联系的关系模式

3. 定义关系完整性约束

至此已经描述了外码是如何表示关系间的联系的,但还需要进一步描述如何限制这些外码属性的取值。参照完整性定义了外码与主码之间一致性的引用规则,每个外码是另一个主码的参照。因此,在设计关系数据模型时,需要显式地定义关系模式的外码,以及定义外码是否允许取空值,以用来对数据库内容的约束,如"一张订单必须来自一个客户""一个订单条目必须是库存中存在的某种商品"。一旦确定了外码与主码的对应关系,当遇到以下情况时,DBMS 会自动执行参照完整性规则:

• 当创建一条包含外码值的元组时,DBMS 确保该值在另一个相关的关系中以主码值的形式存在。

• 当删除一个元组时,DBMS 确保相关关系中没有外码与被删除元组的主码有相同的值。

• 当修改一个主码时,DBMS 要求相关关系中没有外码的值与它修改之前的值相同。

上述的第一种情形,说明 DBMS 拒绝添加包含有未知外码值的行。后两种情形是指当包含主码的行被删除时,DBMS 会自动删除其他关系中包含有与该主码相对应的外码值的所有行,或者 DBMS 会将所有相应的外码值设置为 NULL;同样,当修改一个主码值时,DBMS 会自动将所有对应的外码值改为与之相同的值或设置为 NULL。

6.4.2 关系数据模型质量的评估

数据库逻辑设计的结果不是唯一的。为了进一步提高数据库应用系统的性能，还应该根据需要适当地修改数据模型的结构，这就是数据模型的优化。一个好的数据模型应至少具备以下几个特征：
- 关系中的每一行及其主码具有唯一性
- 较少的数据冗余
- 易于将来对数据模型的修改

关系数据模型的优化通常以规范化理论做指导，同时还要依赖于设计者的经验和判断等其他手段和方法。到目前为止，绝没有完全仅靠那一种方法自身就能保证完成一个高质量的数据库设计。

1. 行和码的唯一性问题

行和码的唯一性是所有关系数据模型的一个最基本的要求。因为每个关系必须有一个主码，因此若主码是唯一的，那么关系中的每一行也就一定是唯一的。所以对设计者来说，一般要从主码的属性构成、主码可能的取值范围以及主码取值方法等方面来评估主码的唯一性。就主码取值方法举一个例子，在一个信息系统中有几个不同的程序对一个数据库都能创建一个新的元组，因此每个这样的程序都应能给数据库中新建的每一行指定主码值，但重要的是，为确保数据库中主码唯一性，应从整个信息系统的角度来考虑，使得每个程序都能一致性地应用某种取值方法以满足主码唯一性的要求。

码的长期不变性也应该是设计者需考虑的一种策略。事实证明，在一个带有兆字节的数据存储、成千上万个的应用程序以及查询语句的大型信息系统中，几乎没有什么变化能像数据库关键字的改变那样会带来广泛而又灾难性的影响。

2. 数据模型的灵活性问题

在关系数据模型最早的规范中，数据库的灵活性和可维护性是其主要目标。如果对数据模式进行更改，对于已经存在的数据内容和结构造成的影响很小，那么就认为这个关系数据模型是灵活的和可维护的。例如，在数据模型中增加一个新的实体，不需要对已有的关系模式进行重新定义；增加一个新的一对多关系仅需要在已存在的关系模式中添加一个外码；增加一个新的多对多关系仅需要在模式集中添加一个单一的新的关系模式。

数据冗余在判断数据库或数据模型的灵活性和可维护性方面起着关键的作用。在数据库处理过程中，显然，冗余的数据存储要求额外的维护工作，也就是说，对存储在多处的同一数据都需要进行相应的更新、修改或删除操作，若一处或几处操作失败，则还会引起数据不一致性的现象。冗余的数据存储除需要额外的维护工作外，工作效率也大为降低，也就是说，分散在多处的相同操作比集中在一处的操作显得复杂、低效。

在关系数据模型中，主码有时必须冗余存储，比如作为主码时需被存储一次、作为外码时又需被存储一次，只有依靠这种冗余存储的方法才能表示出关系间的联系，而对非主码的属性则应该只能被存储一次。关系型DBMS通过自动执行参照完整性的约束机制来保证主码和外码之间的一致性,但是没有自动化机制来保证其他冗余数据项的一致性,因此关系数据库中避免不一致性的最好方法就是避免非主码属性值的冗余存储,这就要求设计者在关系模型的设计过程中不能将这种冗余带进关系模式。

3. 数据冗余问题

规范化(normalization)是一种用来评估关系模式质量的形式化的(formal)方法,它能确定一个关系模式中是否含有不必要的数据冗余,并定义特定的方法来减少这些冗余。

前面已经提过关系必须是规范化的,即每个分量必须是不可分的数据项,但这只是最基本的规范化,并把满足这种最低要求的关系称为第一范式,简称1NF。事实上并非所有这样规范化的关系都能很好地描述现实世界,必须做进一步的分析,以确定如何设计一个好的、反映现实世界的模式。在1NF中满足进一步要求的为第二范式,其余以此类推。

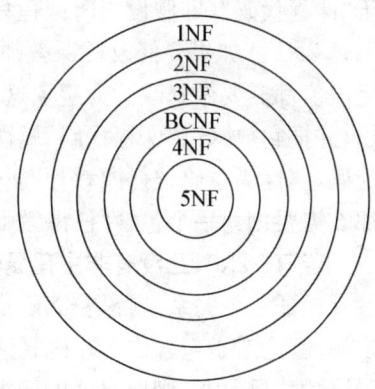

图6-23 各种范式之间的关系

本来,所谓"第几范式"是表示关系的某一种级别,所以经常称某一关系模式R为第几范式。现在把范式这个概念理解成符合某一种级别的关系模式的集合,则R为第几范式就写成R∈xNF。对于各种范式之间的关系满足 5NF⊂4NF⊂BCNF⊂3NF⊂2NF⊂1NF,如图6-23所示。一个低一级范式的关系模式,通过模式分解可以转换为若干个高一级范式的关系模式的集合,这种过程就叫规范化。下面在简单介绍几个有关规范化的概念的同时也介绍规范化的过程。

设R(U)是属性集U上的关系模式,X、Y是U的子集,若对于R(U)的任意一个可能的关系r,r中不可能存在两个元组在X上的属性值相等,而在Y上的属性值不等,则称X函数确定Y或Y函数依赖于X,记作X→Y。

例如,对"姓名→年龄"这个函数依赖只有在该部门没有同名人的条件下成立,若允许有同名人,则年龄就不再函数依赖于姓名了。因此,设计者可以以此为例根据现实世界的实际情况作约定或限制,例如规定不允许同名人出现,那么"姓名→年龄"函数依赖成立。这样当插入某个元组时这个元组上的属性值必须满足规定的函数依赖,若发现有同名人存在,则拒绝插入该元组。

若R∈1NF,且每一个非主码属性函数依赖于主码,则R∈2NF。

例如,现要确定图6-22中ProductItem关系是否满足2NF,首先应先确定它是否是第一范式,因为它当中没有包含任一可分解的属性,因此ProductItem∈1NF。接着要确定它的每个非主属性是否都函数依赖于主码,若Vendor、Gender、Description、Season、NormalPrice、SpecialPrice这些非主码属性都函数依赖于自定义产生的主码Number,则ProductItem∈2NF,若其中的一个或多个非主码属性不函数依赖于Number,那么这个关系不是2NF。比如若CSS约定该关系中每件商品仅有唯一的一个标准价格即

NormalPrice，因此 NormalPrice 函数依赖于 Number，否则如果每件商品可能有多个标准价格，那么 NormalPrice 属性不函数依赖于 Number。其他的非主属性也可依此类推地进行确定。

当主码有两个或多个属性组成时，要确定一个关系是否是 2NF 时，必须要判断每个非主属性是否都函数依赖于组成主码的属性组合，而不只是其中的一部分属性。例如，大学课程选修系统中，"课程选修"关系表示了"学生"和"课程"间多对多的联系，该关系的主码由"学生"关系中的"学号"和"课程"关系中的"课程代码"组成，该关系中还包含一个非主码属性"成绩"，因为"成绩"函数依赖于"学号"和"课程代码"的组合，因此，课程选修∈2NF。若非主码属性只函数依赖于主码的一部分，那么这个关系就不是 2NF，这时会引起数据冗余，导致数据修改复杂。假设将上述例子"课程选修(学号，课程代码，成绩)"改写成"课程选修(学号，课程代码，成绩，任课教师)"，这时非主码属性"任课教师"只函数依赖于"课程代码"（即假设一门课程只能有一名教师担任），而不依赖于"学号"，因此这个关系不是 2NF。如果要修改任课教师姓名的话，则该表中所有选修该课程同学的任课教师的字段值都需要做修改。为避免这一问题，必须将"任课教师"属性从"课程选修"关系中移出，并把它放入以"课程代码"属性为主码的关系中，我们已经知道，"课程"关系使用"课程代码"属性为主码，"任课教师"属性应添加到该关系中，倘若"课程"关系不是已经存在的，那么需要创建一个包含"任课教师"属性的新的关系模式。

若 R∈2NF，且没有非主码属性函数依赖于任何其他的非主码属性，则 R∈3NF。

验证一个关系是否是 3NF，必须考虑每一个非主码属性对另一个非主码属性的函数依赖性，这对于包含许多非码属性的"大"关系模式来说将非常费事，假设一个关系的非码属性数目是 N，则要验证的函数依赖性数目是 $N \times (N-1)$（要注意的是，这时对函数依赖性的考虑必须是双向的，即 A 依赖于 B、B 依赖于 A）。

设有一个简单的关系模式：CustomerAddressUSA（Number，StreetAddress，State，ZipCode），假设该关系的主码是 Number，并且所有客户都住在美国。因为有 3 个非主码属性，则需要确定 6 个函数依赖性：

- State 是否函数依赖于 StreetAddress？
- StreetAddress 是否函数依赖于 State？
- ZipCode 是否函数依赖于 StreetAddress？
- StreetAddress 是否函数依赖于 ZipCode？
- ZipCode 是否函数依赖于 State？
- State 是否函数依赖于 ZipCode？

上述前面 5 个函数依赖关系都是"否"，只有最后一个依赖关系为"是"，即每个 ZipCode 值对应唯一的 State 值，比如邮编 87123 总在新墨西哥州中。因为 State 函数依赖于 ZipCode，所以关系 CustomerAddressUSA 不是 3NF。将这两个属性都包含在关系 CustomerAddressUSA 中则会造成数据冗余，例如倘若有 100 个居住在邮编为 87123 的地区的客户都存储在 CustomerAddressUSA 表中，那么与 87123 相对应的 New Mexico 州就被冗余地存储了 100 次。为避免这一问题，必须将 State 属性从该关系中移走。但如果该信息系统需要产生详细的邮政标签，则还需要在数据库的其他保存有 State 和

ZipCode 之间的对应关系。具体的解决方法是在关系数据模型中,添加一个只包含 State 和 ZipCode 属性的关系模式,且 ZipCode 是该新关系的主码,State 是该新关系的唯一的非主码属性,如图 6-24 所示。

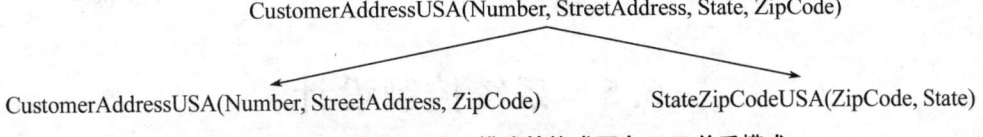

图 6-24　将一个 2NF 关系模式转换成两个 3NF 关系模式

设有另一个简单的关系模式:学生(学号,姓名,系代号,系主任),假设该关系的主码是学号,非主码属性为姓名、系代号和系主任,同样需要确定 6 个函数依赖性:

- 姓名是否函数依赖于系代号?
- 系代号是否函数依赖于姓名?
- 姓名是否函数依赖于系主任?
- 系主任是否函数依赖于姓名?
- 系代号是否函数依赖于系主任?
- 系主任是否函数依赖于系代号?

在上述 6 个函数依赖关系中,只有系主任函数依赖于系代号成立,即每个系代号对应一个系主任。因为存在非主码属性系主任函数依赖于非主码属性系代号,所以关系学生不是 3NF。将这两个属性都包含在关系学生中则会造成数据冗余,例如一个系包含了多位学生,那么该系的系代号和系主任就被冗余存储了多次。为避免这一问题,必须将系主任属性从该关系中移走,但如果该信息系统需要保存系的相关信息,则还需要在数据库的其他保存有系主任和系代号之间的对应关系。具体的解决方法是在关系数据模型中,添加一个只包含系代号和系主任属性的关系模式,且系代号是该新关系的主码,系主任是该新关系的唯一的非主码属性,如图 6-25 所示。

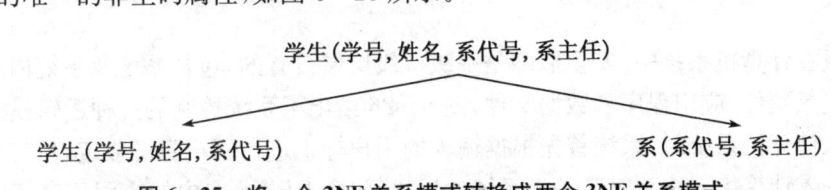

图 6-25　将一个 2NF 关系模式转换成两个 3NF 关系模式

另外,如果一个属性的值能从一个或多个属性的值中计算出来,这也违背了 3NF 的要求。例如,设有一个带 Subtotal、ShippingCost、SalesTax 和 GrandTotal 属性的订单关系模式,如果 GrandTotal 值可以通过下式计算:

GrandTotal=Subtotal+ShippingCost+SalesTax

那么,GrandTotal 属性函数依赖于这三个属性的组合。这种计算性的函数依赖关系也会导致冗余现象,因为对算式中的任何一个属性值的改变算式的计算结果。解决这类违背 3NF 要求的方法很简单,将被依赖(计算结果)的属性 GrandTotal 从关系模式中去掉。这样能有效地消除数据冗余,但这并不意味着所需值的丢失,带来的代价只是需要额外的程序来读取被计算的属性值以保证能计算出所需的结果值。

一般说来，信息系统对关系模式的规范化要求通常只需到 3NF 这一级。图 6-23 中所有关系模式都满足 1NF、2NF 和 3NF，但这并不是偶然的，是开发人员经验要求他们在进行数据需求分析、数据模型设计时就直接或间接地考虑到了函数依赖性问题。

6.5 系统控制设计

当今越来越多的信息系统置身在一个开放的环境中，这就不可避免地面临诸如在如何提供对所需信息访问的同时，又提供相应的保护措施，以免因偶然事件或故意破坏引发的信息损失等诸多问题，因此系统控制的设计工作也就显得非常重要。安全性和完整性是信息系统的主要指标之一，本节主要围绕系统安全性和完整性问题讨论有关控制设计的内容，以及如何将它们融入一个新开发的信息系统中。

系统的安全性和完整性是两个不同的概念。系统安全性是指保护系统和系统内部的信息以防止非法访问所造成的破坏、泄露或更改；而系统完整性是指系统数据和操作的正确性、一致性和相容性以能真实地反映现实世界，例如，学生的学号必须唯一、性别只能是男或女、学生所在的系必须是学校已开设的系、只有被授权的人才能对数据进行修改等。也就是说，安全性是保护系统防止恶意破坏和非法访问，其防范对象是非法用户和非法操作；完整性是为了防止系统中存在不符合语义的数据和操作，防止错误信息的输入和输出，其防范对象是不合语义的数据和操作。尽管两者存有上述的不同，但它们之间是密切相关的，因此在许多场合下没有细致区分，或视为同义词，或统一成用系统控制来说明，但都必须涵盖上述内容。

6.5.1 系统访问控制

一般在计算机系统中，安全措施是一级一级层层设置的，包括系统及系统内的任何资源——包括硬件、应用程序和数据文件，图 6-26 给出了系统控制的一种逻辑模型。用户要求进入计算机系统时，系统首先根据输入的用户标识进行用户身份鉴定，只有合法用户才准许进入计算机系统。对已进入系统的用户，包含 DBMS 在内的应用程序还要进行存取访问控制，只允许用户执行合法操作。在操作系统和网络软件这一级，有它们自身的可靠并有效的保护措施，设计者当然也可以在该级再添加一些控制，但这需要更高级的专业技术，因此考虑到这项工作的复杂艰巨性和所需花费的代价，许多信息系统的有关控制内容均建立在系统软件已有的访问控制基础上。数据最后还可以以密码形式存储到计算机的文件或数据库中。有关系统软件一级的安全保护控制措施读者可参考有关书籍，这里不再详述。另外，对于强力逼迫透露口令、盗窃物理存储设备等行为而采取的管理安全类、政策法律类的保护措施，例如设置门禁监控系统、出入机房登记、数据定期备份等，也不在这里讨论之列。

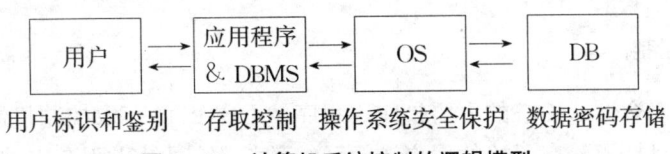

图 6-26　计算机系统控制的逻辑模型

1. 用户标识与鉴别

用户标识与鉴别(identification & authentication)是系统提供的最外层的控制措施，其方法是由系统提供一定的方式让用户标识自己的名字或身份，每次用户要求进入系统时，由系统进行核对，通过鉴定后才能提供系统使用权。

用户标识和鉴定的方法有多种，而且在一个系统中往往是多种方法并举，以获得更好的控制。其中定义用户类别(category)进行用户标识、利用密码/口令(password)进一步核实用户是最常用、简单易行的方法。

设计者通常将用户分成三类：未授权用户、注册用户和特权用户。

未授权用户，顾名思义是指无权访问系统的用户。诸如禁止访问系统的雇员、不再允许访问系统的公司前雇员等这类用户以及诸如黑客、入侵者等外部人员，系统必须能够识别并不让这些人对系统进行访问。

注册用户是指被授权可以访问系统的用户。一般说来系统允许有多种级别的注册用户存在，其级别根据被授权访问或更新系统内容程度的不同而定，注册用户的级别要求系统开发人员在系统设计阶段进行识别和定义，级别越高其对系统的可视性也就越高。例如在一个营销管理系统中，营销人员能够看到他自己的订单、销售量和佣金，营销主管能看到他所负责的所有营销人员的工作情况并能对特殊情形下的订单信息做修改，高层管理者则能看到所有数据并能更新每个人的提成比例、奖金和销售目标额。

特权用户是指能够访问源程序代码、可执行程序以及系统数据库结构的人员。这类人员包括系统程序员、应用程序员和系统管理员，并被赋予不同的访问权限。一般说来，系统程序员能够访问系统所有的部件包括数据在内；应用程序员只能访问应用程序本身，但不能访问系统的安全控制部件和数据文件；系统管理员能够访问系统的所有功能，并控制和建立各种不同级别的注册规则和注册用户，也可以通过其他软件程序来帮助控制系统的访问以及来监控那些企图对系统的访问。

用户密码可以由计算机通过某一函数而随机产生，也可以由用户自定义产生。两种方法各有利弊，前者密码较长，随机性强，但难于记忆，例如大多数用户很难记住一个像"a3x7869bts21"这样的密码；后者则易于记忆，但往往因过于简单而不够安全，例如许多用户惯于使用易被测出的姓名或生日等作为密码。因此，为保证系统的安全性，比较典型的密码规则是，首先密码必须由 8~10 个字符组成，字符可取数字、大小写字母等值；其次定期修改密码；第三，对企图登录系统进行控制，特别是那些不成功的登录，也就是说，一次不成功的登录可能是用户误输了密码或忘记了密码，但也可能是对系统安全性的攻击，因此需要有控制登录次数的限制。

2. 存取控制

信息系统安全性所关心的主要是应用程序及 DBMS 的存取控制机制,通过存取控制机制实现确保只授权给有资格的用户访问系统的权限,同时让所有未被授权的人员无法接近系统。存取控制机制主要包括两部分。

首先,定义用户权限,并将用户权限登记到数据字典中。用户权限是指不同的用户对于不同的功能或数据对象允许执行的操作权限,权限的定义结果被称作安全规则或授权规则或注册规则。

其次,合法权限检查,每当用户向系统发出操作请求后(请求一般应包括操作类型、操作对象和操作用户等信息),系统检查数据字典,根据安全规则进行合法权限检查,若用户的操作请求超出了定义的权限,系统将拒绝执行此操作。

3. 数据加密

对于高度敏感性数据,例如财务数据、个人信息、企业计划、业务规则等,除以上安全性措施外,还可以采用数据加密技术,加密后,数据以密文的方式存储,防止了数据直接暴露,同时增强对加密数据的访问控制,大大降低了数据被泄漏和恶意破坏的风险。

数据加密通常是事先约定建立"方言",再利用"方言"建立联系。最经典的两种方法是代换和置换。代换法是用别的字母符号代替原来的字母符号;置换法是重新排列原来的字母符号顺序。但是最基础的代换和置换对数据只是局部修改,可恢复,安全性低。现在算法常常多次使用代换、置换,形成代换—置换网络,可以对数据进行大改造。

目前有些数据库产品提供了数据加密例行程序,可根据用户的要求自动对存储和传输的数据进行加密处理。还有些数据库产品虽然本身没有提供加密程序,但提供了接口,允许用户用其他厂商的加密程序对数据加密。

由于数据加密与解密是比较费时的一种操作,而且数据加密与解密程序会占用大量系统资源,因此数据加密功能通常只作为可选特征项,允许用户自由选择,只对高度机密的数据加密。

6.5.2 输入完整性控制

从专用的电子输入设备到标准的键盘输入,所有的输入机制都带有输入完整性控制。有关计算机系统开发的经典谚语"垃圾进垃圾出"就是指输入完整性控制,所谓输入完整性控制实际上是用来帮助减少输入错误数据的一种补充的验证方法,其目的是确保输入数据的正确性。

1. 错误的检测与消除

输入数据的重复校验是以前被普遍采用的一种用于成批输入大量数据时的验证技术,以保证输入数据的正确性,即由一个人输入数据,另一个人再次输入同样的数据,然后由系统验证这两次输入的数据是否一致。现在,这种技术已被许多嵌套在输入事务中的控制技术所替代,下面给出了一些现今更为广泛使用的控制技术。

字段组合控制　检查各类相关字段的组合以保证输入数据的正确性。例如,在保险公司的业务规则中,保险的申请日期必须早于其生效日期。

取值范围控制　检查所有数值型字段以保证所输入的数值合理有效。例如,销售量或佣金额必须在一个指定的数值范围内。

完备性(completeness)控制　确保所有必需的字段全面且完备,也就是说,若几个字段间具有一定的依赖性,那么在输入其中的一个字段值时,完备性控制的执行会要求其他的字段值也必须输入。例如,在一张保险单中输入了一个投保人的姓名,这个人的出生日期则也必须输入。

代码校验位控制　代码是表示客观存在的事物的物理符号序列,它应具有唯一性,且易于被人和计算机所识别、处理。这里代码可直接理解为数据库中的"码"。代码除了具有码的唯一确定性、关联其他事物的功能,还能根据代码中的码位的含义方便地进行分类、统计、排序等处理。代码是信息系统数据的重要组成部分,其正确性将直接影响着系统的质量。代码输入时会经常发生易位性或抄写性的错误,例如,把1234输成1243或把1234输成1284。代码校验位控制是确保代码输入正确性的一种技术,其基本工作原理是,用预先规定的数学方法,以代码本身为基础,计算出1到2位校验位,并将校验位附着在原代码的后面使其成为代码的一个组成部分,并称该代码为自检码,当输入自检码时,系统按照同样的数学方法,根据原代码本身进行计算,再将结果与其后的校验位进行比较以检验输入的代码是否正确。

2. 事务日志

事务日志(log)是用来记录任何事务更新数据库这一操作信息的一种技术,所记录的信息包括用户 ID、日期、时间、更新类型及更新操作等。其基本思想是通过创建一个审计记录表,记录所有更新数据库的操作信息,利用该审计表能跟踪任何发生的错误或问题。事务日志是一种实现起来较为复杂的应用技术,许多中大型 DBMS 产品本身已具有事务日志功能,对于那些简单方便的小型 DBMS 产品,信息系统设计者则需要考虑将事务日志功能添加到应用程序中,特别是对那些高度敏感和重要的数据文件。

利用事务日志能达到两个目标。第一,它能防止欺诈性的事务发生,即起到一种震慑性的作用,以减少进行欺诈性的事务的企图;第二,它能为错误的事务提供一个恢复机制,功能完备的事务日志不仅能创建审计信息记录,而且还能创建一个事务处理在更新操作前数据的旧值(对插入操作,此项为空值)和更新操作后数据的新值(对删除操作,此项为空值)的映像记录。

6.5.3　输出完整性控制

系统的输出有多种形式,比如报表的打印输出、屏幕输出以及作为其他系统输入的输出等。输出完整性控制的目的是确保输出结果的正确性、精确性、及时性和完整性。

输出信息的完整性、精确性及正确性主要依赖于系统内部处理功能,而不应该被任何一系列控制所左右,但可以通过在打印输出报表上添加一些控制域以进一步保证输出信息的完整性和精确性。下列各项均可被参考选择用作打印输出报表上的控制域:
- 报表打印的日期和时间
- 报表中数据的日期和时间
- 报表所覆盖的时间段
- 用于标识或描述报表的报表表头信息
- 目的地或路由信息
- "第_____页,共_____页"形式的页注
- "报表结束"的尾注

6.6 系统输入/出设计

在该小节中将要介绍系统输入设计和输出设计,包括其设计原则和设计任务,其中的设计任务在某种意义上说也就是定义了系统各种接口的系统结构设计。

6.6.1 系统输入设计

系统开发人员进行系统输入设计时必须履行四项任务:
- 确定将要用作输入的设备和机制
- 识别所有的系统输入,并制定一张包括所有数据内容的列表
- 决定每个系统输入所必需的控制
- 设计出诸如电子表单的输入格式

其中前三项任务属于体系结构的问题,将在此首先介绍,第四项任务则属于详细或底层设计,其相关的具体内容将在下一小节中介绍。

1. 确定输入设备和机制

输入设计的首要任务之一便是评估能支持系统数据输入的各种可选方法。任何形式的数据输入,其主要目标与输入完整性控制相一致,就是向系统提供新的、无差错的数据或者是无差错地更新已有的数据,不难看出其关键在于无差错(error-free)。实践经验表明,采取以下的一些策略将有助于减少输入错误:
- 数据的获取应尽可能与原始数据源接近
- 尽可能地使用电子设备和自动输入机制
- 输入过程尽可能地避免人工干预
- 尽可能地直接使用已经存在的电子数据而无须重新输入
- 随时随地验证和校正所输入的数据

许多输入数据的常见错误来自人为的键盘输入差错,因此系统在可能的情况下应尽可能少利用电子表单的输入方式。自动的数据输入和避免人工干预,这两者密切相关,它

们是同一个问题的两个不同方面,自动的数据输入多了,人工的参与自然就会减少,那么也就因此消除了许多不必要的错误来源。事实上,自动的数据输入已经普遍地使用在许多场合,在超市利用条形码阅读器自动识别每件商品及其单价、自动称重机自动给商品称重并标价,银行 ATM 利用磁卡阅读器自动读取信用卡里的银行、账户及资金信息,还有许多其他的自助服务系统均依靠自动数据输入设备,比如触摸屏、电子笔和书写板及其他数字化装置,如今的数字水印(数字签名)技术也为自动的数据输入提供了有力支持,因为它可以减少对诸如书面信用卡单据的需要。

有很多信息系统会经常性地要求多次输入相同的数据,这不仅容易产生错误,而且相同的数据会形成多个拷贝,当错误发生时也难以判断哪个拷贝是正确的,此外为保证数据的一致性还要求额外编写解决同步问题的程序。重用计算机中已有数据则能避免上述的问题和错误,例如,有一个汽车租赁管理系统,当出租一辆汽车时,先获取客户、信用卡、汽车公里数及油量信息,当归还汽车时,停车场的工作人员只需要扫描合同号并输入返回的里程数、油量数,利用出租车辆时获得的已有数据便可计算出出租费用并为客户打印出信用卡收据。

用于系统输入的另一种机制是通过直接与其他系统的接口来实现。EDI(电子数据交换)就是这样的一种途径,它能大为减少不论是自动扫描方式还是键盘方式的用户输入,一个系统的输入数据如购买订单、发票、库存更新和支付等信息均可通过向其他系统发送相应的事务请求来获得,各个组织的系统之间即是如此。

2. 定义输入列表及表中每项的数据需求

设计人员定义输入列表及表中每项的数据需求这一任务的主要目标是确定系统所有的必需输入信息并对它们做正确的详细说明,当然该任务的完成也提供了一种验证系统分析模型质量的手段。实现该任务的基本思想是识别穿越系统边界的所有信息流,这一基本思想不仅适用于结构化模型也适用于 OO 模型,只是对不同的模型其实现的技术细节不同而已。

1) 基于结构化模型

使用结构化技术完成该任务,首先要定义系统的自动化边界,因为并非系统边界内的所有处理都一定是由计算机来完成的,比如对于邮件方式订货的 DFD 中就会包括一个接收信件并打开信封的手工过程。

考虑到层次较高的带有自动化边界的 DFD 只能提供对系统的一种综合的概观,但往往不能提供足够的细节信息以辨别众多的数据流,特别是穿越系统自动化边界用作系统输入的数据流,因此一般都从低层的 DFD 片断或更详细的 DFD 着手。

图 6-27 是带有自动化边界的 CSS"生成新订单"的详细 DFD,虚线表示的边界内包括所有自动处理过程及相关联的数据存储,穿越系统边界的输入数据流可被清晰地定义,所必需的输入包括新订单信息的数据流和来自银行信用部门的实时链接,其中与银行信用部门的实时链接属于与其他系统的接口,因此通过用户接口的输入只是新订单信息(当然系统与银行信用部门的实时链接的接口也需要设计),由此可以看出,并不是所有的输入数据均来自用户。

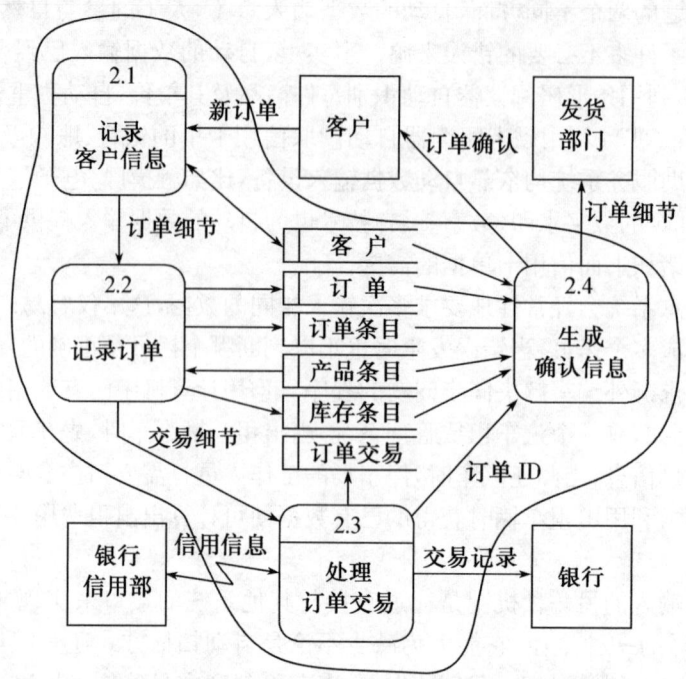

图 6-27 带有自动化边界的"生成新订单"详细 DFD

同样,设计者通过对每个 DFD 片断分析来确定系统所有必需的输入信息(一般说来,DFD 上穿越边界的输入数据流对应于事件列表中外部事件的触发),这一任务的结果是得到新系统的抽象层次较高的输入列表。表 6-2 是 CSS 的输入信息列表,它是设计者在通过对图 5-28 中每个 DFD 片断分析并画出相应的系统边界的基础上所得到的结果。说输入列表的抽象层次较高是因为它只提供了需要被设计的系统所有输入的"大纲",而并没有提供足够详细的信息以支持输入本身的设计,用于输入设计的更为详细的信息将从数据流定义及模块结构图中获得。

表 6-2 CSS 的输入列表

商品条目查询信息
新订单信息
订单修改信息
订单状态查询
订单执行通知
延期订单通知
订单退货通知
索取商品目录请求
客户账户信息更新
促销宣传包信息
客户费用调整
商品目录更新信息
特别促销信息
新商品目录信息

DFD 中的每个输入数据流可以转换为模块结构图中的一个或多个物理输入。参阅图 6-10,该模块结构图中标识了 3 个从系统外部获取数据的模块,这 3 个模块以及与其相关联的数据耦合分别称为"获得客户信息""获得订单信息"(其中包括"获得每条订单条目信息")和"获得信用卡信息"。DFD 中"新订单"这一输入数据流在 MSC 中被扩展成 4 个分开的数据耦合,换句话说,从系统外部获得与客户及新订单数据流相关的所有信息共需要三个模块来提供支持。

接着是分析上述的每个模块及其数据耦合,并列出每个数据耦合的所有单个数据元素,这个分析过程实际上也是验证数据存储的过程,因为通过它可以进一步确定数据存储中的每个数据元素是否是建立在输入的数据耦合基础上。表 6-3 是基于这一分析过程而对图 6-27 中一个输入数据流的扩展,其中既包括与输入数据流相关联的所有数据耦合,也包括与数据耦合相关联的所有数据元素,图中关联于一个数据耦合的每个数据元素实际上就是由终端用户用于识别并作为输入数据的每一项,它们将成为电子输入(输入/输出)表单的组成部分。

表 6-3 构成系统输入的输入数据流及其数据耦合与数据元素

输入数据流	数据耦合	数据元素
新订单	客户信息	AccountNumber, Name, BillingAddress, ShippingAddress, DayTelephoneNumber, NightTelephoneNumber
	订单信息	OrderDate, PriorityCode
	订单条目信息/Line Item	ProductItemNumber, Size, Color, Quantity
	信用卡信息	CreditCardNumber, ExpirationDate

2) 基于面向对象模型

面向对象方法识别系统输入数据的任务和结构化方法基本相同,其差别只在于 OO 方法使用顺序图和设计类图,OO 模型中的顺序图确定了每条接收的消息,设计类图包含了用于验证输入特征的伪码。

参见图 5-55,它是"生成新订单"用例的电话订购场景的顺序图,图中的参与者属于系统之外,而对象则位于系统内部,每一条从参与者到对象的消息代表一个系统输入,据此可以看出,系统边界在 OO 模型中比结构化模型中更为明显、直接。图 5-55 中,从办事员(参与者)到各个对象之间有 5 条不同的消息,它们是:

- 创建新客户——CreateCustomer(Customer Information)
- 检测客户状态——CheckStatus(CustomerName, PhoneNo)
- 生成新订单——CreateOrder(Order Information)
- 给订单添加商品条目——AddToOrder(ProductItemID, Description, Qty)
- 完成订单——OrderComplete()

分析阶段所形成的每个顺序图定义了完成一个事件整个过程中的一系列步骤,设计顺序图的同时,实际上也潜在地强调了用户与计算机系统之间的通信,也就是说顺序图还提供了详细的用户输入视图以支持用例及相应的业务事件。上例中,由办事员发送给系统对象的 5 条消息便表明将需要 5 个潜在的并分别与之相对应的电子输入表单。

顺序图中的每条消息并非都详细提供了有关输入数据字段的信息,因此必须对消息本身做进一步分析以获得消息的更详细信息,设计者这时应考虑接受消息对象类的设计类图。每个输入消息都有一个目的地——一个特殊的对象类,在设计类图的每个对象类中都定义了相应的方法来处理所接收的消息,因此,对对象类中方法伪码进行分析有助于进一步详细识别那些用来处理消息的数据字段,这些消息当然包括任何在参与者与计算机系统之间交换的消息,即输入类的消息和输出类的消息。表 6-4 是在分析顺序图和设计类图的基础上,所得到的与"生成新订单"用例关联的每个输入消息及必须被消息传送的数据字段。与结构化技术一样,这些分析工作不仅对设计用户接口是必要的,而且还对分析模型提供了一个良好的验证。

表 6-4 顺序图的输入消息和数据参数

创建客户	账号,姓名,账单地址,发货地址,日间电话,夜间电话
检测状态	客户姓名,电话号码
创建订单	账号,订单日期,优先权
添加条目	产品条目ID,尺寸,颜色,数量
结束订单	信用卡号,有效期

3. 输入表单的设计

书面表格是用户常用来按照规定的格式记录信息的一种文档,这些信息有些将不要求输入到计算机中,有些则需在日后的某个时刻输入至计算机。比如,有些合同性质的表格(如人寿保险单、订货单)在这以前一直要求以书面形式存档,尽管现在已经有些司法机构开始接受和承认带有数字签名的电子合同文档,但许多组织仍然偏好使用带有原始签名的合同文档;另外,在用计算机不便于获取信息的情形下,则必须使用书面文档的形式。但是,倘若要求将书面信息输入计算机,那么,在设计输入表单时,设计者应考虑将电子表单与书面表格相一致起来,即电子表单应该和书面表格有着大体相同的外观框架结构、相同的数据字段出现的先后次序,这也是一个优秀的用户接口必须要遵守的原则之一。

6.6.2 系统输出设计

系统输出设计的主要目标是在正确的地点和正确的时间为正确的人提供正确的信息。为此,系统输出设计应履行以下四个任务:
- 确定每个输出类型
- 根据应用需求,制定一张明确而详细的输出信息列表
- 定义必要的控制以保护系统输出所提供的信息
- 设计出诸如报表的输出格式

1. 确定输出类型

随着办公自动化和信息系统的出现,包括电子的和纸质的在内的各种类型的报表正在迅速增多,使得对信息的获取与利用更为广泛、方便、快捷,同时也面临着信息膨胀这一主要问题。输出设计的难点之一就是要确定需要提供哪些信息以及如何表示这些信息从而避免产生令人困惑的大量的复杂数据,确定输出类型便是如何去表示信息。

1) 内部的和外部的打印输出

以打印的方式提供信息仍然是当今最为普遍采用的方法之一。打印输出从使用方式角度可分为内部输出和外部输出。内部输出的信息只限于在一个组织内部的使用,包括各种明细报表、汇总报表、异常报表、需求报表及进度报表等,第5章中表5-3的CSS库存报表就是一个内部输出的例子;外部输出则是为组织外部人员的使用而生成的,外部输出通常要求使用较高质量的图形、颜色,例如订单确认信息、最新通知(延期通知、促销宣传包)、银行每月的结算单据以及其他各种说明、政策法律文件等。

2）屏幕输出

屏幕输出有多种类型，每种类型其使用目的不同，其所表现出的优势也各不相同。打印报表的格式是大多数情形下所使用的主要屏幕输出格式，也就是说电子形式显示的报表就像打印出来的报表一样，包括报表的标题、每列数据的标题、明细部分、汇总部分、分页信息等。屏幕输出的电子报表的最大优势在于它的动态性——用户能实时交互，有两种技术可支持其动态性。一种是"下钻"（drill down）技术，所谓"下钻"就是将报表中的汇总字段与它所支持的详细信息相链接以便用户能动态地查看其进一步细节的内容，下钻技术有多层链接的能力，下一层能为上一层提供更详细的信息，表6-5例示了一个具有下钻技术的汇总报表，若用户点击汇总报表中的任一产品，系统都会弹出一个有关该产品的详细信息报表。另一种是链接（linking）技术，经常浏览互联网网页的人都非常熟悉链接这个概念，链接功能在信息系统的电子输出报表中也很有用，所谓电子报表中的链接就是使得用户能够将一个报表中的信息与其他相关的报表信息相关联起来，通过链接能够从不同的角度动态地观察数据，比如按照地区、营销人员、产品、时间段（与上一个季度数据比较）等来查看有关统计数据，通过链接还能查看一个很长很复杂的报表的其他部分，还可以用来链接到行业内其他有代表性的公司的年度总结情况等。一般说来，电子报表中的链接可以具有互联网网页中的链接的全部功能。

表6-5 一个具有"下钻"能力的汇总报表

Monthly Sales Summary					
Year 2004 Month January					
Category	Season Code	Web Sales	Telephone Sales	Mail Sales	Total Sales
Footwear	All	$289,323	$1,347,878	$540,883	$2,178,084
Clothing of Men	Spring	$1,768,454	$2,879,243	$437,874	$5,085,571
	Summer	213,938	387,121	123,590	724,649
	Fall	142,823	129,873	112,234	384,930
	Winter	2,980,489	6,453,896	675,290	10,109,675
	All	1,839,729	4,897,235	349,234	7,086,198
Totals		$6,945,433	$14,747,368	$1,698,222	$23,391,023
Clothing of Women					

Monthly Sales Detail					
Year 2004 Month January Category Clothing of Men Season Winter					
Product ID	Product Description	Web Sales	Telephone Sales	Mail Sales	Total Sales
12987	Winter Parka	$1,490,245	$3,226,948	$337,640	$5,054,833
13788	Fur-Lined Gloves	149,022	322,695	33,765	505,482
23788	Wool Sweater	596,097	1,290,775	135,058	2,021,930
12980	Long Underwear	298,050	355,339	68,556	722,005
32989	Fleece-Lined Jacket	447,075	1,258,079	100,271	1,805,425
Totals		$2,980,439	$6,453,896	$675,290	$10,109,675

3）图形和多媒体演示

尽管文本格式的报表仍然在广泛使用，但数据的图形表示则是信息时代的最大优势。将打印报表或电子报表中的数据以图表或图形的方式来表示将更能体现用户友善性，一方面，组织的管理人员通过查找图形化信息的变化趋势而有助于战略性决策的制定；另一方面，一些信息系统包含海量数据，这大大超出了人们的浏览能力，使用海量数据的一种有效方法便是对它们进行汇总并以图形或图表的方式表示出来。

现在已经有许多多媒体软件工具不仅便于数据的图形表示，而且还能将动画媒体、音频媒体等与图形媒体相结合起来表示，从而使得信息的屏幕输出有着强大的表达能力。系统设计者应仔细分析输出报表以确定其输出目标并选择最适合于信息表示与使用的输出格式。

2. 根据应用需求定义输出列表

定义输出列表的目的是确定系统所有的必需输出信息并对它们作正确详细说明，完成该任务的基本方法与定义输入列表相类似，只是系统输出对应于事件列表中的响应，即数据由系统流向事件宿/目的地。需要注意的是，输入信息的使用和输出信息的使用这两者截然不同，输入的数据内容必须支持数据库的需要，而所输出的数据内容必须支持最终用户的信息需求。

1) 基于结构化模型

对结构化模型而言，系统输出信息对应于 DFD 中由系统内部穿越系统边界而流向系统外部的数据流。如图 6-27 所示，"生成新订单"DFD 中有三条输出信息：(给客户的)订单确认(信息)、(给发货部门的)订单细节(信息)和(给银行的)交易处理记录(信息)。另外，图中与银行信用部门的实时链接也是系统输出(信用卡卡号等)，但它应列入"与其他系统接口"的内容中。和定义输入列表一样，现需要创建一张输出列表，以准确地列出所需要的输出报表并确定其相应的数据字段，其详细过程参见前述的基于结构化模型的"输入"列表的定义。同样地，输出列表的创建也有助于验证分析模型和设计模型的正确性及其之间的一致性，以及输出设计是否已经被成功地集成到应用程序的体系结构中。表 6-6 是系统输出列表的一个例子，该列表中还增加了一列生成输出报表时将要用到的数据库文件。

表 6-6　含有数据详细需求的系统输出列表

输出数据流	MSC 数据耦合	数据元素	DB 文件需求
订单确认	生成确认	AccountNumber, Name, BillingAddress, ShippingAddress, OrderNumber, Date, PriorityCode, ShippingAndHanding, Tax, Total, ^{N}{ProductItemNumber, Description, Size, Color, Options, Quantity, Price}	Customer, Order, OrderItem
订单细节	生成确认	AccountNumber, Name, ShippingAddress, OrderNumber, Date, PriorityCode	Customer, Order
交易记录	订单交易	AccountNumber, ShippingAndHanding, Tax, Total	Customer, Transaction

2) 基于 OO 模型

对面向对象模型而言，系统输出则对应于顺序图中起源是系统内部的对象类而目的地是参与者的消息。参见图 5-55，AddItemConfirmation()消息就是一个输出消息的例子，该消息实际上就是系统对输入消息 AddItemToOrder() 的响应，当然在图 5-55 中，也可以用 OrderConfirmation() 消息替换 AddItemConfirmation() 消息，并把它移放在 OrderComplete() 消息的下方。同样，使用 OO 模型创建输出列表也有助于验证 OO 模型的一致性。

基于单个对象（或记录）的输出消息通常是对象类方法的组成部分，但用报表表示一个类中所有对象，就要使用类方法，正如上一章所述，类方法是对象类的一种特殊方法，它作用于整个对象类，而不仅仅是某一单个对象。例如，一张订单的客户确认信息是一个包括单个订单对象信息的输出消息，如果要生成一周内所有订单的报表，则相应的类方法将查看订单类中的所有订单对象，并发送输出消息给那些满足条件（在这一周的时间段内）的订单对象。

3. 输出报表的设计

在设计输出报表的过程中，设计者经常会面临如何决定报表内容的细节程度及报表格式这类重要问题。对此设计者应该牢记两个原则：一是报表的目的是什么，二是报表的使用对象是谁。报表输出绝不仅仅是对数据库中全部详尽且巨量数据的一种简单映像，报表的目的是确定将如何去有针对性地利用报表内容，以使得报表只包含人们感兴趣的、有价值的数据，从而避免如前所述的"产生令人困惑的大量的复杂数据"，即"信息过载"现象。报表的格式也是非常重要的一个环节，除了要考虑前面在输出完整性控制提及的诸如"每个报表都应该有一个有意义的标题以说明报表的内容"等内容外，图表还应该用坐标、计量单位、图符说明加以清晰标记，以确保对报表数据的正确解释，甚至包括下划线、字形、字体等细节，以易于读懂报表。一般说来，只要记住任何报表的目的是提供有意义的信息而不仅仅是数据，同时记住以易于阅读的格式提供报表，那么报表的设计将并不是一件很困难的事情。

6.7 用户界面设计

用户界面（UI, User Interface）的设计是现代信息系统设计的关键活动之一，用户界面的设计就是用户与计算机系统之间所进行的所有交互活动的设计，系统通过人机交互（HCI, Human-Computer Interaction）来完成一个特定的任务。上一小节所确定的系统输入输出是用户界面设计的基础，对系统的每个输入/输出，系统开发人员都必须考虑用户和计算机之间的交互并设计相应的界面以处理输入/输出。因为用户界面中的人机交互更像是用户与计算机之间的对话，因此也通常将用户界面设计称为人机对话设计（Dialog Design）。

6.7.1 用户界面的特征及其设计思路

对具有高度交互性的信息系统来说，用户界面并不能只简单地理解成直至开发过程的后期才添加到系统中的一个部件。事实上，不论从物理方面、感知方面，还是从概念方面上来讲,终端用户在使用系统时所接触到的全部事物均表现为用户界面。因此,对系统的终端用户来说,用户界面就是系统本身;对系统开发人员来说,用户界面的设计就是系统的设计。由此可见,在系统设计过程中应该尽可能早地考虑用户界面。

1. 用户界面的物理特征

用户界面的物理特征除了包括用户实际接触到的设备,如键盘、鼠标、触摸屏和小数字键盘等计算机终端硬件,还包括用户利用计算机完成任务时所涉及的其他物理部分,如参考手册、打印文档和书面数据表格等。例如,对于CSS所隶属的某个运动用品营销公司的处理邮件订单的计算机录入职员,在输入订单数据时将用到打印分类目录和手写的订单表格。

2. 用户界面的感知特征

用户界面的感知特征包括物理特征除外的用户所看到、听到和触摸到的所有事物。其中,用户所看到的事物包括显示在屏幕上的所有数据和指令,比如数字字符、文字、线段及其他形状的图形;用户所听到的事物包括系统所发出的任何声响,比如点击或击键时的咔嗒声、系统确认功能选择的蜂鸣声,计算机合成的语音输出,甚至基于语音识别软件的人类语音的输入;用户所"触摸"到的事物包括屏幕上的菜单、对话框、按钮以及完成任务时鼠标所点击的电子文档、应用图符和事务记录等对象。

3. 用户界面的概念特征

用户界面的概念特征包括用户要了解的有关使用系统的所有知识,具体来说包括问题域的"事物"(比如客户、产品、订单)、系统所能够执行的操作(比如添加、删除、更新)以及实现这些操作的程序步骤(比如双击、拖放、取消)。所有这些要了解的知识总称为系统的用户模型(user's model),用户模型不仅包括系统内部如何实现,而且还包括系统"做什么"(功能)以及这些功能是如何去完成任务的,不难看出,系统用户模型的大多内容实质上就是系统的逻辑模型,也就是说,用户必须认识反映系统需求的逻辑模型的细节才能去操作系统,而读者已经知道,由系统分析员所建立的系统逻辑模型依赖于终端用户对系统需求的定义,这就是说用户对系统的需求知识是决定着一个系统究竟是一个什么样的系统的根本因素。因此,从用户界面的概念特征角度来讲,用户界面绝不仅仅只是在系统开发过程临近结束时才添加到系统中的一个部件。

4. 以用户为中心的设计思路

正是因为越来越多的相关的研究人员已经认识到用户界面对系统、系统用户及系统开发人员的重要性,他们早已将研究焦点集中到SDLC中的系统分析和系统设计技术如何体现以用户为中心上面来,这些所涉及的技术统称为以用户为中心的设计。

用户为中心的设计的思路首先是及早关注用户及其工作。理解和识别系统用户及他们对系统的需求是一项非常重要的工作,对传统的开发方法而言,是从业务过程角度强调需求,包括系统做什么、数据的来源以及数据的目的地;对面向对象方法而言,考虑其更具有交互性,是通过识别参与者、用例和场景等强调用户及其工作内容,这也就是前面已经提及的用户与计算机之间的自动化边界,在系统需求建模的早期就已定义好了。

以用户为中心的设计的思路第二点是以系统的友善性(易用性)为目标评估用户界面设计。系统的友善性是指一个系统易于学习和使用的方便程度。确保系统的友善性并不像所想象的那么简单,一方面是因为系统不仅有多种不同类型的用户,而且相同类型的用户可能会有不同的偏好和适应能力,某个设计特点对于一个人来说也许做到了易学易用,但对另一个人来说则也许非常困难,因此有必要把握好界面设计的严谨性和灵活性这两者之间的度;另一方面还在于一个易于学习的界面并不总是易于使用,反之亦然,例如,拥有众多表单、对话框以及大量提示性或指导性信息的基于菜单的应用程序的确易于学习,这种导航性、自解释性的界面方式对不经常使用系统的用户将更为合适,而对每天都要面对系统的用户来说,界面风格则应显得快捷而灵活,比如诸如快捷键、热键、少而精的屏幕信息等的使用,因此用户界面应该能适应多种不同熟练程度的用户。其实这两个原因在本质上相一致。对用户界面设计的评估应该包括对以用户为中心的设计的各个方面的评估,但对界面的友善性而言,开发人员的评估方式可尝试采用诸如界面设计预排、分组座谈会、专家意见、原型化实验、收集用户的感受及态度方面的主观数据等。

用户为中心的设计的思路最后是使用迭代开发方法。读者已经知道迭代开发方法就是在先做一些分析工作,再做一些设计工作,然后再做一些实施工作之间的多次往复,每次往复都需对当前系统进行评估。对设计用户界面而言,每次的迭代过程均需集中注意用户及其需求方面,且每次迭代过程结束后均需做相应的评估工作。

6.7.2 用户界面设计的指导原则

用户界面设计原则所包括的范围很广,包括从一般性的原则到非常专业性的原则。其实,用户界面作为 HCI 研究方向的一个分支,其设计原则除了涉及计算机科学自身的内容外,还涉及包括认识心理学、社会心理学、人类生理学、工程学、语言学等其他众多学科,目前世界上已经颁布了多个由系统开发人员设计的原则,其中有些指导原则或规则在上一小节以及该小节用户界面设计思路(适应多种不同熟练程度的用户)中已做了描述,在这里将继续对其他的一些著名原则做介绍。

1. 可视性和提示性

自 20 世纪 80 年代末期起,计算机的图形用户界面已逐步取代原先的字符用户界面。所谓可视性(visibility)是指所有控件对用户都是可见的,且控件还能提供反馈信息以表明其对用户动作的响应。例如,屏幕上显示的一个可被点击按钮对用户是可见的,当用户点击时,它在外观上会产生一些变化,这一反馈信息表示按钮已被按下去了,有时有些按钮会以产生一个点击声响的方式来提供反馈信息。所谓提示性(affordance)是指所有控件在外观上都应该能体现出其功能,也就是其使用目的。例如,按钮提示可点击、滚动条提示可滚动、列表中的任一条目提示可选择等。可视性和提示性原则可应用于计算机中的任一桌面对象,就像大家非常熟悉的 Windows 界面及一些通用的 Windows 控制一样。

2. 一致性

一致性是界面设计中要考虑的要点原则之一。例如,一个特定的图符不仅应该始终形状、大小一致,而且还应该始终只有一个含义而不能依靠上下文来代表多个动作或对象;菜单总是放在相同的关联位置使用户不必每次都去寻找特定的选择;总是使用一个相同的快捷组合键或热键来代表同一个动作;总是使用一种颜色编码从而使相同的颜色在不同的情况下不会有不同的含义;窗口格式(标题、标签、标徽、字体大小、颜色亮度对比)及窗口布局(窗口中的数据字段的排列组织方式、按钮分配及执行次序)应该贯穿系统始终等等。一般说来,一个具有一致性的用户界面不仅易于学习,也易于操作,相反一个不一致的用户界面不仅难于被用户理解,而且工作效率低下。因为人都具有习惯性,一旦学会做某件事情的方式后就很难再改变过来,就像能够盲打的人无须考虑每次的按键,手指总习惯性地自动击键,试想若将键盘上第二排与第三排的按键位置交换一下后会出现什么结果?人机交互也是一样,界面满足一致性的很多情况下操作计算机时,我们的操作程序都是下意识的。

当然一些研究结果表明,不一致的用户界面有时也是有益处的。例如,用户在多个独立的窗口与多个应用程序进行交互时,不同的视觉外观有助于用户分辨它们。但这些益处相对于一致性来说还是微不足道的。

3. 反馈

用户界面对每一次的交互对话,都要提供某种类型的反馈信息,以让用户知道每一步动作的进展情况。例如,用户在选择菜单时通过翻转像素强度给出选择的反馈信息;用户在输入文本框中键入一个客户ID后,则给出该客户的姓名和地址等信息以反馈所输入的ID是正确的,等等。若没有反馈,用户可能会搞不清系统的进展情况以及何时应继续输入。例如,用户转储数据库可能会占用一个较长的时间,若没有相关的反馈信息以指示系统正在执行该操作,那么用户很容易去怀疑自己的输入命令是否已被系统接受。有经验的用户希望是他们自己在控制系统,系统响应用户命令,而不是被系统所控制或者被强迫去做某事。

醒目地显示一个对象、在固定位置显示信息、光标闪烁、改变像素颜色、发出声响等是系统常见类型的反馈形式。反馈信息的提供方式通常应足够清晰使其不易被忽略,但它们也不能过分突出以免分散用户的注意力;反馈信息通常应显示在屏幕的固定区域中,且用不同的颜色以便于用户查看和区别于其他显示的对象;听觉反馈的优点是不占用屏幕空间,也不分散用户的眼力;系统反馈信息应少用要求用户做出响应的对话框形式以免降低用户工作效率。

4. 防止出错和出错处理

任何用户错误都需付出代价,既包括错误所造成的后果损失,又包括纠正错误所花费的时间。因此,用户界面的设计应尽可能阻止用户发生错误,其中的一个主要途径是限制可用性的选择,例如,并非一个表单上的所有操作在任何时刻对用户都是可用的;当没有选中一个对象时不允许移动一个对象的位置或删除对象;当剪贴板上没有对象时不允许选择粘贴操作。另外上述的反馈机制也能减少一些错误。

除此之外,还应该设计出一些好的控制程序以用于捕捉错误,例如上一小节介绍的输入完整性控制技术,与此同时还能提供"有效的"出错信息以便于确定错误发生的原因和如何改正错误。例如,当输入客户 ID 后,若控制程序给出"输入的客户信息无效,请重新输入"这样的出错信息则应该视作"无效的",因为通过该信息用户并不能知道到底错在哪以及如何去纠正它,但若控制程序给出"客户 ID 不能以数字字符开头且长度只能为 10 个字符"这样的出错信息则应该视作是"有效的"。

好的出错处理机制还能够简化错误处理。例如,当用户输入一个无效的客户 ID 后,系统给出出错信息的同时,应将光标移动至客户 ID 的文本框中以供用户修改编辑,这样能便于用户看到错误并且在修改错误时不必完全重新输入客户 ID。

5. 允许撤销操作

在一系列操作过程中,回退或撤销(undo)机制是用户界面的另一个公共原则。在一个操作状态下,用户执行回退或撤销动作可以回到前一个操作状态。有些系统要求支持能回退多个操作步骤。撤销操作也是防止出错的一种方法。对不能被撤销的操作,在操作执行前,用户界面应该要求用户确认后再执行操作。

6. 最少记忆量

界面的交互还应该组织得容易理解和记忆。模糊的、复杂的、不一致的和缩写的命令格式会导致软件使用时的混淆和低效。对所有的删除操作,均使用同一个名称、按键,比对不同类型的删除操作使用不同的名称、按键更容易记忆。多窗口的设计能帮助用户减少记忆量,不同类的信息可以分别显示在不同窗口中,因而在不同的信息重叠显示时不必依赖于记忆,只需窗口切换即可。另外通过显示代表各种对象和操作的容易辨认的图符也可以帮助减少记忆量。

上述的这些原则中,有些原则之间互为补充、互为依赖,有些原则并不一定要全部要求应用到一个组织的信息系统中。反之,一个组织也有可能去添加一些其他指导原则。但不管怎样,系统开发组织应该先制定一个界面设计标准(interface design standard)或原则,隶属于该组织的任何系统的开发都将要服从并一致于该标准,以保证用户交互的效率和有效性。

6.7.3 人机对话的设计模型

人机对话的设计基础是要求用户交互的输入和输出,而输入输出的信息列表的定义请参见 6.6 节内容。根据这些内容,首先设计出一个具有层次结构的菜单,用户利用该菜单来导航每次对话;然后再用故事脚本或 UML 交互图等技术来创建人机对话模型以完成对话过程的设计工作。

1. 事件、子系统与菜单层次

一般说来,每个需要用户参与交互才能获得数据的输入以及每个因用户请求而产生的输出都需要进行对话设计。因此,分析阶段所形成的事件列表中的事件是设计对话列表的关键,外部事件由输入触发,时间事件产生输出。

对话设计必须和系统的其他设计活动同时进行而不能孤立地进行。在本章第二节应用程序体系结构设计中,对结构化方法、基于事务分析技术和基于转换分析技术,构造模块结构图时均考虑到了输入输出这一交互部分;而对 OO 方法,甚至早在系统分析阶段就已经开始考虑将对话设计集成到顺序图或协作图模型中。

从用户立场看,系统的完整结构可以用一个可获得的菜单来得到反映。一个菜单包含一个可选择的层次结构,或者按子系统排列组织,或者按系统操作的对象类排列组织,例如,对 CSS 来说,若按子系统组织菜单层次结构,则包括订单登录子系统、订单执行子系统、客户维护子系统、目录维护子系统以及在设计阶段添加的报表子系统等子菜单;若按对象类组织菜单层次结构,则包括客户、订单、库存、发货等子菜单。一个菜单内可能会出现功能相同的菜单项,例如,一个系统的客户子菜单下和库存子菜单下均可安排"查找历史订单"这一相同功能的菜单项。有时还需要为不同类型的用户提供不同类型版本的菜单,例如,CSS 的邮件订单办事员一般只需要处理新订单而无须其他选项,而电话订单办事员则需要更多的选项但无须系统的全部选项,再比如一些诸如决策报表、客户费用调整选项只对管理人员开放。菜单中还应该包括一些不在事件列表中的选项,其中一些重要的选项与 6.5 小节讨论的系统控制有关,比如数据库的备份与恢复、用户账户维护等,另外,最好还能包括允许用户根据自己的偏好自定义个性化的用户界面以及系统帮助的设施。

图 6-28 是 CSS 按子系统分组的方式组织的菜单层次列表,列表所列出的每件事件均会导致一次对话的发生,另外菜单层次中还包括了实用程序、用户偏好与帮助子菜单。

对上述菜单的每个选项都应设计出一个相应的人机对话模型,在所有的对话设计工作完成后,设计人员很容易为不同类型的用户定义出相应的菜单选项并重新组织成相应的菜单层次结构。因此,图 6-28 所示的菜单结构也许是诸多可能的菜单层次结构中的一个。

订单登录	订单执行	客户维护	目录维护
检查条目可用性	检查订单状态	提供目录	更新目录
生成新订单	订单执行通知	更新客户账号	创建特别促销商品
更新订单	延期订单通知	调整客户费用	创建新目录
	退货处理	分发促销宣传包	
报表和查询	实用程序	用户偏好	帮助
订单汇总报表	打印机和设备	对话风格	目录和索引
订单交易汇总报表	备份与恢复	颜色和字体	帮助搜索
执行订单汇总报表	用户账户	快捷键	任务列表
潜在客户报表	账户维护	宏	关于 CSS
客户费用调整报表	更改账户口令		
目录活动报表			
特别查询功能			

图 6-28 包含有 CSS 全部菜单项的菜单层次结构

2. 基于故事脚本的对话模型

一旦明确了所有需求的对话后,便可以采用多种技术进行对话过程的详细设计,但目前还没有一个通用的或事实性的技术标准来支持这一设计过程。一种技术是列出对话过程的关键步骤,并对每一步骤中用户与计算机所做的内容辅佐以文字描述,即人机交互场景技术。这些步骤内容的书写格式可以依赖于场景模型中的事件流序列。

还有一种对话模型的设计技术,称之为故事脚本(storyboarding)技术,它是一种通过一组顺序排列的屏幕草图为对话过程建模的技术。故事脚本可以通过诸如 VB 等可视化的编程工具来实现,也可以通过图形软件包来绘制,而后者往往更能帮助用户集中注意力于基本的设计思路。图 6-29 是影碟出租对话过程的故事脚本,系统有一个基于事件列

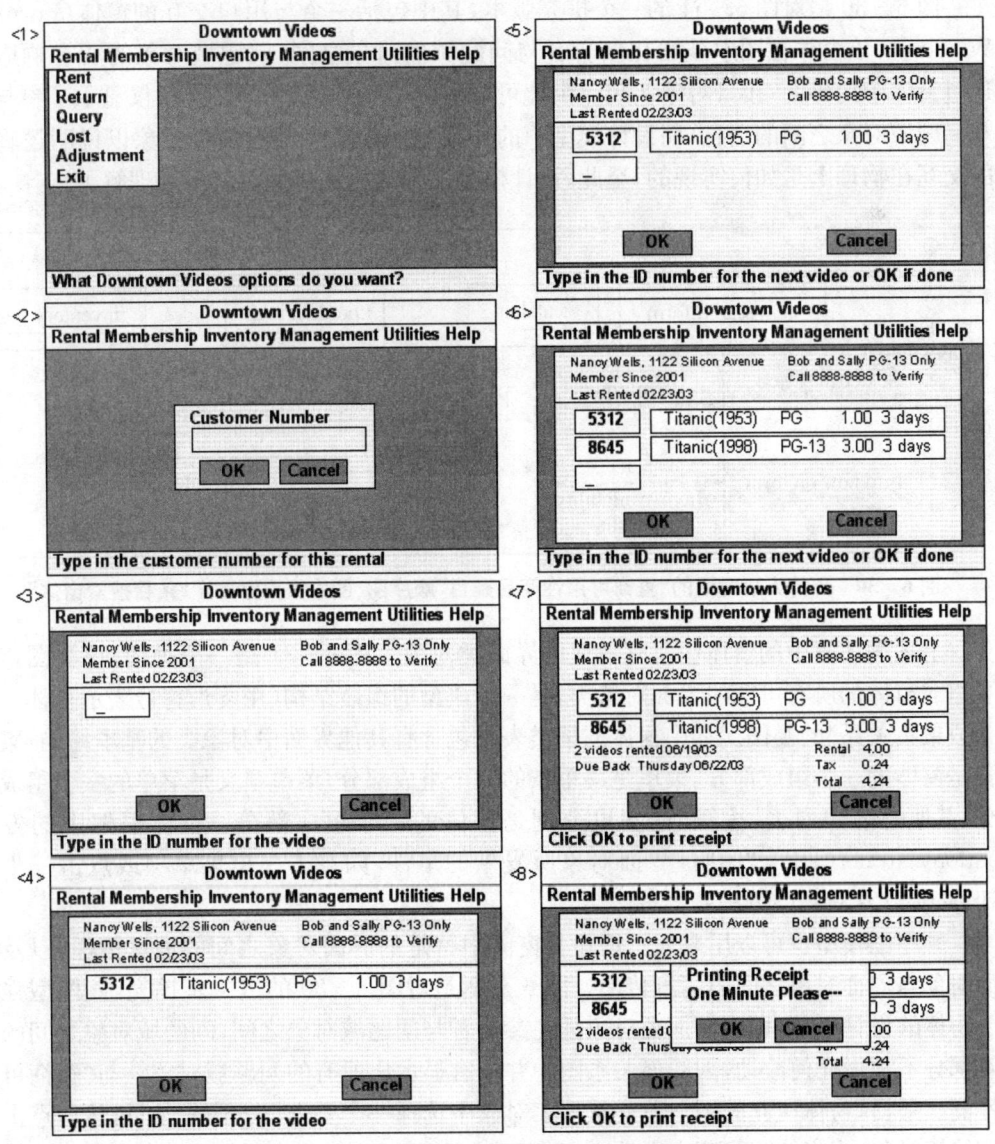

图 6-29 影碟出租对话过程的故事脚本原型

表的层次结构菜单。对话使用了一个窗体和几个对话框,位于窗体底部的提示信息表示对话进程,系统提供给用户的信息显示在窗体上的标签里,这些信息有助于用户确认客户身份、查看可能的租借限制并提醒客户有关费用及归还日期。

3. 基于 UML 图表的对话模型

UML 所提供的一些可视化图表可用于人机对话的建模。在面向对象方法中,系统的对象之间需要往复传递消息,并彼此按顺序"倾听"和响应,人(用户/参与者)也可以给系统的对象发送消息,对象也可以给人发送消息。UML 的顺序图便是用消息的形式并按先后次序来刻画用户与对象间的信息传递,这种表现形式和用户与系统不同对象间的对话非常相像。

图 6-30 是对图 5-54 的一个扩充版本,其中包括一个与用户交互的窗体(Form or Window),该窗体在图中被插在参与者与问题域的对象之间,问题域对象的所有响应均通过窗体中的界面/接口对象实现。由此可以看出,分析模型中的交互仅仅显示了参与者与问题域对象之间的消息,而设计模型中的交互则添加了一些界面类对象以说明逻辑上的交互在物理上是如何实现的,至此,设计模型又称为物理模型也就不难理解了。

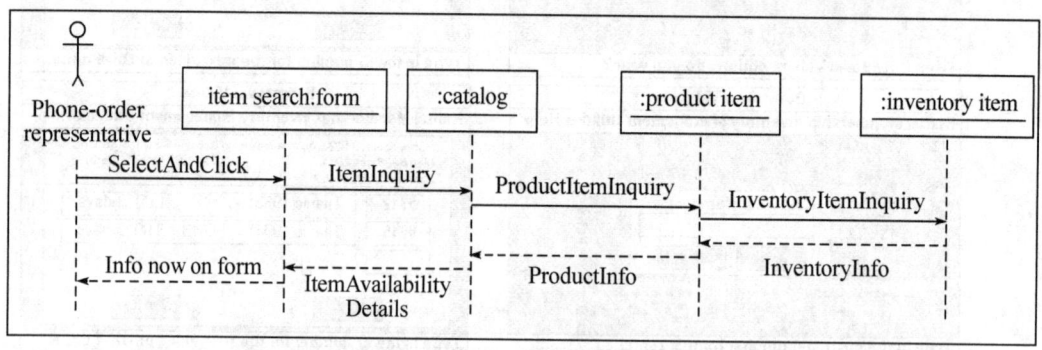

图 6-30 支持人机对话的"查询可用性商品条目"顺序图,图中扩充添加了"条目搜索窗体"

上述顺序图中的窗体包含有特定的界面类对象。图 6-31 是一个类图,该类图定义了组成窗体的所有可能的界面对象类,是一个典型的组装结构(用菱形符号表示整体—部分或聚集关系)的类图。其中窗体框架类表示包含有其他界面中对象类的基本结构,菜单条是窗体的一个组成部分,菜单是菜单条的一个组成部分,菜单项又是菜单的一个组成部分;其他的诸如列表、按钮、标签也分别是窗体的一个组成部分。窗体框架中的方法 actionListener()用来"倾听"界面对象所发生的事件,如点击一个菜单项或点击一个按钮,actionListener()方法就会被激活。

顺序图模型也可以用来表示用户与窗体中特定的界面对象之间的消息传递,以及界面对象与界面对象之间的消息传递。图 6-32 是对图 6-30 的进一步扩充,该模型强调了窗体的设计细节,即将界面类对象插在参与者与问题域对象之间,问题域对象之间的交互部分不需做任何改动,因版面关系图中并没有显示出所有的问题域对象。与"查询可用性商品条目"窗体交互的用户首先从列表对象中选择一个要查询的商品条目,然后点击查询按钮对象,当窗体"听到"点击后,向列表对象询问所选择的商品条目,并对所选择的商

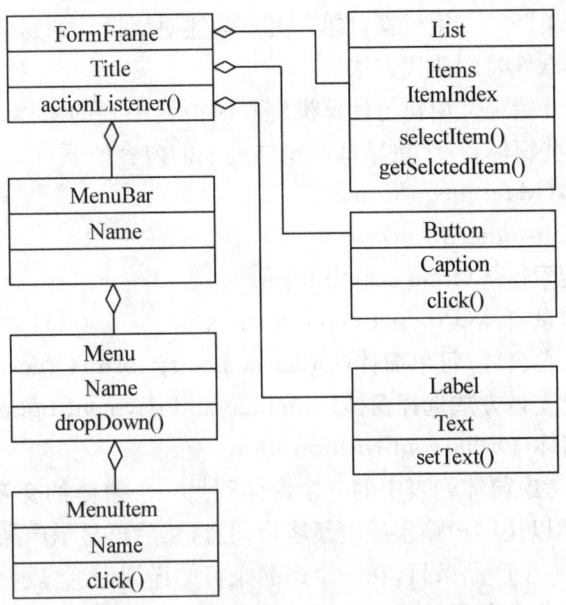

图 6-31 组成窗体的界面对象类的类图

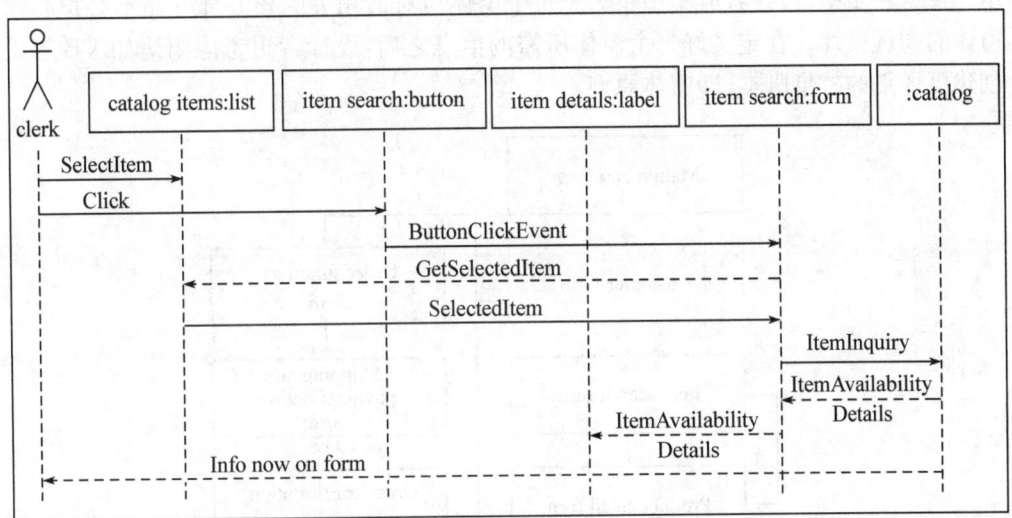

图 6-32 支持人机对话的"查询可用性商品条目"顺序图,图中扩充添加了几个"特定的界面类对象"

品条目再利用消息机制查询目录对象,该目录对象然后再与其他问题域对象进行交互,当目录对象返回查询结果信息时,窗体告诉标签对象并为用户显示这一结果信息。

在讨论这个问题之初就已强调对话设计不是一个独立过程,系统分析员在开发过程早期,为每个用例的每个场景创建交互图模型时就需要考虑交互及交互顺序问题,到设计阶段则对交互图进行扩充,即用参与者、用户界面类对象之间传递的消息来表示用户与计算机的交互对话过程。在分析和设计阶段使用了同样的图形模型,只不过在设计阶段添加了更多的细节内容罢了,因此从这个角度再次说明面向对象方法是一种具有高度迭代性的开发方法。

至此已经讨论了对话设计的有关概念和技术。最后,再以 CSS 所支持的"办事员处理客户电话订购订单"——"生成新订单"为例,综述对话设计的建模过程并着重说明应如何去体现用户界面设计时的迭代方法。

设计者可以先开始定义用户与计算机交互时所使用到的窗体,上一小节系统输入设计中已经明确了一些窗体,一个更精练的窗体列表的内容如下:

- 主菜单窗体(Main menu form)
- 客户窗体(Customer form)
- 产品条目搜索窗体(Item search form)
- 产品详细信息窗体(Product detail form)
- 订单条目汇总窗体/订单窗体(Order summary form/Order form)
- 发货运输及支付方式选择窗体(Shipping and payment options form)
- 订单确认窗体(Order confirmation form)

设计者应接着考虑窗体列表中的一个窗体到另一个窗体的交互流程:在主菜单窗体后,先出现客户窗体以让用户输入或更新客户信息,然后再显示产品条目搜索窗体以让用户按客户要求搜索一个产品条目,在一个产品条目的详细信息显示完后,产品条目搜索窗体再次出现,当所有产品条目被选择后,接着显示订单条目汇总窗体,等等,如图 6-33 所示。在这一步中,设计者应集中精力于每个窗体与对话相关的核心部分而不必担心这些窗体的物理设计。在定义好每个窗体所需的信息之后,设计者再考虑用诸如 VB 等工具创建更详细的故事脚本,即窗体原型。

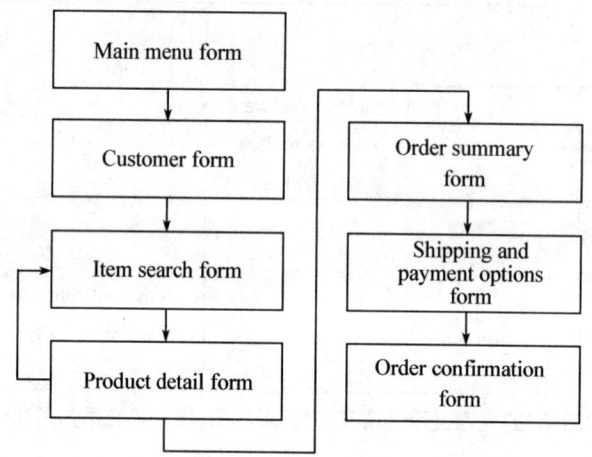

图 6-33 "生成新订单"的对话窗体的基本顺序流程

上述的初始设计作为界面的迭代设计过程的第一次迭代结果,不仅合理而且顺序性也很好。但经 CSS 办事员/用户等人评估后,虽然觉得这一设计结果对邮件类订单的创建很适用,但对电话类订单来说,发现窗体顺序过于严格,因为他们发现在与客户电话通话过程中他们必须尊重客户的意愿,也就是说用户的每次对话并非都遵循完全相同的顺序,例如,有的客户只有在明确知道他/她的订单汇总信息后才愿意给出其私人信息,有的客户则直至订单处理完成和确认后才愿意给出其私人信息,因此,用户建议窗口顺序应该具有更好的灵活性。从用户所要求的灵活性等需求出发,设计者应进行交互界面的第二次迭代开发:以订单窗体作为对话的中心,通过选项任意地切换到其他窗体,每一个动作之后,订单窗体再次呈现在用户面前,但这时的订单窗体中可能已经填写有当前的订单细节信息,如图 6-34 所示。该图所显示的灵活性在于不仅可以按图 6-33 的窗体的出现顺序进行对话,而且还可以以任意需要的顺序进行对话。图 6-35 则是扩充后的"生成新订单"的顺序图的一部分内容,图中包含了一个主菜单窗体、一个客户窗体和一个订单窗体,参与者(用户)点击主菜单窗体中的菜单项,向客户窗体发送一条显示消息 Display(),参与者提供客户信息并创建一个新的客户对象或者验证一个已经存在的客户对象的状态,客户窗体可以向订单窗体发送一条显示消息,等等。

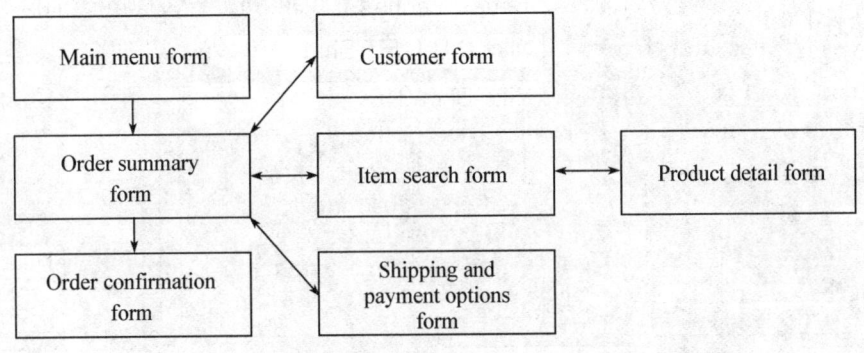

图 6-34 "生成新订单"的以订单窗体为对话中心的对话窗体

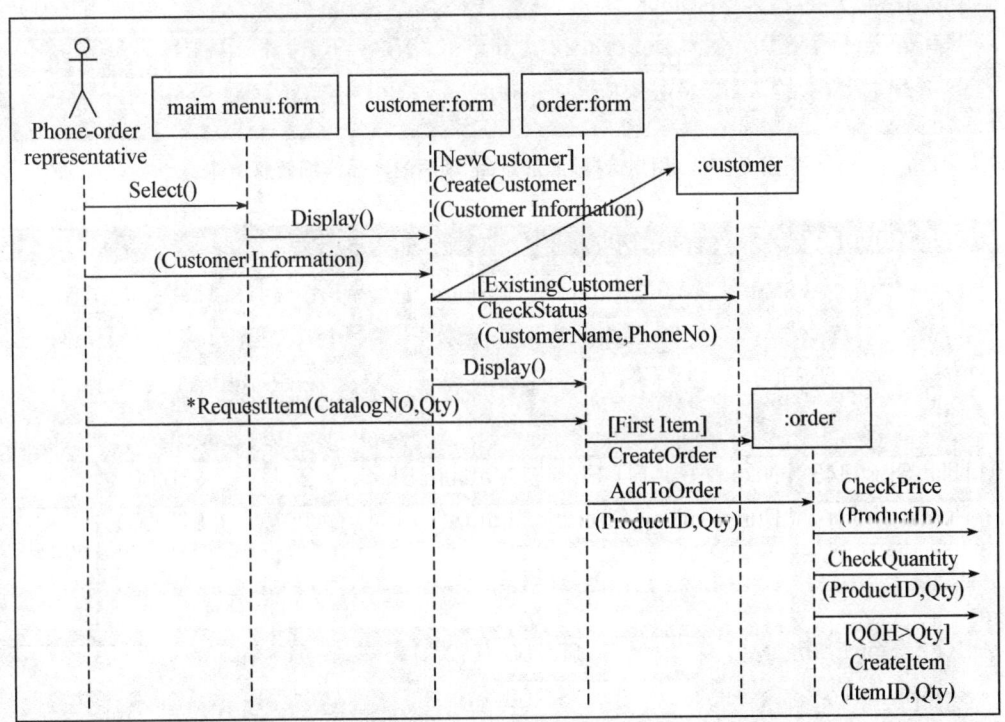

图 6-35 "生成新订单"添加了对话窗体后的部分顺序图

一旦接受了窗体及其顺序的定义,开发人员便可继续进行有关窗体细节的设计。图

6-36和图6-37显示了一些以订单窗体为中心的窗体原型,用户可以在产品详细信息窗体(Product Detail)中搜索客户所需产品条目并在该窗体中查看有关条目的详细信息,若客户想要订购该产品条目,那么用户将它添加到客户订单中,这时用户可在订单窗体中选择"添加产品(Add Product)"项在订单中添加另一个产品条目或者选择性修改(Select)已订购的条目等。遵循用户界面的设计思路,获得最佳的用户界面可能会经历几次包括用户评估在内的迭代设计过程。

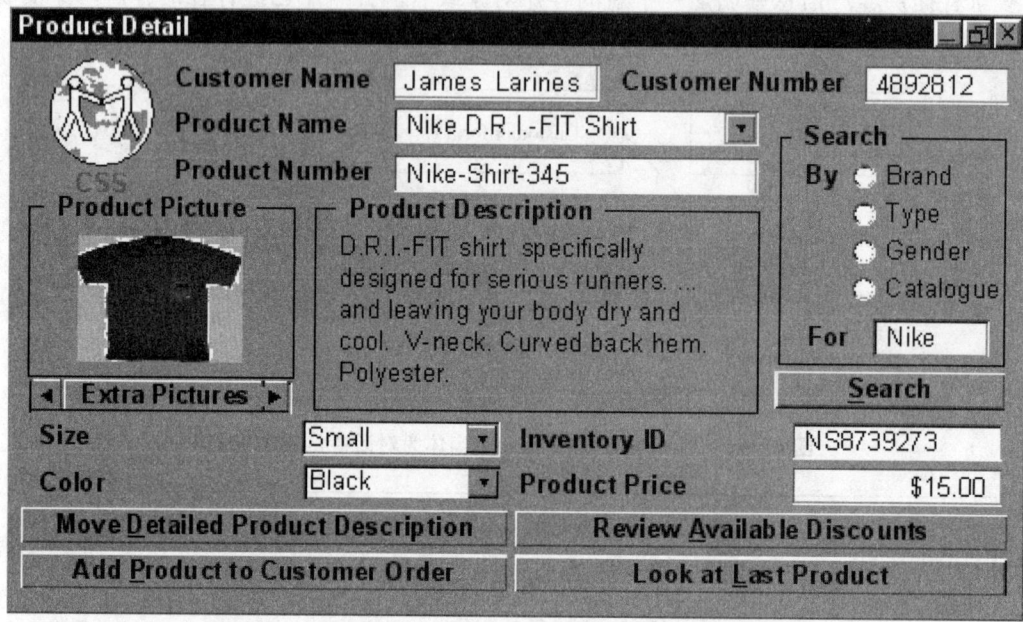

图6-36 用户选择"添加产品"项后的产品详细信息窗体

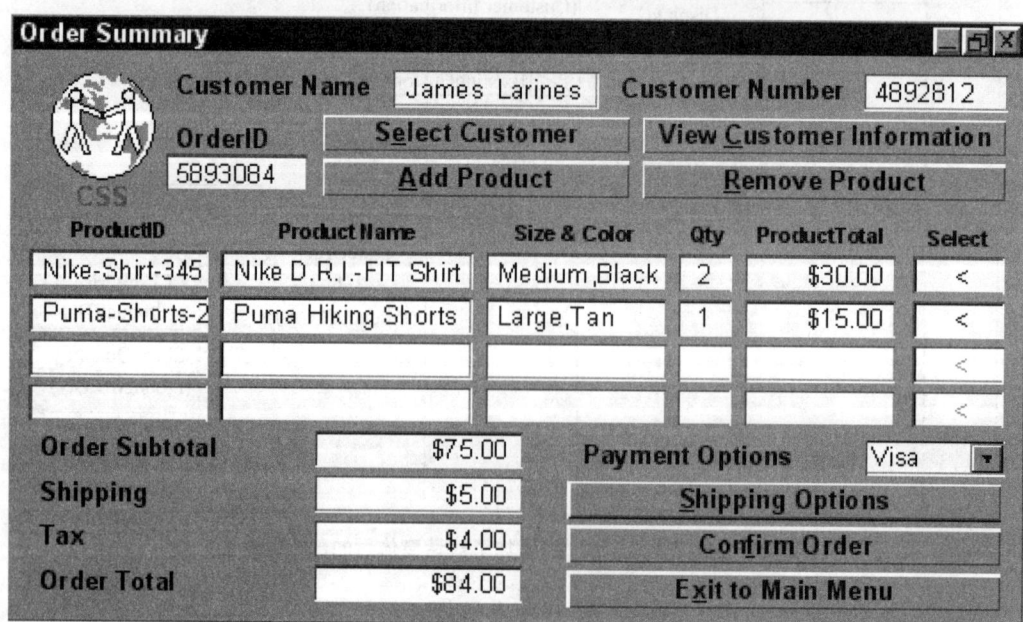

图6-37 用户选择"添加产品"项几次后的订单窗体

又如,银行存款系统的窗体的交互流程如图 6-38 所示:在登录窗体后,出现功能窗体,以功能窗体作为对话的中心,通过选项任意地切换到查询窗体、存款窗体和取款窗体,每一个动作之后,功能窗体再次呈现在用户面前。

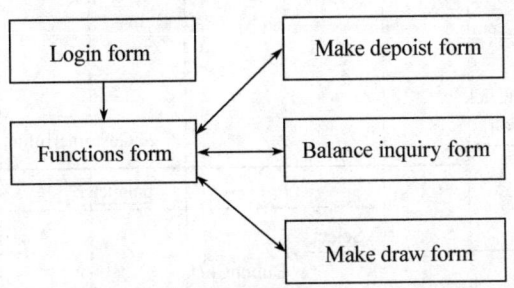

图 6-38 "银行存款系统"的窗体交互流程

图 6-39 则是用户存款的顺序图的部分内容,图中包含了一个登录窗体、一个功能窗体和一个存款窗体,用户在登录窗口输入登录信息,选择功能窗体中的菜单项,向"用户存款"窗体发送消息 Display(),从而显示"用户存款"界面,在该界面上进行相关操作后,提交给 account 对象进行逻辑处理。图 6-40 则是对图 6-39 的进一步扩充,在各窗体上添加了最小集合的控件对象,从而实现对图 6-39 所示顺序图的进一步细化。以"用户存款"功能为例,该界面上至少需要两个控件对象:用于输入(input)"存款数量"的文本框对象(money textbox)和用于发送确定信息(click)的按钮对象(confirm button),该界面收到确认信息后,将数据提交给逻辑对象(account)进行处理。图 6-41 则是相应的最基础的"用户存款"界面设计图。

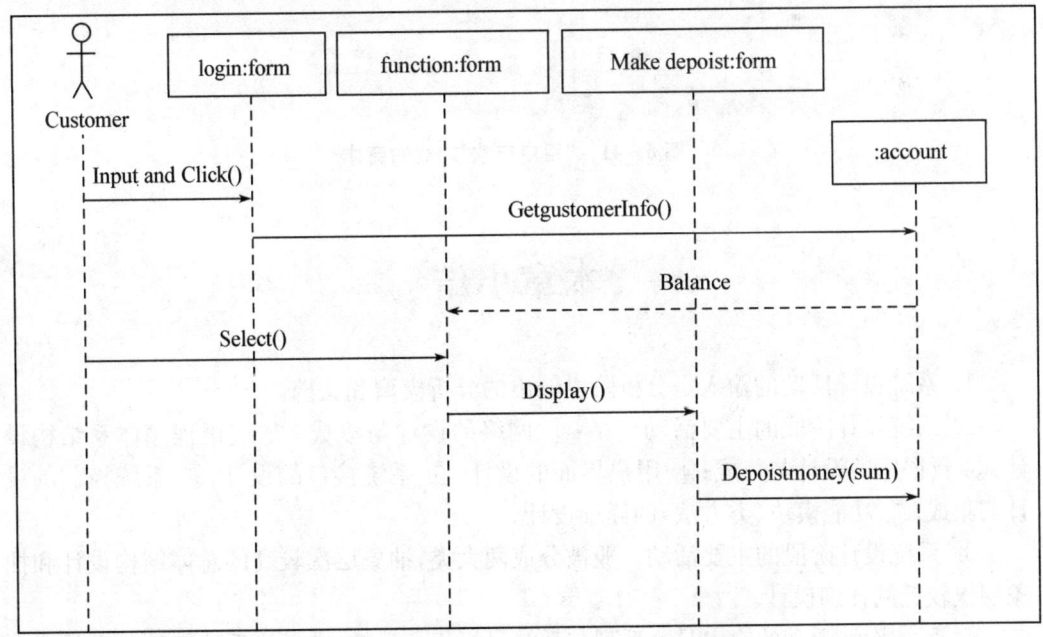

图 6-39 "用户存款"功能的部分顺序图

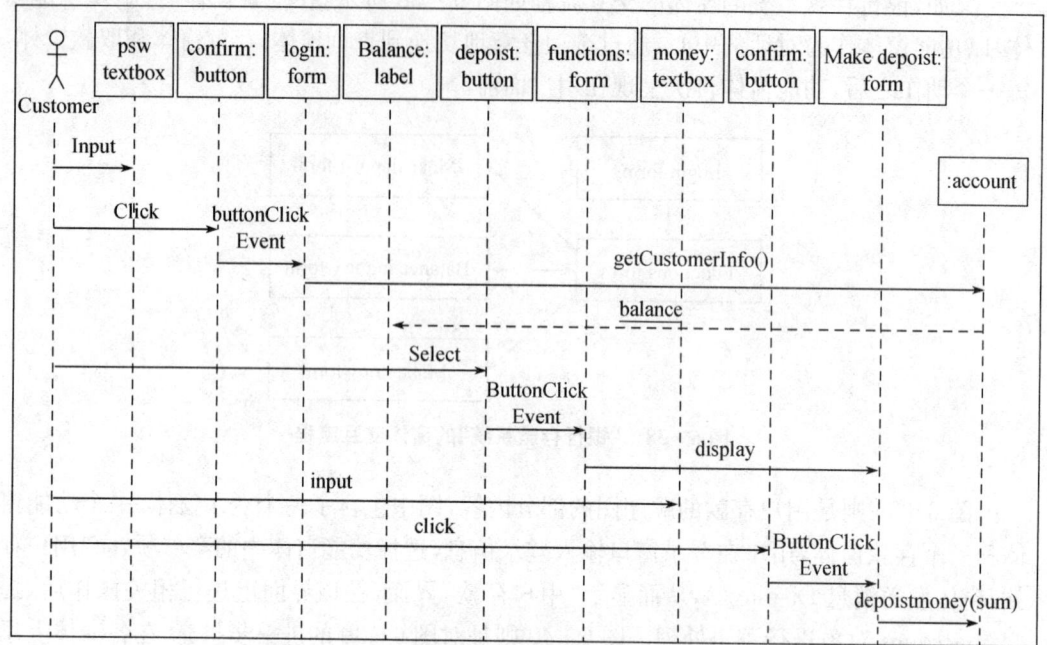

图6-40 扩充后的"用户存款"功能的部分顺序图

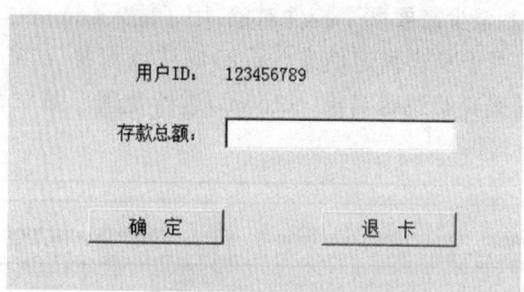

图6-41 "用户存款"功能的窗体

本章小结

1. 系统设计活动的输入是分析阶段输出的分析模型和文档。

2. 系统设计阶段的主要活动包括：① 网络的设计与集成；② 应用程序体系结构设计；③ 数据库的设计与集成；④ 用户界面的设计；⑤ 系统接口的设计；⑥ 系统控制的设计与集成；⑦ 功能模块（类方法）的详细设计。

3. 系统设计阶段的主要活动一般被分成两大类，抽象层次较高的总体结构设计和抽象层次较低的详细设计。

4. 系统设计活动的输出是一系列与系统目标相一致的、定义为系统解决方案的各个不同组成部分的模型及文档。这些模型及文档构成了系统的物理模型，反映着"系统如何做"的问题。

5. 模块的本意是指一个计算机程序中可识别的具有特定功能的程序片断,在系统设计中指组成系统的具有一定功能的基本单位,一般称系统顶层模块为主模块或主控模块(main/boss module)、系统中间层的模块为控制模块(control module)、系统最底层的模块为执行模块或工作模块(worker bee module)。

6. 模块结构图(Module Structure Chart,MSC)是表示系统应用程序体系结构的一个图形模型,它不仅反映系统功能模块的层次分解关系,而且还反映了模块之间的调用关系以及数据信息和控制信息的传递关系。

7. MSC中把两个模块之间的数据传递称为数据耦合(data coupling),控制信息或者用作控制被调用模块内部处理逻辑的执行,这种情形称为模块的控制耦合(control couple)。

8. 模块结构图的构造方法有事务分析法、变换分析法。

9. 事务分析法(Transaction Analysis):以事件列表或事件划分DFD为基础,构造出最顶层的模块结构图。

10. 变换分析法(Transform Analysis):一般以顶层模块结构图及分析模型中的片断DFD为基础,其工作原理是基于"变换",即对顶层模块结构图中的每个事务模块,分析与该事务相应的细化后的片断DFD,也就是关注其如何将输入的数据经过适当处理变换成相应的输出信息。变换的关键是分析并发现片断DFD中的传入数据流部分、传出数据流部分及变换中心部分。

11. 模块独立是模块结构图良好设计的关键,模块的独立程度可以由两个定性标准度量:模块耦合和模块内聚。

12. 模块耦合是对一个应用程序体系结构内两个不同模块之间联接程度的一种度量。模块间的依赖程度越大,则其耦合程度也就越大,最终系统的质量也就越低;反之,模块间的依赖程度越小,则其耦合程度也就越小,最终系统的质量也就越高。按模块耦合程度由低到高排序:数据耦合、控制耦合和内容耦合(病态耦合)。

13. 模块内聚是对一个模块内部各元素在功能上内在联系紧密程度的一种度量。或者说,内聚是对模块内各处理动作组合强度的一种度量。按模块内聚程度由低到高排序:偶然内聚、逻辑内聚、时间内聚、过程内聚、通信内聚(数据内聚)、顺序内聚和功能内聚。

14. 模块的影响范围也称为作用范围:定义为若干模块的集合,集合中的模块内含有依赖于某个判断结果的处理。模块的控制范围:该模块本身及其所有的下属模块组成的集合。

15. MSC的深度表示软件结构中控制的层数;MSC的宽度是软件结构内同一层次上的模块总数的最大值;模块的扇出是一个模块直接控制(调用)其他模块的数目;模块的扇入是指一个模块有多少个上级模块直接调用它。

16. MSC的质量标准:① 尽量使用数据耦合,少用控制耦合,完全不用内容耦合;② 模块层次分解设计过程中,没有必要精确确定模块内聚的级别,重要的是设计时力争做到高内聚,并且能够辨认出低内聚的模块;③ 一个模块的判定的作用范围必须是判定所在模块的控制范围的一个真子集;④ 随着层次深度的增加,高扇出数目逐渐减少,而逐步争取更大的扇入,软件体系结构呈现"上尖、中宽、底小"形状。

17. 在面向对象的设计模型中,包图是系统的一个高层视图,包图的信息主要源于用例图和类图。所谓包,是用于把元素组织成组的通用机制,用于标识一个完整系统的各个主要部分。包之间存在访问依赖,即一个包(源包)有权引用另一个包(目标包)中的元素。

18. 在模块详细设计中,通常有三种描述模块内部处理逻辑的方法:① 流程图;② 结构化英语;③ 伪码。

19. 设计类图是从实现/系统角度对分析类图的进一步细化,它增加了属性和方法等细节。设计类图有两种表示格式:简单表示格式和扩充表示格式。

20. 构造设计类图的输入信息源于类图、交互图和状态图,可分为 3 个步骤:① 选定要设计的类,并完成其属性列表的建立;② 找出属于该类的所有方法;③ 详细描述方法的逻辑。

21. 关系模式的设计以 ERD 或类图为基础,一个实体(类)转换为一个关系模式;一对多联系通过在多端的关系模式中添加外码来表示,多对多联系通过建立一个新的关系模式来表示。

22. 基于关系规范化的范式理论是改进关系模式质量的一种主要的方法。好的关系模式有助于最大限度地降低数据冗余。

23. 若属性集合 X 中每个属性的值构成的集合唯一决定了属性集合 Y 中每个属性的值构成的集合,则属性集合 Y 函数依赖于属性集合 X,记作 X→Y。

24. 若关系 R 满足第一范式(1NF),且每一个非主码属性函数依赖于主码,则 R 满足第二范式(2NF);若 R 满足第二范式(2NF),且没有非主码属性函数依赖于任何其他的非主码属性,则 R 满足第三范式(3NF)。

25. 系统控制是为了实现系统安全性(保护系统和系统内部信息以防止非法访问所造成的破坏、泄露或更改)和系统完整性(系统数据和操作的正确性、一致性和相容性以能真实地反映现实世界)。

26. 系统控制主要考虑的内容包括系统访问控制、输入完整性控制和输出完整性控制。

27. 系统访问控制方法包括用户标识和鉴别、存取控制和数据加密。

28. 输入完整性控制(input integrity controls)是用来帮助减少输入错误数据的一种补充的验证方法,其目的是确保输入数据的正确性。主要的方法有:错误的检测与消除,事务日志等。

29. 输出完整性控制目的是确保输出结果的正确性、精确性、及时性和完整性。

30. 系统输入设计主要包括四个方面:① 确定将要用作输入的设备和机制;② 识别所有的系统输入,并制定一张包括所有数据内容的列表;③ 决定每个系统输入所必需的控制;④ 设计出诸如电子表单的输入格式。

31. 系统输出设计主要包括四个方面:① 确定每个输出类型;② 根据应用需求,制定一张明确而详细的输出信息列表;③ 定义必要的控制以保护系统输出所提供的信息;④ 设计出诸如报表的输出格式。

32. 用户界面(User Interface)的设计是用户与计算机系统之间所进行的所有交互活

动的设计,又称为人机对话设计(Dialog Design)。

33. 终端用户在使用系统时所接触到的全部事物均表现为用户界面。用户界面的特征分为物理特征、感知特征和概念特征。

34. 用户界面的设计思路以用户为中心,主要包括三个方面:① 及早关注用户及其工作;② 以系统的友善性为目标评估用户界面设计;③ 使用迭代开发方法。

35. 用户界面设计的指导原则主要包括以下六个方面:① 可视性和提示性;② 一致性;③ 反馈;④ 防止出错和出错处理;⑤ 允许撤销操作;⑥ 最少记忆量。

36. 人机对话的设计基础是要求用户交互地输入和输出:① 设计出一个具有层次结构的菜单,用户利用该菜单来导航全部对话;② 用故事脚本或 UML 交互图等技术创建人机对话模型以完成具体对话过程的设计。

37. 人机交互场景描述是一种列出对话过程的关键步骤,并对每一步骤中用户与计算机所要完成的内容辅佐以文字描述的设计技术。

38. 故事脚本(storyboarding)是一种以一组顺序排列的屏幕草图(sketch)作为对话过程建模的技术。需要可视化编程工具和专用绘图软件包的支持。

39. UML 的顺序图用消息的形式并按先后次序来刻画用户与对象间信息的传递,这种表现形式和用户与系统不同对象间的对话非常相像。

第 7 章

系统实施

在SDLC中把系统设计之后和系统移交给用户之前这期间发生的所有活动统称为系统实施(implementation)。系统的实施活动常常被许多人看作简单直接而又枯燥无味的工作,他们认为这些活动的完成不像系统分析、系统设计活动那样引人入胜和富有创造性。这种观点类似于建筑学(architecture)和建筑物(construction)两者之间的关系,一栋漂亮大楼的建成,人们总是自然而然地去想它是谁设计的,许多荣誉也因此都落在建筑师的头上,而施工建筑这座大楼的建筑工匠们则默默无闻。其实,在建筑师勾画好建筑物的设计蓝图后,要将蓝图变为现实的建筑物还有大量的工作要去完成,信息系统的开发也具有相同的道理,系统实施的努力及其质量保证也是系统成功的一个关键。

系统实施是将新系统的物理模型付诸实现的实践阶段,它将会耗费SDLC中大量物力、人力、财力等资源,从硬件及其他操作资源的添置到位、需要众多人员参与软件的编制与测试,到如何使它们有机装备成一个完整的系统。实施活动具体说来一般包括程序开发、质量保证、物理安装、文档准备和人员培训等,这些活动名目繁多且相互依赖。除此之外,实施阶段还要考虑许多人员和任务的协同工作,因此从这个意义上说,实施阶段的管理活动也要比早期阶段的管理活动更为具体、复杂。

7.1 程序开发

大型复杂系统的开发确实是一个有难度的过程。先认识一下汽车制造的过程。制造一辆完整的汽车,首先要生产或购买成千上万种零部件,接着,一部分零部件组装成汽车的部件(如仪表、线束、刹车总成等),然后这些部件再组装成汽车更大的主部件(如仪器仪表盘、引擎、传动装置等),最后再组装成一辆完整的汽车。其实这些只是成千上万个各自独立的生产工序中的一些工序,每一工序都必须要经过构造、严格检测后才能移交给下一工序,后一工序的完工情况依赖于其前面的所有工序的努力、按时、成本及质量。信息系统的程序开发(或者称为系统构造)在许多方面类似于汽车制造,在系统的需求及其设计说明书确定后,剩下的是要求确保有效地利用资源、占用最少开发时间、获得最高产品质量的复杂的"生产"和装配过程。但与汽车制造不同的是,汽车制造过程只需进行一次设计,而后便可据此生产成千上万个相似的单元部件,而对每个新系统而言,软件制造过程都是一个重新开发的过程,以满足这个系统独有的特征。

7.1.1 程序开发的顺序

程序开发的顺序,顾名思义就是组成系统的若干功能单元模块的先后开发次序。程序开发顺序的安排是程序开发的最基本决策,现对几种较为常见的程序开发顺序及其特点作简单说明,以便开发人员能针对一个系统的具体需求和限制去选择其中的某种开发顺序或者是某几种顺序的组合方式。

1. 输入—处理—输出的开发顺序

输入—处理—输出(简称为 IPO, Input-Process-Output)的开发顺序的基本思想是基于一个系统或程序的数据流,是一种先开发获得外部数据的输入程序或模块,再开发用于处理这些输入数据(将输入转换为输出)的程序或模块,最后开发产生输出结果的程序或模块的顺序方式。

对结构化方法的系统设计和程序开发,系统开发人员通过检查模块结构图的方法来确定 IPO 顺序。图 7-1 是以工资处理系统的模块结构图为例,图解了程序开发的几种顺序。开发人员在其程序开发过程中,可以按照 IPO 的实施顺序,将结构图中的模块分为输入模块类、处理模块类和输出模块类。若一个模块结构图的创建用的是"变换分析法"转换方法,那么模块结构图中的传入分支、变换分支和传出分支将更为明显,例如图 7-1 中的位于"输入考勤记录"分支模块下方的模块是 IPO 顺序首先要实现的模块,位于"计算实发工资"分支模块下方的模块是 IPO 顺序接着要实现的模块,而位于"工资输出"分支模块下方的模块则是 IPO 顺序最后要实现的模块。

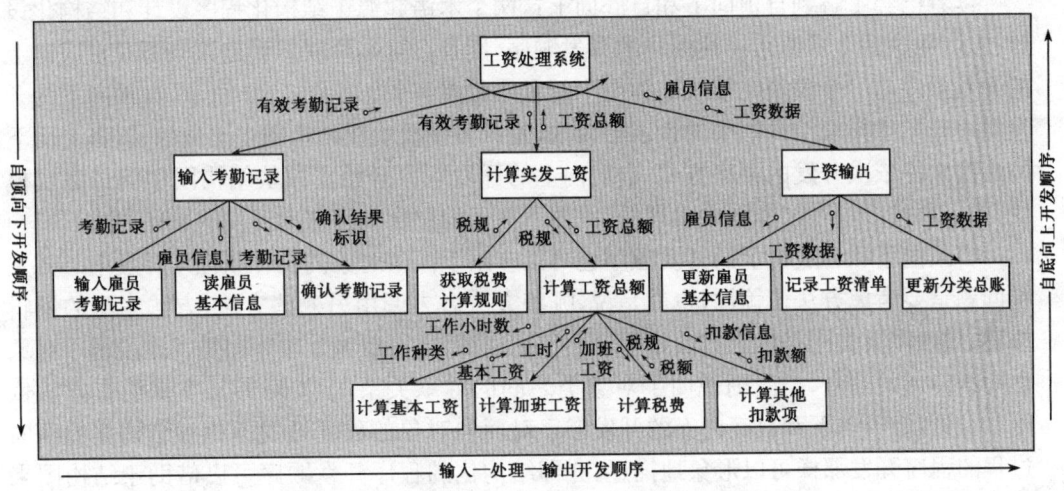

图 7-1 基于模块结构图的程序开发的几种顺序

IPO 开发顺序也可以应用于面向对象的设计和程序开发中。其关键问题是要分析数据依赖性,也就是说,由某些类及其方法所获取或产生的数据是另一些类及其方法所需要的数据,包图是确定对象类间的数据依赖性的一个信息来源。例如,图 6-13 是 CSS 的包图,该图显示客户维护子系统和目录维护子系统互不依赖并且也不依赖于其他两个子系统中的任何一个,订单登录子系统则依赖于客户维护子系统和目录维护子系统,而订单执行子系统则又依赖于订单登录子系统。包图中的包(子系统)之间的数据依赖关系实际上也表明了嵌套在各个包中的对象类之间的数据依赖关系,因此,对图 6-13 而言,分别嵌套在客户维护包和目录维护包内的客户类、商品目录类和商品包类与 CSS 系统中的其他所有类都没有数据依赖关系,按照 IPO 开发顺序,这三个类将要被首先实现。

IPO 开发顺序的最主要优点是简化了测试。输入程序或模块首先实现后,它们便可以用来为处理模块和输出模块输入测试数据,也就是说减少了编制专门的程序来生成测试数据的必要性,从而加快了开发进程。IPO开发顺序的另一个优点是用户界面部分及早地得到了用户评估。系统用户界面部分相对于系统的其他部件来说更需要修改调整,输入程序或模块的首先开发能使得用户较早地对系统有一个感性的认识,以及通过对其测试和使用而提出一些建设性的修改意见,倘若界面需要修改的话,也有比较充裕的修改时间。

IPO开发顺序的缺点是输出程序或模块的滞后实现。输出程序对于测试面向过程的模块或程序十分有用,开发人员或用户可以通过对打印输出或屏幕输出内容的检查来发现处理过程中的错误。然而对IPO开发顺序,进行这样的测试工作需要一直等到系统开发的后期阶段。为此,开发人员常采取一种变通途径,就是利用DBMS的查询程序或报表功能获得测试结果的输出,因此如果能尽快尽早地定义这些输出内容,那么IPO输出程序或模块滞后实现的缺陷将大为改观。

2. 自顶向下和自底向上的开发顺序

读者已经了解到自顶向下和自底向上这两个术语起源于结构化程序设计和结构化设计技术,用这两个术语来描述模块的开发顺序,读者会自然地联想到自顶向下和自底向上的开发顺序与一个模块在模块结构图中的具体位置有关。如图7-1所示,自顶向下的开发顺序开始于模块结构图中的最顶层模块,是一种按模块在结构图中出现的、以自上而下的层次次序依次开发的顺序方式;自底向上的开发顺序开始于模块结构图中的最底层模块,是一种按模块在结构图中出现的、以自下而上的层次次序依次开发的顺序方式。

自顶向下和自底向上的开发顺序也可以应用于面向对象的设计和程序开发中。其关键问题是要考虑方法依赖性,也就是说,哪些方法会去调用另一些方法,方法本身的逻辑描述、顺序图及类图是确定方法依赖性的信息来源,方法逻辑及顺序图显式地说明了对象之间所传递的消息,类图则说明了对象类之间的继承关系,子类对其父类来说有方法依赖。可见,自顶向下和自底向上的开发顺序对面向对象的程序开发不如对结构化的面向过程的程序开发那样可以形象地描述,亦即结构化的程序开发顺序可以借助于结构图来可视化地模拟说明。

自顶向下开发顺序的一个主要优点在于程序始终是一个可执行的版本。以图7-1为例,自顶向下开发顺序开始一个完整的可工作的版本,即该版本的程序中包含有与结构图相对应的一个主控模块和三个从属模块,该版本中的三个从属模块此刻实为"哑模块"(Dummy Module)或称为"占位模块"(Stub Module),一个"哑模块"或"占位模块"只是用来简单地模仿一个尚未开发的被调用的模块行为(有关"占位模块"更细节的内容将在7.2节中讨论),虽然此刻它们并没有真正实现具体的功能,但并不妨碍整个程序的编译、连接和执行。一旦顶层模块被实现完成,程序构造将移至结构图中的下一个层次,实现这些模块时,下一个更低层次的若干模块同样分别以"占位模块"的方式添加至程序中。这样,在程序开发的每个时期,程序都是一个完整的版本,也就是说它都能够被编译、连接和执行,而随着程序开发进程的推进,程序中"占位模块"的行为将会被逐步具体化,程序本身也将会变得逐步庞大复杂起来。

自顶向下开发顺序的一个主要缺点是在程序开发初期不能充分有效利用所有的编程人员。如上所述,在程序开发初期的两到三个层次的迭代过程中,所涉及的模块数量较少,因此程序员数量也无须太多,但随着程序开发层次的下移,将会出现大量的可同时并行开发的模块或方法。所以,若能快速地完成程序开发初期阶段为数不多的模块开发工作,那么这种顺序方式的不足表现将会降到最低。

自底向上开发顺序的一个主要优点在于避免了自顶向下开发顺序的不足,也就是说所有的编程人员一开始就可以立即投入工作。另外,考虑底层模块往往比较复杂、实现起来也相对困难,因此这些模块的及早开发能为其调试和测试工作争取到更充裕的时间。自底向上开发顺序的不足,一方面在于需要编制大量的用于测试底层模块的驱动程序(driver program)(有关驱动程序更细节的内容将在 7.2 节中讨论),这给开发和测试过程带来了额外的复杂性;另一方面在于整个程序需到最顶层模块实现后才能装配完成,作为整体性测试的系统测试也因此会被推迟。

3. 面向对象的框架开发顺序

当开发一个大型的面向对象的系统时,通常的做法是首先构建一个对象框架(即基类的集合),对象框架覆盖了绝大多数或所有的具体应用程序所要用到的类。正如第 3 章中相关的内容介绍,基类的特色在于其重用性,基类可重用于一个应用系统的多个不同部分或多个不同的应用系统,正因为如此基类是任何系统的一个关键部件。但需要注意的是,随着开发程序的推进,一旦出现对基类进行修改时,则将会导致整个系统重大变化,而利用基类的最初出发点是最大限度地降低由于错误或修改所带来的影响,因此基类的开发任务往往分派给最优秀的程序员,并且对基类的测试比对其他类的测试要求更为完全彻底以保证在编写基于基类的其他代码之前就能发现基类中的错误和问题。

4. 其他开发顺序的考虑

IPO、自顶向下、自底向上以及基类优先的开发顺序仅仅是程序开发计划的一个起点,开发顺序的选择和确定有时还必须考虑其他的诸如用户反馈、用户培训、文档编制等因素的影响。用户反馈、用户培训、文档编制均很大程度地依赖于系统的用户界面,开发进程中用户界面的及早完成能允许用户培训工作及文档编制工作的尽早开始,也使得用户能尽早地提供有关界面质量及其可用性的反馈意见。需要说明的是,如果在系统分析或设计阶段用户界面的原型已被构造并被确认,那么用户界面实质上已经是提前开始开发了。测试也是开发顺序选择和确定的另一个重要考虑因素,一旦诸如方法或模块这些单个软件部件构造完成,就必须马上对它们进行测试以尽早发现并纠正程序中的错误。因为从软件工程的观点,随着开发进程的继续,错误的发现将会越来越困难而且错误的修正开销也将会越来越大,除了发现软件中这些可能会引起整个系统出现严重问题的错误之外,去发现软件中易受错误影响的部分也同样重要。对软件中这些部分的内容均应尽早开发和测试,而不必去顾及这些部分在所选用的诸如 IPO、自顶向下、自底向上等基本的开发顺序中应该在什么时候被开发。

7.1.2 程序开发的组织方式

程序员们开发程序时一般以分组的形式进行，这样多名程序员同时去并行开发系统的不同部分能缩短开发时间，但是基于分组的程序开发的组织结构形式也会带来一些管理上的问题，包括如何组织编程小组、如何分配任务给编程小组或小组成员以及如何保证小组或成员间的交流与协调等等。

大多开发项目及其组织结构均以分组的一些共性指导原则为基础，程序开发的组织方式也不例外，其中的一个共性原则就是保持小组的规模相对较小，规模较大的组织结构因其内部交流与协调的固有复杂性往往工作起来效率不高，因此当一个项目的队伍成员数在 10 人以上的话，最好将其拆分成几个小组（每组 3~5 人），每个小组均可承担项目的一个相对独立的部分。与此同时，一般还需给每个小组指定一名成员来负责与其他小组的沟通与协调，这样不仅保证小组成员职责明确而且也简化了小组间的交流。

分组的另一个共性原则是小组的组织结构应该与项目及其任务的特征相匹配。一些常见的小组组织模式例如同等协作小组（Cooperating Peer Team）、首席程序员小组（Chief Developer Team）（对不同项目还可称为首席工程师、首席经济师等）、合作专家小组（Collaborative Specialist Team）等。

1) 同等协作小组。它是指由具有相似专业知识背景且有着大体相同的技能、经验的人员所组成的小组。对同等协作小组的成员来说，尽管有时他们被分配给不同重要程度和复杂程度的工作任务，但他们均被视为平等的，问题的决策需遵从参照小组大多数人的意见。

2) 首席程序员小组。它是指绝大多数的重要决定均由小组中的一名充当管理者角色的程序员做出的小组。首席程序员小组非常类似于一个小的军事单位，被指定的一名领导者行使着诸如技术咨询、小组协调和任务分配等管理职责。这种组织模式与同等协作小组模式相比其成员间的交流沟通要少得多，尽管首席程序员会向其小组成员征求意见，但大多数的重大决策还是由首席程序员自身来决定。

3) 合作专家小组。它是指成员在技能和经验方面各不相同，而且其技术专业也是最小限度的重叠的小组。合作专家小组的成员通常来自不同的组织单位，各小组成员也有可能从中共举一名负责人，但此人往往只行使一些管理上的职能（比如时间进度控制、协调、与外部人员的交流等）。也就是说，虽然小组中每个成员的意见在某种程度上能代表他/她是其所从事专业领域的专家，但技术决策一般都由小组集体的意见来决定。

因此，按照"小组的组织结构应该与项目及其任务的特征相匹配"的原则，对定义良好的任务，若它们对成员的知识和技术可行性没有特别要求的限制，则首席程序员小组的组织模式是最佳的选择，在这种组织结构环境下会具有很高的工作效率；而对那些具有实验性或创造性的任务，则最好采用同等协作小组或合作专家小组的组织模式，考虑到这类任务的完成过程中会要求产生很多的新思想、新方法并对之进行评估，因此同等协作小组或合作专家小组的成员之间平等的协作方式和更具开放性的交流形式特别适合处理这些任务，而且成员们在技能、专业和经验方面的相近性或跨越性均使得对每个想法能有一个全面彻底的评估;另外,对那些边缘性的且技术范围有较大跨度的项目或任务,应考虑采用合作专家小组的组织模式,例如,诊断和修复已经存在的复杂系统中的 Bugs,这样的项目或任务首先就要求产生问题的解决方案,因而合作专家小组的组织模式更适合应付这类项目,但成功的先决条件是各成员之间的真诚合作。

任务分配时,既要考虑成员的技术能力必须和其所承担的任务大体匹配,也要考虑非技能及其他特性因素的匹配性,当然大多情况下对后者的考虑不如前者重要。比如,像数据库管理、用户界面、算法等这些任务的完成对技能的要求相当明显,而创新性、发表意见和参与意见以及集中意见、与外部人员的沟通等则属于其他特性的要求。

7.1.3　程序版本及其管理

对于软件系统,一系列的程序版本有助于简化系统的测试与维护工作。在开发过程中所创建的软件系统的程序版本称为测试版本(Test Version),测试版本包含了一组定义良好的功能特征,它代表着面向最终的完整系统迈进的一个具体的步骤,也是评估项目进程的一个"检查站"。α版本(Alpha Version)和β版本(Beta Version)是两个最为常见的测试版本。

α版本是一个功能尚不完整的但即将要接受某种级别严格测试的系统。α版本的生命周期短,另外,一个系统可以根据其规模大小及其复杂程度而定义多个α版本。

β版本是一个功能完整且足够稳定的能够接受终端用户测试的系统。一个β版本通常是在对一个或多个α版本进行过测试并已经纠正所发现的问题之后而形成的,终端用户通过使用该系统完成实际业务工作来对β版本进行测试,因此β版本相对于α版本来说,它必须更为完整且产生重大错误的几率应该更小。β版本的显著特点是将其分发给终端用户并经历数周或数月之后再对其做评估。

把正式发行的并能够给用户长期使用的系统版本称为产品版本(Product Version),或称为发行版本(Release Version)或产品发行版本(Product Release)。尽管很少有软件系统是完美无缺的,但产品版本往往被看作最终的产品。在产品版本的发行当中,经常会出现多个产品版本,一般来说一个新产品版本的发行,要么是增加了一些新的功能特征,要么就是修正了已发行的产品版本中所发现的错误,要么是两者兼而有之。在一系列的产品版本中,通常将其中的只用于纠正错误(Fix Bugs)而对已有的功能特征只做少量更新或不做更新的产品版本称为补丁版本(Patch Version)或维护版本(Maintenance Version),而将其中的添加有重要意义的新功能后的产品版本或者也许是对旧版本的代码彻底重写后的产品版本称为主要产品版本(Major Version)。

图7-2描述了CSS的一系列测试版本和产品版本,图7-3则是对每个版本的说明。该系统发布了两个主要产品版本——Ver 1.0和Ver 2.0,每个最初的产品版本发行之前都经历了一个或多个α版本和β版本,每个版本都对前一个版本添加或更新了功能或纠正了错误,其中Ver 1.1是一个补丁版本。从图中所标注的时间线可以看到,2.0产品版本的开发过程和对1.0产品版本所做修改的补丁版本在时间上有部分重叠,即α1.9.1版本基于1.0版本,而β1.9.2版本则基于1.1版本,这种新的产品版本和旧的产品版本在

时间上的重叠性是软件版本的一种特征。

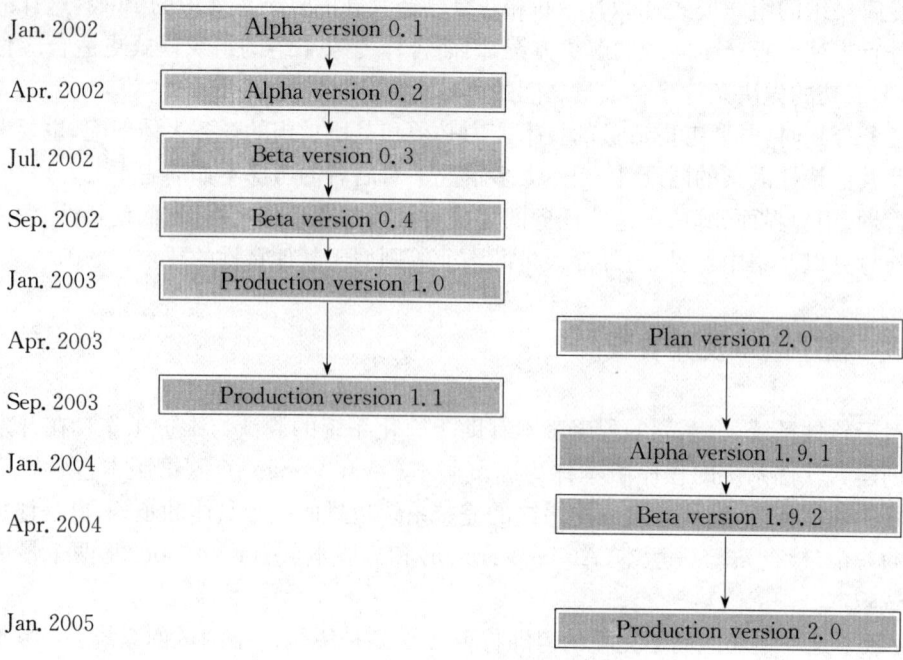

图 7-2 CSS 测试版本和产品版本的时间线

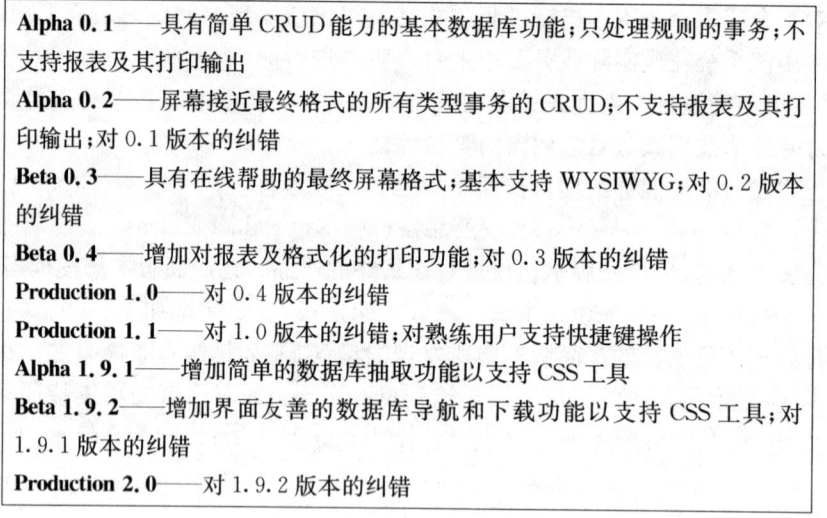

图 7-3 CSS 的版本说明

版本的跟踪及其管理也是一件复杂的事情,需要考虑下述三个方面:

1) 每个版本都需要为用户和测试人员给出唯一的标识信息。设计运行在 Windows 环境下的应用程序,通过点击标准的帮助子菜单中的"关于"选项就能查看到其版本信息。若用户想要就一个版本的程序来寻求技术支持或报告错误,则可以通过这个特征向系统的测试或维护人员提供相应的版本信息;

2) 对同一个系统的多个不同版本的控制需要一个功能齐备的版本控制软件。CVS是版本自动控制系统的一种软件,它采用客户机—服务器体系,代码以及各种版本存储在中心服务器中,每一位个体开发者(程序员、测试员或维护员)开发时都首先从服务器上获得一份自己的拷贝,在此基础上进行开发,以避免直接影响服务器上的数据。开发者可以随时把自己的新版本的代码提交给服务器,并通过更新获得代码的最新版本状态,以保持与其他开发者的一致性;同时,CVS对于网络是透明的,开发者可以使用客户端软件(几乎所有的平台上都有相应的客户端软件)在任何时候、任何地点通过网络来获取任何一个以前版本的代码或最新版本的代码。关于 CVS 的安装和使用,读者若需要则可以参考与CVS 相关官方网站资源;

3) β版本和产品版本在解压安装至用户机器上之前,必须要先对其存储备份,以便用于对将来可能的错误报告的评估。例如,当一个用户报告 1.0 版本出错时,系统支持人员将调出其存储的备份版本并进行解压安装,力图重现用户所报告过的出错信息,即使目前的产品版本或许已经是一个更高版本号的产品版本,但反馈给用户的信息依然是针对 1.0版本。

7.2　质量保证——软件测试

无论怎样强调质量保证的重要性以及它对系统各个部分的影响都不过分。信息系统的质量保证(QA)是确保信息系统满足由用户、开发人员及管理人员所定义的最低质量标准的过程。有许多人狭义地认为 QA 就是发现代码中的错误,其实,QA 包含一系列的任务,贯穿于整个 SDLC。在信息系统开发过程中,面对问题,人的主观认识不可能完全符合客观现实,与项目密切相关的各类人员之间的交流和协调也不可能完美无缺,诸如此类的因素使得 SDLC 的每个阶段都不可避免地会产生差错,正如第 4 章有关内容所介绍的那样,我们应该力求在每个阶段结束之前通过严格的技术审查(比如结构化预排、复查、管理复审等),尽可能早地发现并纠正错误。在分析阶段 QA 主要集中于识别系统需求的分歧或不一致性;在设计阶段 QA 主要集中于所设计的系统是否满足已经定义好的需求、所做出的设计决策是否能引导系统实施的方便性和无差错性;在实施阶段 QA 则主要集中于软件测试。尽管在项目分析、设计阶段就把质量保证活动看作其必须要完成的活动之一,许多错误在程序开发之前就已避免,但经验表明审查并不能发现所有差错,此外在系统实施的程序开发活动中还会不可避免地引入新的错误。倘若在系统投入运行之前还没有发现程序中的大部分错误,则这些错误就像潜伏期的疾病一样迟早会在系统工作过程中暴露出来。那时不仅改正这些错误的代价更高,而且往往会造成更为严重的后果。因此在整个 SDLC 中为 QA 所做的努力在经济上是值得的。到目前为止,软件测试仍然是信息系统质量保证的关键步骤,它是对需求规格说明、设计和编码的最后复审。统计资料表明软件测试的工作量往往占程序开发总工作量的 40% 以上,因此绝不要简单地认为写完代码之后软件开发工作就接近完成了,实际上大约还有同样多的开发工作量需要完成。为强调软件测试工作的重要性,有许多软件工程专家的观点是把软件测试单独列为

SDLC中的一个阶段——软件测试阶段或系统测试阶段。

7.2.1 软件测试的基本概念

表面看来,软件测试活动的目的与程序开发活动及其他阶段的一些活动的目的都相反。后者的诸多活动都是"建设性"的,即开发人员力图从抽象的概念出发,逐步设计出具体的软件系统,直到用一种适当的编程语言写出可以执行的程序代码。而对软件测试活动而言,测试人员努力设计出一系列测试用例(Test Case),目的却是为了"破坏"已经构造好的软件系统——竭力证明程序中有错误而不能按照预定的要求正确工作。其实这种反常仅仅是表面的,或者说是心理上的,发现问题并不是软件测试的最终目的,发现问题是为了解决问题,测试活动的根本目标在于尽可能多地发现并排除软件中潜藏的错误,从而把一个高质量的软件系统交付给用户使用。但是就测试本身而言,它的目标可能和许多人原来设想的很不相同。

1. 软件测试的目标

G. Myers给出了关于测试的一些规则,这些规则也可以看作测试的目标或定义:
1) 测试是为了发现程序中的错误而执行程序的过程;
2) 好的测试用例是极可能发现迄今尚未发现的错误的测试用例;
3) 成功的测试是发现了至今尚未发现的错误的测试。

从上述的规则可以看出,测试的正确定义是"测试是为了发现程序中的错误而执行程序的过程",这和一些人通常想象的"测试是为了表明程序是正确的""成功的测试是没有发现任何错误的测试"等完全相反。正确认识测试的目标十分重要,测试目标决定了测试用例的设计,若测试是为了表明程序是正确的,就会设计一些不易暴露错误的测试用例,相反,若测试是为了发现程序中的错误,就会力求设计出最能暴露错误的测试方案。

从测试目标还应该认识到测试绝不能证明程序是正确的,即使经过了最严格的测试之后,仍然可能还有没被发现的错误潜藏在程序中,这就是说测试只能查找出程序中的错误而不能证明程序中没有错误。有关这个结论还将在本节的第2点中有更进一步明确的讨论。

还有一点需要再次说明的是,测试本身的目的是尽可能多地暴露程序中的错误,但是发现错误的最终目的还是为了纠正错误以保证得到一个高质量的软件系统。因此,在成功的测试之后,还必须进一步诊断和改正程序中的错误,这就是调试的任务,程序的编制调试、测试、再调试、再测试,如此交替进行。调试通常由两个步骤组成,它从表示程序中存在错误的某些迹象开始,首先确定故障所在的准确位置,这也是调试过程中最为困难的工作,因此需要周密审慎的思考和推理;然后,分析、确定问题的原因,并设法改正错误。改正错误常常包括修正原来的设计,必须通盘考虑而不能"头疼医头脚疼医脚",应该尽量避免在调试过程中引入新的错误。对一些有助于调试的调试策略和调试技术,诸如试探法、回溯法、对分查找法、输出存储器的内容以及断点的设置等,感兴趣的读者可参阅有关软件工程书籍中的相关部分。

2. 黑盒测试和白盒测试

怎样对程序进行测试呢？测试任何产品一般都有两种方法。一是如果已经知道了产品应该具有的功能,则通过测试来检验是否每个功能都能正常使用;二是如果知道产品内部工作过程,则通过测试来检验产品内部动作是否按照规格说明书的规定正常进行。前一种方法称为黑盒测试(Black Box Testing),后一种方法称为白盒测试(White Box Testing)。

对软件测试而言,黑盒测试法把程序看成一个"黑盒子",完全不去考虑程序的内部结构和处理过程,也就是说黑盒测试是对程序接口进行的测试,它只检查程序功能是否按照规格说明书的规定正常使用,程序是否能适当地接收输入数据并产生正确的输出信息,并且保持外部信息(如数据库或其他文件)的完整性。因此,黑盒测试又称为功能测试。与黑盒测试相反,白盒测试法的前提是可以把程序看成装在一个透明的"白盒子"里,也就是完全了解程序的结构和处理过程,这种方法按照程序内部的逻辑来测试程序,检查程序中的每条可能的通路是否都能按预定要求正确工作。因此,白盒测试又称为结构测试。

乍看起来,不论采用上述哪种测试方法,只要对每一种可能的情况都进行测试,就可以得到完全正确的程序。把包含所有可能情况的测试称为穷尽测试,对于实际的程序而言,穷尽测试通常是不可能做到的。使用黑盒测试法,为了做到穷尽测试,至少必须对所有输入数据的各种可能值的排列组合都进行测试,但由此得到的应该测试的情况数往往大到实际上根本无法测试的程度。例如一个程序需要三个整型的输入数据,如果计算机字长为 16 位,则每个整数可能取的值有 2^{16} 个,三个输入数据的各种可能值的排列组合共有 $2^{16} \times 2^{16} \times 2^{16} = 2^{48} \approx 3 \times 10^{14}$ 种,也就是说,大约需要把这个程序执行 3×10^{14} 次才能做到"穷尽"测试,这一测试过程不仅测试时间长得让人不可思议,测试得出的输出数据更是多得让人完全无法分析。然而,严格地说这还不能算穷尽测试,为了保证测试能发现程序中的所有错误,不仅应该使用有效的输入数据(对这个例子来说是合法的整数),还必须使用一切可能的输入数据(例如实数、字符串及不合法的整数等等)。而且实践证明,用无效的输入数据比用有效的输入数据进行测试往往能发现更多的错误。使用白盒测试法,为了做到穷尽测试,程序中每条可能的通路至少都应该执行一次(严格地说每条通路都应该在每种可能的输入数据下执行一次),其实即使是对一个很小的程序通常也很难做到这一点,例如一段程序对嵌套的 IF 语句循环执行 20 次,如图 7-4 所示,在这段程序中共有 $5^{20}(\approx 10^{14})$ 条可能的执行通路,显然,即使每条通路只执行一次在时间上也是不可能的。

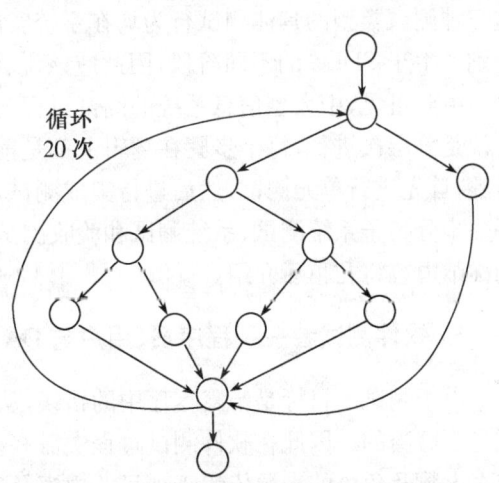

图 7-4 一个小程序的程序结构示意图

正因为不可能进行穷尽测试,所以软件测试不可能发现程序中的所有错误,也就是说,通过测试并不能证明程序是正确的,其目的是通过测试保证软件一定的可靠性,因此,必须仔细设计测试用例,力争用尽可能少的测试数据发现尽可能多的错误。

3. 测试用例

设计测试用例是测试工作的一个关键技术问题。所谓测试用例是指包括预定要测试的功能、应该输入的测试数据和预期的结果。其中最困难的问题是设计测试用例的输入数据即测试数据;要测试的功能是系统必须响应的一个或多个事件;预期的结果可以是描述性的行为(如在屏幕上显示确定的信息),也可以是数据存储的具体的结束状态(数据库中一条记录的删除表示一张订单的取消),对测试结果的收集与评估是衡量软件可靠性的直接依据。

不同的测试数据发现程序错误的能力的差别很大,为了提高测试效率降低测试成本,应该选用高效的测试数据。另外考虑到不可能进行穷尽的测试,因此选用少量"最有效的"测试数据以做到尽可能完备的测试就显得更为重要。

4. 软件测试的步骤/类型

除非测试对象是一个小程序,否则一开始就把整个信息系统作为一个单独的软件实体而进行测试是不现实的。一个中大型的信息系统通常由若干个子系统构成,每个子系统又是若干个软件部件的有机集成。对构成系统的若干软件部件来说,可以对这些软件部件进行单个测试,称之为单元测试(Unit Testing);也可以对它们分组进行测试,称之为集成测试(Integration Testing);还可以把所有部件作为一个整体进行测试,称之为系统测试(System Testing)。这三种测试类型中的每种测试类型都与 SDLC 中的一个特定阶段相互关联,即每种测试类型的测试计划形成于 SDLC 的相应阶段,参见图 4-7。一旦完成了某种测试类型的测试计划,便可以进行相应的测试工作了,比如说测试用例的设计。但其具体测试行为需要等到相应部分的程序构造结束后才能进行。换句话说,虽然这三种测试类型的具体测试行为均在系统实施阶段进行,但不同测试类型的测试计划却分别产生于 SDLC 的不同阶段,因此应该说软件测试工作覆盖着系统的整个生命周期。

由此可见,中大型信息系统的测试过程与 SDLC 的开发过程相类似,也必须分步骤或者说是分层次进行,每个步骤在逻辑上都是前一个步骤的继续。一般说来分为三个基本步骤,首先进行单元测试,然后进行集成测试,最后再进行系统测试。其中系统测试还可进一步分为子系统测试、系统测试和验收测试(Acceptance Testing)。有关每种测试类型的详细内容将在稍后介绍。

5. 软件测试者——程序员、用户与 QA 小组

由于测试的目标是暴露程序中的错误,从心理学角度看,由程序的编制者自己进行测试是不恰当的。因此在软件测试过程中需有多名参与者,通过他们来进行软件测试。参与者人数及角色的来源依赖于项目的规模及项目的其他因素,具体的参与者一般包括:程序员、用户、质量保证小组(QA 小组)三种类型。

其中,程序员通常以单元测试的方式负责对自己编写的程序进行测试,而且这一测试工作一般要在与由其他程序员所编写的程序进行集成之前完成。有时,在一些组织中会委派一个测试伙伴(Testing Buddy)来帮助程序员测试他们自己所编写的代码。在集成测试之前,程序员也被委以责任去测试由他们的伙伴所编写的代码。这样,由不同的程序员来对同一测试对象进行测试,常常能发现更多的错误。

用户主要负责β测试和验收测试。当β版本开发完工后,即被分发至一组用户手中,由他们用数周或数月的时间进行测试/"试用"。有时会有很多志愿性质的用户,虽然他们并不能算作理想的用户对象,因为这不能体现出用户样本选择的随机性,但是他们往往被选为参与测试的用户代表。志愿性质的β测试者和一般性质的普通用户相比,他们一般都会具有更丰富的计算机知识,对系统所发生的错误或故障也具有更好的宽容性。志愿测试者的这些特点一方面会导致具有较高质量的问题信息的反馈,另一方面也会导致对其他常见问题反馈的缺乏。验收测试一般由用户和信息系统开发人员共同合作完成,验收测试的严格性和重要性不仅要求参与测试的用户数量多,而且还要求用户层次覆盖的范围广(从数据录入人员到最终拥有该系统的管理者),参与测试的信息系统开发人员仅仅负责系统安装及充当测试过程中的故障"检修员",系统最终是否被接受完全由用户决定。

在大规模的项目开发中,通常会成立一个独立的QA小组。QA小组最好由下述四人组成:组长,他应该是一名很有能力的程序员,而且没有直接参与这个项目;系统设计者;编写代码的程序员;专门的测试人员。若一个人既是程序的设计者又是编写者,或既是编写者又是测试者,则QA小组中应该再添加一名程序员。QA小组负责除了单元测试和验收测试之外的所有与测试方面有关的工作,QA小组的责任和活动包括制订测试计划、进行集成测试和系统测试、收集和组织测试的反馈信息并注明需要进行重新设计或实施的改动的地方等。为维护客观公正性和独立性,QA小组一般只向项目经理负责,直接向他汇报工作。

7.2.2 软件测试

软件测试通常分为单元测试、集成测试和系统测试三个基本步骤。

1. 单元测试

单元测试是对单个代码模块进行测试的过程,模块是程序开发的最小单元,因此单元测试又称为模块测试(Module Testing)。表面上这一术语里的模块意味着结构化程序设计中的模块,事实上单元测试可以应用于结构化或面向对象的软件中,被测试的单元可以是一个函数、子程序、过程或方法(在本节的剩余部分,将均使用"模块"这一术语来表示这些程序的构造件)。单元还可以是由几个相互关联的模块所组成的相对较小的"组",这时,"组"也可以看作一个模块。

一个模块在与其他模块进行集成之前,必须先对其进行单元测试。当然正式进行单元测试前必须先通过编译程序检查并改正模块中的所有语法错误,因此一般认为单元测试和程序编码是属于同一个阶段的工作。单元测试可以使用白盒测试法,单元测试还可以并行进行,即对多个模块同时进行测试。单元测试的目的是尽可能多地发现并纠正模块中的错误,一旦当若干个模块组成更大的软件部件(如程序、类、子系统)后,再去定位和纠正这些错误就变得更加困难了。

(1) 单元测试的考虑

在单元测试期间主要评估模块的下述五个特征:

1) 模块接口。在对接口进行测试时主要检查:① 参数数目、类型和由调用模块传来的变元数目、类型是否相等、匹配;② 传送给被调用模块的变元属性和参数的属性是否一致;③ 是否修改了只做输入用的变元;④ 全局变量的定义和用法在各个模块中是否一致。

2) 局部数据结构。应该仔细设计测试用例以便发现下述类型的错误:① 错误的或不兼容的声明;② 错误的初始值或不正确的缺省值;③ 上溢、下溢问题。

3) 重要的执行通路。应该设计测试用例用来发现由于错误的计算、不正确的比较或不适当的控制流而造成的错误,具体来说包括:① 计算次序不对或误解了运算符的优先顺序;② 计算精度不够或因精度问题两个量不会相等却期待着相等条件的出现;③ 差 1 错误即多循环 1 次或少循环 1 次;④ 错误地修改循环控制变量。

4) 出错处理通路。评估出错处理通路时应着重测试下述一些可能发生的错误:① 错误的描述难于理解或信息不足以致很难确定产生错误的位置;② 在对错误进行处理之前,错误条件已经引起系统干预;③ 对错误的处理不正确。

5) 影响上述各方面特征的边界条件。边界测试是单元测试中最后的也可能是最重要的任务,软件常常在它的边界上失效,例如处理 n 个数组元素的第 n 个元素时或 n 次循环的第 n 次迭代时,往往会发生错误,使用刚好小于、刚好等于或刚好大于最大值或最小值的数据结构、控制量和数据值的测试数据就非常有可能发现软件中的错误。

(2) 单元测试的过程

单元测试有两种方式,即通过人对模块代码复审(或结构化预排)的人工测试和通过测试程序进行的计算机测试,两种测试各有长处、相互补充,缺少其中的任何一种方式都会导致查找错误的效率降低。

人工测试模块源程序可以由程序编写者本人非正式地进行,也可以由测试伙伴(有时由 QA 小组)正式地进行。后者称为代码复审或结构化预排,具体方法是由一个人扮演"测试者",其他人扮演"计算机",测试前测试者准备好测试用例,测试中由扮演计算机的测试成员模拟计算机执行被测试的程序。当然由于人执行程序的速度极慢,因此测试数据必须简单,数目也不能过多,测试用例只起一种促进思考引起讨论的作用。在大多数情况下,通过向程序员提出关于他的程序的逻辑和他编写程序时所做的假设的疑问,可以发现的错误比由测试用例直接发现的错误还多。另外一个优势是一次复审可以发现多个错误,而用计算机测试的方式在发现错误之后通常先需要修正这个错误才能继续测试,即错误是一个一个地发现并纠正的,这在一定程度上会增加测试的总工作量。下面接着讨论通过测试程序进行的计算机测试。

设计出来的模块很少是孤立运行的,而是由若干模块集成为一个整体后来执行。模块可能调用其他的软件单元来执行任务,也有可能被其他的模块调用,这种关系在模块结构图中很容易看出,当然这种关系在面向对象软件中的方法之间同样存在。例如,图 7-5 是工资处理系统模块结构图的局部示意图,图中的模块"计算工资总额"被模块"计算实发工资"调用,而该模块又调用了位于其下层的 4 个模块。由此看出,模块"计算工资总额"并不是一个独立的程序,如果要对这类模块进行单独测试,就必须为每个单元测试开发专门的测试程序:驱动程序和(或)占位程序。

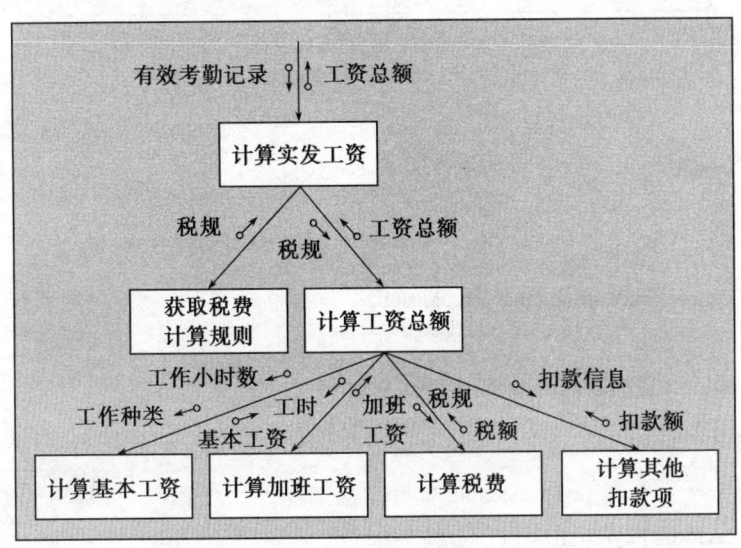

图 7-5　工资处理系统的局部模块结构图

第一种用于完成单元测试的测试模块叫作驱动程序。驱动程序用来模拟一个尚未开发的模块的调用行为,它相当于一个"主程序",实现以下几个功能:

1) 为被测试的模块设置输入参数的值;
2) 调用被测试的模块,同时把要求输入的参数传递给它;
3) 接受被测试模块的返回参数值并将其打印或显示出来。

可见,在对一个并非相对独立的模块进行单元测试之前,若调用它的程序模块的代码还没有编写的话,那么使用驱动程序就能够使得该单元测试顺序进行。驱动程序被广泛应用于程序的自底向上开发顺序中,这是因为子模块(方法)的代码开发及其单元测试工作往往是在其父模块的代码开发工作开始之前就已经完成。

图 7-6 是一个简单的用于"计算工资总额"模块的驱动程序模块。一个更为复杂的驱动程序常会包含有更多的测试数据,例如驱动模块也许会以文件或数据库的方式向一个被测试的模块传递和(或)接受其要求输入的和(或)产生输出的上百个甚至上千个数据。驱动程序的测试数据可以循环执行并反复调用被测试的模块,以将返回的参数值与期望的结果值做比较,并且对所有存有差异的地方打印或显示出警告信息。

第二种用于完成单元测试的测试模块叫作占位程序。占位程序用来模拟一个尚未开发的被调用模块的行为,它相当于一个"虚拟子程序",使用被它代替的模块的接口,实现最少量的数据操作,即无论输入什么参数值,它都返回一个常数值。占位程序是相对简单的模块,通常只需包括一到两行的可执行代码。占位程序常用于自顶向下的开发顺序,事实上,自顶向下的开发顺序经常是从编写占位程序开始的,这些占位程序代表着程序或类中的模块或方法,随着开发进程中每个模块或方法代码的依次实现,这些代码也将逐步取代其相应的占位程序。图 7-7 显示了对"计算工资总额"模块进行单元测试所要求的四个占位程序模块中的两个,其中的每个占位程序的实现只使用了一条语句,用一个常数值表示所要求返回的参数值。

```
module main()
//Driver Module to Test CalculatePayAmount()
{
//Declare Module Parameters
record PayRate{integer PayRateID;
              real PayRateMinAmount, PayRateMaxAmount;
              real PayRate;}
record TimeCard{integer EmployeeID;
              date StartDate;
              array[31] of real HoursWorked;}
record CurrentPayRecord{real BasePay;
              real OvertimePay;
              real Tax;}
//Set Input Parameter Values
PayRate.PayRateID=2;
PayRate.PayRateMinAmount=800.00;
PayRate.PayRateMaxAmount=1600.00;
PayRate.PayRate=0.05;
TimeCard.EmployeeID=123456789;
TimeCard.StartDate=04/01/2004;
TimeCard.HoursWorked[1]=8.0;
TimeCard.HoursWorked[2]=8.0;…;
//Call Tested Module
call CalculatePayAmount(PayRate, TimeCard, CurrentPayRecord);
//Print Results
print(PayRate, TimeCard, CurrentPayRecord);
}
```

图 7-6　一个简单的驱动程序的例子

```
Module CalculateBasePay(Hoursworked, BasePay)
//Stub Module
array[31] of real HoursWorked;
real BasePay;
{BasePay=1000.00;return;}
Module CalculateOvertimePay(Hoursworked, OvertimePay)
//Stub Module
array[31]of real HoursWorked;
real OvertimePay;
{OvertimePay=125.00;return;}
```

图 7-7　两个占位程序的例子

驱动程序和占位程序均代表着开销,也就是说,为了进行单元测试必须编写测试软件,驱动程序和占位程序的开发在满足目的的前提下应尽可能简单。另外,考虑许多模块不能用简单的测试软件进行充分测试,为了进一步减少开销和充分测试,还可以使用下面将要介绍的渐增式测试方法,在集成测试过程中来同时完成对模块的详细测试。

总之,模块的内聚性越高则越可以简化单元测试过程,若每个模块都是功能内聚的话,那么所需测试用例的数目将明显减少,模块中的错误也更容易预测和发现。

2. 集成测试

集成测试是一种对一组模块进行测试的测试行为。集成测试的目的是发现模块的单元测试中没有发现或者是不能够发现的错误,这类错误可能来源于以下一些问题:

1) 接口不兼容。例如,一个调用模块给一个子模块传递一个错误类型的变量。

2) 参数值问题。传入给模块的值或模块返回的值不符要求(比如给价格赋值为一个负数)。

3) 运行例外。因为资源冲突,一个模块产生了诸如"内存不够"或"文件正在使用"的错误。

4) 不期望的状态交互。两个或多个处在各自状态的模块进行交互时引起复杂的操作失败。例如,一个客户对象在其生命周期中会有多个可能的状态,但当它处在其中某一个状态的时刻,而订单类的一个方法此时又涉及该客户对象,那么该方法就会产生出一个不期望的错误结果。

5) 模块组合问题。若干模块的组合可能不能产生预期的主功能。

6) 错误累积问题。个别看来是可以接受的误差可能会积累到不能接受的程度。

这些当中有一些是非常普通的集成测试的问题或错误,但是除此之外还可能会有其他的问题或错误。

由模块组装成程序时有两种测试方法。一种方法是先分别测试每个单元模块,然后把所有单元模块按设计要求集成成所要的程序后再进行集成测试,这种方法称为非渐增式集成测试方法;另一种方法是把下一个要测试的单元模块同已经测试好的单元模块结合起来进行测试,测试完后再把下一个应该测试的模块结合起来进行测试,这种每次增加一个单元模块的测试方法称为渐增式集成测试方法,这种方法实际上同时完成单元测试和集成测试。两种方法的优缺点比较如下:

1) 非渐增式测试方法分别测试每个模块,需要编写的测试软件比较多,因此所需工作量比较大;渐增式测试方法利用已测试过的模块作为部分测试软件,因此开销比较小;

2) 渐增式测试可以较早地发现模块间的接口错误;非渐增式测试是最后模块组装在一起,因此接口错误发现得晚;

3) 非渐增式测试把所有模块组合在一起,如果发现错误则较难诊断定位;反之,使用渐增式测试方法时,若发生错误则往往和最近加进来的那个模块有关;

4) 渐增式测试方法把已经测试好的模块和新加进来的那个模块一起测试,已测试好的模块可以在新的条件下受到新的检验,因此这种方法对程序的测试更加彻底;

5) 渐增式测试需要较多的机器时间,这是因为测试每个模块时所有已经测试完的模块也都要跟着一起运行,当程序规模较大时增加的机器时间是相当明显的。当然,使用渐增式测试方法时需要开发的测试软件较少,因此也能节省一些用于开发测试程序的机器时间,但总的来说,增加时间是主要的;

6) 使用非渐增式测试方法可以并行测试所有模块,因此能充分利用人力、加快项目进度。

综合起来,渐增式测试方法进行集成测试要相对好一些。当然,在实际测试一个软件系统时,并没有必要机械地按照上述某一种方法进行。如果大部分模块可以用简单的测试软件充分测试,则可以先测试好这些模块,再用渐增的或接近渐增的方式把它们逐渐结合到软件系统中去。当把一个已经充分测试过的模块结合进来时,可以只着重测试模块间的接口;当一个没有充分测试过的模块结合进来时,则需要利用已测试过的模块充分测试它。这种混合方式如果使用得当,则会兼有渐增式和非渐增式两种方法的优点。

当使用渐增式把模块结合到软件系统中时,有自顶向下和自底向上两种方法。

(1) 自顶向下结合

自顶向下的结合方法是一个日益为人们广泛采用的集成组装软件的途径。从主控制模块("主程序")开始,沿着软件的控制层次向下移动,从而把各个模块集合起来,在一个层次移向下一个层次的过程中,或者使用深度优先的策略,或者使用宽度优先的策略,并一次用一个实际模块替代一个占位程序,且在每结合进来一个模块的同时进行测试。如图 7-8 所示,深度优先的结合策略是先组装软件结构中的一条主控制通路上的所有模块,选择一条主控制通路取决于具体应用的特点,一般有较大的随机性,图 7-8 中若先选择左通路则为 M_1、M_2、M_5、M_8、M_6,然后再构造中间和右边的主控制通

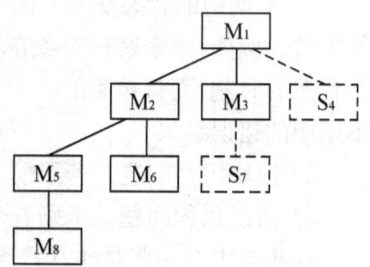

图 7-8 自顶向下结合

路;宽度优先的结合策略是沿软件结构水平地移动,把处于同一个控制层次上的所有模块组装起来,对图 7-8 来说,则先结合 M_2、M_3 和 S_4(替代占位程序,图中的虚线方框),然后结合下一个控制层次中的模块 M_5、M_6 和 S_7,如此下去,直至所有模块都被结合进来。

(2) 自底向上结合

自底向上的结合方法是从各单元模块(即在软件层次结构中最底层的模块)开始组装和测试。也就是说,一般首先将低层模块组合成具有某个特定子功能的组(或称为"簇"),然后设计一个驱动程序以协调测试数据的输入和输出,并对由模块组成的子功能的簇进行测试,再去掉驱动程序,沿软件结构自下向上移动,把子功能簇组合起来形成更大的子功能簇,如此反复下去,直至得到一个所需要的目标软件部件。如图 7-9 所示,它描述了自底向上的结合过程,首先把模块组合成簇 1、簇 2 和簇 3,使用驱动程序(图中的虚线方框)对每个子功能簇进行测试,簇 1 和簇 2 从属于模块 M_a,去掉驱动程序 D_1 和 D_2,把这两个簇直接同 M_a 连接起来,类似地,在和模块 M_b 结合之前去掉簇 3 的驱动程序 D_3,最终 M_a 和 M_b 这两个模块都与模块 M_c 结合起来。随着结合向上移动,对测试驱动程序的需要也在逐步减少。

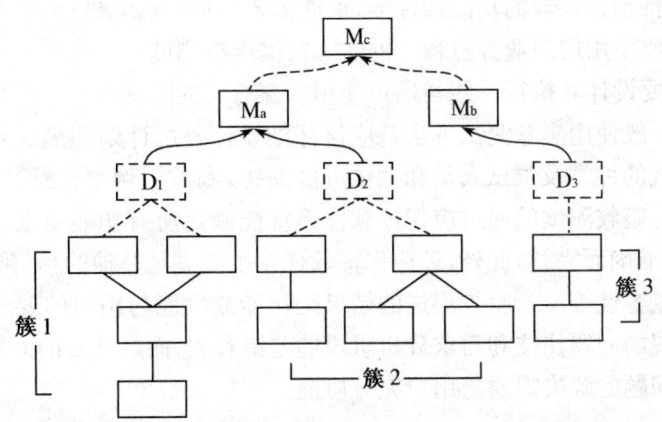

图 7-9 自底向上结合

自顶向下和自底向上的策略各有优缺点,且其优缺点互补。自顶向下测试方法的优点是不需要测试用的驱动程序,能够在测试早期实现并验证软件部件的主要功能,而且还能在早期发现上层模块的接口错误,其缺点是需要占位程序,低层模块的错误发现较晚,在早期不能充分展开人力。自底向上测试方法的优缺点与上述自顶向下测试方法的优缺点刚好相反。因此,一般说来,纯粹的自顶向下的策略或纯粹的自底向上的策略可能都不实用,人们在实践中常会根据实际情况创造出许多混合测试策略,比如对软件结构中较上层使用自顶向下方法,而对较下层则使用自底向上方法,两者相结合使用。

相比较而言,面向对象软件的集成测试则更为复杂而且也不太好理解。在一个面向对象(OO)的程序中没有明显的层次结构,一个 OO 程序由若干相互交互的对象组成,这些对象在程序执行过程中可以被创建也可以被撤销,对象交互及其控制流具有动态性。另外,由面向对象的封装性、继承性和多态性(包括重载机制)等所引发的一些其他因素使得面向对象的集成测试变得更为复杂。因此,对面向对象的软件而言,无论是去开发还是去执行一个集成测试计划都要比面对结构化的软件显得复杂些,针对这一复杂性的具体处理方法和技术,感兴趣的读者可参阅有关面向对象的软件测试的参考书。

3. 系统测试

系统测试是对一个完整的系统或独立的子系统的行为的测试。一般说来,系统测试首先由开发人员和专门的测试人员(QA 小组)执行,以确保系统没有明显的故障,以及确保系统完全履行了开发人员对用户需求的理解;然后由用户进行测试以确认系统的确完成了他们的需求。

系统测试可细分为子系统测试、系统测试和验收测试。其中,验收测试也是一种系统测试,在大多数的开发项目中,验收测试也是一个非常正式的活动,它是系统移交给用户之前的最后一轮测试。验收测试的进行用户必须参加且以用户为主,用户还应参与测试用例的设计,有时,为了保证验收测试的有效性,还需要由开发人员对用户进行培训。验收测试虽然是一种系统测试,但也有它自身的一些显著的测试特征:

1) 某些已经测试过的纯技术性的特征可以不需要再次测试;

2) 对用户特别感兴趣的功能或性能,可能需要增加一些测试;
3) 通常主要使用用户业务过程中的实际数据进行测试;
4) 可能需要设计并执行一些与用户使用步骤有关的测试。

验收测试一般使用黑盒测试方法。应该仔细设计测试计划和测试用例,测试计划包括要进行的测试的种类及测试人员和测试进度安排,测试用例要来验证软件系统是否与需求完全一致。验收测试的通过应保证软件系统能满足所有功能要求,能达到每个性能要求,文档资料准确而完整,此外,还应保证软件系统能满足其他的预定要求,例如可维护性、可移植性、兼容性等。若验收测试的结果是功能或性能与用户的要求有差距,考虑到这个时刻所发现的问题往往和需求分析阶段的差错有关,而且涉及的面通常也比较广,因此对这一复杂问题的解决需要与用户充分协商。

7.2.3 测试用例的设计

设计测试用例的基本目标是确定一组最可能发现某个错误或某类错误的测试数据。现已经研究出许多设计测试数据的技术,这些技术各有优缺点,没有哪一种技术是最好的,更没有哪一种技术可以代替其余所有技术,同一种技术在不同的应用场合下的效果可能相差很大。因此,通常需要联合使用多种设计测试数据的技术。这里要介绍的设计技术主要有:适用于黑盒测试的等价类划分、边界值分析以及错误推测法等;适用于白盒测试的逻辑覆盖法。通常的测试做法是,用黑盒法设计基本的测试用例,再用白盒法补充一些测试用例。

1. 等价类划分

在本小节的前面部分已经讲过,穷尽的黑盒测试需要使用所有有效的和无效的输入数据来测试程序,通常这是不现实的。因此,只能选取少量最有代表性的输入数据,以期用较小的代价暴露出较多的程序错误。

如果把所有的可能的输入数据(有效的和无效的)划分成若干个等价类,则可以合理做出下述假设:每类中的一个典型值在测试中的作用与这一类中所有其他值的作用相同。因此,可以从每个等价类中只取一组数据作为测试数据,这样选取的测试数据最有代表性,也最可能发现程序中的错误。

使用等价类划分法设计测试用例首先需要划分输入数据的等价类,为了正确划分等价类,一是要注意积累经验,二是要正确分析程序的功能说明。在确定输入数据的等价类时,常常还需要分析输出数据的等价类,以便根据输出数据的等价类导出对应的输入数据等价类。现列举几条启发式规则,它们可能有助于等价类的划分:

1) 若规定了输入值的范围,则可划分出一个有效的等价类(输入值在此范围内)、两个无效的等价类(输入值小于最小值和大于最大值);
2) 若规定了输入数据的个数,则类似地也可以划分出一个有效等价类和两个无效等价类;
3) 若规定了输入数据为整型,则可以划分为正整数、零和负整数这三个有效类(注:

这时无须考虑非整数的无效等价类,这时因为在划分无效等价类时还必须考虑编译程序的差错功能,也就是说,不需要设计测试数据用来暴露编译程序肯定能发现的错误);

4) 若规定了输入数据必须遵循的规则,则可以划分出一个有效的等价类(符合规则)和若干个无效的等价类(从各种不同角度违反规则)。

以上列出的启发规则只是测试时可能遇到的情况中的很少的一部分,实际情况千变万化,根本无法一一列出。再者,上述的一些启发规则虽然都是针对输入数据,但其中的大部分也同样适用于输出数据。

划分出等价类后,根据等价类设计测试用例时主要使用下面两个步骤:① 设计一个新的测试用例以尽可能多地覆盖尚未被覆盖的有效等价类,重复这一步骤直到所有有效等价类都被覆盖;② 设计一个新的测试用例,使它覆盖一个而且只覆盖一个尚未被覆盖的无效等价类,重复这一步骤直到所有无效等价类都被覆盖。需要注意的是,通常程序发现一类错误后就不再检查是否还有其他错误,因此,应该使每个测试用例只覆盖一个无效的等价类。

2. 边界值分析

大量的经验表明,处理边界情况时程序最容易发生错误,许多程序错误就出现在数据结构、数组下标、循环等的边界附近。因此,设计使程序运行在边界情况附近的测试用例,暴露出程序错误的可能性会更大一些。

使用边界值分析方法设计测试用例首先应该确定边界情况,这往往需要经验和创造性。一般说来,输入等价类的边界和输出等价类的边界就是应该着重测试的程序边界情况,选取的测试数据应刚好等于、刚刚小于和刚刚大于边界值,也就是说,按照边界值分析法,应该选取刚好等于、稍小于和稍大于边界值的数据作为测试数据,而不是选取每个等价类的典型值或任意值作为测试数据。

设计测试用例时通常总是联合使用等价类划分和边界值分析两种技术,除了用等价类划分法设计出的测试用例外,还应该用边界值分析法再补充下测试用例。

3. 错误推测

错误推测法在很大程度上靠直觉和经验进行,它的基本思想是列举出程序中可能有的错误和容易发生错误的特殊情况,并且根据它们选择测试用例。例如,输入数据为零或输出数据为零往往容易发生错误;若输入或输出的数目允许变化(如查询的结果),则输入或输出的数目为 0 或 1 的情况是容易出错的情况。另外还应仔细分析系统规格说明书,注意找出其中遗漏或省略的部分,以便设计相应的测试用例,检测程序员对这些部分的处理是否正确。

4. 逻辑覆盖

有选择地执行程序中某些最有代表性的通路是对穷尽测试的唯一可行的替代办法。所谓逻辑覆盖是关于程序结构的一系列测试过程的总称,由这组测试过程来逐步进行越来越完整的通路测试。那么,测试数据执行(或称覆盖)程序逻辑的程度可以划分成哪些不同的等级呢？从覆盖源程序语句的详尽程度分析，大致有以下一些不同的覆盖标准：

1) 语句覆盖。为了暴露程序中的错误，至少每条语句应该执行一次。语句覆盖的含义是，设计足够多的测试用例，使得被测试程序中的每条语句至少执行一次。例如，设一个被测试的程序模块处理过程如图 7-10 所示，则测试数据集 TS(x,y)={(0,3),(1,2)} 可满足语句覆盖。当 x=0,y=3 时，(x=0 and y>2) 为 Yes，程序运行 S_1 模块后结束；当 x=1,y=2 时，(x=0 and y>2) 为 No,(x<1 or y=1) 为 No，程序运行 S_2 模块后结束，至此，程序中每条语句都执行了一次，满足语句覆盖标准。语句覆盖是很弱的逻辑覆盖标准，为了充分地测试程序，可以采用下述的逻辑覆盖标准。

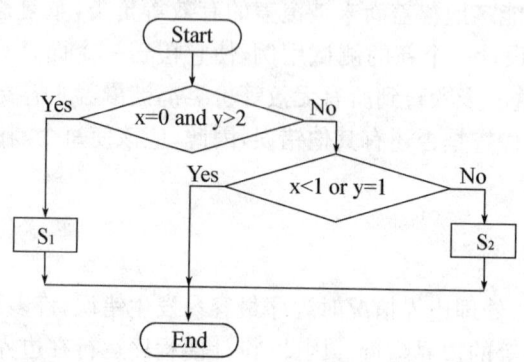

图 7-10 一个简单的程序模块处理过程的流程图

2) 判定覆盖。判定覆盖又称为分支覆盖，其含义是，设计足够多的测试用例，不仅使得每条语句必须至少执行一次，而且还使得每个判定的每种可能的结果都应至少执行一次（也就是每个判定的每个分支都至少执行一次）。测试数据集 TS(x,y)={(0,3),(1,2)} 可满足图 7-10 所示程序的语句覆盖标准，但不能满足判定覆盖标准，因为判定(x<1 or y=1)没有取到 Yes 的结果。要想例中程序满足判定覆盖标准，可将(-1,2)加入测试数据集中。当 x=-1,y=2 时，(x=0 and y>2) 为 No,(x<1 or y=1) 为 Yes，判定(x<1 or y=1)取到 Yes 的结果，测试数据集 TS(x,y)={(0,3),(1,2),(-1,2)} 满足判定覆盖标准。

3) 条件覆盖。条件覆盖的含义是，设计足够多的测试用例，不仅使得每条语句必须至少执行一次，而且还使得每个判定表达式中的每个条件的各种可能的结果都至少取得一次。不仅条件覆盖通常比判定覆盖强，因为它使判定表达式中每个条件都取到了"真""假"两个不同的结果，而判定覆盖却只关注整个判定表达式的值。条件覆盖和判定覆盖两者间的关系显得较为微妙，有时满足条件覆盖的测试数据同时也满足判定覆盖标准，但有时也不能同时满足；反之亦然。这就是说，判定覆盖不一定包含条件覆盖，条件覆盖也不一定包含判定覆盖。例如，测试数据集 TS(x,y)={(0,3),(1,2),(-1,2)} 满足图7-10 所示程序的判定覆盖标准，但不满足条件覆盖标准。图 7-10 中判定(x=0 and y>2)包含了 x=0 和 y>2 两个条件，判定(x<1 or y=1)包含了 x<1 和 y=1 两个条件，当 x=0,y=3 时，(x=0 and y>2) 为 Yes,x=0 为 Yes,y>2 为 Yes；当 x=1,y=2 时，(x=0 and y>2) 为 No,x=0 为 No,y>2 为 No,(x<1 or y=1) 为 No,x<1 为 No,y=1

为 No;当 x=-1,y=2 时,(x=0 and y>2)为 No,x=0 为 No,y>2 为 No,(x<1 or y=1)为 Yes,x<1 为 Yes,y=1 为 No。总结下来,条件 x=0、y>2 和 x<1 均有取到 Yes 和 No 的结果,但是 y=1 只取到过 No 而没有取到过 Yes 的结果,因此测试数据集 TS(x,y)={(0,3),(1,2),(-1,2)}不满足条件覆盖标准。若将测试数据集 TS 中的测试数据(1,2)替换为(3,1),则测试数据集满足条件覆盖标准,不满足判定覆盖标准,因为当 x=3,y=1 时,(x=0 and y>2)为 No,x=0 为 No,y>2 为 No,(x<1 or y=1)为 Yes,x<1 为 No,y=1 为 Yes,结合前述对测试数据(0,3)和(-1,2)的分析可知,测试数据集 TS(x,y)={(0,3),(3,1),(-1,2)}只能使判定(x<1 or y=1)取到 Yes 的结果,但条件 x=0、y>2、x<1 和 y=1 均可取到 Yes 和 No 的结果。

4) 判定/条件覆盖。既然判定覆盖不一定包含条件覆盖,条件覆盖也不一定包含判定覆盖,自然会提出一种能同时满足这两种覆盖标准的逻辑覆盖,这就是判定/条件覆盖。判定/条件覆盖的含义是,设计足够多的测试用例,使得每个判定表达式中的每个条件都取到各种可能的值,而且还使得每个判定表达式也都取到各种可能的结果。例如,对上例来说,为满足判定覆盖标准的测试数据集 TS(x,y)={(0,3),(1,2),(-1,2)}添加测试数据(3,1)而不是使其替换(1,2),则测试数据集 TS(x,y)={(0,3),(1,2),(3,1),(-1,2)}能满足判定/条件覆盖标准。

5) 条件组合覆盖。条件组合覆盖是更强的逻辑覆盖标准,它要求设计足够多的测试用例,使得每个判定表达式中的所有条件的各种可能的组合都至少出现一次。显然,满足条件组合覆盖标准的测试数据也一定满足判定覆盖、条件覆盖和判定/条件覆盖标准。对上例来说,测试数据集 TS(x,y)={(0,3),(1,2),(3,1),(-1,2)}能使判定(x=0 and y>2)中的条件取到(Yes,Yes)和(No,No)的组合,判定(x<1 or y=1)中的条件取到(No,No)、(Yes,No)和(No,Yes)的组合,要使测试数据集满足条件组合覆盖标准,还需要使判定(x=0 and y>2)中的条件取到(Yes,No)和(No,Yes)的组合,使判定(x<1 or y=1)中的条件取到(Yes,Yes)的组合。往测试数据集中添加测试数据(0,1)和(1,3),即测试数据集 TS(x,y)={(0,3),(1,2),(3,1),(-1,2),(0,1),(1,3)}能满足条件组合覆盖标准,读者可自行验证。条件组合覆盖是前述几种覆盖标准中最强的覆盖标准,然而,满足条件组合覆盖标准的测试数据并不一定能使程序中的每条路径都执行到,于是提出了路径覆盖标准。

6) 路径覆盖。测试数据所检测的程序路径的多少,也反映了对程序检测的详尽程度。路径覆盖的含义是,设计足够多的测试用例,使得程序中的每条可能的路径都至少执行一次。对上例来说,测试数据集 TS(x,y)={(0,3),(1,2),(-1,2)}即可满足路径覆盖标准。路径覆盖是相当强的逻辑覆盖标准,它保证程序中每条可能的路径都至少执行一次,因此这样的测试数据更有代表性,暴露错误的能力也比较强。但是,为了做到路径覆盖只需考虑每个判定表达式的取值,并没有检验表达式中条件的各种可能组合情况,若把路径覆盖和条件组合覆盖结合起来,则可以设计出检错能力更强的测试用例。

例:图 7-11 是某程序模块处理过程的流程图,现要求用白盒测试法对其进行测试。试根据判定覆盖、条件覆盖、判定/条件覆盖、条件组合覆盖、路径覆盖等 5 种覆盖标准,从供选择的答案中分别找出满足相应覆盖标准的最小的测试数据组。

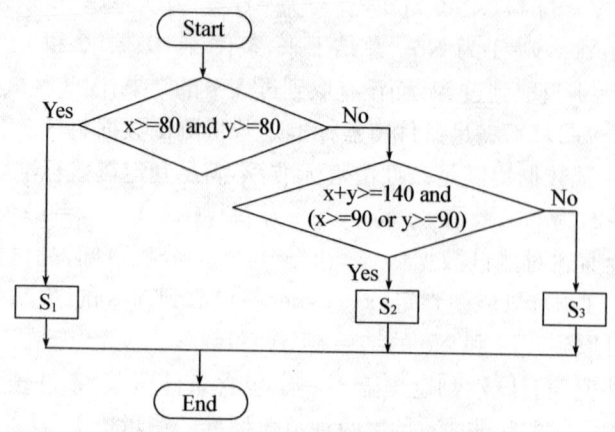

图 7-11 某程序模块处理过程的流程图

供选择的测试数据集有如下 9 组:

1. x=90,y=90
2. x=50,y=50
3. x=90,y=90
   x=50,y=50
4. x=90,y=70
   x=40,y=90
5. x=90,y=90
   x=50,y=50
   x=90,y=70
6. x=90,y=70
   x=70,y=90
   x=50,y=50
7. x=90,y=90
   x=50,y=50
   x=90,y=70
   x=70,y=90
8. x=90,y=90
   x=50,y=50
   x=90,y=50
   x=80,y=80
9. x=90,y=90
   x=90,y=70
   x=90,y=30
   x=70,y=90
   x=30,y=90
   x=70,y=70
   x=50,y=50

分析:设(x≥80 and y≥80)为第1判定,(x+y≥140 and(x≥90 or y≥90))为第2判定,因为每个判定或判定中的每个条件都有两种可能结果,所以满足任何一种覆盖标准的测试数据组不会少于2个,因此1组、第2组不可能是解。

表 7-1 列出了供选择答案中第 3~8 组的测试数据对每个判定和条件的执行结果,表中空白部分表示对相应的测试数据流程图执行不到相应的判定或条件。从表 7-1 中可以看出,满足判定、条件、判定/条件覆盖标准的最小测试数据组分别为第 5 组、第 4 组和第 7 组。该流程图共有 3 条路径,分别是:第 1 判定为 Yes、第 1 判定为 No 且第 2 判定为 Yes、第 1 判定为 No 且第 2 判定为 No。从表 7-1 中可知,满足路径覆盖标准的是第 5 组。

表 7-1 测试数据对每个判定和条件的执行结果

编号	测试数据	判定		条件				
		第1判定	第2判定	x>=80	y>=80	x>=90	y>=90	x+y>=140
3	x=90,y=90	Yes		Yes	Yes			
	x=50,y=50	No	No	No	No	No	No	No
4	x=90,y=70	No	Yes	Yes	No	Yes	No	Yes
	x=40,y=90	No	No	No	Yes	No	Yes	No

(续表)

编号	测试数据	判定		条件				
		第1判定	第2判定	x>=80	y>=80	x>=90	y>=90	x+y>=140
5	x=90,y=90	Yes		Yes	Yes			
	x=50,y=50	No	No	No	No	No	No	No
	x=90,y=70	No	Yes	Yes	No	Yes	No	Yes
6	x=90,y=70	No	Yes	Yes	No	Yes	No	Yes
	x=70,y=90	No	Yes	No	Yes	No	Yes	Yes
	x=50,y=50	No	No	No	No	No	No	No
7	x=90,y=90	Yes		Yes	Yes			
	x=50,y=50	No	No	No	No	No	No	No
	x=90,y=70	No	Yes	Yes	No	Yes	No	Yes
	x=70,y=90	No	Yes	No	Yes	No	Yes	Yes
8	x=90,y=90	Yes		Yes	Yes			
	x=50,y=50	No	No	No	No	No	No	No
	x=90,y=50	No	Yes	Yes	No	Yes	No	Yes
	x=80,y=80	Yes		Yes	Yes			

为分析满足条件组合覆盖标准的测试数据,先列出两个判定的各种条件组合情况:

第1判定:　　　　　第2判定:

a. x>=80,y>=80　　e. x>=90,y>=90,x+y>=140　　i. x<90,y>=90,x+y>=140

b. x>=80,y<80　　f. x>=90,y>=90,x+y<140　　j. x<90,y>=90,x+y<140

c. x<80,y>=80　　g. x>=90,y<90,x+y>=140　　k. x<90,y<90,x+y>=140

d. x<80,y<80　　h. x>=90,y<90,x+y<140　　l. x<90,y<90,x+y<140

因为当 $x \geq 90, y \geq 90$ 时,$x+y$ 不可能小于140,所以 f 不可能;当 $x \geq 90, y \geq 90$ 时,流程图不会执行到第2判定,所以 e 不可能。按表7-2可知第9组满足条件组合覆盖。

表7-2　测试数据集9所分别满足的条件组合情况

编号	测试数据	覆盖的条件组合
9	x=90,y=90	a
	x=90,y=70	b,g
	x=90,y=30	b,h
	x=70,y=90	c,i
	x=30,y=90	c,j
	x=70,y=70	d,k
	x=50,y=50	d,l

5. 实用测试策略

以上简单介绍了设计测试用例的几种基本方法，使用每种方法都能设计出一组有用的测试用例，但是没有一种方法能设计出全部测试用例。此外，不同方法各有所长，用一种方法设计出的测试用例可能最容易发现某些类型的错误，但对另外一些类型的错误却可能不容易发现。因此，对软件系统进行测试时，应联合使用各种设计测试用例的方法而形成一种综合策略，通常的测试做法是，用黑盒法设计基本的测试用例，再用白盒法补充一些必要的测试用例，具体地说，可以使用下述策略结合各种方法：

1）在任何情况下都应该使用边界值分析的方法。经验表明，用这种方法设计出的测试用例暴露程序错误的能力最强，但需要注意的是，应既包括输入数据的边界情况又包括输出数据的边界情况；

2）必要时使用等价类划分法补充测试用例；

3）必要时再用错误推测法补充测试用例；

4）对照程序逻辑，检查已经设计的测试用例，可以根据程序可靠性的要求采用不同的逻辑覆盖标准，若现有测试用例的逻辑覆盖程度没有达到要求的覆盖标准，则应再补充一些测试用例。

需要强调指出的是，即使使用上述综合策略设计测试用例，仍然不能保证测试将会发现所有的程序错误，只是这个策略确实是在测试成本和测试效果之间的一个合理的折中策略。总之，无论是测试行为本身还是软件测试方法与技术的研究都是或仍然将是一件十分艰巨而又繁重的工作。

7.3 系统的安装与转换

一个新系统的开发和测试工作一旦完成，就必须要付诸安装和转换以投入运行，其中转换就是指现行系统（旧系统，它或者是自动化的或者是人工的）如何向新系统过渡。信息系统的安装和转换往往也是一件复杂的事情，因为在这期间它会涉及多方面的冲突限制，包括费用问题、与组织的客户之间的关系问题、与组织的雇员之间的关系问题、后勤保障的复杂性以及其他所有可能暴露的风险。因此，当计划去安装和转换系统时，就必须要具体地考虑以下几个较为重要的问题：

1）并行运行新、旧两个系统所带来的开销；

2）发现和纠正新系统的错误；

3）对组织及其现行 IS 日常运行可能存在的潜在干预；

4）用户的培训和使组织的客户熟悉新的业务处理流程。

有三种最为常用的安装、转换方法，它们是直接安装（Direct Installation）、并行安装（Parallel Installation）和阶段安装（Phased Installation）。每种方法都有其优势和不足，没有哪一种方法适合于所有系统的安装与转换，选择一种安装、转换方法必须体现出它是代表着在成本、复杂性及风险之间的综合权衡之后的结果。

7.3.1 直接安装

所谓直接安装就是指新系统安装后即快速地使系统进入运行状态,并关闭现行旧系统。直接安装方法的显著特征是新、旧系统之间没有并行运行时间(有时会有一段很短的时间,比如一天或几天)。如图 7-12 所示,它示意了直接安装与转换的时间线。

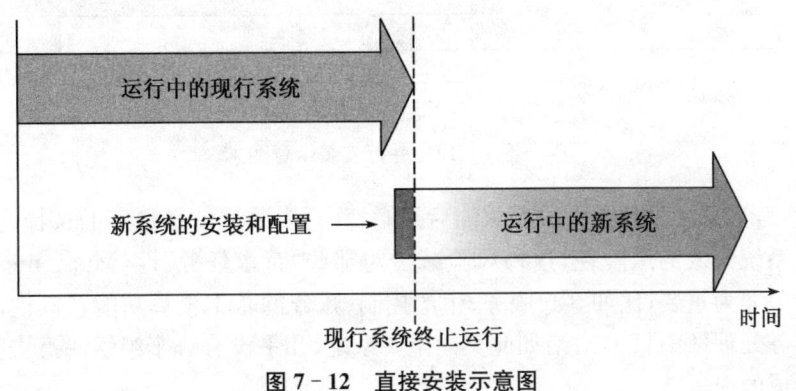

图 7-12 直接安装示意图

直接安装的主要优点在于它的简单性,毕竟支撑一个系统运行所需的资源及后勤管理等问题均会相对较少。其主要缺陷在于它的风险性,这是因为旧系统不处于并行运行状态,当新系统运行发生失败事件时将没有备份保护措施,这种风险的大小依赖于系统的性质、因失败事件而引起的成本耗费、系统处于非最佳状态或系统不能使用时带来的损失等等。

因此,除非新系统还没有代替现行系统或者说客户能接受系统有数天、数周的停工期,否则直接安装方法将不能被考虑,换句话说,直接安装通常典型地用于满足上述两个条件之一或之二的情形。

7.3.2 并行安装

并行安装,顾名思义,是指新、旧系统有一段较长的(数周或数月)并行运行时间,即新系统安装后,现行系统向新系统转换不是一个立即事件,而是要让新系统有一段试运行的时间。并行运行是并行安装的显著特征。图 7-13 图解了并行安装的时间线,理想的情况是,旧系统应该持续运行到新系统被彻底测试并确信无错误、可以独立运行为止,但实际的情况是,并行运行的时间经常事先就被定义好并尽量地使双系统运行的成本降到最低。

并行安装的主要优点,一是系统失败的风险性相对较低,二是因系统失败而产生的负面影响相对较少。倘若两个系统能完全地并行运行(即均使用所有数据和行使全部功能),那么旧系统就行使着新系统备份的职责,新系统的任何失败都可以通过旧系统得到弥补。并行安装的主要缺点是成本高,在并行运行期间,组织要担负着两个系统的运行费用,因此会带来许多额外的开销,比如,雇佣临时职员或者给现有职员临时添加任务、增加了管理和后勤工作的复杂性(如需要给计算机设备和人员获取额外的物理空间)等。

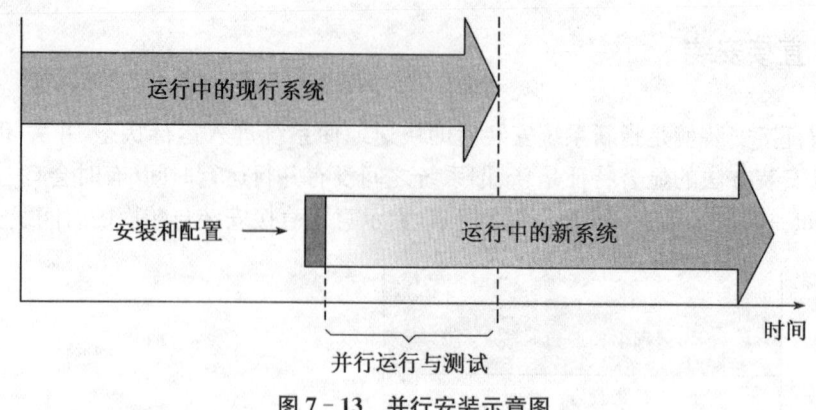

图 7-13 并行安装示意图

因此,若当系统失败会造成严重的后果时,并行安装通常是最好的选择,并行运行确实减少了系统失败的风险性,这种风险减少对那些"苛求任务"性(Mission-critical)的应用系统来说尤为重要,比如客户服务、生产控制、账务的基本核算功能及其他的多种形式的联机事务处理(OLTP),对诸如此类的重要系统,几乎没有哪个组织愿意去担负因系统停工所造成的损失。

当然有时完全并行运行两个系统是不切合实际的,其原因包括:① 一个系统的输入数据对另一个系统来说也许不能用,而且又不可能去使用两种类型的输入;② 新系统和旧系统或许会使用同一设备,如计算机、I/O设备、通信网络等,它们没有足够的能力同时去支撑两个系统;③ 在同一时间去同时操作与管理两个系统的职员也许会捉襟见肘。

所以说,当完全地去并行运行两个系统不可能或不可行时,取而代之的也许便是部分地并行运行,以下是几种可能的部分并行运行模式:① 输入数据的一个子集只允许在两个系统中的其中的一个系统中进行处理,至于这个输入数据子集由哪个系统处理,则取决于事务类型、事务发生的地理位置,甚至采用"采样"的方式(例如,每间隔 10 个输入事务进行一次随机采样以获得一个输入子集);② 只执行处理功能的一个子集(例如只负责更新账目数据但不负责打印每月的账单);③ 输入数据子集和处理功能子集的联合在一个系统中执行。

7.3.3 阶段安装

所谓阶段安装就是指新系统的安装与转换分批分期地进行,也就是说,到新系统的最终投入运行需要经历一系列的步骤或阶段,每个阶段都要为运行的系统添加一些部件或功能,每个阶段也都要被反复测试以为下一阶段做好充分准备。阶段安装的显著特点是分批分期的阶段性。特别地,当新系统将要接管有多个并存的现行系统的运行时,阶段安装和并行安装可以结合起来进行。如图 7-14 所示为一个阶段安装过程,一个新系统要替换两个并存的现行系统,其安装与转换过程分为三个阶段,其中第一个阶段是对两个现存系统中的一个系统 A 进行直接安装转换,第二、三两个阶段是一个并行安装的两个不同的部分,用来替换另一个现存系统 B。显然,阶段安装的执行并不只有上述这种单一的方法,一个阶段安装的具体阶段的构成及其安装转换的顺序随着系统的不同而有着广泛的差异,其具体情况将直接决定阶段安装的阶段数目、安装顺序、哪些部分需要新旧系统并行运行。

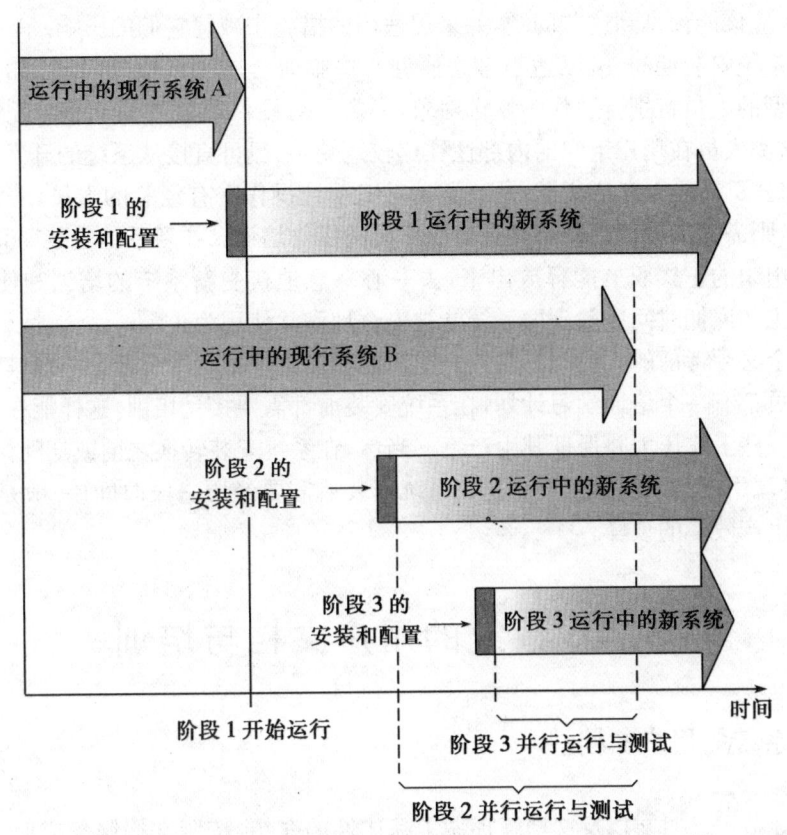

图7-14 具有直接运行和并行运行的阶段安装示意图

阶段安装的主要优点是风险性的减少,风险减少的原因是单个阶段的失败所引发的问题要比整个系统所引发的问题小。阶段安装的主要缺点是增加了复杂性,将安装转换分成多个阶段势必会形成更多的活动和"里程碑",从而使得整个过程更加复杂,当然这时对其中的每个单一阶段所包含的一组活动来说,其活动规模会变得更小些也更易于处理。总的来说,如果整个系统因为太大或太复杂而不能一次性完成安装转换,那么阶段安装所获得的风险性减少相对于其在多个阶段上的管理与协调所带来的复杂性来说还是值得的。

因此,当一个系统大而复杂并且由一些相对独立的子系统组成时,则阶段安装最为有效。但是倘若其子系统的相对独立程度并不高,那么定义独立的安装阶段就显得困难甚至不可能了。不过当系统因其规模太大、复杂性太高以至于要一次性完成所有的安装与转换不可行时,就只能使用阶段安装。

7.3.4 人员问题的考虑

安装一个新系统对遍及整个组织的人员都有着非同寻常的要求,要求他们在系统安装转换期间精心安排好工作日程、快速学会使用新系统和适应新系统、承受高强度的工作压力等。这些要求的显著特点就是都与系统安装转换所需的时间有直接关系,许多任务必须在很短的时间内执行完成,特别在并行安装期间人力问题尤为敏锐。因此在制定安装计划时,应该能预见到这些问题,并采用适当的措施来减轻它们的影响。

在新系统安装期间,可以适当考虑雇佣一些临时合同工以增加可利用的人力资源。有两种类型的人员特别合适作为候选对象,一类是对硬件和软件的安装与配置富有经验的人员,这类人员在用户组织的内部往往比较短缺,一般可直接从系统的开发商或供应商或 IS 咨询公司等地方直接获得;另一类是对旧系统操作富有经验的人员,若没有现成的这类人员,则需提前雇佣以便对其进行旧系统的操作培训。在新系统安装期间,雇佣临时人员使得组织的正式职员能释放出来,去一心一意地接受新系统的培训和使用新系统。临时合同工的雇佣时间一般到旧系统能被安全地淘汰使用为止。

另一个必须考虑的人员问题是用户组织的职员生产率。所有新系统对其终端用户和系统操作员都有一个培训学习计划,在系统安装前都需要接受培训,这样能在安装期间减轻他们的一些工作压力并保证其生产率。当然,在系统安装转换之前或期间,不管培训多么成功,终端用户和系统操作员总是在系统安装后需要经历一段时间(一般是几个月)才能达到其生产效率的顶峰。

7.4 系统的用户文档与培训

7.4.1 系统的用户文档

在 4.3 节中已对文档及文档管理做了综述性的介绍,按照文档服务或使用目的的不同,信息系统的文档共分成三种类型:管理类文档、开发类文档以及用户类文档。其中用户类文档是用于描述用户如何使用和维护系统,用户类文档的服务对象是终端用户和系统操作员。信息系统文档的形成贯穿于整个 SDLC,SDLC 的每个阶段及其活动都要产生相应的文档以作为其"输出",也就是说,文档是 SDLC 的每项活动或每个阶段工作的成果,同时也是其工作结束的标志。

用户文档主要创建于系统实施阶段,这是因为虽然用户界面及其交互过程等内容在系统设计阶段已经设计完成,但还有很多细节性的内容不确定,或者是在系统实施阶段还有可能需要进行修改调整。

用户文档主要描述系统操作(例如数据录入、输出生成、定期维护等功能)的规程,其具体内容的覆盖主题包括:

1) 软件的启动与关闭;
2) 执行一个具体软件功能时的按键、鼠标或命令的操作顺序;
3) 实现一个具体业务过程所需要的相关的具体软件功能(例如,一份新订单的处理包括订单录入等一系列功能步骤);
4) 常见问题与错误的 QA。

用户文档除了上述的具体内容之外,通常还带有一些附录,附录的内容包括按主题覆盖所组织的目录、系统目的与软件功能的简介、词汇术语表(glossary)及索引(index)等。

如何去使用系统的知识(这些知识最后往往就表现为用户文档)和系统本身一样重要,都是组织的重要资产。一旦最初的培训结束后,系统如何使用的知识便存储在用户的记忆中,但是并不能保证这些知识能够得到及时维护或是有效地传递给后来的用户,组织职员的流动、工作任务的重新分配及其他的一些因素,都会直接导致这些知识在人与人之间的传递变得困难或根本靠不住。相反地,书面文档或电子文档则更易于接近和更具有持久性。

开发出好的用户文档需要专门的技巧及相当多的时间和其他资源。要使用户文档具有简洁明了的书写描述、有效的图形表示、易于学习和访问的内容组织以及给"听众"深刻的交流印象等特点,在高要求和资源有限的情况下,其开发技巧就凸显出来了,不应该只是千篇一律地通过诸如复审和测试这样耗费时间的方法来达到文档高质量的要求。然而不幸的是,用户文档的准备与开发工作常常留给那些缺乏这些必需技能的技师,而且,还会常常由于开发进程超出时间进度计划敷衍了事或是在实施阶段的最后一刻去突击完成。

7.4.2 培训与用户支持

虽然好的用户文档可以减少所需的培训,也能降低用户请求支持的频率,但是,系统安装之前的培训工作和系统安装之后对系统的支持活动总是不可避免。记住:用户也是系统的一部分!如果没有培训,那么用户在边学边干的情况下操作起来也许就会慢,出错率也高,系统的最佳工作效率也许就不能体现出来。因此,通过培训能允许用户对系统的操作在其安装转换后尽快地上手,通过支持活动能确保用户在系统安装转换后长时间内始终保持较高的工作效率。

前面曾经提及,有两种性质的用户——终端用户(一般用户)和系统操作员(超级用户),他们各自对文档、培训和支持的需求考虑的目的不同。终端性质的用户的目的是通过对系统日常操作以完成其工作业务,系统操作员性质的用户的目的是通过执行系统的管理功能及例行维护程序以保持系统正常运行。对规模较小的系统而言,一个人可以身兼双重用户角色。表7-3列出了每种用户角色的有代表性的活动。

表7-3 终端用户和系统操作员的典型活动

终端用户	系统操作员
创建记录或事务	系统开启或关闭
数据库更新	系统状态查询
报表生成	数据备份
数据库查询	数据恢复
数据导入或导出	软件安装或升级

培训和支持活动因用户性质不同而不同。终端用户和系统操作员的区别体现在:

1) 使用系统的频率和持续时间。一般说来，终端用户总是频繁地使用系统且时间周期长，而系统操作员则不经常地与系统进行交互且每次操作时间周期短。

2) 需要去理解系统所支持的业务流程的程度。终端用户使用系统去解决某一专门的业务问题或实现具体的业务处理过程，而系统操作员则通常是计算机专业人员，他们对系统所支持的业务处理的知识的了解往往有限。

3) 计算机使用技能及熟练程度。终端用户的计算机技能参差不齐，而系统操作员则一般都具有较高的且彼此大体相当的技能水平。

4) 用户数量。终端用户的人员数目要比系统操作员数目多得多。

对终端用户的培训必须强调其手头的工作，也就是要针对一个具体业务环境下的系统的应用，比如是订单处理还是库存控制或是财务管理等，倘若其对这些业务程序不熟悉，则培训必须包括这些内容。对技能和经验层次较低的用户至少还要要求一些诸如实践训练、答疑及个别指导等性质的培训。当终端用户人数数目较大时，一种可行的办法是采用分组培训的方式；也可以采用培训培训人员的方式，即先培训一组素质高的终端用户，然后再由他们去培训其他的用户。

对系统操作员的培训则无须采取如此正规的方式，这是因为，一方面经验丰富的计算机操作员或管理员通过自学就能够学会他们所需要掌握的大多或全部内容；另一方面，系统操作员的人数相对很少，若需要培训的话，完全可以采用单独培训的方式。

确定正式培训的最佳开始时间不是一件容易的事。从一个角度来说，如果在实施阶段相对较早地开始培训，那么用户学习的时间就比较充裕，也能为将来高效地使用系统打下一个坚实的基础；从另一个角度来说，若培训工作过早开始，则极有可能会导致用户和培训者双方都感到灰心，因为这时的系统还不够稳定或不完整。理想的情况是，在用户界面已最终定案、测试版本已安装并已完全调试好之后即开始进行培训。但在项目结尾的关键时刻，去进行培训活动似乎有些"奢侈"，也会因此而导致其他活动做出很大的"牺牲"。因此，取而代之的做法是，一旦用户界面适度稳定即可着手培训材料的准备，其后终端用户的培训再尽可能早地开始。从这个角度来说，采用自顶向下的开发顺序并且及早开发用户界面的模块，培训活动就会相对容易地展开。

"用户支持"(User Support)这一术语覆盖了系统转换运行后的培训和用户援助两项活动。其中有些活动与系统安装前或安装过程中所进行的培训活动相似，例如，必须定期地对新用户进行培训；而有些活动则是用户支持工作所独有的，例如，进修性的培训及帮助台(Help Desk)的操作。现对后者做一些简单介绍。

用户支持活动可以通过下列几种途径实现：

1) 在线文档与问题解答。这是近几年才得到流行使用的一种方法。这种支持方法大多数是将其集成到应用系统中，目标是当用户需要时便把有用的信息放进用户手中以使人力支持的需要降到最低，要达到这一目标需要有设计良好的支持材料，即需体现出综合性和易用性。目前，几乎所有 Web 网站都通过这种在线方法提供用户支持。

2) 常驻专家。这是最为普通的用户支持的形式。一个常驻专家可以是一名 IS 工作人员或是一名相关业务领域的工作人员(相对说来更为常见)或者一名为其他用户提供支持服务的用户。常驻专家的职位常常也没有什么正式的限制，只要这个人具有出色的计算机素养或软件知识,那么他/她将很容易适应这个职位并成为成熟而又富有经验的专家,随着时间的推移,所有其他用户一旦有疑问或问题,也就会趋向于首先去接近这个人。

3) 帮助台。它实质上是一个持久的 IS 部门,该部门为各种类型的系统或软件提供终端用户的支持。帮助台充当所有终端用户的中心联络点,帮助台的职员一般预先都接受了相关软件的安装、操作及问题处理等高强度的培训,能够处理用户的绝大多数的疑问或问题,否则,更进一步的援助将转向技术支持。

4) 技术支持。它的显著特色是行使着具体的职责或扮演着 IS 维护的一个分支部门。把技术支持划分在维护部门里是考虑到用户支持与修改请求及系统的错误报告之间的密切关系。如果帮助台不能够解决用户问题,大多情况下都是因为发现了系统错误或者是在系统能力与用户需求之间存有间隙。对系统严重的出错情形,那么就需快速地通报维护部门以让其调查出错原因并纠正错误,而对非严重的出错情形和不能够满足用户需求的情形,也必须要引起维护部门的注意,只是时间上不那么危急而已。对上述两种情形的任一情形,技术支持都是用户与系统维护活动之间的桥梁。

本章小结

1. 系统实施:在系统设计之后和移交给用户之前所发生的系统开发活动统称为系统实施,具体包含了诸如程序开发、软件测试、硬件和软件的安装、文档编制和人员培训等相互依赖的活动。

2. 程序开发的顺序:指组成系统的若干功能单元模块的先后开发次序。常见的程序开发顺序有:输入—处理—输出的开发顺序、自顶向下和自底向上的开发顺序、面向对象的框架开发顺序等。

3. 输入—处理—输出(IPO)的开发顺序的基本思想:一种基于一个系统或程序的数据流,先开发获得外部数据的输入程序或模块,再开发用于处理这些输入数据(将输入转换为输出)的程序或模块,最后开发产生输出结果的程序或模块的顺序方式。

4. 自顶向下(Top-down)或自底向上(Bottom-up)的开发顺序。对于结构化开发方法而言,自顶向下的开发顺序开始于模块结构图中的最顶层模块,是一种按模块在结构图中出现的自上而下的层次次序而依次先后开发的顺序方式;自底向上的开发顺序开始于模块结构图中的最底层模块,是一种按模块在结构图中出现的自下而上的层次次序而依次先后开发的顺序方式。对于面向对象方法而言,需要考虑方法间的依赖性,即哪些方法会去"调用"另一些方法,以及对象类之间的继承关系,即子类对其父类来说存有方法依赖。

5. 面向对象的框架开发顺序:则是首先构建一个对象框架(Framework)(即基类的集合),对象框架覆盖了绝大多数或所有的具体应用程序所要用到的类。然后,基类可重用于一个应用系统的多个不同部分或多个不同的应用系统。

6. 程序开发的组织方式的共性规则有:① 保持小组的规模相对较小;② 小组成员结构应与任务的特征相匹配。

7. 常见的程序开发组织模式有同等协作小组、首席程序员小组和合作专家小组等。

8. 同等协作小组(Cooperating Peer Team)：指由具有相似专业知识背景且有着大体相同的技能、经验的人员所组成的小组。特征：① 成员之间的相互交流较少；② 问题决策仅需参考小组成员的意见。适用于：具有实验性或创造性，且技术范围跨度较小的项目或任务。

9. 首席程序员小组(Chief Developer Team)：指大多数的重要决定均由小组中的一名充当管理者角色的程序员做出。特征：① 成员之间的相互交流较少；② 问题决策仅需参考小组成员的意见。适用于：定义良好，对成员的知识和技术可行性没有特别要求限制的任务。

10. 合作专家小组(Collaborative Specialist Team)：和同等协作小组的组织模式类似，但其成员在技能和经验方面各不相同，而且技术专业也是最小限度的重叠，他们通常来自不同的组织单位，共同推举其中一人只行使一些管理上的职能(比如时间进度控制、协调、与外部人员的交道等)。特征：技术决策一般都由小组集体意见来决定。适用于：具有实验性或创造性、边缘性的，且技术范围有较大跨度的项目或任务。

11. 测试版本：在开发过程中所创建的软件系统的程序版本称为测试版本。α版本和β版本是两个最为常见的测试版本。

12. 产品版本：正式发行的并能够给用户长期使用的系统版本称为产品版本，或称为发行版本或产品发行版本。在一系列的产品版本中，通常将其中的只用于纠正错误而对已有的功能特征只做少量更新或不做更新的产品版本称为补丁版本或维护版本，而将其中的添加有重要意义的新功能后的产品版本或者也许是对旧版本的代码彻底重写后的产品版本称为主要产品版本。

13. 版本控制软件：对同一个系统的多个不同程序版本进行控制，CVS(Concurrent Versions System/并发版本系统)就是使用广泛的版本控制软件。

14. 软件测试：是为了发现程序中的错误而执行程序的过程；好的测试用例是极有可能发现迄今尚未发现的错误的测试用例；成功的测试是发现了至今尚未发现的错误的测试。

15. 产品测试一般有两种方法：黑盒测试和白盒测试。

16. 黑盒测试(Black Box Testing)：把程序看成一个"黑盒子"，不考虑程序的内部结构和处理过程，只检查程序功能是否按照规格说明书的规定正常使用，程序是否能正确地接收输入数据并产生正确的输出信息。又称为：功能测试。

17. 白盒测试(White Box Testing)：把程序看成装在一个透明的"白盒子"里，按照程序的内部逻辑来测试程序，检查程序中的每条可能的通路是否都能按预定要求正确工作。又称为"结构测试"。

18. 穷尽测试：把包含所有可能情况的测试称为穷尽测试，穷尽测试是不可能的。

19. 软件测试：通常分为单元测试、集成测试和系统测试三个基本步骤。其参与者一般包括程序员、用户和质量保证小组(QA小组)。

20. 测试用例是指包括预定要测试的功能、应该输入的测试数据和预期的结果。

21. 单元测试是对单个代码模块进行测试的过程。其测试对象是构成系统的最小单元(模块),故又称为模块测试(Module Testing)。单元测试主要评估模块的五个特征:模块接口、局部数据结构、重要的执行通路、出错处理通路、影响上述各方面特征的边界条件。单元测试有两种方式,即通过人对模块代码复审(或结构化预排)的人工测试和通过测试程序进行的计算机测试。

22. 驱动程序:用来模拟一个尚未开发的模块的调用行为的程序,它相当于一个"主程序";占位程序:用来模拟一个尚未开发的被调用模块的行为的程序,它相当于一个"虚拟子程序"。

23. 集成测试的测试对象是一组模块,其目的是发现单元测试中没有发现或者是不能够发现的错误。集成测试通常有两种途径,非渐增式集成测试和渐增式集成测试。渐增式集成测试是把下一个要测试的单元模块同已测试好的集成模块集成起来再进行测试,有自顶向下和自底向上两种模块结合方法。

24. 系统测试是对一个完整的系统或独立的子系统的行为的测试。一般说来,系统测试首先由开发人员和专门的测试人员(QA 小组)执行,以确保系统没有明显的故障,以及确保系统完全履行了开发人员对用户需求的理解;然后由用户进行测试以确认系统的确完成了他们的需求。系统测试又可细分为子系统测试、系统测试和验收测试。

25. 验收测试:是系统移交给用户之前的最后一轮测试,测试必须有用户参加且以用户为主,一般使用黑盒测试方法。

26. 设计测试用例是软件测试的关键技术问题,其基本目标是选用最少量的高效测试数据,做到尽可能完善的测试,从而尽可能多地发现软件中的问题。设计测试用例的实用策略是:用黑盒法(等价类划分、边界值分析和错误推测法等)设计基本的测试用例,再用白盒法(逻辑覆盖)补充一些必要的测试用例。

27. 逻辑覆盖是关于程序结构的一系列测试过程的总称,由这组测试过程来逐步进行越来越完整的通路测试。从覆盖源程序语句的详尽程度,大致有以下一些覆盖标准:① 语句覆盖;② 判定覆盖;③ 条件覆盖;④ 判定/条件覆盖;⑤ 条件组合覆盖;⑥ 路径覆盖。

28. 最为常用的系统安装、转换方法:直接安装、并行安装和阶段安装。直接安装是指新系统安装后即快速地使系统进入运行状态,并关闭现行系统;并行安装是指新、旧系统有一段较长的(数周或数月)并行运行时间;阶段安装是指新系统的安装与转换分批分期地进行。

29. 用户类文档:用于描述用户如何使用和维护系统,主要创建于系统实施阶段。其服务对象是终端用户和系统操作员。具体内容包括:软件的启动与关闭;执行一个具体软件功能时的按键、鼠标或命令的操作顺序;实现一个具体业务过程所需要的相关的具体软件功能;常见问题与错误的 QA;附录等。

30. 用户支持的实现途径:① 在线文档与问题解答;② 常驻专家;③ 帮助台;④ 技术支持。

第 8 章

系统运维

把系统投入运行之后所发生的活动称为系统维护（maintenance）或系统支持（support），也可以合称为维护、支持。信息系统是现代组织的生命力，因此维护和支持信息系统也是一个组织非常重要的工作内容。系统开发完交付使用后，在其运行过程中还有着大量的管理、维护和评价工作。这些活动能确保系统及其功能长期高效率和有效地运行，许多组织用在现行系统上的维护和支持的花销比建设一个新系统还要多。本章主要讨论系统运行管理、系统安全管理、系统维护和系统评价。

8.1 系统运行管理

系统运行管理的目标是使信息系统能够根据企业的需要，提供持续可靠的业务支持和管理决策服务。这个阶段的管理任务主要是：建立系统运行管理机构，制定系统运行管理制度及措施，开展系统日常运行服务及管理，进行系统维护及评价。

8.1.1 系统运行管理制度

系统运行管理制度主要包括如下几个方面。

1) 系统运行管理的组织机构。它包括各类人员的构成、各自的职责、主要任务以及其内部组织结构。

2) 基础数据的管理制度。它包括对数据收集和统计渠道的管理、计量手段和计量方法的管理、原始数据的管理、系统内部各种运行文件和历史文件（包括数据库文件等）的归档管理等。

3) 信息系统的管理制度。它包括机房管理制度、系统安全保密制度和档案管理制度。

4) 信息系统的运行及操作规范。它是指与系统运行维护工作相关的管理规范和操作人员管理制度。操作人员可以划分为系统操作员和子系统操作员。系统操作员的主要职责包括中心机房的管理、系统数据的备份/恢复和共享数据的管理等；子系统操作员负责子系统的管理与操作。操作人员管理制度应规定各子系统终端室（或工作站）的工作环境要求、正常工作职责及处理细则、系统操作员和子系统操作员应每日填写的格式规范的工作日志等。

8.1.2 系统日常运行管理

系统日常运行管理的工作内容主要包括如下几个方面：
1) 系统日常运行环境的管理；
2) 新数据的录入或存储数据的更新；
3) 信息处理和信息服务；
4) 运行与维护；

5）安全问题；

6）日常运行情况记录；

7）系统运行结果分析。

其中，系统运行结果的分析比较容易被忽视。系统运行结果分析就是要得出某种能反映组织经营生产方面发展趋势的信息，以提高管理部门指导企业经营生产的能力。如系统已设计有市场预测功能，运行此功能即可得到未来市场变化的趋势，那么这个结果是否对实际经营管理具有指导意义呢？我们还必须查证其拟合系数值的情况，如果很大，则可以用；如果不是很大，则还必须查证原始数据有无不能反映市场变化规律的值，或是有无输入错误等。如果综合分析了上述情况，写出分析报告，则可充分发挥人机结合进行管理的优势。

8.2 系统安全管理

8.2.1 信息系统安全的定义

国际标准化组织（ISO）给出的信息安全（实际上是信息系统安全）的定义是："为数据处理系统建立和采取的技术和管理的安全保护。保护计算机硬件、软件、数据不因偶然的或恶意的原因而遭受破坏、更改、泄露。"1994 年国务院第 147 号令颁布的《中华人民共和国计算机信息系统安全保护条例》第三条指出：计算机信息系统的安全保护，应当保障计算机及其相关的配套的设备、设施（含网络）的安全，运行环境的安全，保障信息的安全，保障计算机功能的正常发挥，以维护计算机信息系统的安全运行。

因此，信息系统安全可以理解为采取技术和非技术手段，通过对信息系统建设中的安全设计和运行中的安全管理，使信息系统有保护，即组成信息系统的硬件、软件和数据资源受到妥善保护，不因自然和人为因素而遭到破坏、更改或者泄露，信息系统能连续正常运行。

8.2.2 信息系统安全管理措施

1. 数据库或信息的安全保密

数据失效已成为组织信息系统管理的一人隐患。一旦出现数据失效，客户资料、技术文件、财务账目甚至组织的核心内容将会面目全非，而允许系统恢复数据的时间往往又非常短，很可能导致组织损失重大。数据失效主要分为两种，一种被称为物理损坏，造成数据无法使用；一种被称为逻辑损坏，数据仍可部分使用，但数据之间关系出错。相比之下，后者所引起的数据混乱往往比前者更加严重，因为逻辑损坏不易被用户发现，潜伏期较长，一旦发现数据有错，系统可能已经无法挽回。当然，物理损坏也可引起系统混乱，直接导致系统局部瘫痪。因此，存储备份管理是数据安全的有效措施，是信息系统正常运行的重要保障。

按照存储备份的内容,存储备份可分为文件备份、数据库备份和系统备份。文件备份是备份软件的基本功能。数据库备份与恢复需要较高的技术,因此在选择软件时要特别注意,所选软件是否支持自己系统的数据库版本。系统备份与恢复是有条件的,按照存储备份方式,可以分为单机备份、局域网备份、广域网备份和电话拨号备份;按照存储备份规模,可以分为个人数据备份、部门级数据备份和企业组数据备份。

目前组织存储备份系统所用的主要技术和措施包括磁盘镜像、磁盘阵列、双机容错、数据复制、远程存储、移动存储、在线备份、灾难恢复等。

2. 网络信息安全管理

网络安全包括物理安全和逻辑安全。物理安全指网络系统中的通信、计算机设备及相关设施,使之免于破坏、丢失等。逻辑安全包含信息完整性、保密性、非否认性和可用性。保密性指高级别信息仅在授权情况下流向低级别的客体与主体;完整性指信息不会被非法授权修改及信息保持一致性等;非否认性指发送者无法否认他所发送的信息,接收者也无法对他所收到的信息进行抵赖;可用性指合法用户的正常请求能及时、正确、安全地得到服务或回应。它是一个涉及网络、操作系统、数据库、应用系统、人的管理等方面的事情,必须综合考虑。

网络安全设计方案已成为一整套的安全策略和解决方案,应综合运用防火墙技术、入侵监控技术、安全漏洞扫描技术、CA认证及加密通道等等,形成多层次的网络安全解决方案。

1) 防火墙技术。防火墙技术是应用最广泛的一种安全手段,它是一种用来加强网络之间访问控制的特殊网络互联设备,它对两个或多个网络之间传输的数据包和链接方式按照一定的安全策略进行检查,来决定网络之间的通信是否被允许。防火墙能有效地控制内部网络和外部网络之间的访问及数据传送,从而达到保护内部网络的信息不受外部非授权用户的访问和过滤不良信息的目的。防火墙所用的主要技术有包过滤、状态检测、代理网关等。利用防火墙技术,经过仔细的配置,通常能够在内外网之间提供安全的网络保护,降低网络安全风险。但是防火墙通常不能提供实时的入侵检测和防止内部攻击,仅仅使用防火墙保障网络安全还远远不够。

2) 入侵监控技术。入侵监控目的是提供实时的入侵检测及采取相应的防护手段,如记录证据用于跟踪和恢复、断开网络连接等。实时入侵检测之所以重要,首先在于它能够作为防火墙的补充,对付来自内部网络的攻击,其次在于它能够大大缩短黑客可利用的入侵时间。

3) 安全漏洞扫描技术。安全漏洞扫描技术抓住系统漏洞是系统被攻击的主要原因这一点,及时查找漏洞,拒绝攻击者的外部或内部攻击。商品化的安全扫描工具为网络安全漏洞的发现提供了强大的支撑。配备安全扫描系统,通过范围宽广的穿透测试检测潜在的网络漏洞,评估系统安全配置,以提前主动地控制安全系统是非常必要的。

4) CA认证及加密通道。CA认证及加密通道是开放的电子商务系统和密级信息系统在国内实施最重要的技术支撑点。基于公认体系的认证和通信加密系统(PKI)由于其开放性而逐渐成为电子商务安全解决方案的重要基础(如广泛流行的 SSL、SET 等)。在网络安全方案中应充分注意 CA 认证及加密通道设计问题。

计算机网络的安全问题日益复杂和突出,要想使信息系统安全运行,必须采取相应的安全对策和防范措施。要做到这一点,不能单靠技术,必须有严格的管理制度并对工作人员进行安全保密教育。

8.3 系统维护

术语"用户支持"和"系统维护"是对系统投入运行后的活动的描述。信息系统是现代组织的生命力,因此系统的运行维护活动和 7.4.2 节介绍的用户支持活动一样,也是一个组织的非常重要的工作内容。

8.3.1 软件维护的定义

美国电子电器工程师学会(IEEE)和美国国家标准协会(ANSI)把软件维护(Software Maintenance)定义为软件产品交付使用后对其所做的修改,这种修改至少要达到下列目标中的一项:

1) 故障的修复。因为软件测试不可能暴露出一个大型软件系统中所有潜藏的错误,在任何大型程序的使用期间,用户必然会发现程序错误,并把他们遇到的问题报告给维护人员,因此许多参考文献上把这类故障修复的过程称为<u>修正性维护</u>。

2) 使软件适应变化了的环境。IT 领域的各个方面都在迅速发展,大约每隔 36 个月就有新一代的硬件宣告出现。一方面,经常推出新型操作系统或现有系统的修改版本,时常增加或修改升级包括网络设备在内的外部设备及其他系统部件;另一方面,信息系统作为应用软件的使用寿命往往会长于最初设计开发这个软件时的运行环境的寿命。因此,使软件适应变化了的环境不仅是必要的也是经常性的一种软件维护,这类软件维护又常称为<u>适应性维护</u>。

3) 性能或其他特征的改进。当一个软件正常顺利地运行时,还常常会出现另一类维护,这就是在使用软件的过程中,用户往往提出增加新的功能或修改现有功能的建议或其他一般性的改进意见。常把满足这类要求的软件维护称为<u>完善性维护</u>。

从上述关于软件维护的定义不难看出,软件维护不仅仅限于纠正软件使用中发现的错误,事实上,完善性维护占全部软件维护内容的一半以上,统计表明,完善性维护占全部软件维护内容的 50%~66%,适应性维护占 17%~21%,修正性维护占 18%~25%。

软件维护的主要对象是源代码,因为系统的可执行软件代码最直接与源程序代码相连,而直接去修改二进制的可执行代码则显得困难且花销也多。需要注意的是,上述三类维护活动都必须应用于整个软件配置,维护软件系统的文档和维护软件程序的代码同样重要。正如第 4 章中有关文档的管理所介绍的那样,管理的措施之一就是保证文档一致性,而文档一致性的内容之一就是确保开发类文档与程序代码之间的一致性(注:其实源程序代码也是开发类文档中的一种)。有这样的一句话,"开发类的系统文档对系统本身来说是多余的",这个观点本身来说没有什么问题,也就是说,开发类文档所包含的所有信息也可以通过对系统的检查来直接获得。但从维护角度来说,文档不充分的系统或者文档不一致的系统,维护工作将显得困难甚至根本不可能完成,这样也就有可能会导致系统过早地成为"废品"或需要重新实施。因此,缺乏对系统文档的维护足以危及系统的价值,反之,及时地维护文档则会延长作为组织的生产性资产的信息系统的使用寿命。

8.3.2 维护的代价

对大多数组织而言,现有信息系统是一个组织的资产,与组织的其他固定资产一样需要维护管理,信息系统是否具有长久的使用价值和生命力依赖于是否对它积极地进行维护管理。然而,过去几十年的软件维护费用的统计表明,软件维护费用逐渐稳步上升,近年来用于软件维护的费用已占整个系统开发预算的70%~80%,也就是说,对一个现有系统的维护开销至少与重新开发一个新系统的开销一样多。统计结果还表明,世界上有90%的软件人员在从事软件产品的维护工作,而只有10%的人员在从事新产品的开发。

维护费用只不过是软件维护的最明显的代价,其他一些现在还不明显的代价将来可能更为人们所关注。比如:

1) 当看来合理的有关纠正或改进的要求不能及时满足时将引起用户不满;
2) 凡是维护都牵涉改动——去适应新环境或去适应变化了的用户需求或去修正发生或发现的问题,而改动可能会在软件中引入潜在的故障,从而降低软件的质量;
3) 当必须要把开发人员抽去从事维护工作时,将会造成开发过程的混乱;
4) 如果软件的开发途径不好(即没有使用软件工程论方法和缺少文档支持)且维护人员对软件熟练程度不高(维护阶段往往持续时间很久,因而会导致原来的开发人员不能参加维护工作),将会造成维护量和维护费用增加。

8.3.3 维护的活动及其管理

软件维护对软件所进行的改动总具有风险性,不仅可能会在被维护的模块中引入新的潜在问题,而且还可能会波及其他模块甚至其他系统,可见,对一个处于运行状态的系统做改动比对一个处于开发状态的系统做改动要困难得多。倘若一个改动导致一个处于开发状态的系统发生崩溃,不会存在用户向帮助台请求支持的现象,也不会立即形成财政上的影响;但是,若因改动而致使处于运行状态的系统发生失败时,则立刻会对用户、客户以及整个组织等产生极大的不良影响,其后果也是灾难性的。因此,维护软件的工作和开发一个新系统的工作两者相比有着很大的区别。新系统的开发一般都发生在一个相对开放的环境中,这时希望有变动,尝试新思路新方法,对所出现的风险也能容忍接受;相反地,维护则发生在一个相对保守的环境中,这时只允许进行必要的改动,竭力反对任何风险行为。按照软件维护的定义,其维护活动一般包括:

1) 跟踪修改请求和出错报告;

2) 实施错误纠正的改动;
3) 监控系统性能,实施改进系统性能或增强系统能力的改动;
4) 升级硬件设备和系统软件;
5) 更新文档以反映维护改动。

可以看出,维护活动与新系统的开发活动在许多方面又确有相同性,维护同样包括分析、设计、构建、测试以及文档编制等,但这些活动的具体实施在许多方面又有着区别,诸如涉及范围和细节程度方面、触发事件方面、实施的限制方面等。下面将就这些活动着重从管理角度继续做更为详细的描述。

1. 提交改动请求和出错报告

为了控制与改动相关的风险,大多数组织对所有处于运行状态的系统都采用了正规而又严格的管理程序,通过规范的管理以确保在改动正式实施之前对其做充分描述、考虑和计划。改动管理程序实际上就是一套维护申请审批手续,典型的包括以下几个方面:
1) 标准格式的改动申请表格;
2) 由改动管理委员会评审改动请求;
3) 为改动的设计与实施做好计划。

表 8-1 是一张改动申请表格的表样,由用户或其他相关人员填写完后提交给改动管理委员会,然后由改动管理委员会审议改动请求以评定其对现有计算机硬件、软件、系统性能与可用性、安全性及维护预算的影响,改动管理委员会评审的意见和结果也同样要用一种标准格式的表格记录下来,最后,把被批准的改动请求添加到等待实施的改动列表中,以对其做相应的预算、进度安排及其他实施计划。

表 8-1 改动申请表格的表格样例

改动申请			
申请日期		改动类型	☐ 错误纠正
申请人			☐ 改进性修改
目标系统			☐ 添加新功能
改动(或错误)描述			
改动申请编号		接收日期	评审日期
评审参与者			

虽然对系统错误的报告可以采用上述这种标准格式的改动申请表格的形式,但有许多组织对那些需要立即进行修正的错误还采用其他不同的报告形式和管理程序。错误报告有多种不同的来源,从终端用户、计算机操作员到 IS 支持人员等,错误报告往往只提交至某个固定人员或某个组织部门以登记造册及组织其他后续活动的完成。

2. 实施改动

改动的实施是 SDLC 的一个缩小版本，SDLC 的大多数活动在维护实施过程中都要有所体现，只不过是其范围上有所缩小或取消了少数活动。事实上，维护改动的本质是一项用户和开发人员预先就已经完全知道的增加性的开发项目，分析阶段的一些活动在维护实施期间也就因此略去或跳过。

改动实施的计划主要包括以下几项活动：

1）识别系统什么部分需要改动；
2）保护改动实施需要动用的诸如人在内的可用资源；
3）为改动的设计活动及实施活动制定进度表；
4）为改动之后的系统开发测试标准和测试计划。

其中，识别现有系统哪些部分将要受到改动的影响需要阅读现有系统的相关文档，维护改动的设计人员、实施人员及操作人员通过对这些文档的回顾来决定改动的范围，现有系统的测试计划及测试用例是改动之后的新系统的测试计划和测试标准制订的出发点，这时的测试计划往往只需要做些简单修改以说明改动的或新添加的功能，修改后的测试计划和测试数据仍然需要为将来的改动项目而归档。

如果改动相对简单，则改动的设计活动可以与改动实施的计划活动结合在一起进行；若改动较为复杂，改动的设计活动则需要有一个独立的阶段。为实施所提出的改动，必须对现有系统的设计进行评估与修改。与测试计划及测试数据一样，修改后的设计也需要为将来的改动项目而归档。

现有系统是一个时刻处在运行状态的生产系统，因此，实施活动通常是在现有运行系统的拷贝版本上执行。改动之后的系统只有在完全的和成功的测试后才能成为新的可运行的生产系统。

3. 升级计算基础设施

考虑到计算机系统软件维护版本（补丁版本）的发布、版本的升级及系统性能的不断下降等原因，计算机硬件、系统软件及网络必须定期进行升级。

就像应用软件一样，为了纠正错误或添加新的功能，包括 OS 和 DBMS 在内的系统软件也必须定期地进行改动，系统软件的开发商每年都要发布几次维护版本，近几年来，颁布维护版本的频率还有所增加，其中的一个原因是基于 Internet 软件的广泛发行。而其他的诸如用于检测和防范病毒的防火墙软件以及操作系统的安全子系统等的更新维护频率则更高。

就像系统软件的开发商在其组织内部进行改动时会面临风险一样，使用系统软件的组织在对系统软件进行更改时也同样会面临风险，这是因为一个应用软件在现有版本的系统软件支撑下能正常运行，但系统软件更新后也许会导致应用软件的运行失败。因此，在许多场合下，就如同在工程领域有这么一句古老的座右铭"如果还没有坏，就不要去修它"所说的那样，系统软件的维护版本或升级版本应常常被忽视以减少不必要的风险，除非这个系统软件版本能立刻带来好处。

当系统要增加容量、增强能力或解决其他与性能表现相关的一些问题时，比如，当信息系统的事务处理数量增多或现有的硬件与网络设备对信息系统的支持已经达到不能接受的程度，就要对包括网络在内的计算机基础设施进行升级。基础设施升级的实施与其他类型的改动相似，其主要区别在于从如何使系统性能升级开始。性能升级的需求主要起源于用户或 IS 开发人员，但是，最终是否需要进行升级以及升级程度的具体标准还需专门的技术人员通过调查研究后决定。因为计算机及网络的性能表现往往复杂而且技术含量高，一些看似性能上的问题其实也许与计算机及网络的能力没有任何关系。如果确实因为计算机或网络的问题，则需具体问题具体分析，去选择一个适当的升级途径，以免购买添置一些并非是真正需要的硬件或网络设备。

8.3.4 影响系统可维护性的因素

系统的可维护性与系统维护不同，正如第 4 章介绍的信息系统质量保证中所说的那样，可维护性是信息系统作为软件产品的一个质量标准，它可以定性地定义为软件被纠正、修改和改进的难易程度。在讨论系统开发方法时也一直强调，提供系统可维护性是系统开发方法学的所有步骤的关键目标之一。系统维护是系统交付使用后所进行的改动。

维护改动之前必须先定位和理解改动的对象，改动之后还应进行必要的测试。因此，影响系统可维护性的因素主要包括以下三个方面：

1) 可理解性。信息系统作为软件的可理解性表现为非直接参与者理解软件的结构、接口、功能和内部过程的难易程度，结构化技术的模块化、结构化设计技术、面对对象技术的类、继承、封装机制、详细设计的文档、源程序代码及良好的编程语言等，都会对改动软件的可理解性有重要影响。

2) 可测试性。诊断和测试的难易程度主要依赖于软件容易理解的程度，良好的软件结构及文档对诊断和测试至关重要，以前的测试计划和测试用例也同样重要，可以通过它们产生新的测试计划、测试用例，也可以利用它们进行"回归"测试。

3) 可修改性。软件容易修改的程度与相应开发方法的设计技术直接相关。

上述三个因素密切相关，维护人员在正确理解一个程序之前根本不可能修改它；如果不能进行完善的诊断和测试，则表面上正确的修改就可能会引入其他错误。

8.4 系统评价

信息系统评价的目的是检查系统的技术能力、工作性能是否达到了设计要求，系统的资源是否得到充分的利用，经济效益是否理想，为进一步改善未来的工作提供依据。因此评价报告的内容不仅应着眼于现有系统的长处和缺点，而且还应提出改进建议。当评价目的不同时，可以按不同的方式，以不同的标准对系统进行评价。系统评价是在系统连续运行的过程中不断地进行的。系统评价工作由系统分析员或专门的审计小组会同输入/输出业务操作人员、计算机系统设计人员、业务部门经理以及高级决策管理人员共同参与。

8.4.1 信息系统评价内容

信息系统的评价内容主要有系统技术性能、系统经济效益、系统运用的适应性、安全性和保密性，用户对系统的满意程度等。具体从以下几个方面考察：

1）信息系统的规模与先进性；
2）系统的功能是否具有实用性、有效性、完备性；
3）运行结果的有效性和可靠性；
4）系统的性能、成本、效益的综合比是否达到预期目标；
5）信息资源的利用率；
6）系统的安全性和保密性；
7）系统文档的完备性；
8）用户对系统的态度。

信息系统在运行与维护过程中不断发生改变，因此评价工作不是一项一次性的工作，系统评价需要定期地进行，或者每当系统发生重大改进后进行。第一次的系统评价将作为系统验收的主要依据。

8.4.2 信息系统评价指标

信息系统的复杂性以及信息系统评价的综合性，决定了系统评价是一项非常困难的工作。系统评价是一个多目标指标评价体系，大多属于非结构化的问题，目前主要采用定性指标与少量定量指标相结合的方法。可将评价指标分为系统性能指标、经济效益指标和管理指标三个方面。

1. 系统性能指标

系统性能指标主要包括：

1）系统的完整性与可维护性。完整性主要指系统设计是否合理，具备的功能是否达到设计任务书的要求。可维护性是指系统的可理解性、可测试性、可修改性。
2）可靠性与适应性。可靠性主要包括平均无故障时间、输出信息的正确性与精确度等。适应性主要指运行环境发生变化时系统的适应能力。
3）人机交互的灵活性与方便性。
4）系统响应时间、系统吞吐量以及信息处理速度满足管理业务需求的程度。
5）系统故障诊断、排除、恢复的难易程度。
6）系统安全性与保密性。
7）系统文档资料的规范、完备与正确程度。
8）系统利用率。

2. 经济效益指标

经济效益指标主要指对信息系统的运行结果所产生的直接经济效益和间接经济效益的评价。

（1）直接经济效益指标

直接经济效益又被称为可见效益，一般是可以被度量的，主要取决于以下指标：

1）系统投资额。它包括硬件、软件的购置、安装，应用系统的开发或购置所投入的资金。另外企业内部投入的人力、物力等也应计入。较精确的计算还应考虑资金投入的时间及占用时间等因素。对验收评价后所做的阶段评价还要包括系统维护所投入的资金。

2）系统运行费用。它包括通信和消耗性材料费用、系统投资折旧费及硬件日常维护费等。由于信息系统的技术成分较高、更新换代快，一般折旧年限取 5 至 8 年。另外，系统管理人员费用等也应计入系统运行费用。

3）系统运行新增加的效益。它主要反映在成本降低、库存积压减少、流动资金周转加快与占用额减少、销售利润增加及人力的减少等方面。新增效益可采用总括性的在同等产出或服务水平下有无信息系统所致的年生产经营费用节约额来表示，也可分别计算上述各方面的效益，然后求和表示。由于引起企业效益增减的因素相互关联复杂，新增效益很难精确地计算。

4）投资回收期。它指通过新增效益逐步收回投入的资金所需的时间，这也是反映信息系统经济效益好坏的重要指标。

（2）间接经济效益指标

间接经济效益又被称为不可见效益，只能作定性分析。主要包括以下几个方面：

1）管理体制是否进一步合理化；

2）管理方法是否进一步科学化；

3）是否进一步提高企业对市场的适应能力。

3. 管理指标

管理指标主要包括：

1）领导、管理人员、业务人员对系统的态度；

2）管理业务的覆盖面，对生产过程的管理深度；

3）对企业领导的决策参考作用；

4）外部环境对系统的评价。

本章小结

1. 系统维护：把系统投入运行之后所发生的活动称为系统维护或系统支持。

2. 系统运行管理阶段的任务主要是：建立系统运行管理机构，制定系统运行管理制度及措施，开展系统日常运行服务及管理，进行系统维护及评价。

3. 系统运行管理制度主要包括：① 系统运行管理的组织机构；② 基础数据的管理制度；③ 信息系统的管理制度；④ 信息系统的运行及操作规范。

4. 系统日常运行管理的工作内容主要包括：① 系统日常运行环境的管理；② 新数据的录入或存储数据的更新；③ 信息处理和信息服务；④ 运行与维护；⑤ 安全问题；⑥ 日常运行情况记录；⑦ 系统运行结果分析。

5. 信息系统安全可以理解为采取技术和非技术手段，通过对信息系统建设中的安全设计和运行中的安全管理，使信息系统有保护，即组成信息系统的硬件、软件和数据资源受到妥善的保护，不因自然和人为因素而遭到破坏、更改或者泄露，信息系统能连续正常运行。

6. 信息系统的安全隐患有数据失效和网络遭到攻击等。应对数据失效的有效措施是存储备份管理。为保护网络安全，可采用防火墙技术、入侵监控技术、安全漏洞扫描技术和 CA 认证及加密通道等技术。

7. IEEE 和 ANSI 把软件维护定义为软件产品交付使用后对其所做的修改，这种修改至少要达到下列目标中的一项：① 故障的修复（修正型维护）；② 使软件适应变化了的环境（适应性维护）；③ 功能或其他性能的改进（完善性维护）。

8. 系统的可维护性与系统维护不同，可维护性是信息系统作为软件产品的一个质量标准，它可以定性地定义为软件被纠正、修改和改进的难易程度；而系统维护是系统交付使用后所进行的所有改动。影响系统可维护性的因素主要包括三个方面：① 可理解性；② 可测试性；③ 可修改性。

9. 系统评价内容主要有：系统技术性能，系统经济效益，系统运用的适应性、安全性和保密性，用户对系统的满意程度等。

10. 系统评价指标分为：系统性能指标、经济效益指标和管理指标三个方面。

11. 系统性能指标：系统的完整性与可维护性；可靠性与适应性；人机交互的灵活性与方便性；系统响应时间、系统吞吐量以及信息处理速度满足管理业务需求的程度；系统故障诊断、排除、恢复的难易程度；系统安全性与保密性；系统文档资料的规范、完备与正确程度；系统利用率。

12. 经济效益指标主要指对信息系统的运行结果所产生的直接经济效益和间接经济效益的评价。直接经济效益指标又被称为可见效益，一般是可以被度量的，主要取决于系统投资额；系统运行费用；系统运行新增加的效益；投资回收期。间接经济效益指标又被称为不可见效益，只能作定性分析。主要包括：管理体制是否进一步合理化；管理方法是否进一步科学化；是否进一步提高企业对市场的适应能力。

13. 管理指标主要包括：领导、管理人员、业务人员对系统的态度；管理业务的覆盖面，对生产过程的管理深度；对企业领导的决策参考作用；外部环境对系统的评价。